Springer-Lehrbuch

Günter Knieps

Wettbewerbs-ökonomie

Regulierungstheorie,
Industrieökonomie,
Wettbewerbspolitik

Dritte, durchgesehene
und aktualisierte Auflage

 Springer

Prof. Dr. Günter Knieps
Institut für Verkehrswissenschaft und Regionalpolitik
Albert-Ludwigs-Universiät Freiburg
Platz der Alten Synagoge
79085 Freiburg
guenter.knieps@vwl.uni-freiburg.de

ISBN 978-3-540-78348-0   e-ISBN 978-3-540-78349-7

DOI 10.1007/978-3-540-78349-7

Springer-Lehrbuch ISSN 0937-7433

Bibliografische Information der Deutschen Nationalbibliothek
Die Deutsche Nationalbibliothek verzeichnet diese Publikation in der Deutschen Nationalbibliogra-
fie; detaillierte bibliografische Daten sind im Internet über http://dnb.d-nb.de abrufbar.

Herstellung: le-tex publishing services oHG, Leipzig
Einbandgestaltung: WMXDesign GmbH, Heidelberg

Gedruckt auf säurefreiem Papier

9 8 7 6 5 4 3 2 1

springer.de

Für Barbara

Vorwort zur dritten Auflage

Für die dritte Auflage dieses Lehrbuches wurde der Text noch einmal sorgfältig durchgesehen und aktualisiert. Während die siebte Novelle des Gesetzes gegen Wettbewerbsbeschränkungen erst nach Erscheinen der zweiten Auflage in Kraft trat, konnte nun in der dritten Auflage die derzeit gültige Fassung dieses Gesetzes zu Grunde gelegt werden. Ferner wurden aktuelle Entwicklungen in der Regulierungstheorie und der Wettbewerbspolitik mit einbezogen.

Dank für Verbessserungsvorschläge und Korrekturen geht an meine Mitarbeiterinnen und Mitarbeiter, insbesondere an Franziska Birke, Marei Bittner, Monika Steinert, Martin Keller, Dr. Hans-Jörg Weiß und Patrique Wolfrum. Besonders danken möchte ich meiner Frau Barbara für hilfreiche Literaturrecherchen und die Endredaktion.

Freiburg, im Februar 2008   Günter Knieps

Vorwort zur zweiten Auflage

Seit dem Erscheinen der ersten Auflage im Frühjahr 2001 wurde das deutsche Wettbewerbsrecht grundlegend reformiert und dem europäischen Wettbewerbsrecht angepasst. Diesem Umstand wird in der zweiten Auflage Rechnung getragen. Die wettbewerbsrechtlichen Bezüge wurden den neuen gesetzlichen Regelungen angepasst und aus wettbewerbsökonomischer Sicht analysiert.

Der Grundansatz und der Aufbau des Buches sind beibehalten worden. Neuere Entwicklungen wurden insbesondere in den Kapiteln 2, 5 und 10 berücksichtigt. Zudem wurden Fehler beseitigt und kleinere Korrekturen vorgenommen. Das Buch ist nicht zuletzt durch meine Vorlesungserfahrungen geprägt. Viele Fragen aus dem Kreis der Studierenden haben zur Verbesserung beigetragen.

Für das Aufspüren von Fehlern und Korrekturvorschläge danke ich folgenden ehemaligen und gegenwärtigen Mitarbeitern: Dr. Arnold Berndt, PD Dr. Gert Brunekreeft, Dr. Anne Gabelmann, Martin Jindra, Dr. Katja Keller, Martin Keller und Tillmann Neuscheler. Ein besonderer Dank gilt Franziska Birke und Dr.

Hans-Jörg Weiß für die Unterstützung bei der Endredaktion sowie Monika Steinert für die sorgfältige Textverarbeitung.

Freiburg, im Februar 2005   Günter Knieps

Vorwort zur ersten Auflage

Die praktische Wettbewerbspolitik steht vor einer Vielzahl neuer Herausforderungen. Durch den Abbau wettbewerblicher Ausnahmebereiche und die umfassende Marktöffnung wichtiger Netzsektoren steigt die Relevanz des allgemeinen Wettbewerbsrechts gegenüber sektorspezifischen Regulierungsvorschriften. Die explosionsartige Verbreitung des Internets führt zu neuen Formen des vernetzten Wirtschaftens, welche die klassischen Fragen der Wettbewerbspolitik wie die Abgrenzung der relevanten Märkte, die Fundierung des Marktbeherrschungskonzepts, die Beurteilung von Preisdifferenzierungsstrategien, die Einschätzung von Forschungskooperationen etc. in einem neuen Licht erscheinen lassen.

Diesem Lehrbuch liegt die Überzeugung zugrunde, dass die zukünftigen Aufgaben der praktischen Wettbewerbspolitik es unerlässlich machen, die traditionell separaten Gebiete der Regulierungstheorie, der Industrieökonomie und der Wettbewerbspolitik unter dem einheitlichen wettbewerbsökonomischen Fokus der Funktionsfähigkeit von Märkten zu integrieren. Nicht nur, dass die Grenzen zwischen diesen Teildisziplinen zunehmend verschwimmen, auch die unterschiedlichen methodischen Ansätze erfahren durch die einheitliche Sichtweise eine Vielzahl neuer Impulse für die praktische Umsetzung. Traditionelle Konzepte des Antitrustrechts (z. B. die Essential-facilities-Doktrin) finden Anwendung in der Regulierungsökonomie, wie umgekehrt klassische Instrumente der Regulierungstheorie (z. B. Price-cap-Regulierung) auch in der praktischen Wettbewerbspolitik Anwendungspotenziale finden könnten.

Der Text ist in drei Teile untergliedert: In Teil A werden die Grundelemente der Wettbewerbstheorie, der Regulierungstheorie und der Industrieökonomie vorgestellt, wobei jedes Kapitel auch als separate Einführung in das jeweilige Teilgebiet verstanden werden kann. Teil B ist dem Kernanliegen der Lokalisierung und Disziplinierung von Marktmacht, sowohl im Bereich natürlicher Monopole als auch auf Oligopolmärkten gewidmet. Die Potenziale einer wettbewerbspolitischen Umsetzung werden dabei auch aus der Perspektive der traditionellen wettbewerbspolitischen Leitbilder sowie aus der Sicht des Wettbewerbsrechts diskutiert. Teil C analysiert schließlich die in der traditionellen Wettbewerbspolitik im Vordergrund stehenden Verhaltensparameter auf eine mögliche Beeinträchtigung des funktionsfähigen Wettbewerbs. Es zeigt sich, dass die Anwendung der modernen Wettbewerbstheorie und Industrieökonomie neue Einsichten bei der wettbewerbspolitischen Beurteilung von Unternehmensstrategien wie vertikalen Bindungen zwischen Produzenten und Handel, Kampfpreisstrategien, Produktdifferenzierung und Aufbau von Goodwill, Preisdifferenzierung, Forschungskooperationen etc. ermöglicht.

Dieses Buch zur Wettbewerbsökonomie richtet sich zunächst an die Studentinnen und Studenten der Wirtschaftswissenschaften mit einem Interesse an angewandter Mikroökonomie aus wettbewerbspolitischer Perspektive. Aber auch den Studierenden der Rechtswissenschaften möchte dieser Text den Zugang zu der ökonomischen Analyse von wettbewerbsrechtlichen Fragen erleichtern. Diesem interdisziplinären Ziel entsprechend wurden die verwendeten theoretischen Konzepte in einer möglichst einfachen Form dargestellt. Da die konkrete Umsetzung der behandelten wettbewerbsökonomischen Konzepte nicht im Elfenbeinturm der Wissenschaft erfolgt, richtet sich dieses Buch nicht zuletzt auch an alle Praktiker, die sich mit regulierungsökonomischen, wettbewerbspolitischen und wettbewerbsrechtlichen Fragen auseinandersetzen.

Für die kritische Durchsicht der einzelnen Kapitel danke ich meinen ehemaligen und derzeitigen Mitarbeiterinnen und Mitarbeitern: Arnold Berndt, Dr. Gert Brunekreeft, Anne Gabelmann, Dr. Wolfgang Groß, Katja Keller, Martin Kunz und Dr. Hans-Jörg Weiß. Mein Dank geht ferner an Monika Steinert für ihren Einsatz, insbesondere bei der Erstellung des Literatur- und Stichwortverzeichnisses. Besonderer Dank gilt meiner Frau Barbara, die das ganze Manuskript sprachlich überarbeitet und in die druckreife Fassung gebracht hat.

Freiburg, im Dezember 2000   Günter Knieps

Inhaltsverzeichnis

Teil B Lokalisierung und Disziplinierung von Marktmacht

Teil C Disaggregierte Wettbewerbspolitik und funktionsfähiger Wettbewerb

Abbildungsverzeichnis

Tabellenverzeichnis

Teil A

Fundamente einer disaggregierten Wettbewerbsökonomie

Kapitel 1
Wettbewerbstheoretische Bausteine

1.1 Ordnungsökonomische Grundlagen

Wettbewerbstheorie beschäftigt sich mit der Funktionsfähigkeit von Märkten. Damit Märkte überhaupt existieren können, müssen verschiedene ordnungspolitische Rahmenbedingungen erfüllt sein:[1]

– *Garantie von Eigentums-, Handlungs- und Verfügungsrechten*

Es muss gewährleistet sein, dass die Wirtschaftssubjekte (Konsumenten, Unternehmen) wohldefinierte Eigentumsrechte besitzen, die innerhalb einer Rechtsordnung auch durchgesetzt werden können. Im Hobbes'schen Naturzustand der menschlichen Gesellschaft, in dem jedermann „freien" Zugang zu Gütern hat, fehlen die Anreize, über Märkte Güter zu tauschen oder neue Güter zu produzieren. Weiter sind Handlungs- und Verfügungsrechte als Teil des Ordnungsrahmens erforderlich (vgl. Streit, 1991, Kap. 2). In marktwirtschaftlichen (ungeplanten) Ordnungen besitzen die Wirtschaftssubjekte Privatautonomie bei der Wahrnehmung von Handlungsrechten. Es entstehen Wirtschaftsbeziehungen auf privatrechtlicher Grundlage (Vertragsrecht). Zur Privatautonomie gehört auch die Institution des Privateigentums. Die daran geknüpften Handlungsrechte genießen staatlichen Schutz vor der Inanspruchnahme durch Nichtberechtigte. Güter können nur auf dem Wege der freiwilligen Vereinbarung den Verfügungs- und Nutzungsberechtigten wechseln.

– *Ordnungspolitische Spielregeln*

Privateigentum und Vertragsfreiheit sind nicht hinreichend für die Spezifikation einer marktwirtschaftlichen Ordnung. Erforderlich ist vielmehr auch die genaue Bestimmung der Spielregeln, innerhalb derer die ökonomischen Aktivitäten stattfinden (vgl. Vanberg, 1998, S. 173). Diese Spielregeln müssen innerhalb eines bestimmten Zeitrahmens stabil sein, damit sie die Kalkulierbarkeit der Markttransaktionen gewährleisten können. Langfristig sind sie einem Wandel unterworfen. Abhängig davon, wie die Regeln im Rahmen eines konkreten Ordnungsrah-

---

[1] „'Wirtschaftsordnung' ist ... die Gesamtheit der realisierten Formen, in denen in concreto jeweils der alltägliche Wirtschaftsprozeß abläuft ..." (Eucken, 1940, S. 238). „Wirtschaftsordnung und Rechtsordnung sind also nicht identisch" (Eucken, 1940, S. 55).

mens ausgestaltet sind, können sie den freiwilligen Austausch auf den Märkten und die Umsetzung der Vertragsfreiheit erschweren oder erleichtern und so transaktionskostenerhöhend oder transaktionskostensenkend wirken. Der Ordnungsgrundsatz des Wettbewerbs hat dabei in den modernen Volkswirtschaften eine zentrale Rolle eingenommen.[2]

Wegen Nichtrivalität im Konsum und Nichtausschließbarkeit können Märkte für bestimmte Güter (z. B. Landesverteidigung, Polizeischutz) nicht entstehen. Es handelt sich hier um so genannte öffentliche Güter. Die vielfältigen in diesem Bereich auftretenden Fragestellungen (z. B. Art und Umfang der bereitgestellten öffentlichen Güter, Anreizprobleme bei der Finanzierung etc.) sind Kern der Finanzwissenschaft (vgl. Atkinson, Stiglitz, 1980; Blankart, 1998) und werden im Folgenden nicht weiter behandelt.

1.2   Funktionen des Wettbewerbs

In der traditionellen Wettbewerbspolitik wird zwischen den folgenden Wettbewerbszielen bzw. Wettbewerbsfunktionen unterschieden:[3]

Ziel 1:   Wirtschaftliche Freiheit: Sicherung von Handlungs- und Wahlfreiheit (Freiheitsfunktion).

Ziel 2:   Verteilungsgerechtigkeit: Verhinderung des Entstehens und des Abbaus nicht leistungsgerechter Einkommen (Verteilungsfunktion).

Ziel 3:   Optimale Allokation: Anpassung von Angebotsstruktur und Faktoreinsatz an Änderungen der Nachfrage (Allokationsfunktion).

Ziel 4:   Realisierung von technischem Fortschritt (Entdeckungs- bzw. Fortschrittsfunktion).

Wirtschaftliche Freiheit (Ziel 1) ist erforderlich, damit ein maximales Transaktionspotenzial zur Verfügung steht und die Wirtschaftssubjekte mit den Partnern ihrer Wahl – im Rahmen der ordnungspolitischen Spielregeln – Geschäftsbeziehungen eingehen können. Wettbewerb setzt voraus, dass Freiheit zu Wettbewerb besteht und erhalten bleibt, wobei der Freiheitsbereich eines Marktteilnehmers im Freiheitsbereich der anderen seine Grenzen findet (relative Freiheit zu Wettbe-

---

[2]   „Privateigentum, Vertragsfreiheit und Wettbewerb waren die Ordnungsgrundsätze, mit denen eine Ordnung der Wirtschaft geschaffen werden sollte. Aus der Erkenntnis des Gesamtzusammenhangs des wirtschaftlichen Alltags heraus und auf Grund der Entdeckung, daß der Wettbewerb ein höchst leistungsfähiges regulatives Prinzip ist, hatte die klassische Nationalökonomie diese Ordnungsgrundsätze entwickelt" (Eucken, 1940, S. 52).

[3]   Vgl. z. B. Berg, 1999, S. 301; Herdzina, 1999, Kap. 1 (insb. Übersicht 1, S. 32).

werb; vgl. Hoppmann, 1967a, S. 79 ff.). Bei Vorliegen wirtschaftlicher Macht[4] wird die Handlungs- und Wahlfreiheit der Wirtschaftssubjekte eingeschränkt.

Verteilungsgerechtigkeit (Ziel 2) erfordert, dass die Einkommensunterschiede auf Leistungsdifferenziale zurückzuführen sind. Die Erzielung von Monopolrenten ist hiermit unvereinbar. Das Prinzip der Sozialstaatlichkeit und eine damit einhergehende Sozial- und Steuerpolitik wird für eine soziale Marktwirtschaft von der Wettbewerbspolitik vorausgesetzt.

Optimale Allokation der knappen Ressourcen (Ziel 3) dient der allgemeinen Wohlstandsmaximierung. Es geht zum einen um den effizienten Einsatz der Produktionsfaktoren und zum anderen um die von der Nachfrage abhängige optimale Produktionsstruktur. Ein zu geringer Produktionsumfang mit dem Ziel der Erwirtschaftung von Monopolrenten sowie ineffiziente Produktion sind mit einer optimalen Allokation unvereinbar (vgl. Leibenstein, 1966; Varian, 1999, Kap. 25).

Das Ziel der Realisierung des technischen Fortschritts (Entdeckungs-, bzw. Fortschrittsfunktion, Ziel 4) bezieht sich auf die Produktion von Informationen. Sie werden einerseits zur Schaffung neuer Produktionsmöglichkeiten (Prozessinnovationen) und andererseits zur Schaffung neuer Produkte (Produktinnovationen) benötigt. Auch bei der Verfolgung des Ziels der Realisierung von technischem Fortschritt ist der Wettbewerb von zentraler Bedeutung. Es handelt sich dabei um die Rolle des Wettbewerbs als Entdeckungsverfahren (von Hayek, 1968).

Die Unterscheidung zwischen Wettbewerb auf der Produktionsebene und Wettbewerb auf der Ebene der Innovation macht deutlich, dass zwischen diesen beiden Ebenen ein natürliches Spannungsverhältnis besteht (vgl. von Weizsäcker, 1981). Um Anreize für Innovationswettbewerb zu schaffen, muss der Erfinder eine vorübergehende Monopolstellung auf der Produktionsebene durch Erwerb eines Patents erhalten (vgl. Kap. 11).

Wettbewerb, der die ihm zugeordnete Funktion im Sinne der Durchsetzung bestimmter Ziele erfüllen kann, heißt funktionsfähig (vgl. von Weizsäcker, 1981, S. 355). Das Konzept der Funktionsfähigkeit des Wettbewerbs geht weit über die enge Modellwelt der vollkommenen Konkurrenz der allgemeinen Gleichgewichtstheorie hinaus, in der lediglich eine große Anzahl von Unternehmen existiert, die keinen signifikanten Einfluss auf die Preise und andere Wettbewerbsparameter besitzen. Es ist geradezu ein wesentliches Charakteristikum des funktionsfähigen Wettbewerbs, dass Größenvorteile in der Produktion eine wichtige Rolle spielen und dass Unternehmensstrategien, wie Produktdifferenzierung, Preisdifferenzierung, Aufbau von Goodwill, Suche nach neuen Produkten und innovativen Produktionsprozessen auch strategisch genutzt werden. Wettbewerb hat folglich

---

[4]   Eine illustrative Charakterisierung der wirtschaftlichen Macht aus historischer Perspektive findet der Leser in Eucken, 1940, S. 196-205.

gleichzeitig die Verbesserung der statischen als auch der dynamischen Effizienz zum Ziel (vgl. Clark, 1940; Mason, 1939, 1949; Kantzenbach, 1966).

Ob und inwieweit es Konflikte zwischen den unterschiedlichen Wettbewerbszielen gibt, wird in der wettbewerbspolitischen Literatur kontrovers beurteilt (vgl. z. B. Herdzina, 1999, S. 37 ff.). Die Frage nach den zentralen Ursachen für die Behinderung bzw. Beseitigung des Wettbewerbs führt unmittelbar zum Phänomen wirtschaftlicher Macht bzw. Marktmacht. Marktmacht bezeichnet die Fähigkeit eines Unternehmens (oder einer Gruppe von Unternehmen, die zusammenarbeiten), den Preis dauerhaft über das Wettbewerbsniveau zu setzen und dabei Gewinne zu erzielen (vgl. Landes, Posner, 1981, S. 937). Es leuchtet unmittelbar ein, dass bei Vorliegen von Marktmacht die Wettbewerbsziele 1-3 gleichzeitig verletzt werden. Die Monopolmacht schränkt die Wahlmöglichkeiten bei der Suche nach dem effizientesten Anbieter (Ziel 1) ein und behindert über die Monopolrenten eine leistungsgerechten Entlohnung (Ziel 2). Daneben bedingen die überhöhten Preise, dass sich die optimale Allokation nicht einstellt, Ziel 3 also ebenfalls verfehlt wird.

Da Monopolrenten durch Gewährung von Patentrechten erforderlich sind, um Innovationswettbewerb zu stimulieren, erscheint ein Widerspruch zwischen der Verfolgung der Ziele 1-3 und der Verfolgung von Ziel 4 unvermeidbar. Dieser Widerspruch ist jedoch nur scheinbarer Natur und lässt sich bei einer geeigneten Interpretation von Monopolrenten durch Gewährung von Patentrechten auflösen. Von grundlegender Bedeutung ist die Unterscheidung zwischen dem technischen Wissensstand vor der Vergabe eines Patents (Ex-ante-Perspektive) und nach der Vergabe eines Patents (Ex-post-Perspektive). Aus der Ex-post-Perspektive steht ein gültiges Patent im Widerspruch zu den Wettbewerbszielen 1-3, da das Monopol zur Produktion des patentierten Produktes die üblichen Nachteile eines gesetzlich geschützten Monopols aufweist. Aus der Ex-ante-Perspektive befindet sich eine zeitlich begrenzte Patentdauer allerdings im Einklang mit sämtlichen Wettbewerbszielen.

Ein Patent bildet die Voraussetzung für funktionsfähigen Innovationswettbewerb (Ziel 4) und trägt somit zur Erhöhung der dynamischen Effizienz bei. Ziel 3, die optimalen Allokation, wird daher aus der Ex-ante-Perspektive nur scheinbar verletzt. Es entstehen zwar Allokationsverzerrungen durch die Patentrenten, doch überwiegen die Wohlfahrtszuwächse durch den Konsum des patentierten Produkts. Aus der Ex-ante-Perspektive dürfen Patentrenten nicht mit den üblichen Monopolrenten und Marktmacht gleichgesetzt werden, da der erwartete Gewinn der Forschungs- und Entwicklungsaktivitäten sämtlicher Unternehmen einer Branche bei funktionsfähigem Innovationswettbewerb Null ist. Ziel 2 (Verteilungsgerechtigkeit) ist bei einem zeitlich begrenzten Patentschutz und funktionsfähigem Innovationswettbewerb ebenfalls nicht verletzt, da Patentrenten nur dem Gewinner des Patentwettrennens zufallen, während alle anderen als Verlierer dastehen. Das Ziel der wirtschaftlichen Freiheit wird erfüllt, da Prozess- und Produktinnovationen die Handlungs- und Wahlmöglichkeiten sowohl der Produzenten als auch der Konsumenten erhöhen.

1.3   Das Modell perfekt funktionierender Märkte

Als Fazit der vorangegangenen Ausführungen ergibt sich das wettbewerbspolitische Ziel, zur Sicherung der Funktionsfähigkeit des Wettbewerbs das Vorliegen von Marktmacht aufzudecken und den Missbrauch von Marktmacht zu vermeiden. Hierzu ist zunächst ein genaueres Verständnis über das Funktionieren von Märkten bei Abwesenheit von Marktmacht erforderlich. Im nachfolgenden Abschnitt 1.3.1 wird zunächst das Modell perfekt funktionierender Märkte bei einer großen Anzahl aktiver Anbieter vorgestellt. Das Vorliegen von Größenvorteilen wird in diesem Kontext als Marktversagenstatbestand bezeichnet (vgl. Abschnitt 1.3.3.3).

1.3.1   Vollkommene Konkurrenz und allgemeines Gleichgewicht[5]

Vollkommene Konkurrenz auf einem Markt ist durch folgende Merkmale gekennzeichnet:

- Reine Mengenanpassung seitens aller Marktteilnehmer (Konsumenten wie Produzenten) an die Marktpreise, die ein einzelner Anbieter oder Nachfrager durch sein Verhalten nicht beeinflussen kann (sowohl Inputpreise als auch Outputpreise sind gegeben).

- Freier Marktzugang beschreibt die Abwesenheit künstlicher Zugangsschranken zu einem Wirtschaftszweig bzw. einem Beruf.

Es ist von Bedeutung, den Begriff der vollkommenen Konkurrenz nicht von vornherein mit dem Gleichgewichtsbegriff zu vermengen (vgl. Sohmen, 1976, S. 70 f.). Ein allgemeines Gleichgewicht bei vollkommener Konkurrenz (Konkurrenzgleichgewicht) erfordert darüber hinaus die Erfüllung der folgenden zusätzlichen Bedingungen:

- Alle Konsumenten verwirklichen ihr Nutzenmaximum bezüglich ihrer Budgetbeschränkung (Einkommen).

- Alle Unternehmen verwirklichen ihr Gewinnmaximum (bei gegebener Produktionstechnologie bzw. Produktionsfunktion).

---

[5]   Für eine systematische, mathematisch rigorose Darstellung der allgemeinen Gleichgewichtstheorie, vgl. Debreu, 1959; eine einfache und didaktisch ansprechende Darstellung gibt Koopmans, 1957. Eine weniger rigorose Darstellung erweist sich für unsere Zwecke als geeigneter, insbesondere auch, wenn man sich für Abweichungen von Konkurrenzgleichgewichten und Fragen der Therapie von Fehlentwicklungen interessiert.

– Auf allen Märkten stimmen die angebotenen Mengen mit den nachgefragten Mengen überein.

Es handelt sich um das Lehrbuchbeispiel einer dezentralisierten Ökonomie (vgl. z. B. Varian, 1999). Jedes Wirtschaftssubjekt trifft seine Entscheidungen auf der Basis der Preise (Outputpreise, Inputpreise). Der Selbststeuerungsmechanismus des Marktes bedingt, dass bei den individuellen, dezentral getroffenen Kauf- und Produktionsentscheidungen der Markt insgesamt geräumt wird. Die aggregierte Nachfrage stimmt also mit dem aggregierten Angebot auf jedem Markt der Volkswirtschaft überein.

Üblicherweise wird bei der Darlegung des allgemeinen Gleichgewichtskonzepts von gleich bleibenden Umweltbedingungen ausgegangen (stationäre Ökonomie), einschließlich der Konstanz der individuellen Präferenzen, des Stands der Technik (Produktionsfunktion) sowie der Verfügbarkeit von wirtschaftlichen Ressourcen. Diese Annahmen sind nicht zwangsläufig erforderlich. Es ist auch möglich, dynamische Entwicklungsprozesse zu untersuchen (so genannte Zeitpfade), wobei sich die Unternehmen an ständig im Wandel begriffene Datenkonstellationen ihrer Umwelt anpassen. Auch in solchen Fällen kann von vollkommener Konkurrenz gesprochen werden, solange reine Mengenanpassung aller Marktteilnehmer an die Marktpreise vorherrscht und jederzeit freier Marktzugang gesichert ist.[6]

Allerdings gilt es zu beachten, dass die Modelldynamik typischerweise mit Hilfe von Differenzialgleichungen vorgegeben wird, d. h. es findet keine echte evolutorische Entwicklung statt.[7] Im Folgenden wird das allgemeine Gleichgewichtskonzept – wie üblich – im Rahmen einer stationären Ökonomie betrachtet.

Die Frage, ob die Realisierung eines Marktgleichgewichts aus wohlfahrtsökonomischer Sicht erwünscht ist, führt unmittelbar zu der Problematik, ein gesamtwirtschaftliches „Wohlstandsoptimum" zu formulieren. Der individualistische Ansatz legt zunächst die Überlegung nahe, ob Kriterien für eine Wohlfahrtsfunktion gefunden werden können, die alle denkbaren Situationen lückenlos und logisch konsistent ordnen könnten und die gleichzeitig allgemein akzeptiert würden. Arrow (1951) hat im so genannten Arrow-Unmöglichkeitstheorem gezeigt, dass eine solche Aggregation der individuellen Nutzenfunktionen zu einer gesamtwirtschaftlichen Wohlfahrtsfunktion nicht möglich ist, solange kein Diktator akzeptiert wird (vgl. Feldman, 1989, S. 178 ff.). Deshalb liegt die Frage nahe, ob nicht durch die Beschränkung auf eine weniger anspruchsvolle partielle Wertung ein Effizienzkriterium abgeleitet werden kann.

Nach dem Pareto-Kriterium ist ein Zustand einem anderen Zustand vorzuziehen, wenn zumindest ein Individuum eine Erhöhung seines Nutzenniveaus erfährt und kein anderes benachteiligt wird. Ein Zustand heißt demnach Pareto-optimal, wenn

---

[6]   Vgl. hierzu Sohmen, 1976, S. 72 sowie S. 205 ff.

[7]   Es handelt sich lediglich um eine Quasidynamik (vgl. Abschnitt 11.2.6).

kein Individuum sich verbessern kann, ohne dass sich ein anderes verschlechtert. Bei Anwendung dieses Auswahlkriteriums verbleiben im Allgemeinen eine Vielzahl von Pareto-optimalen Zuständen. Das Pareto-Kriterium trifft keine Aussage, welcher dieser Pareto-optimalen Zustände „besser" oder „schlechter" ist. Daher erlaubt das Pareto-Kriterium in vielen Fällen keine wettbewerbsökonomische Bewertung. Folglich hat sich in der Wettbewerbsökonomie als praktikables Wohlfahrtsmaß der soziale Überschuss, definiert als Summe von Konsumenten- und Produzentenrente, durchgesetzt (vgl. Varian, 1999, Kap. 14; Brown, Sibley, 1986, Kap. 3). Die Konsumentenrente ergibt sich als Differenz zwischen der maximalen Zahlungsbereitschaft der Nachfrager und dem Kaufpreis,[8] während die Produzentenrente aus der Differenz zwischen dem Marktpreis und demjenigen Preis, zu dem ein Anbieter gerade noch zur Transaktion bereit ist, resultiert. Sie lässt sich durch die Gewinnfunktion des Unternehmens approximieren.[9]

1.3.2   Der Zusammenhang zwischen Gleichgewicht und Optimum

1.3.2.1   Die Pareto-Optimalität des Konkurrenzgleichgewichts

Unter bestimmten Voraussetzungen ermöglichen Konkurrenzgleichgewichte die perfekte Koordination zwischen den Unternehmen, ohne dass Ineffizienzen auftreten. Obwohl die Unternehmen unabhängig voneinander ihre Entscheidungen treffen, gibt es dann keine Verbesserungsmöglichkeiten durch weiter gehende Koordination oder zentrale Planung. Es ist nicht möglich, durch geeignete Änderungen der Produktion und des Konsums einen Konsumenten besser zu stellen, ohne einen anderen schlechter zu stellen.

Erster Hauptsatz der Wohlfahrtsökonomie:

Jedes allgemeine Gleichgewicht bei vollkommener Konkurrenz (Konkurrenzgleichgewicht) ist Pareto-optimal, vorausgesetzt, die folgenden Bedingungen sind erfüllt:[10]

---

[8]   Sie lässt sich als Fläche unter der Hicks'schen kompensierten Nachfragekurve darstellen (vgl. Hicks, 1956). Die Konsumentenrente ist ein akkurates Wohlfahrtsmaß, falls die Einkommenseffekte vernachlässigt werden. Aber auch dann, wenn Einkommenseffekte vorliegen, kann die Konsumentenrente eine hinreichende Approximation für die soziale Wohlfahrt darstellen (vgl. Willig, 1976).

[9]   Dabei wird implizit davon ausgegangen, dass bei Abwesenheit von Gewinn die erzeugte Produzentenrente (= Erlös – variable Kosten) näherungsweise die Fixkosten deckt.

[10]   Eine Beweisskizze wird in Sohmen, 1976, S. 73–93 gegeben; vgl. auch Feldman, 1989, S. 74 ff. Die formale, rigorose Herleitung findet sich in Debreu, 1959, Kap. 6.

1. Die Präferenzen (Nutzenfunktionen) der Konsumenten sind stetig, monoton (mehr ist besser) und hängen nur von ihrem eigenen Güterbündel ab (keine Externalitäten wie Neid etc.).

2. Die Produktionsfunktionen sind stetig und hängen ebenfalls nur von eigenen Inputs (und Outputs) ab (keine Externalitäten).

3. Wirtschaftssubjekte besitzen vollständige Information, ansonsten wären Preisstreuungen auch bei homogenen Gütern möglich.

1.3.2.2 Die Realisierbarkeit beliebiger Pareto-Optima durch Konkurrenzgleichgewichte

Es stellt sich nun die Frage, ob jedes Pareto-Optimum mit vorgegebenem Nutzenniveau für jedes Individuum auch durch ein allgemeines Konkurrenzgleichgewicht dezentralisiert werden kann. Dabei ist selbstverständlich die Nebenbedingung zu beachten, dass die angestrebten Nutzenniveaus mit den verfügbaren Ressourcen bei gegebenem Stand des technischen Wissens realisierbar sein müssen.

Die Verwirklichung eines bestimmten (politisch gewollten) Nutzenniveaus für jedes Mitglied der Gesellschaft von einer bestimmten Ausgangslage (Anfangsausstattung) aus, wird in aller Regel Umverteilungen mittels Steuern und Subventionen erfordern.

Zweiter Hauptsatz der Wohlfahrtsökonomie:[11]

Gegeben die Voraussetzungen des ersten Hauptsatzes (1. - 3.) sowie:

4. Alle Präferenzen sind konvex (Mischen von Gütermengen ergibt eine Verbesserung).

5. Die Produktionsfunktionen sind konkav, (d. h. die Transformationskurve darf nicht konvex zum Ursprung sein), d. h. Größenvorteile müssen ausgeschlossen werden.

6. Kopfsteuern („lump-sum taxes") können ohne Transaktionskosten eingeführt werden.

Unter diesen Voraussetzungen gilt, dass jeder Pareto-optimale Zustand durch ein allgemeines Konkurrenzgleichgewicht – bei geeignet gewählten Kopfsteuern – verwirklicht werden kann.

Auch dann, wenn der betrachtete Pareto-optimale Zustand im Bereich der produktionstechnischen Möglichkeiten liegt, ist folglich nicht zwangsläufig die Marktform der vollkommenen Konkurrenz gesichert. Zunehmende Skalenerträge in bestimmten Produktionsbereichen können bei freiem Wettbewerb zu einer so

---

[11]   Eine Beweisskizze wird in Sohmen, 1976, S. 94 f. gegeben; vgl. auch Feldman, 1989, S. 76 ff. Eine rigorose formale Herleitung findet sich in Debreu, 1959, Kap. 6.

starken Ausweitung der Unternehmensgröße führen, dass die Annahme einer großen Anzahl von Unternehmen (und damit einhergehender perfekter Preisanpassung) nicht mehr gegeben ist.

1.3.3   Arten von „Marktversagen"

Auch in einer grundsätzlich wettbewerblich organisierten Wirtschaft kann wirtschaftspolitischer Handlungsbedarf entstehen. Bei der Auseinandersetzung mit den beiden Hauptsätzen der Wohlfahrtsökonomie haben sich verschiedene Bedingungen herauskristallisiert, bei denen nicht vom Vorliegen einer vollkommenen Konkurrenz ausgegangen werden kann. Diese Bedingungen werden traditionell als Marktversagenstatbestände charakterisiert (vgl. Bator, 1958). Im weiteren Verlauf wird sich jedoch zeigen, dass Vorsicht geboten ist, aus jedem „Marktversagen" bereits die Notwendigkeit eines staatlichen Eingreifens abzuleiten.

1.3.3.1   Externalitäten

Externalitäten werden im Rahmen der beiden Hauptsätze der Wohlfahrtsökonomie ausgeschlossen. Eine (physische) Externalität liegt vor, falls die Aktivität eines Wirtschaftssubjektes (Haushalt oder Unternehmen) den Nutzen oder die Produktionsmöglichkeiten eines anderen Wirtschaftssubjektes (positiv oder negativ) beeinflusst, ohne dass hierfür (im Rahmen einer Tauschbeziehung) ein Preis erhoben wird. Diese unzureichende Spezifikation der Eigentumsrechte und die damit einhergehenden Anreizverzerrungen in der Produktion sind vor allem in der Umweltökonomie von Bedeutung.[12]

Ein Unternehmen, das bei der Maximierung seines Gewinns die negativen externen Effekte seiner Produktion (z. B. Abwasser, Lärm, Rauch etc.) außer Acht lässt, wird zu viele Ressourcen verbrauchen. Die Marktlösung stimmt daher nicht mit der optimalen Lösung bei Beachtung der indirekten volkswirtschaftlichen Grenzprodukte überein (vgl. Sohmen, 1976, S. 224). Das Entscheidungsverhalten der Individuen weicht folglich von demjenigen ab, das ein Optimum ermöglicht. Falls die ursprüngliche Verteilung der Eigentumsrechte wohldefiniert und die Transaktionskosten des Austauschs von Rechten vernachlässigbar sind, führen Verhandlungen zwischen den involvierten Parteien zu effizienten Gleichgewichtslösungen (vgl. Coase, 1960). Ansonsten sind staatliche Eingriffe zur Internalisierung dieser Externalitäten erforderlich. Dabei sollten marktkonforme Lösungen gewählt werden. Aus der Umweltökonomie sind verschiedene solcher Lösungen (z. B. Emissions-Trading, Pigou-Steuern zur Internalisierung der Externalitäten u. a.) bekannt (vgl. z. B. Baumol, Oates, 1989; Tietenberg, 1992).

---

[12]   Zu „externen Effekten", vgl. auch Sohmen, 1976, S. 221-284.

1.3.3.2   Unvollständige Information

Unvollständige Informationen werden im Rahmen der beiden Hauptsätze der Wohlfahrtsökonomie ebenfalls ausgeschlossen. Die Transparenzbedingung des vollkommenen Marktes (allgemeines Konkurrenzgleichgewicht) entspricht allerdings nur selten der Realität.

Unvollständige Information kann erhebliche Suchkosten bei den Konsumenten verursachen. Als Ergebnis sind Preisstreuungen (Preisdispersionen) bei homogenen Produktqualitäten auch bei ansonsten funktionierendem Wettbewerb zu beobachten. Beispielsweise wurden bei einer Stichprobe von fünfzig Produkten, die in Wettbewerbsmärkten gehandelt wurden, erhebliche prozentuale Differenzen festgestellt.[13] Aus der Existenz solcher Preisstreuungen kann aber nicht der Schluss gezogen werden, dass die Marktpreise in einer Ökonomie durch administrativ festgelegte Preise ersetzt werden sollten. Der Vorteil verbesserter Markttransparenz durch administrative Preise wird vielmehr durch gravierende Nachteile dominiert. Hierzu zählen insbesondere die mangelnde Anpassung solcher Preise an veränderte Nachfrage- und Kostenbedingungen sowie der Schutz ineffizienter und wenig innovativer Firmen vor Marktaustritt, da durch die öffentlichen Verfahren der Tarifzulassungen die Informationen über neue Vorhaben bereits bekannt werden, bevor potenzielle Wettbewerber den Markt betreten können. Preisstreuung ist somit in einer grundsätzlich wettbewerblich organisierten Wirtschaft (mit Suchkosten) natürlich und rechtfertigt keine staatlichen Eingriffe.

Asymmetrische Information zwischen Käufer und Verkäufer kann zu Marktversagen führen. Der von Akerlof (1970) analysierte Gebrauchtwagenmarkt liefert das klassische Beispiel dafür, dass der Nachfrager vor Vertragsabschluss die Qualität eines Produktes nicht vollständig beurteilen kann und sich folglich mit seiner Zahlungsbereitschaft an der durchschnittlich zu erwartenden Qualität orientiert. Die Anbieter werden daher nur Produkte minderer Qualität bereitstellen, was wiederum Auswirkungen auf die Zahlungsbereitschaft des Nachfragers hat. Mit der hieraus resultierenden adversen Selektion („Negativauslese") bricht der Markt für qualitativ hochwertige Produkte zusammen. Asymmetrische Information verhindert, dass die Nachfrage nach diesen Produkten bedient wird. Das Problem des moralischen Risikos („moral hazard") kann z. B. auf Versicherungsmärkten beobachtet werden, wenn der Nachfrager einer Versicherungsleistung nach Vertragsabschluss sein Verhalten ändert. Die Anbieter von Versicherungen antizipieren dies und fordern entsprechend höhere Prämien. Dies führt wiederum dazu, dass ein Teil der Nachfrage nicht bedient wird. Die „guten Risiken" werden in Anbetracht der hohen Preise auf den Kauf einer Versicherung verzichten.

---

[13]   Vgl. Pratt, Wise, Zeckhauser, 1979, S. 204 ff. Einen Überblick über die mehr theoretisch orientierte Literatur über Preisdispersionen in Märkten findet der Leser in Butters, 1977; Diamond, 1971; Salop, 1976; Varian, 1980.

Dennoch spielen Informationsprobleme in der praktischen Wettbewerbspolitik eine vergleichsweise untergeordnete Rolle, zumal die Märkte spontan in der Lage sind, eine Vielzahl von Institutionen (Garantien, Versicherungen etc.) herauszubilden, die zur Überwindung des Informationsproblems geeignet sind (vgl. Kreps, 1990).

1.3.3.3 Größenvorteile

Größenvorteile (zunehmende Skalenerträge) liegen vor, falls eine proportionale Erhöhung aller Inputfaktoren (z. B. um 1%) eine überproportionale Erhöhung aller Outputkomponenten (um mehr als 1%) bewirkt. Im Einproduktfall implizieren Größenvorteile fallende Durchschnittskosten im relevanten Bereich der Nachfrage.

Trotz Marktfähigkeit von Faktoren und Gütern sind bei Vorliegen von Größenvorteilen die Voraussetzungen vollkommener Konkurrenz nicht erfüllt. Insbesondere ist die Annahme der reinen Mengenanpassung bei einer Vielzahl aktiver Unternehmen nicht mehr gerechtfertigt. So führen im Einproduktfall fallende Durchschnittskosten aufgrund hoher Fixkosten zu unmittelbaren Anreizen für Fusionen. Die Auswirkungen von Größenvorteilen werden sowohl in der Theorie natürlicher Monopole (vgl. Abschnitt 2.1.3.1) als auch in der Industrieökonomie (vgl. Abschnitt 3.3.3) näher untersucht.

1.4 Marktzutritt

1.4.1 Offene Märkte

Nach Walter Eucken stellen „offene Märkte" eines der konstituierenden Prinzipien der Wettbewerbsordnung dar (vgl. Eucken, 1952, S. 264-270). Das Prinzip der offenen Märkte verlangt nicht nur Berufs- und Gewerbefreiheit, sondern es wendet sich gegen alle Formen der Schließung von Märkten und widerspricht allen Hemmnissen für den Güterhandel. Mit offenen Märkten sind insbesondere Marktschließungsmaßnahmen des Staates, wie beispielsweise Einfuhrverbote, Produktionszölle, Außenhandelsmonopole, Investitionsverbote, Anbaubeschränkungen, Lizenzsysteme mit Bedarfsprüfungen für Handel, Handwerk und Industrie nicht in Einklang zu bringen (vgl. Eucken, 1952, S. 265). Aber auch gesetzlich geschützte Monopole sind mit offenen Märkten nicht vereinbar.

Im Prinzip wird auch im Modell der vollständigen Konkurrenz von offenen Märkten ausgegangen (vgl. Eucken, 1952, S. 266). Das allgemeine Gleichgewicht, d. h. die Abstimmung der vielen Märkte und Produktionszweige aufeinander, wird nicht simultan auf allen Märkten der Volkswirtschaft erreicht, wenn Investitionsverbote und andere Schließungsmaßnahmen in Kraft sind, die den freien Zustrom von Ressourcen verhindern. Solche administrativen Maßnahmen schaffen eine institutionell bedingte Marktschließungs-Rente, da verhindert wird, dass so viele Ressourcen in den Markt einfließen, wie es aufgrund der Knappheitsrelationen zu erwarten wäre. Marktschließung führt in jedem Fall zu einer allokativen Ineffizienz der gesamten Branche. Allerdings ist es auch in geschlossenen Märkten möglich, dass die aktiven Unternehmen sich gegenseitig Konkurrenz machen. Abhängig davon, ob ein funktionsfähiger Lizenzhandel gewährleistet ist, ob Marktzutritt gesetzlich zugelassen ist etc., bleibt auch in geschlossenen Märkten die Möglichkeit des Marktzutritts bestehen. So ist vorstellbar, dass bisher inaktive Unternehmen aktiv werden können, wenn sie eine bestehende Konzession von einem aus dem Markt ausscheidenden Unternehmen übernehmen und bereit sind, eine Marktschließungs-Rente zu bezahlen.

Im Folgenden wird von dem Primat der offenen Märkte ausgegangen. Ob und inwieweit die potenziellen Marktneulinge gegenüber eingesessenen Unternehmen als benachteiligt angesehen werden müssen, hängt entscheidend von dem zugrunde gelegten Marktzutrittsschrankenkonzept ab. Für die Wettbewerbspolitik ist die Frage nach dem Zusammenhang zwischen Marktmacht und Marktzutritt von besonderem Interesse. Marktmacht liegt vor, wenn ein Unternehmen (oder ein Kartell) in der Lage ist, die Preise über das Wettbewerbsniveau zu setzen, ohne dass eine Reduktion des Absatzes eintritt, der diese Preiserhöhung unlukrativ macht (vgl. Landes, Posner, 1981, S. 937). Entsprechend wird Marktmacht durch mangelnden (aktiven und potenziellen) Wettbewerb erst möglich. Das Vorliegen einer fallenden Nachfragekurve für das Produkt eines Unternehmens ist nicht hinreichend als Kriterium zum Nachweis von Marktmacht.[14]

1.4.2   Marktzutrittsschranken

Die folgende Definition einer Marktzutrittsschranke von Gilbert schließt unmittelbar an die Marktmachtdefinition an, nun allerdings bezogen auf den Vorteil, ein eingesessenes Unternehmen zu sein:

> „What is a barrier to entry? This chapter takes the view that *a barrier to entry is a rent that is derived from incumbency*. It is the additional profit that a firm can earn as a sole consequence of being established in an industry" (Gilbert, 1989, S. 478, Hervorhebung im Original).

Der Begriff „rent" muss hier im Sinne einer Monopolrente verstanden werden, da Knappheitsrenten (im Sinne von Opportunitätskosten einer Ressource) auch bei einer anderweitigen Verwendung erzielt würden. Es geht letztlich also um die

---

[14]   So ist beispielsweise im monopolistischen Wettbewerb trotz fallender Nachfragekurve bei freiem Markteintritt kein Gewinn möglich, da aktiver Wettbewerb durch Marktneulinge langfristig die Marktmacht eines Unternehmens neutralisiert (vgl. Kapitel 9).

Frage, welchen Wert es hat, ein eingesessenes Unternehmen zu sein (und evtl. Marktzutritt zu verhindern). Dieser Wert drückt sich nach Gilberts Definition in der Monopolrente aus.

Das wettbewerbsökonomische Denken hat unterschiedliche Wurzeln, die entscheidend von den zugrunde liegenden Marktzutrittsschrankenkonzeptionen geprägt werden. Während in der Industrieökonomie das Bain'sche Marktzutrittsschrankenkonzept zentrale Bedeutung erlangte, ist in der Regulierungsökonomie das Stigler'sche Marktzutrittsschrankenkonzept von besonderer Wichtigkeit. Diese Konzepte der Marktzutrittsschranken behandeln als zentralen Untersuchungsgegenstand die Frage nach dem Vorteil eingesessener Unternehmer gegenüber (potenziellen) Marktneulingen und der damit einhergehenden Marktmacht. Während bei Stigler diese Vorteile durch Kostenasymmetrien hervorgerufen werden, sind sie bei Bain auch durch historische/zufällige Differenzen bedingt.

1.4.3   Das Marktzutrittsschranken-Konzept nach Bain

Bain geht bei seiner Untersuchung der Marktzutrittsschranken von einem langfristigen Kostenkonzept aus und fragt danach, ob Preise über den Durchschnittskosten von den etablierten Unternehmen langfristig aufrechterhalten werden können, ohne dass Marktzutritt profitabel ist. Bain definiert die „condition of entry" als:

> „the extent to which, in the long run, established firms can elevate their selling prices above the minimal average costs of production and distribution (those costs associated with operation at optimal scales) without inducing potential entrants to enter the industry" (Bain, 1968, S. 252).

Bain unterscheidet verschiedene Klassen bzw. Ursachen von Marktzutrittsschranken:

– Größenvorteile,
– Produktdifferenzierungsvorteile der etablierten Anbieter,
– absolute Kostenvorteile.

Für Bain ist das entscheidende Charakteristikum von Marktzutrittsschranken, dass (langfristig) Gewinne (im Sinne von Monopolrenten) erzielt werden können, ohne dass Marktzutritt erfolgt. Im Vordergrund steht also nicht eine mikroökonomische Analyse der Ursachen, warum Marktzutritt so schwierig ist, sondern vielmehr die Untersuchung des ökonometrischen/statistischen Zusammenhangs zwischen Marktzutrittsschranken und Gewinnen und damit einhergehend das Messen der Höhe von Marktzutrittsschranken (vgl. Abschnitt 3.6.1.1).

Eine zentrale Schwäche von Bains Konzept besteht so letztendlich darin, dass es nicht erklärt, auf welchen Ursachen der Vorteil eines etablierten Unternehmens gegenüber potenziellen Marktneulingen beruht. Die Einteilung in aktive und potenzielle Marktteilnehmer und deren Interaktion beruht auf willkürlichen Verhaltensannahmen, die nicht aus unternehmens- bzw. sektorspezifischen Charakteristika abgeleitet werden. Es ist dennoch ein großes Verdienst von Bain, auf die zentrale Rolle von Marktzutrittsschranken für die Marktperformance hingewiesen und so den wettbewerbspolitischen Problembereich eingegrenzt zu haben (Bain, 1956).

Aufbauend auf den Arbeiten von Bain untersuchte Modigliani (1958) im Rahmen eines Modells die Wirkung von Größenvorteilen als Markteintrittsschranke. Dabei wird unterstellt, dass die Unternehmen identische langfristige Durchschnitts-kostenkurven (*LAC*) besitzen. Das Ergebnis hängt entscheidend von den zugrunde gelegten Verhaltensannahmen ab. Ausgangspunkt ist das Sylos-Postulat (vgl. Sylos-Labini, 1962; Koutsoyiannis, 1979, S. 305 ff.):

– Das eingesessene Unternehmen erwartet, dass der potenzielle Marktneuling nicht aktiv wird, falls der Preis nach Marktzutritt unter die langfristige Durch-schnittskostenkurve fällt.

– Der Marktneuling bietet, falls überhaupt, mindestens den kostenminimierenden Output $\overline{X}$ an; bei diesem Output sind die Größenvorteile ausgeschöpft.

– Der Marktneuling erwartet, dass das eingesessene Unternehmen seinen Output auch nach Marktzutritt beibehalten wird.

Ein potenzieller Marktneuling fragt sich folglich, ob als Resultat des Marktzutritts der Preis unter die langfristigen Durchschnittskosten fällt, so dass er nicht mehr kostendeckend anbieten kann. Der Spielraum, den ein Monopolist hat, sei mit Hilfe von Abbildung 1.1 dargestellt:

Bezeichne: *LAC*: langfristige Durchschnittskostenkurve; p_L: Limit-Preis; X_L: Limit-Output; p_C: Wettbewerbspreis; X_C: Wettbewerbsmenge;. $\overline{X}$: kostenmi-nimierender Output.

Wenn die Summe der Outputs eines Monopolisten und eines Marktneulings größer als X_C ist, wird der Marktneuling nicht in den Markt eintreten. Folglich wird es bei einem Preis, der niedriger als p_L ist, nicht zu Marktzutritt kommen. Monopolgewinne, die bei einem Preis zwischen p_C und p_L realisiert werden, bewirken keinen Marktzu-tritt von Marktneulingen. Angenommen, der kostenminimierende Output $\overline{X}$ nimmt zu, weil die Größenvorteile an Bedeutung gewonnen haben, so sinkt X_L und der Limitpreis p_L steigt an. In dem betrachteten Modellkontext stellen Größenvorteile eine Marktzutrittsschranke dar, die einen Gewinn ($p_L > p_C$) ermöglicht. Je bedeu-tender die Größenvorteile, d. h. je größer die kostenminimierende Outputmenge $\overline{X}$, desto höher ist bei gegebenem Marktumfang und gegebenen Nachfrageelasti-zitäten der Limitpreis.

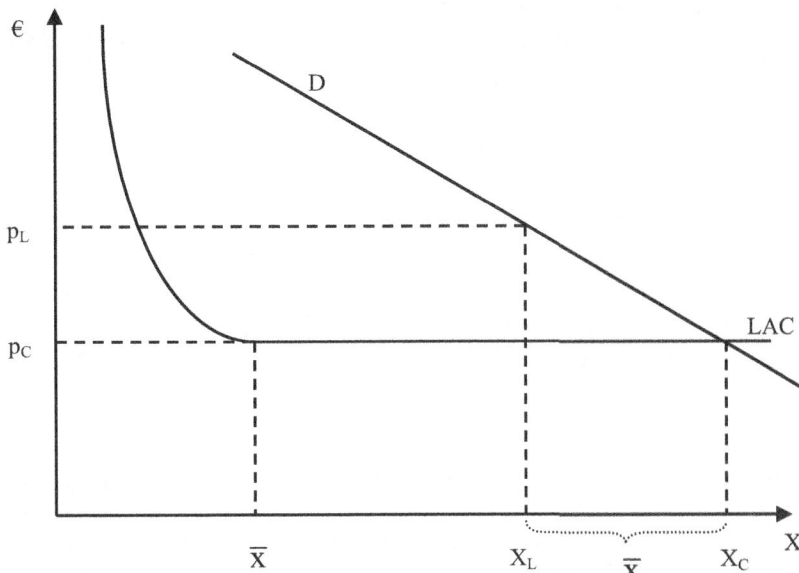

Abb 1.1: Das Limit-Preis-Konzept

Folgende Kritikpunkte lassen sich gegen das Sylos-Postulat anführen. Sie weisen gleichzeitig in Richtung einer generellen Kritik der Bain'schen Marktzutrittsschrankenkonzeption:

–   Die unterstellte Asymmetrie zwischen eingesessenem Unternehmen und Marktneulingen ist nicht plausibel. Es bleibt ungeklärt, warum das eingesessene Unternehmen auch nach Marktzutritt sämtliche Kunden behält.

–   Es wird nicht analysiert, ob der potenzielle Marktneuling an die Stelle des eingesessenen Monopolisten treten kann. Die Möglichkeit eines Rollentauschs wird also ausgeschlossen und es wird nicht erklärt, warum Unternehmen eine bestimmte Position im Markt einnehmen.

–   Die Möglichkeit des Marktzutritts mit Hilfe einer Nischentechnologie wird nicht berücksichtigt.

–   Letztlich wird nicht erklärt, warum eingesessene Unternehmen ein glaubwürdiges Drohpotenzial besitzen, um potenzielle Marktneulinge von Marktzutritt abzuhalten.

Als Fazit ergibt sich: Das Bain'sche Konzept der Marktzutrittsschranken ist nützlich zum besseren Verständnis von Industriestrukturen. Ob und inwieweit hieraus bereits wettbewerbspolitische Eingriffe gerechtfertigt werden können, ist allerdings fraglich. Verhaltensparameter wie der Aufbau von Goodwill, Produktdifferenzierung etc.

sowie deren strategischer Einsatz stellen ein wesentliches Kennzeichen der Funktionsfähigkeit von offenen wettbewerblichen Märkten dar. Sie können durchaus die soziale Wohlfahrt erhöhen (vgl. Teil C).

1.4.4   Das Marktzutrittsschranken-Konzept nach Stigler

Stigler definiert Marktzutrittsschranken im Gegensatz zu Bain als:

> „A barrier to entry may be defined as a cost of producing (at some or every rate of output) which must be borne by a firm which seeks to enter an industry but is not borne by firms already in the industry" (Stigler, 1968a, S. 67).

Ein kurzer Vergleich der Konzepte von Bain und Stigler zeigt die Gegensätze der Ansätze auf:

– Solange die Inputs zu gleichen Bedingungen sowohl für die aktiven als auch für die potenziellen Marktteilnehmer zur Verfügung stehen, kann aus ihnen nach Stigler keine Marktzutrittsschranke hergeleitet werden. So bedingen nach Stigler Größenvorteile keine Marktzutrittsschranke, solange auch die Marktneulinge Zugang zu derselben Kostenfunktion besitzen wie das eingesessene Unternehmen. Bain leitet hieraus – wie das Limit-Preis-Konzept gezeigt hat – eine Marktzutrittsschranke ab.

– Werbung und Kapital bewirken nach Stigler ebenfalls keine Marktzutrittsschranke, insofern die erforderlichen Produktionsfaktoren von sämtlichen (aktiven und inaktiven) Unternehmen zu den gleichen Bedingungen bezogen werden können.

Die Anwendung des Konzepts von Stigler hat zur Folge, dass die von Bain untersuchten Einflussgrößen wie Größenvorteile, Produktdifferenzierung oder Höhe des erforderlichen Kapitals nicht als Marktzutrittsschranke behandelt werden können, da sie von allen aktiven und potenziellen Unternehmen aufgebracht werden müssen. Anders ausgedrückt, es handelt sich um Situationen, in denen die Kostenfunktionen nur von Faktoren abhängen, die für alle Unternehmen identisch sind:

> „'Free' entry, in our language, is entry by firms suffering no cost differentials relative to existing firms" (Stigler, 1968a, S. 70).

Es verbleibt somit die Frage, welche Sachverhalte nach Stigler konkret Marktzutrittsschranken darstellen und welcher wettbewerbspolitische Handlungsbedarf aus der Identifikation solcher Marktzutrittsschranken abzuleiten ist. Auch wenn Stigler selbst hierauf keine explizite Antwort gibt, verbleiben als Marktzutrittsschranken im Stigler'schen Sinne die Kontrolle über knappe Inputs sowie Williamsons Risikoprämien-Version einer Kapitalbarriere, nach der neue Anbieter eine höhere Risikoprämie als eingesessene Unternehmen zahlen müssen. Allerdings wird die praktische Relevanz einer solchen Kapitalbarriere bezweifelt (vgl. Posner, 1979, S. 940, 945, 947). Der verweigerte Zugang zu Inputfaktoren stellt damit eine zentrale Ursache für Markteintrittsbeschränkungen dar. Eine aus dieser Perspektive wesentliche Präzisierung gibt Demsetz:

„The inputs required to enter production must be available to many potential bidders at prices determined in open markets. This lends credibility to numerous rival bids" (Demsetz, 1968, S. 58).

Von Marktzutrittsschranken zu unterscheiden sind weiterhin Barrieren, die sämtliche (aktiven und potenziellen) Unternehmen gleichermaßen treffen, so dass zwar alle Zugang zu der gleichen Technologie (Kostenfunktion) besitzen, aber dennoch eine effiziente Ressourcenallokation verhindert wird. Betrachten wir hierzu das Beispiel von Demsetz (1982) der „Taximedaillen" (Lizenzen), die zunächst bei der Gemeinde erworben werden müssen, dann aber auch weiterverkauft werden können. Aktive und potenzielle Taxifahrer haben die gleichen Kosten: Der Preis für die Lizenz plus die Kosten des Fahrzeugs (variable Kosten und Opportunitätskosten des Fahrzeugs). In Stiglers Sinne ist die Erhebung von Lizenzgebühren nicht als Marktzutrittsschranke zu betrachten, sofern grundsätzlich der Weiterverkauf der Lizenz gewährleistet ist.[15] Dennoch stellen Lizenzgebühren eine Barriere für das Fahren von Taxis dar, da durch diese Kosten weniger Taxis im Markt sein werden als ohne Lizenz. Stigler (1968a, S. 67-69) hat diesen Barriere-Effekt ebenfalls gesehen, ihn jedoch deutlich von einer Marktzutrittsschranke abgegrenzt. Es bleibt eine Ressourcenverschwendung, die noch dadurch verstärkt wird, wenn durch die Lizenzvergabe der Markt im Sinne von Eucken geschlossen wird. Das Anliegen des Stigler'schen Ansatzes besteht nun darin, auf den Insider/Outsider-Effekt und das damit einhergehende strategische Potenzial zu verweisen, das er daher auch mit einen gesonderten Namen, nämlich „Marktzutrittsschranken", bezeichnet hat.

---

[15] Solange die Lizenzgebühr als Kostenfaktor den Gewinn (Knappheitsvorteil) ausschöpft, liegt auch aus der Bain'schen Sicht keine Marktzutrittsschranke vor.

Kapitel 2
Regulierungstheoretische Bausteine

2.1 Natürliche Monopole und ihre Charakterisierung mittels Kostenkonzepten

2.1.1 Bündelungsvorteile in Netzsektoren

Die Wettbewerbsökonomie konzentrierte sich bei ihren Untersuchungen über die Funktionsfähigkeit von Märkten lange Zeit auf den Wettbewerb zwischen denjenigen Teilnehmern, die bereits in einem Markt tätig waren. Waren viele Unternehmen in einem Markt aktiv, so wurde davon ausgegangen, dass die unsichtbare Hand des Wettbewerbs zu effizienten Marktergebnissen führt, d. h. insbesondere zu kostenminimierender Produktion und Vermeidung von Gewinnen. Waren nur wenige Unternehmen in einem Markt zu beobachten, so wurde unterstellt, dass diese hohe Marktmacht besitzen, was ineffiziente Marktergebnisse bewirkt (Gewinne, Kosteninefffizienzen usw.). Hohe Konzentrationen wurden daher als hinreichender Grund angesehen, um staatliche Eingriffe zur Korrektur des angenommenen Marktversagens zu rechtfertigen. Eine Bedingung, die zu einer hohen Marktkonzentration führen kann, ist das Vorliegen von erheblichen Größenvorteilen (vgl. Scherer, Ross, 1990). Diese erlauben relativ großen Produzenten die Herstellung und den Vertrieb eines Produktes zu niedrigeren Durchschnittskosten als kleineren Produzenten. Größenvorteile können in allen Wirtschaftsbereichen auftreten.[1]

Im Zentrum dieses Kapitels stehen natürliche Monopole. Diese sind dadurch gekennzeichnet, dass ein Unternehmen den Markt kostengünstiger bedienen kann als mehrere Anbieter. Während im Einproduktfall ein direkter Zusammenhang zwischen Größenvorteilen und dem Vorliegen eines natürlichen Monopols besteht, liegen die Verhältnisse im Mehrproduktfall komplexer.

Das Konzept des natürlichen Monopols ist intuitiv aus der Beschäftigung mit Wirtschaftssektoren entwickelt worden, die durch die technologische Netzeigen-

---

[1] Eine Tabelle von Größenvorteilen in unterschiedlichen Industrien findet der Leser in Scherer, Ross, 1990, S. 77.

schaft charakterisiert sind. Bereits Sax (1879) betrachtete Eisenbahnen als natürliche Monopole:

> „Das Monopol liegt in der Natur der Eisenbahn, tritt daher in allen Fällen gleich ein und muss eben regulirt werden" (Sax, 1879, S. 148).

Bei der Untersuchung der Kostenseite von Netzen stehen Bündelungsvorteile im Vordergrund (vgl. Blankart, Knieps, 1992, S. 74 f.). Betrachtet sei beispielsweise der Fall einer Trinkwasserversorgung. Zunächst ergeben sich Bündelungsvorteile aus der so genannten Zwei-Drittel-Regel: Je mehr zu versorgende Häuser an einem Straßenzug liegen, desto größer kann der Durchmesser der Leitung sein und desto geringer sind infolgedessen die Kosten pro Anschluss. Von der Zwei-Drittel-Regel spricht man deshalb, weil das Volumen bei einer Vergrößerung des Durchmessers der Leitung rascher wächst als der Rohrumfang, der letztlich die Kosten bestimmt. Während sich dieser Bündelungsvorteil nur auf eine gegebene Strecke bezieht, tritt ein weiterer solcher Vorteil durch Vernetzung verschiedener Strecken in der Fläche auf. Dabei besteht ein Trade-off zwischen dem Ausschöpfen von größeren Bündelungsvorteilen auf Teilstrecken und den hierfür erforderlichen Leitungsumwegen. Beispielsweise kann es kostengünstiger sein, zur Bedienung mehrerer Strecken zunächst eine große Leitung zu einem gemeinsamen Verteilzentrum zu bauen und erst von dort aus die einzelnen Strecken zu bedienen. Schließlich ergeben sich bei (teilweise) stochastischer Nachfrage über die Zeit Durchmischungseffekte, welche die im Durchschnitt erforderliche Netzkapazität mit zunehmender Nutzerzahl ebenfalls vermindern (Knieps, Pethig, 1994).

Bündelungsvorteile dieser Art finden sich auch bei anderen Versorgungsnetzen, z. B. Abwasser, Elektrizität, Gas, Rohrleitungen, Post, Telekommunikation, Straßen, Schienenwege, Flugwege, Kanäle. Offensichtlich treten diese Vorteile bei baumförmigen Verteilnetzen, bei Ringnetzen, bei interaktiven Sternnetzen (wie in der Telekommunikation) und bei vermaschten Netzen auf. Sie sind also unabhängig vom Netzaufbau. Diese Bündelungsvorteile können bewirken, dass ein einziger Netzanbieter eine bestimmte Region kostengünstiger bedienen kann als eine Mehrzahl von Anbietern. In einem solchen Fall liegt ein natürliches Monopol vor.[2]

Natürliche Monopole waren in der Vergangenheit ein wesentliches Argument zur Rechtfertigung staatlicher Regulierungseingriffe aus Effizienzgründen (vgl. Bailey, 1973; Kahn, 1971). Gesetzliche Marktzutrittsschranken sollten garantieren, dass keine ineffizienten Kostenduplizierungen durch Marktzutritt hervorgerufen werden. Gleichzeitig hatten Preis- und Rentabilitätskontrollen das Ziel, die Marktmacht der aktiven Unternehmen einzuschränken. Hinzu kamen Kontrahierungszwang und Konditionenfestsetzung zur Aufrechterhaltung sozial erwünschter Infrastrukturziele. Das Ziel dieses Kapitels ist es, natürliche Monopole durch

---

[2]   Zur Untersuchung natürlicher Monopole in Netzsektoren, vgl. Müller, Vogelsang, 1979; Horn, Knieps, Müller, 1988; Knieps, 1996; Knieps, Brunekreeft (Hrsg.), 2003.

geeignete Kostenkonzepte zu charakterisieren sowie stabile Marktmacht im Bereich natürlicher Monopole herauszukristallisieren.

2.1.2 Definition eines natürlichen Monopols

Im Folgenden wird das Konzept des natürlichen Monopols präzisiert und in den Zusammenhang zu unterschiedlichen Kostenkonzepten gestellt. Es wird versucht, die intuitive Konzeption der Bündelungsvorteile in Netzsektoren in den Kontext präziser Kostenkonzepte zu stellen. Die in diesem Kapitel vorgestellten Kostenkonzepte stellen die Grundlage für eine Vielzahl von Fragestellungen im Bereich der Regulierungsökonomie dar.

Falls ein einziger Anbieter einen Markt kostengünstiger bedienen kann als mehrere Anbieter, handelt es sich um ein natürliches Monopol. Formal lässt sich diese Eigenschaft durch eine subadditive (Gesamt-)Kostenfunktion im relevanten Bereich der Nachfrage charakterisieren, für die eine (zumindest) kostendeckende Produktion möglich ist (vgl. z. B. Baumol, 1977, S. 810).

Subadditivität: Eine Kostenfunktion $C(y)$ ist strikt und global subadditiv in der Menge der Güter $N = \{1, ..., n\}$, falls für jede Menge von Outputvektoren $\{y^1, ..., y^m\}$, $y^j = (y_1^j, ..., y_n^j) \in R^n$, $j=1, ..., m$, mindestens zwei $y^j \neq 0$, gilt: $C(y^1 + ... + y^m) < C(y^1) + ... + C(y^m)$.

Natürliches Monopol: Ein Wirtschaftssektor wird als ein natürliches Monopol gekennzeichnet, falls die Kostenfunktion der Unternehmen über den gesamten relevanten Bereich des Outputs subadditiv ist.

Subadditivität im Einproduktfall: Eine Kostenfunktion $C(y)$ ist strikt subadditiv, falls für alle Outputmengen $y_1, ..., y_m$ mit

$$\sum_{i=1}^{m} y_i = y \text{ , gilt: } C(y) < \sum_{i=1}^{m} C(y_i) \text{ (mindestens zwei } y_i \neq 0)$$

Das Vorliegen eines natürlichen Monopols im Einproduktfall wird durch Abbildung 2.1 verdeutlicht: Aus der Abbildung ist ersichtlich, dass für die Nachfrage D_1 ein natürliches Monopol vorliegt, obwohl die Grenzkosten MC schon über den Durchschnittskosten $AC: = C(y)/y$ liegen und die Größenvorteile bereits ausgeschöpft sind. Es lohnt sich, steigende Grenzkosten aufzuwenden, da andernfalls zwei Mal die fixen Kosten aufgewendet werden müssen. Dagegen kann die Nachfrage D_2 von zwei Unternehmen kostengünstiger bedient werden als von einem.

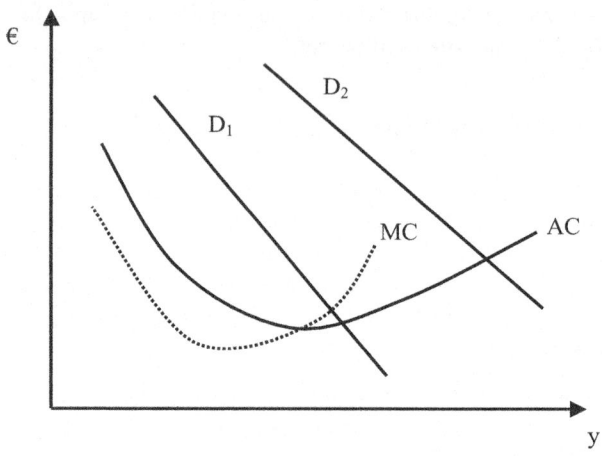

Abb. 2.1: Natürliches Monopol im Einproduktfall

2.1.3   Charakterisierung eines natürlichen Monopols

2.1.3.1   *Größenvorteile*

Lange Zeit wurde davon ausgegangen, dass Größenvorteile und natürliches Monopol identische Konzepte darstellen. Es ist das Verdienst von Baumol (1977), das intuitive Konzept des natürlichen Monopols analytisch präzisiert und den Zusammenhang zum Konzept der Größenvorteile untersucht zu haben.

Strikte *Größenvorteile* („economies of scale") in der Produktion von Gütern in N liegen vor, wenn für jeden Input-Output-Vektor $(x_1, ..., x_r, y_1, ..., y_n)$ und für jedes $w > 1$ ein durchführbarer Input-Output-Vektor $(wx_1, ..., wx_r, v_1y_1, ..., v_ny_n)$ existiert, so dass gilt $v_i \geq w + \delta$, und $\delta > 0$ für alle i.

Größenvorteile (zunehmende Skalenerträge) liegen somit vor, falls eine proportionale Erhöhung aller Inputfaktoren eine überproportionale Erhöhung aller Outputkomponenten bewirkt.[3]

---

[3]   Eine proportionale Zunahme aller Inputs ist effizient bei Vorliegen einer homothetischen Produktionsfunktion. Eine Funktion $f(x)$ ist homothetisch, wenn gilt: $f(x) = g(h(x))$, wobei $h(x)$ homogen vom Grade 1 ist (d. h. es gilt: $h(tx) = th(x)$) und g eine monoton (steigende) Transformation von $h(x)$. In diesem Fall ist die Grenzrate der technischen Substitution entlang einem Fahrstrahl durch den Ursprung konstant. Die Grenzrate ist daher allein von der Relation der Inputs abhängig und nicht von deren absolutem Niveau (vgl. Varian, 1992, S. 17 ff.). Das Konzept der Größenvor-

Im Einproduktfall implizieren Größenvorteile fallende Durchschnittskosten und sind folglich hinreichend für das Vorliegen eines natürlichen Monopols. Sie sind aber nicht notwendig, wie aus Abbildung 2.1 bereits deutlich wurde. Im Mehrproduktfall sind Größenvorteile weder notwendig noch hinreichend (Baumol, 1977, Proposition 11, S. 817).

Betrachte die Kostenfunktion:

$$C(y_1, y_2) = y_1^a + y_1^k y_2^k + y_2^a, \quad 0 < a < 1, \quad 0 < k < \tfrac{1}{2}.$$

Diese Funktion hat Größenvorteile, ist aber nicht subadditiv, was anhand eines einfachen Zahlenbeispiels zu sehen ist: $C(1,0) + C(0,1) = 2 < 3 = C(1,1)$. Wenn beide Produkte in einer Unternehmung produziert werden, entstehen durch den multiplikativen Term in der Mitte zusätzliche Kosten.

2.1.3.2   Verbundvorteile

Verbundvorteile („economies of scope") der gleichzeitigen Produktion mehrerer Güter innerhalb eines Unternehmens stellen einen Spezialfall von Kostensubadditivität dar, wobei lediglich Outputvektoren gewählt werden, die zueinander orthogonal sind, d. h. die keine gemeinsamen positiven Komponenten besitzen.

Verbundvorteile in der Produktion der Outputvektoren

$$y^1 := (y_1, 0, ..., 0), ..., y^n := (0, 0, ..., 0, y_n) \text{ liegen vor, falls}$$

$$C(y^1 + ... + y^n) < C(y^1) + ... + C(y^n).$$

Im Mehrproduktfall sind Verbundvorteile daher notwendig für das Vorliegen eines natürlichen Monopols.

Die nachfolgende allgemeine Definition von Verbundvorteilen basiert auf Panzar, Willig (1981). Dabei wird berücksichtigt, dass die Alternative zu einem N-Produktunternehmen nicht notwendigerweise n Einproduktunternehmen sind, sondern dass auch eine Spezialisierung auf Teilmengen $T_i \subset N$ von Produkten vorstellbar ist.

Verbundvorteile: Bezeichne $N = \{1, ..., n\}$ die Menge der Produkte mit entsprechendem Outputvektor $y = (y_1, ..., y_n)$

Sei $T = \{T_1, ..., T_k\}$ eine nichttriviale Zerlegung von N, d. h.:

---

teile richtet sich zudem lediglich auf eine proportionale Zunahme aller Outputs, unabhängig von der Nachfrage.

$\cup_i T_i = N$, $T_i \cap T_j = \varnothing$ für $i \neq j$, $T_i \neq \varnothing$ und $k > 1$.[4]

Es existieren Verbundvorteile in der Bereitstellung des Outputs y bezüglich der Zerlegung T, falls gilt:

$$\sum_{i=1}^{k} C(y_{T_i}) > C(y), \text{ (wobei } y_{T_i} \in R^n, \ y_i > 0, \text{ für } i \in T_i, \text{ und } y_i = 0, \text{ für } i \notin T_i)$$

Falls Verbundvorteile vorliegen, ist es kostengünstiger, wenn eine einzige Unternehmung alle Produkte zusammen produziert, als wenn verschiedene Unternehmen sich auf die Produktion einzelner Produkte spezialisieren. Diese Kostenvorteile können auf Vorteilen der gemeinsamen Produktion basieren (z. B. gemeinsame Nutzung von Inputs) und auf Vorteilen bei der Verteilung von Produkten.

2.1.3.3   Größenvorteile und Verbundvorteile

Größenvorteile und Verbundvorteile sind nicht hinreichend für das Vorliegen eines natürlichen Monopols (Baumol, Panzar, Willig, 1982, S. 173).

Betrachte die Kostenfunktion:

$C(y_1, y_2) = 10v + 6(x-v) + z + \varepsilon$,

wobei: $C(0, 0) = 0$, $x = \max(y_1, y_2)$, $v = \min(y_1, y_2)$, $z = \min(v, x - v)$, $\varepsilon =$ beliebig kleine, positive Zahl, die Fixkosten repräsentiert. Diese Kostenfunktion besitzt Größenvorteile und Verbundvorteile. Dennoch ist diese Kostenfunktion nicht subadditiv.

2.1.3.4   Kostenkomplementarität

Es stellt sich die Frage, welche Kostenkonzepte hinreichend sind für das Vorliegen eines natürlichen Monopols im Mehrproduktfall.

Kostenkomplementarität: Die Kostenfunktion C besitzt die Eigenschaft der Kostenkomplementarität, falls:

$C(x + z) - C(x) > C(x + y + z) - C(x + y)$ für alle $x, y, z \geq 0$

Falls C kostenkomplementär ist, dann ist C subadditiv (Sharkey, 1982, S. 69). Dieses Ergebnis folgt unmittelbar aus der Definition:

---

[4]   Panzar, Willig (1981, S. 268 f.) betrachten den allgemeinen Fall einer nichttrivialen Zerlegung von $S \subseteq N$, und Verbundvorteilen bei der Produktion eines Outputvektors $y_s \in R^n$ mit $y_i > 0$ für $i \in S \subseteq N$ und $y_i = 0$ für $i \notin S$.

$$C(x + z) - C(x) > C(x + y + z) - C(x + y).$$

Setze $x = 0$, dann folgt:

$$C(z) - C(0) > C(y + z) - C(y) \Leftrightarrow C(y + z) < C(z) + C(y).$$

Kostenkomplementarität besagt, dass die zusätzlichen Kosten eines Outputvektors z abnehmen, wenn nicht nur der Outputvektor x, sondern bereits der Outputvektor $x + y$ produziert wird. Die Annahme ist eher restriktiv.[5] Sie schließt insbesondere aus, dass verschiedene Outputs (bei nichtwettbewerbsmäßigen Inputmärkten) um Inputs konkurrieren.

2.1.3.5   *Abnehmende durchschnittliche Zusatzkosten und Verbundvorteile*

Es gilt zu unterscheiden zwischen einem natürlichen Monopol für alle Output-vektoren (im relevanten Bereich der Nachfrage) und einem Output-spezifischen natürlichen Monopol, bei dem die Eigenschaft nur für einen bestimmten Output-vektor y gilt. Die folgenden positiven Resultate beziehen sich auf die „schwächere" Eigenschaft eines Output-spezifischen natürlichen Monopols.

Zusatzkosten und durchschnittliche Zusatzkosten: Die Zusatzkosten eines Produktes $i \in N$ bei Produktion eines Outputvektors $y = (y_1, ..., y_n)$ sind definiert als

$$IC_i(y) = C(y) - C(y_{N-i}), \text{ wobei } y_{N-i} = (y_1, ..., y_{i-1}, 0, y_{i+1}, ..., y_N)$$

Es handelt sich folglich um die zusätzlichen Kosten, die dadurch entstehen, dass ein zusätzliches Produkt i produziert wird, vorausgesetzt, dass bereits alle übrigen Produkte ohnehin produziert werden. Die durchschnittlichen Zusatzkosten eines Produktes i werden demgemäß definiert als (Baumol, Panzar, Willig, 1982, S. 67):

$$AIC_i(y) = \frac{IC_i(y)}{y_i}$$

Es gilt nun die folgende Aussage: Falls für jedes Gut im Outputvektor y die durch-schnittlichen Zusatzkosten abnehmen und C Verbundvorteile in der Produktion von y hat, dann ist C subadditiv in y (Baumol, Panzar, Willig, 1982, S. 176).

Die Beweisidee lässt sich wie folgt skizzieren: Abnehmende durchschnittliche Zusatzkosten in einer Produktlinie i implizieren, dass diese Produktlinie von

---

[5]   Eine weniger restriktive Annahme wäre die der schwachen Kostenkomplementarität. Schwache Kostenkomplementarität bedeutet, dass die Produktion zusätzlicher Einheiten eines Gutes j eines Outputvektors y nicht die Grenzkosten eines Gutes i aus y erhöht. Das heißt: $C_{ij}(y) \leq 0$, $i \neq j$, $\forall y \geq 0$, $C(\cdot)$ zweimal differenzierbar (vgl. Panzar, Willig, 1977, S. 9).

einem einzigen Anbieter bereitgestellt werden muss, damit die Kosten minimiert werden, da jede Aufspaltung der Produktion eines Gutes i bei Konstanthaltung aller anderen Outputs die Gesamtkosten der Industrie erhöht. Somit gilt, dass es in einer Industrie, in der die durchschnittlichen zusätzlichen Kosten abnehmen, kostengünstiger ist, wenn die gesamte Menge des Gutes i von einem Unternehmen produziert wird, anstatt die Gesamtmenge von i auf mehrere Unternehmen aufzuteilen. Das Vorliegen von Verbundvorteilen bewirkt zudem, dass sämtliche Produktlinien kostengünstiger in einem Unternehmen bereitgestellt werden können.

2.2   Marktzutritt im Bereich natürlicher Monopole

Traditionell werden natürliche Monopole als regulierungsbedürftig angesehen (vgl. z. B. Kahn, 1970; Bailey, 1973). Dabei wurden die folgenden Regulierungsmaßnahmen *kombiniert* angewendet:

–   Marktzutrittsregulierung durch gesetzliche Marktzutrittsschranken,

–   Regulierung der Monopolmacht (Preis- und Rentabilitätsregulierung),

–   Regulierung mit dem Ziel der Versorgungspflicht zu einem sozial erwünschten Preis.

Während die Einführung bzw. Aufrechterhaltung gesetzlicher Marktzutrittsschranken ineffiziente Kostenduplizierung vermeiden und die Bereitstellung einer flächendeckenden Versorgung garantieren sollte, hatten die Instrumente der Marktmachtregulierung zum Ziel, die Ausbeutung der Konsumenten durch überhöhte Preise wenn nicht gänzlich zu unterbinden, so doch zumindest einzuschränken.

In jüngster Zeit wurde eine möglichst weit gehende Deregulierung von Netzsektoren mit dem Ziel offener Märkte angestrebt. Beispiele hierfür sind die Märkte für Luftverkehr und Eisenbahnverkehr, der Telekommunikationsbereich sowie der Energiesektor. Das Ziel der Ausschöpfung von Wettbewerbspotenzialen führte in diesen Sektoren zu einer umfassenden Öffnung und einem damit einhergehenden konsequenten Abbau sämtlicher Marktzutrittsschranken.

2.2.1   Das Konzept der angreifbaren Märkte

Ausgangspunkt des Konzepts der angreifbaren Märkte („contestable markets") ist die Frage nach der Disziplinierungswirkung des potenziellen Wettbewerbs im Bereich natürlicher Monopole. Das Drohpotenzial des Marktzutritts wurde bereits erkannt, lange bevor Baumol, Bailey, Panzar und Willig das Konzept der angreifbaren Märkte entwickelten. So verwies Chadwick bereits 1859 auf den Unterschied zwischen „competition for the field" und „competition within the field of service". Ein Markt wird als angreifbar bezeichnet, falls der Marktzutritt absolut frei ist und der Marktaustritt absolut kostenlos ist (vgl. Baumol, 1982, S. 3). Dabei wird „freier Marktzutritt" im Stigler'schen Sinne verwendet und bedeutet keineswegs, dass der Marktzutritt kostenlos oder leicht ist, sondern, dass die Marktneulinge keine Kostennachteile gegenüber dem aktiven Anbieter besitzen. Die entscheidende Eigenschaft eines angreifbaren Marktes ist seine Anfälligkeit gegenüber „hit-and-run entry". Selbst ein kleiner vorübergehender Gewinn des aktiven Anbieters setzt Anreize für den Marktzutritt eines potenziellen Wettbewerbers. Voraussetzung hierfür ist allerdings eine hinreichende Preisflexibilität, so dass die potenziellen Marktneulinge den aktiven Anbieter unterbieten können (vgl. Bailey, 1981, S. 178).

Um die Auswirkungen des Drohpotenzials potenziellen Wettbewerbs in angreifbaren Märkten zu präzisieren, wird im Folgenden das Konzept der Beständigkeit natürlicher Monopole eingeführt. Baumol, Panzar, Willig (1982) schließen hier an die Tradition von Demsetz an, der im Jahre 1968 in seinem Aufsatz „Why Regulate Utilities?" bereits darauf hingewiesen hat, dass das Vorhandensein eines natürlichen Monopols an sich noch kein Regulierungsargument darstellt. Die gleichsam axiomatische Verknüpfung zwischen der Produktionsstruktur eines natürlichen Monopols und seiner Regulierungsbedürftigkeit im Hinblick auf Markteintritt, Marktaustritt und Preissetzung in einer Welt ohne Unsicherheit wird einer ökonomischen Analyse nicht standhalten. Denn eine Versteigerung des Rechtes, Anbieter auf einem Markt mit der Marktform eines natürlichen Monopols zu sein, kann gegebenenfalls den Wettbewerb auf dem Markt ersetzen. Gemäß Demsetz (1968, S. 58) sind die beiden folgenden Bedingungen entscheidend für das Funktionieren eines Versteigerungsprozesses um ein natürliches Monopol:

– Wettbewerb auf den Inputmärkten (viele potenzielle Bieter),

– keine Absprachen zwischen den an der Versteigerung teilnehmenden Konkurrenten.

Auf die Ähnlichkeit zwischen den Problemen, die bei der Etablierung eines funktionsfähigen Versteigerungsmechanismus entstehen, und den Schwierigkeiten einer effizienten Regulierung auf Märkten, die nicht hinreichend durch potenziellen Wettbewerb disziplinierbar sind, hat Williamson (1976) hingewiesen.

2.2.1.1 *Definition der Beständigkeit eines natürlichen Monopols*

Das Konzept der Beständigkeit („sustainability") eines natürlichen Monopols wurde von Panzar und Willig (1977, S. 5) definiert. Die Industrienachfrage sei für ein natürliches Monopol durch $D(p)$ gegeben, wobei p den Preisvektor darstelle. Ein natürliches Monopol heißt beständig, falls kein Anreiz für eine nichtproduzierende Unternehmung besteht, in den Markt einzutreten. Während der aktive Anbieter die Gesamtnachfrage bedienen muss, steht es dem Marktneuling frei, möglicherweise nur einen Teilmarkt zu bedienen. Dem von Panzar und Willig formulierten Konzept der Beständigkeit natürlicher Monopole liegen die folgenden Annahmen zugrunde:

Freier Markteintritt: Es besteht eine große Anzahl potenzieller Wettbewerber, die ohne Zeitverlust unbeschränkten Zugang zur gleichen kostengünstigsten Technologie des aktiven Anbieters haben.

Abwesenheit von irreversiblen Kosten: Die für einen Markteintritt notwendigen Investitionen lassen sich beim Marktaustritt vollständig wieder verwenden. Marktaustritt ist ohne Kosten und ohne Zeitverlust möglich. Der aktive Anbieter und die potenziellen Wettbewerber besitzen die gleiche entscheidungsrelevante Kostenfunktion.

Bertrand-Nash-Verhalten: Die potenziellen Wettbewerber berechnen ihre Marktchancen, indem sie den aktuellen Preis der eingesessenen Unternehmen als gegeben annehmen und diesen unterbieten. Vollständige Information seitens der Marktteilnehmer wird vorausgesetzt, d. h. es gibt keine Suchkosten, so dass schon kleine Änderungen der Preise eine unmittelbare Wanderung der gesamten Nachfrage zur Folge haben.

Bezeichne m und e den einzigen aktiven Anbieter (Monopolisten) bzw. den Marktneuling und x_s den Vektor aller x_i für $i \in S \subset N$ und $x_{(s)}$ den Vektor aller x_i für $i \in N\text{-}S$ sowie D^s den Vektor aller D^i für $i \in S$.

Beständigkeit: Der Preisvektor p^m heißt beständig, falls gilt:

$$p_s^e \, y_s^e - C(y_s^e) < 0 \text{ für alle } S \subset N,\, p_s^e \leq p_s^m,\, y_s^e \leq D^s(p_s^e,\, p_{(s)}^m),\, y_s^e \neq D(p^m),$$

$$N - S \equiv (S),\ \text{und} \tag{1}$$

$$\Pi(p^m) = p^m D(p^m) - C(D(p^m)) \geq 0. \tag{2}$$

Das natürliche Monopol heißt beständig, falls zumindest ein beständiger Preisvektor existiert.

2.2.1.2   Angreifbarkeit natürlicher Monopole

Es stellt sich die Frage, inwieweit die Möglichkeit eines potenziellen Marktzutritts ein Substitut für fehlenden Wettbewerb zwischen aktiven Unternehmen im Markt darstellt, d. h. inwieweit natürliche Monopole angreifbar sind.

Es gelten die folgenden notwendigen Bedingungen für die Beständigkeit eines natürlichen Monopols (Panzar, Willig, 1977, S. 7-9):

Ein natürliches Monopol muss effizient produzieren. Angenommen ein aktives Unternehmen arbeitet mit einer nichteffizienten Kostenfunktion $C^*(y) > C(y)$. Dann ist vollständige Substitution durch einen Marktneuling unmittelbar möglich:

$\Pi(p^m) = p^m y^m - C^*(y^m) \geq 0$, Marktneuling wählt: $y^e = y^m$, $p^e < p^m$, $C(y)$, so folgt:

$\Pi(p^e) = p^e y^m - C(y^m) = 0$.

Als Ergebnis zeigt sich, dass ein aktiver Monopolist noch keine Marktmacht besitzt, falls er umfassend von potenziellen Marktneulingen diszipliniert wird.

Ein natürliches Monopol macht keinen Gewinn, d. h. $\Pi(p^m) = 0$. Angenommen $\Pi(p^m) > 0$. Ein Marktneuling bietet $y^e = y^m$ zu einem Preisvektor $p^e < p^m$ an und es folgt, im Falle von $\Pi(p^m) = p^m y^m - C(y^m) > 0$, $p^e < p^m$, dass $p^e y^m - C(y^m) \geq 0$.

Auch hier gilt: Fehlender aktiver Wettbewerb wird durch potenziellen Wettbewerb als Disziplinierungsinstrument ersetzt.

Es darf keine interne Subventionierung vorliegen.[6] Für alle $S \subset N$ muss gelten:

$$\sum_{i \in S} p_i^m \, y_i^m \leq C(\, y_s^m \,), \text{ wobei } y_i^m = D^i (\, p^m \,)$$

Andernfalls entstehen Anreize, sich vom natürlichen Monopol abzuspalten.

Sind diese Bedingungen erfüllt, so liegt keine Marktmacht vor, selbst wenn wegen Bündelungsvorteilen nur ein aktiver Anbieter auf dem Markt auftritt. Die Disziplinierungswirkung des potenziellen Wettbewerbs bewirkt, dass keine über die Kapitalverzinsung risikoäquivalenter Anlagen hinausgehenden Gewinnchancen entstehen. Jeder positive Gewinn würde bedeuten, dass ein Marktneuling – gegebenenfalls nur vorübergehend – unter Deckung seiner Kosten in den Markt eintreten kann, indem er das Angebot des gewinnmachenden Unternehmens zu den gleichen Kosten produziert und dessen Preis unterbietet.

Bei Abwesenheit von irreversiblen Kosten und Bertrand-Nash-Verhalten ist der potenzielle Wettbewerb hinreichend, um den etablierten Anbieter zu disziplinieren. Das natürliche Monopol ist angreifbar, da ineffiziente Produktion oder positive Gewinne unmittelbar zu einer Verdrängung des etablierten Anbieters durch einen Marktneuling führen.

---

[6]   Vgl. hierzu ausführlich Abschnitt 2.2.3.

2.2.2   Lokalisierung monopolistischer Bottlenecks

2.2.2.1   *Natürliche Monopole mit irreversiblen Kosten*

Falls C_0 die Ex-ante-Kosten sind, eine Anlage zu bauen, und C_1 der im entscheidungsrelevanten Zeitpunkt Ex-post-Wert der Anlage (d. h. ihr Verkaufswert), dann repräsentieren $k = C_0 - C_1$ die irreversiblen Kosten. Irreversible Kosten unterteilen die Unternehmen in zwei Gruppen:

– Eingesessene Unternehmen, welche die irreversiblen Kosten bereits eingesetzt haben. Sie besitzen die entscheidungsrelevante Kostenfunktion $C_1 = C_0 - k$.

– Potenzielle Marktneulinge, die ex ante die Kostenfunktion C_0 haben.

Irreversible oder versunkene Kosten sind für die eingesessenen Unternehmen im Markt nicht mehr entscheidungsrelevant, wohl dagegen für die potenziellen Wettbewerber. Letztere stehen nämlich vor der Entscheidung, ob sie diese unwiederbringlichen Kosten in einen Markt einsetzen sollen oder nicht. Die eingesessenen Unternehmen haben somit niedrigere entscheidungsrelevante Kosten als die potenziellen Wettbewerber. Hieraus ergibt sich ein Spielraum für strategisches Verhalten der eingesessenen Unternehmen, so dass ineffiziente Produktion oder positive Gewinne nicht mehr zwangsläufig Marktzutritt zur Folge haben.

Formal lässt sich zeigen, dass unter der für potenziellen Marktzutritt günstigen Bertrand-Nash-Annahme – bei der die Konsumenten unverzüglich zum billigsten Anbieter wechseln – Marktzutritt gänzlich ausgeschlossen ist, falls die irreversiblen Kosten einen hinreichend hohen Anteil an den Gesamtkosten bilden (Knieps, Vogelsang, 1982, S. 240 f.). Ein natürliches Monopol ist beständig (gegeben das monopolistische Unternehmen produziert effizient), falls:

$k > \frac{1}{2} C_0 (D(p_0))$, mit

$$p_0 = \underset{q}{\text{Min}} \frac{C_0(q)}{q} = \underset{q}{\text{Min}} AC_0(q) = AC_0(q_0), \text{ und } q_0 < D(p_0).$$

Ein natürliches Monopol mit irreversiblen Kosten besitzt stabile Marktmacht, die gegenüber alternativen Verhaltensannahmen robust ist.

Die traditionellen Regulierungsinstrumente mit dem Ziel der Disziplinierung der Marktmacht sind nur auf den Teilbereich eines natürlichen Monopols anzuwenden, der gleichzeitig auch durch irreversible Kosten gekennzeichnet ist. Das Vorliegen eines natürlichen Monopols mit irreversiblen Kosten bedingt hier eine

Marktzutrittsschranke im Sinne von Stigler (vgl. Abschnitt 1.4.4).[7] Als Folge hieraus sind Gewinne zu erwarten. Die Integration dieses Marktzutrittsschrankenkonzepts in die Regulierungsökonomie führt dazu, dass man nun mit Hilfe dieses Marktzutrittsschrankenkonzeptes stabile Marktmacht in solchen Netzbereichen herauskristallisieren kann, die durch hohe Fixkosten und irreversible Kosten gekennzeichnet sind. Es handelt sich um monopolistische Bottlenecks, wie z. B. Flughäfen, Schienenwege, Elektrizitätsnetze etc. Monopolistische Bottlenecks stellen ein zweifaches Regulierungsproblem dar. Zum einen führt die stabile Marktmacht zu der Gefahr, dass die Leistungen von Bottleneckeinrichtungen zu überhöhten Preisen bereitgestellt werden; zum anderen müssen die Zugangsbedingungen zu den monopolistischen Bottlenecks reguliert werden, damit der aktive und potenzielle Wettbewerb in den komplementären Teilmärkten funktionsfähig wird (vgl. Abschnitt 5.3).

In allen übrigen Netzbereichen führt die Abwesenheit von irreversiblen Kosten dazu, dass keine stabile Marktmacht lokalisiert werden kann. Dennoch spielen in diesen Bereichen fixe Kosten und Größenvorteile eine wichtige Rolle, so dass die Theorie der angreifbaren Märkte eine grundlegende Erweiterung des Modells der vollständigen Konkurrenz darstellt.

Die Kernaussage der Theorie der angreifbaren Märkte bezüglich der Disziplinierungswirkung des potentiellen Wettbewerbs wurde von Weitzman (1983) grundlegend in Frage gestellt. Er argumentierte, dass das natürliche Monopolproblem überhaupt nur bei Vorliegen von irreversiblen Kosten auftreten könne. Insbesondere würden bei Abwesenheit von irreversiblen Kosten Größenvorteile überhaupt nicht auftreten. Die Intuition hinter diesem Argument besteht darin, dass bei kostenlosem Hit-and-run-Marktzutritt Unteilbarkeiten bei der Produktion keine Rolle spielen würden. So könnte eine Maschine mit einem bestimmten kostenminimierenden Output pro Zeitintervall aufgrund der vorausgesetzten physischen Mobilität auf vielen Märkten (jeweils für einen Bruchteil des Zeitintervalls) eingesetzt werden und somit Kostennachteile der Produktion von kleinen Stückzahlen vermeiden. Vorstellbar wäre die Existenz eines LeasingMarktes, auf dem die Unternehmen den Service der Maschine für eine beliebig kleine Zeitperiode ohne Aufpreis einkaufen können.

Baumol, Panzar und Willig (1983) entgegneten zu Recht, dass Weitzmans Kritik keinen grundlegenden Einwand gegen die Theorie der angreifbaren Märkte darstellt. Zwar sind durchaus Fälle vorstellbar, in denen kostenloser Marktzutritt und Marktaustritt verknüpft ist mit geringen oder fehlenden Größenvorteilen. Aber in vielen Fällen sind Größenvorteile auch bei Abwesenheit von irreversiblen Kosten von zentraler Bedeutung. Immer dann, wenn die Produktion mittels der effizien-

---

[7]   Baumol, Willig (1981, S. 408) definieren eine Marktzutrittsschranke analog zu Stigler: „An entry barrier is anything that requires an expenditure by a new entrant into an industry, but that imposes no equivalent cost upon an incumbent".

testen Produktionstechnologie in minimalen Losgrößen erfolgt und die Losgröße nicht durch Verkleinerung der Produktionszeit verringert werden kann, versagt das Weitzman-Argument. In diesen Fällen ist es nicht mehr möglich, die perfekte Teilbarkeit der Zeit als Substitut für andere Unteilbarkeiten bei der Produktion (z. B. Losgröße) einzusetzen. So müssen die fixen Kosten eines Flugzeugs für die Bedienung einer Strecke unabhängig von der tatsächlichen Auslastung der Maschine aufgewendet werden. Da die Bewältigung der Streckendistanz eine bestimmte Zeit benötigt, ist es auch nicht möglich, durch Verkürzung der Reisezeit diese Produktionsunteilbarkeit zu überwinden.[8] Dennoch sind die Kosten des Flugzeugs nicht irreversibel, da das Flugzeug bei fallender Nachfrage auch auf anderen Strecken eingesetzt werden kann. Eine technische minimale Produktionszeit darf nicht mit irreversiblen Kosten verwechselt werden.

2.2.2.2   *Cournot-Nash-Verhaltensannahme*

Nach Grossman (1981) lässt sich die Cournot-Nash-Verhaltensannahme als ein bindender Vertrag zwischen dem aktiven Unternehmen mit seinen Kunden auffassen, die von den Marktneulingen nicht abgeworben werden können. Die Auswirkung der Cournot-Nash-Verhaltensannahme gegenüber der Bertrand-Nash-Verhaltensannahme lässt sich bereits anhand des Einproduktfalls darlegen (vgl. Knieps, Vogelsang, 1982, S. 236 f., insb. Fig. 1). Jeder potenzielle Marktanbieter wähle eine Menge $q_i \in [0, \infty]$, um seinen Gewinn zu maximieren, und unterstelle dabei den Output aller anderen Unternehmen als gegeben. Folglich gilt die Cournot-Nash-Verhaltensannahme. Ein Cournot-Nash-Gleichgewicht $(q_1^{\,o}, ..., q_m^{\,o})$ ist dadurch gekennzeichnet, dass für jeden (potenziellen) Anbieter i, für $i = 1, ..., m$, $q_i^{\,o}$ die gewinnmaximierende Menge darstellt. Es wird nicht von einer exogen vorgebenen Anzahl von (potenziellen) Marktneulingen ausgegangen.[9] Ein natürliches Monopol, das die Menge q^m produziert und einen Preis in Höhe von p^m verlangt, ist unter der Bertrand-Nash-Annahme nicht beständig, da ein Marktneuling auch zu einem niedrigeren Preis kostendeckend produzieren kann.

Falls die Residualnachfrage überall unterhalb der Durchschnittskostenkurve AC liegt, wie für die Nachfrage und Kostenkurve in Abbildung 2.2, liegt ein Cournot-Nash-Gleichgewicht vor, wenn genau ein Unternehmen den Monopoloutput q^M wählt und alle anderen den Output Null. Im Gegensatz zum Beständigkeitskonzept unter der Bertrand-Nash-Annahme ist eine beständige Situation unter der Cournot-Nash-Annahme nicht mehr notwendigerweise effizient. Positive Gewinne oder ineffiziente Produktion führen dann nicht notwendigerweise zu Marktzutritt.

---

[8]   Vgl. hierzu auch Baumol, 1996, S. 57 f.

[9]   Im Gegensatz dazu geht beispielsweise Dixit (1979) davon aus, dass genau ein (potenzieller) Marktneuling existiert.

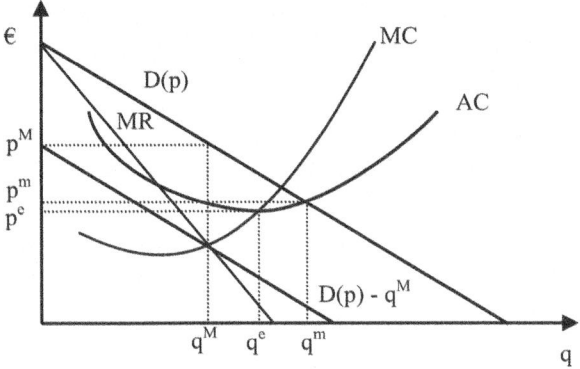

Abb. 2.2: Beständigkeit unter der Cournot-Nash-Annahme

Bei Abwesenheit von irreversiblen Kosten lässt sich im Fall eines natürlichen Monopols keine Marktmacht nachweisen, die gegenüber alternativen Verhaltens-annahmen robust ist. Eine auf der Cournot-Nash-Annahme basierende Markt-macht wird beim Übergang zur Bertrand-Nash-Verhaltensannahme unmittelbar instabil. Eingriffe von Wettbewerbsbehörden müssten sich folglich auf empirisch nur schwer nachprüfbare Verhaltenshypothesen beziehen. Die Bertrand-Nash-Annahme der Theorie der angreifbaren Märkte hat daher auch nicht den Zweck, die mehr oder weniger bedeutenden Informationsprobleme von realen Märkten zu leugnen. Zum einen lässt sich aus Informationsproblemen keine ex ante stabile Marktmacht ableiten, da Märkte erfinderisch in der (endogenen) Entwicklung von Institutionen zur Überwindung von Informationsproblemen sind. Zum anderen existiert in natürlichen Monopolen mit irreversiblen Kosten stabile Marktmacht, selbst wenn sämtliche Marktteilnehmer perfekt informiert sind.

2.2.2.3   Die Rolle des aktiven Wettbewerbs

Die gesamte Wertschöpfungskette eines Netzsektors gilt es, disaggregiert zu untersuchen; d. h. Netzbereiche mit Bottleneck-Charakter und solche ohne Bottleneck-Charakter zu unterscheiden. Netzbereiche außerhalb des Bottlenecks sind durch funktionsfähigen Wettbewerb gekennzeichnet. Dieser muss keineswegs durch potenziellen Wettbewerb erschöpfend charakterisiert sein.[10] Sowohl aktiver als auch potenzieller Wettbewerb mit Technologiedifferenzierung, Produkt-differenzierung und Innovationen (Produkt- und Prozessinnovationen) stellen mögliche Parameter eines funktionsfähigen Wettbewerbs dar. Hierzu zählen zweifellos die Dienstleistungsnetze; ferner trifft dies auch für verschiedene Netzinfrastrukturen zu. Entscheidend für den Nachweis eines monopolistischen

---

[10]   Vgl. hierzu im Einzelnen Knieps, 2006, S. 51 ff.

Bottlenecks ist, sich auf diejenigen Netzbereiche zu konzentrieren, auf denen sowohl potenzieller als auch aktiver Wettbewerb fehlt und folglich auf den nachgelagerten Märkten ökonomisch sinnvolle Netzzugangsalternativen nicht gegeben sind. Kann etwa ein Servicenetzanbieter zwischen alternativen Netzinfrastrukturanbietern wählen, liegt kein monopolistischer Bottleneck vor, auch wenn diese nicht identisch, sondern im Sinne des monopolistischen Wettbewerbs durch Produkt-/Technologiedifferenzierung charakterisiert sind.[11]

Die Ergebnisse des Abschnittes 2.2.2 lassen sich in der folgenden Tabelle 2.1 zusammenfassen.

Tabelle 2.1: Lokalisierung monopolistischer Bottlenecks

	Irreversible Kosten	Ohne irreversiblen Kosten
Natürliches Monopol	Monopolistische Bottlenecks	Potenzieller Wettbewerb
Kein natürliches Monopol	Wettbewerb zwischen aktiven Anbietern	Wettbewerb zwischen aktiven Anbietern

2.2.3   Interne Subventionierung in natürlichen Monopolen

Öffentliche Versorgungsunternehmen nahmen in der Vergangenheit eine wesentliche Funktion der Daseinsvorsorge in einer Gesellschaft wahr, indem sie politisch erwünschte defizitäre Infrastrukturleistungen (z. B. den universellen Hausanschluss an Strom-, Wasser- und Telefonnetze) bereitstellten. Die Finanzierung dieser Defizite aus Überschüssen anderer lukrativer Unternehmensbereiche derselben Unternehmung wird allgemein als interne Subventionierung bezeichnet. Die damit verbundene Entlastung des allgemeinen Staatshaushalts wurde in der Vergangenheit als ein wesentlicher Eckpfeiler für die Rechtfertigung gesetzlicher Marktzutrittsschranken im Bereich öffentlicher Unternehmen angesehen. Ansonsten bestehe die Gefahr ineffizienten, kostenduplizierenden Marktzutritts („Rosinenpicken") in den profitablen Teilbereichen des öffentlichen Unternehmens, welches dann auf Dauer nicht mehr kostendeckend sei und somit vom Markt verdrängt werde.

---

[11]   Die Abwesenheit stabiler netzspezifischer Marktmacht bei zwei oder mehr Infrastrukturanbietern bedeutet aber keineswegs, dass die auf allen Märkten übliche praktische Wettbewerbspolitik (z. B. Fusionskontrolle) überflüssig ist.

Im Rahmen der Deregulierungsdebatte hat das politische Ziel der Aufrechterhaltung von Universaldiensten zu sozial erwünschten Preisen (im Allgemeinen Einheitstarife) eine zentrale Rolle gespielt. Auch nach einer umfassenden Marktöffnung von natürlichen Monopolen kann dieses Verteilungsziel weiterhin politisch erwünscht sein. In der Vergangenheit wurde die Erfüllung des Universaldienstziels unabdingbar mit der Notwendigkeit verknüpft, bestimmte gesetzlich geschützte Monopolnischen aufrechtzuerhalten. Dadurch sollte eine interne Subventionierung defizitärer Leistungen aus den Gewinnen profitabler Leistungen ermöglicht werden.

2.2.3.1 Das Konzept der internen Subventionierung

Verbundvorteile sind eine notwendige Voraussetzung für das Vorliegen eines natürlichen Monopols (vgl. Abschnitt 2.1.3.2). Natürliche Monopole bieten in der Regel verschiedene marktfähige Leistungen an, bei deren Bereitstellung aufgrund von Verbundvorteilen Verbundkosten entstehen. Produktgruppenspezifische Verbundkosten stellen Kostenvorteile dar, die dadurch entstehen, dass eine Gruppe von Diensten aus einer Hand bereitgestellt werden. Sie können einem individuellen Produkt weder direkt noch indirekt kausal zugeordnet werden. Unternehmensspezifische Gemeinkosten („common cost") können weder direkt noch indirekt kausal den einzelnen Produkten bzw. Produktgruppen zugeordnet werden. Es stellt sich daher die Frage, welche Kosten den verschiedenen Produkten eines natürlichen Monopols mindestens zugerechnet werden müssen, damit keine interne Subventionierung vorliegt. Die traditionelle Vorstellung, dass interne Subventionierung vorliegt, sobald der Preis eines Gutes unterhalb seiner Kosten angesetzt wird und zu Lasten von Überschüssen aus anderen Produkten gedeckt wird, hilft bei der Beantwortung dieser Frage jedoch nicht weiter.

Sobald Marktzutritt auch auf den lukrativen Teilmärkten eines natürlichen Monopols zugelassen ist, tritt als Kriterium für interne Subventionierung die folgende Stabilitätsbedingung (Stand-alone-Kostentest) in den Mittelpunkt. Es muss sichergestellt werden, dass durch die Art der Kostenzurechnung keine Anreize geschaffen werden, einzelne Leistungen bzw. Leistungsbündel eines Mehrproduktunternehmens an Konkurrenten abzutreten, falls hierdurch Verbundvorteile verlorengehen würden.

Beispiel:

Betrachtet werden zwei Leistungen, nämlich die Bedienung von einem Dorf 1 und einem Dorf 2 mit Wasser. Die Kosten dieser Projekte seien wie folgt:

$C(1)$ = 10 Mio. € Kosten der Bedienung von Dorf 1 mit Wasser.

$C(2)$ = 8 Mio. € Kosten der Bedienung von Dorf 2 mit Wasser.

$C(1 \cap 2)$ = 15 Mio. € Kosten einer gemeinsamen Bedienung beider Dörfer.

Es entsteht folglich ein Verbundvorteil, beide Dörfer gemeinsam zu bedienen, der sich aufgrund der Verbundkosten einer gemeinsamen Anlage in Höhe von 3 Mio. € ergibt. Dieser Sachverhalt kann auch grafisch dargestellt werden (vgl. Abbildung 2.3):

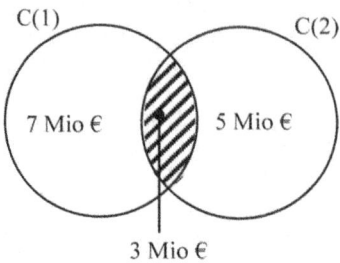

Abb. 2.3: Verbundkosten bei zwei Produkten

Für den Fall der Bereitstellung von mehr als 2 Leistungen muss zwischen produktgruppenspezifischen Verbundkosten und unternehmensspezifischen Gemeinkosten unterschieden werden.

Beispiel:

Es gebe jetzt drei Leistungen, nämlich die Bedienung der Dörfer 1, 2 und 3 mit Wasser. $C(1)$, $C(2)$ und $C(3)$ seien die Kosten der jeweils nicht gemeinsamen Wasserversorgung. Die grafische Darstellung ist jetzt (vgl. Abbildung 2.4):

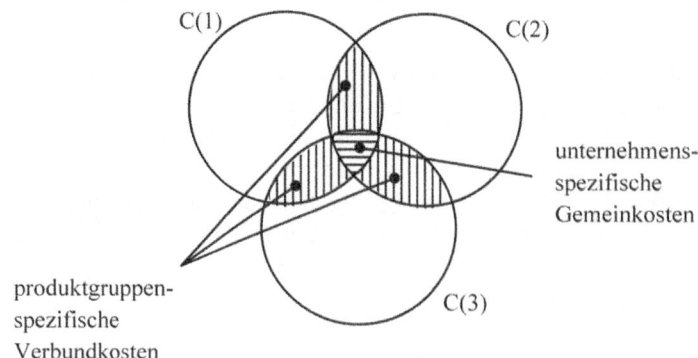

Abb. 2.4: Verbundkosten bei drei Produkten

Hierbei sind die unternehmensspezifischen Gemeinkosten (horizontal schraffiert):

$$C(1) \cap C(2) \cap C(3)$$

und die produktgruppenspezifischen Verbundkosten (vertikal schraffiert):

$$\{C(1) \cap C(2)\} - \{C(1) \cap C(2) \cap C(3)\},$$

$$\{C(1) \cap C(3)\} - \{C(1) \cap C(2) \cap C(3)\} \text{ und}$$

$$\{C(2) \cap C(3)\} - \{C(1) \cap C(2) \cap C(3)\}.$$

Es gilt, zwischen den Zusatzkosten eines Produktes (vgl. Abschnitt 2.1.3.5) und den Zusatzkosten einer Produktgruppe zu unterscheiden. Für das Stabilitäts-problem relevant ist die Frage, ob jede Leistung mindestens ihre produktspezi-fischen Zusatzkosten und jede Gruppe von Leistungen mindestens ihre produkt-gruppenspezifischen Zusatzkosten (einschließlich der produktgruppenspezifischen Verbundkosten, die nicht Teilmenge der unternehmensspezifischen Gemeinkosten sind) trägt. Andernfalls entstehen Anreize, einen Teil der Leistungen außerhalb des natürlichen Monopols anzubieten, obwohl dadurch Verbundvorteile verloren gehen. Marktzutritt bedeutet dann Instabilität.

Im Beispiel der Bedienung zweier Dörfer mit Wasser ist dies leicht zu sehen:

$\overline{C}(1) = 7$ Mio. € sind die Zusatzkosten für die Bedienung des Dorfes 1, wenn die Anlage eigentlich nur für das zweite Dorf gebaut wurde. Entsprechend sind $\overline{C}(2) = 5$ Mio. € die Zusatzkosten für die Bedienung des Dorfes 2. Falls für die Bedienung des Dorfes 1 weniger als 7 Mio. € aufgebracht werden, folgt unter der Voraussetzung der strikten Kostendeckung, dass es für das zweite Dorf billiger wäre, eine separate Anlage nur zur eigenen Versorgung für 8 Mio. € zu errichten. Falls dagegen jedes Dorf zumindest seine Zusatzkosten aufbringt, ist das Stabili-tätsproblem gelöst. Dabei bleibt freilich unbestimmt, wie die restlichen zur Finan-zierung der gemeinsamen Anlage erforderlichen Verbundkosten in Höhe von 3 Mio. € auf die beiden Dörfer aufzuteilen sind.

Für den Fall mit mehr als zwei Gütern muss jede Gruppe von Leistungen auch ihre produktgruppenspezifischen Zusatzkosten tragen. Hierzu zählen jedoch nicht die unternehmensspezifischen Gemeinkosten, die allerdings durch die Erträge sämt-licher Leistungen ebenfalls gedeckt werden müssen. Der Zusatzkostentest interner Subventionierung für einzelne Güter geht bereits auf Alexander (1887) zurück. Es war der Verdienst von Faulhaber (1975), diesen Test auf Gruppen von Gütern aus-zudehnen.

Das Stabilitätsproblem lässt sich für den allgemeinen Fall der Bereitstellung von N Leistungen wie folgt formulieren:

Bezeichne $C(N)$ mit $N = \{1, ..., n\}$ die Kosten, alle n Leistungen in einem einzigen Unternehmen bereitzustellen. Bezeichne $C(S)$ die Stand-alone-Kosten, eine Gruppe $S \subset N$ von Leistungen in einem separaten Unternehmen bereitzustellen. Es wird davon ausgegangen, dass ein natürliches Monopol vorliegt und damit insbe-sondere Verbundvorteile, so dass

$C(S) + C(T) \geq C(S \cup T)$ für alle $S, T \subset N$ mit $S \cap T = \varnothing$.

Je bedeutsamer diese Verbundvorteile sind, umso größer sind die Verbundkosten einer gemeinsamen Anlage bei der Produktion der Gütergruppen S und T.

Bezeichne R_i den Erlös aus der i-ten Leistung des Gesamtprojektes. Ein Erlösvektor $R = (R_1, ..., R_n)$ erfüllt die *Kostendeckungsbeschränkung*, falls:

$$\sum_{i=1}^{n} R_i = C(N), \; R_i \geq 0, \; i = 1, ..., n. \tag{1}$$

Ein Erlösvektor $R = (R_1, ..., R_n)$ erfüllt den *Zusatzkostentest* („incremental cost test"), falls:

$$\sum_{i \in S} R_i \geq \overline{C}(S), \; \forall S \subset N \tag{2}$$

Dabei bezeichnet $\overline{C}(S) := C(N) - C(N-S)$ die Zusatzkosten des Leistungsbündels S, falls alle übrigen Leistungen $N-S$ ohnehin bereitgestellt werden. Die Erlöse jedes Leistungsbündels S müssen also zumindest ihre Zusatzkosten decken. Sie beinhalten sowohl die den einzelnen Leistungen in der Koalition S direkt zurechenbaren variablen Kosten als auch die zusätzlichen fixen Kosten, die erforderlich sind, um die zusätzlichen Leistungen in der Koalition S bereitzustellen.

Abwesenheit von interner Subventionierung: Ein Erlösvektor $R = (R_1, ..., R_n)$, der die Kostendeckungsbeschränkung (1) sowie den Zusatzkostentest (2) erfüllt, ist frei von interner Subventionierung.

Falls die Kostendeckungsbeschränkung (1) sowie der Zusatzkostentest (2) erfüllt ist, folgt die *Stabilitätsbedingung* (Stand-alone-Kostentest):

$$\sum_{i \in S} R_i \leq C(S), \; \forall S \subset N \tag{3}$$

Dies ist leicht ersichtlich:

$$\sum_{i \in N-S} R_i \geq \overline{C}(N - S) = C(N) - C(S)$$

und folglich:

$$C(S) \geq \sum_{i=1}^{n} R_i - \sum_{i \in N-S} R_i = \sum_{i \in S} R_i.$$

Umgekehrt gilt: Falls die Kostendeckungsbeschränkung (1) sowie die Stabilitätsbedingung (3) erfüllt ist, folgt der Zusatzkostentest (2). Es gilt dann nämlich:

$$\sum_{i \in N-S} R_i \leq C(N-S)$$

und folglich:

$$\sum_{i=1}^{n} R_i - \sum_{i \in N-S} R_i = \sum_{i \in S} R_i \geq C(N) - C(N-S) = \overline{C}(S)$$

Diese diskrete Darstellung der Kosten wurde zur Vereinfachung gewählt. Eine kontinuierliche Formulierung von Preis- bzw. Erlösvektoren, die frei von interner Subventionierung sind, wird – aufbauend auf Faulhaber (1975) – in Panzar, Willig (1977) gegeben (vgl. Abschnitt 2.2.1.2, Bedingung 3). Sie lautet für die Stabilitätsbedingung:

$$\sum_{i \in S} p_i^m y_i^m \leq C(y_s^m) \text{ mit } y_i^m = D^i(p^m), \ \forall S \subset N$$

und für die Kostendeckungsbeschränkung:

$$\sum_{i=1}^{n} p_i^m y_i^m = C(y^m).$$

Faulhaber (1975) interpretierte die Kostenfunktion C als charakteristische Funktion eines kooperativen Spiels (C, N), wobei die einzelnen Leistungen $i = 1, \ldots, n$ als Spieler interpretiert werden. Erlösvektoren, die sowohl die Stabilitäts- als auch die Kostendeckungsbeschränkung erfüllen, die also frei sind von interner Subventionierung, liegen im Kern des Spiels (C, N). Dies ist die Menge der Kostenallokationen, die von keiner Gruppe (Koalition) von Leistungen blockiert werden kann, so dass Anreize für Marktzutritt aufgrund einer instabilen Kostenallokation nicht auftreten. Der Kern des Kostenspiels ist im Allgemeinen nicht eindeutig.[12]

2.2.3.2 Instabilität interner Subventionierung bei freiem Marktzutritt

Aus der Spieltheorie ist bekannt, dass der Kern eines kooperativen Spiels leer sein kann (vgl. Shapley, 1971) . Angewandt auf das Kostenspiel bedeutet dies, dass in einem solchen Fall kein Preisvektor (bzw. Erlösvektor) existiert, der frei von interner Subventionierung ist.

Faulhaber (1975) gibt ein Beispiel, das im Folgenden vereinfacht wiedergegeben wird. Drei Dörfer sollen mit Wasserleitungssystemen bedient werden:

---

[12]   Zur Theorie der kooperativen Spiele und zum Kern als Lösungskonzept vgl. z. B. Friedman, 1977.

1. Die Kosten jedes einzelnen Dorfes, sich selbst zu versorgen betragen

   $C(X_1) = C(X_2) = C(X_3) = 30$. Folglich ist $\sum_{i=1}^{3} C(X_i) = 90$

2. Die Kosten eines Zusammenschlusses zweier Dörfer und daneben eines dritten Dorfes, das sich selbst versorgt, betragen

   $C(X_1 + X_2) = C(X_1 + X_3) = C(X_2 + X_3) = 48$. In diesem Fall ist

   $$\sum_{i=1}^{3} C(X_i) = 48 + 30 = 78$$

   Die Durchschnittskosten jedes Dorfes in der Koalition betragen 24 und die Kosten des dritten Dorfes 30.

3. Die Dörfer bedienen sich alle gemeinsam in einem Unternehmen. Die Kosten betragen $C(X_1 + X_2 + X_3) = 75$ und es ist jetzt natürlich

   $$\sum_{i=1}^{3} C(X_i) = 75$$

Es handelt sich folglich um die diskrete Version der subadditiven Kostenfunktion, die nach dem Minimum der Durchschnittskosten wieder ansteigt, wie dies in Abbildung 2.5 dargestellt ist:

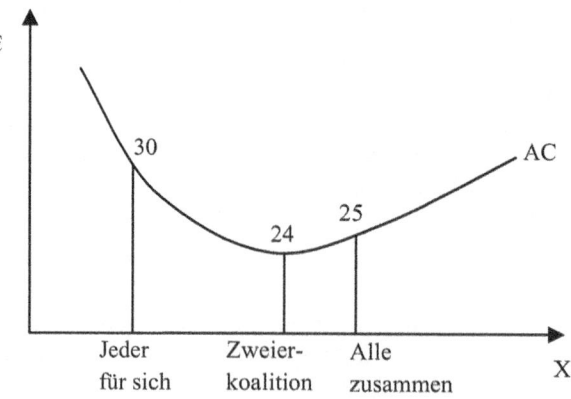

Abb. 2.5: Instabilität und interne Subventionierung

In diesem Beispiel ist kein stabiler Erlösvektor zu finden. Falls z. B. Dorf 1 und 2 eine Koalition bilden ist ein möglicher Erlösvektor {24, 24, 30} und die gesamten Kosten betragen 78. Falls alle zusammen versorgt werden, ist ein möglicher Erlösvektor {22½, 22½, 30} oder {24, 24, 27}) mit den Gesamtkosten in Höhe von 75. {24, 24, 27} ist Pareto-besser als {24, 24, 30}. Niemand verschlechtert sich, während Dorf 3 sich verbessert. Allerdings ist diese Situation nicht stabil, da die Dörfer 2 und 3 zusammen mehr aufbringen (nämlich 24 + 27 = 51) als in dem Falle, in dem sie sich selbst versorgen (nämlich 48). Es ist für sie folglich lohnend, Dorf 1 fallen zu lassen. Für die große Koalition ist allein {24, 24, 24} stabil, aber nicht kostendeckend. Der Kern des Kostenspiels ist leer.

Es stellt sich die Frage nach den Konsequenzen einer solchen Situation, in der aufgrund der Instabilität sämtlicher Erlösvektoren eine interne Subventionierung unvermeidbar ist (vgl. Faulhaber, 1975; Holler, 1990). Eine Möglichkeit könnte darin bestehen, die Märkte zu schließen und gesetzliche Marktzutrittsschranken zu errichten. Dies wäre jedoch der falsche Weg. Zum einen spielte in der Regulierungspraxis in der Vergangenheit nicht die theoretische Möglichkeit einer Instabilität und damit unvermeidlichen internen Subventionierung, sondern interne Subventionierung mit sozialpolitischen Zielen die zentrale Rolle. Zum anderen tritt für die Analyse des verbleibenden Marktmachtproblems nach dem umfassenden Abbau der gesetzlichen Marktzutrittsschranken das Problem der Unbeständigkeit und damit einhergehende Instabilitäten in den Hintergrund. In denjenigen Teilbereichen von Netzsektoren, in denen Marktmacht lokalisiert werden kann, stellt exzessiver Marktzutritt und damit einhergehende ineffiziente Kostenduplizierung kein signifikantes Problem dar (vgl. Knieps, 1997a, S. 362).

2.2.3.3 *Marktzutrittskompatible Alternativen zur internen Subventionierung*

Interne Subventionierung ist mit freiem Marktzutritt unvereinbar. Für den Fall, dass

$$\sum_{i \in S} R_i < \overline{C}(S),$$

handelt es sich um eine implizite Besteuerung der Güter N-S, da diese nicht nur die unternehmensspezifischen Gemeinkosten und ihre produktgruppenspezifischen Verbundkosten aufbringen, sondern auch an den Zusatzkosten der Gütergruppe S beteiligt sind. Allerdings sind sozial- oder regionalpolitische Ziele in einer Gesellschaft nicht von vornherein auszuschließen, auch wenn sie dazu führen, dass bestimmte Güter bzw. Gütergruppen ihre Zusatzkosten nicht decken.

Ein Lösungsansatz zur Aufrechterhaltung politisch erwünschter Universaldienstleistungen auch nach einer umfassenden Marktöffnung liegt in der Errichtung eines Fonds. Die Grundidee des *Universaldienstfonds* besteht darin, das politische Ziel eines Universaldienstes mit der Beseitigung sämtlicher gesetzlicher Marktzutrittsschranken vereinbar zu machen. Dabei gilt es zwischen der Ausgaben- und Einnahmenseite zu unterscheiden.

Interne Subventionen (Quersubventionen), etwa zwischen profitablen und defizitä-ren geografischen Gebieten im Interesse einer Tarifeinheit im Raum, sind bei frei-em Marktzutritt nicht mehr aufrechtzuerhalten. Freier Marktzutritt in den lukrati-ven Teilbereichen würde die Überschüsse tilgen, deren Verwendung für eine in-terne Subventionierung der unlukrativen Teilbereiche erforderlich sind (vgl. Knieps, 1987; Blankart, Knieps, 1989). Die Bereitstellung defizitärer Leistungen wird daher über eine explizite externe Subvention aus einem Universaldienstfonds finanziert. Dabei wird ein Wettbewerbsprozess um die Subvention in Gang ge-setzt, an dem sich sowohl die eingesessenen Unternehmen als auch Marktneulinge beteiligen dürfen. Ist die Subvention hoch genug, so werden die defizitären Leis-tungen freiwillig entweder durch traditionelle Anbieter oder durch neue Unter-nehmen erbracht, wobei der jeweils kostengünstigste Bieter den Zuschlag erhält. Da der Subventionsbedarf im Wege des Ausschreibungswettbewerbs festgestellt wird, hat der Universaldienstfonds (bei einem gegebenen förderungswürdigen Universaldienstumfang) ceteris paribus die Tendenz zu schrumpfen.

Das Konzept des Universaldienstfonds sieht die Erhebung einer Abgabe (Univer-saldienststeuer) auf den lukrativen Netzbereichen vor, die von jedem Anbieter (unabhängig ob eingesessenes Unternehmen oder Marktneuling) erbracht werden muss. Dabei wird Marktzutritt in lukrativen Teilmärkten nicht verboten, sondern lediglich besteuert. Um kleine Neuunternehmen mit noch geringem Umsatz nicht zu benachteiligen, sollte die Abgabe nach dem Prinzip der Mehrwertsteuer erho-ben werden.

Das Konzept des Universaldienstfonds besitzt erhebliche Vorzüge gegenüber der ebenfalls diskutierten Alternative, eingesessene Unternehmen weiterhin mit a-symmetrischen Universaldienstauflagen zu belasten, ihnen dafür aber das Recht eines Aufschlags auf die Zugangsgebühren zu ihren Einrichtungen einzuräumen, die ihre Konkurrenten im Gegenzug zu entrichten hätten. Solange eingesessene Unternehmen nicht dem Druck des Versteigerungswettbewerbs ausgesetzt sind, kann nicht erwartet werden, dass die minimalen Kosten der Bereitstellung von Universaldiensten offen gelegt werden. Zu groß wäre die Versuchung, durch stra-tegisches Verhalten den erforderlichen Subventionsbedarf zu überhöhen.[13]

---

[13]   Zur Umsetzung der Konzeption des Universaldienstfonds in Netzsektoren, inbesondere in der Telekommunikation vgl. Knieps, 2007, S. 146-150.

Kapitel 3
Industrieökonomische Bausteine

3.1 Grundelemente der Industrieökonomie

Die Industrieökonomie stellt weder in der Forschung noch in der Lehre ein präzise abgegrenztes Gebiet dar. Die Behandlung der Marktmachtfrage ist von zentraler Bedeutung, sollen die Erkenntnisse der Industrieökonomie für wettbewerbspolitische Probleme fruchtbar eingesetzt werden können.[1] Ferner leistet die Industrieökonomie auch wesentliche Aussagen zum Unternehmensverhalten auf wettbewerblichen Märkten. Auch wenn das Verhalten von Unternehmen in der Industrieökonomie im Vordergrund steht, so handelt es sich dennoch um genuin volkswirtschaftliche Fragestellungen. Die Bewertung der Marktergebnisse erfolgt aus der Zielsetzung der Erhöhung der sozialen Wohlfahrt und nicht etwa nur des Gewinnes eines einzelnen Unternehmens.

Die Industrieökonomie ist gekennzeichnet durch eine fortwährende methodische Debatte über das Verhältnis zwischen empirischer und theoretischer Analyse. Zu der ersten Gruppe zählen empirisch fundierte ökonometrische Ansätze und Fallstudien. Typisch für die zweite Gruppe sind die spieltheoretisch fundierten modelltheoretischen Ansätze. Beide Richtungen werden kontrovers beurteilt.[2] Den Vertretern des ökonometrischen Ansatzes wird vorgeworfen, dass ihre empirischen Untersuchungsmethoden nicht hinreichend preistheoretisch fundiert seien (vgl. Grossekettler, 1992, S. 634). Demgegenüber wird an der rein spieltheoretisch orientierten Industrieökonomie kritisiert, dass sie gelegentlich mehr an eleganter Theorie als an der Untersuchung relevanter Probleme interessiert sei (z. B. Peltzman, 1991, S. 207). Daher liegt in der Zukunft ein bedeutender Forschungsschwerpunkt der Industrieökonomie in der Verknüpfung von empirischer Analyse und spieltheoretischen Modellen (vgl. Sutton, 1990a, S. 509).[3]

---

[1]   „Industrieökonomie beschäftigt sich mit dem Studium von Marktverhalten auf Märkten mit wenigen Anbietern. Sie untersucht, welchen Einfluss etwa Firmengröße und Monopolisierung auf die Wettbewerbsstruktur haben. Als zentraler wirtschaftspolitischer Aspekt steht die Frage im Vordergrund, wie Wettbewerb stimuliert werden kann" (Illing, 1995, S. 63).

[2]   Vgl. die Besprechungen von Peltzman (1991) sowie Porter (1991) zum *Handbook of Industrial Organization* (Schmalensee, Willig (eds.), 1989).

[3]   Beispiele hierfür gibt es bislang nur wenige, z. B. im Zusammenhang mit der Versteigerung von Ölbohrrechten (vgl. Hendricks, Porter, 1988).

Die Industrieökonomie bildet eine wichtige methodische Grundlage sowohl für die Wettbewerbspolitik als auch für die Industriepolitik (und letztlich auch für die Nachbardisziplin Wettbewerbsrecht). Die Wettbewerbspolitik setzt auf marktwirtschaftliche Rahmenbedingungen, die es – gegebenenfalls durch zusätzliche wettbewerbsrechtliche Vorschriften – zu verbessern gilt. Die Industriepolitik hingegen beinhaltet einerseits die Umsetzung sektoraler Strukturziele (z. B. Förderung bestimmter Sektoren), andererseits aber auch das Setzen von branchenübergreifenden Rahmenbedingungen für Innovationen und Strukturwandel (vgl. Oberender, Daumann, 1995, S. 3 ff.). In beiden Fragestellungen ist die Konformität der Instrumente staatlicher Eingriffe mit dem wirtschaftspolitischen Ordnungsrahmen zu prüfen. Obwohl sowohl Wettbewerbspolitik als auch Industriepolitik auf industrieökonomischen Konzepten basieren, stehen im Folgenden die Anwendungen der Konzepte auf wettbewerbspolitische Fragestellungen im Mittelpunkt.[4]

Ausgehend von den Randbedingungen steht in der Industrieökonomie die Untersuchung des Zusammenspiels zwischen der Marktstruktur, dem Marktverhalten und dem Marktergebnis im Vordergrund. Je nach Ausrichtung wird zwischen den Faktoren eine kausale Beziehung (die Marktstruktur bestimmt das Marktergebnis) oder eine endogene Beziehung gesehen (das Marktergebnis kann wiederum die Marktstruktur beeinflussen). Die Kenntnis der grundlegenden Charakteristika von Struktur, Verhalten und Ergebnissen ist aber sowohl für das Verständnis der kausalen als auch der endogenen Ansätze erforderlich (vgl. Abbildung 3.1).[5]

3.2   Die Randbedingungen

Im Folgenden ist es nicht das Ziel, die Vielzahl der Charakteristika der Randbedingungen deskriptiv zu erläutern. Es sollen vielmehr diejenigen Elemente herausgegriffen werden, die für die Untersuchung der Marktmachtproblematik von Bedeutung sind.

Zu den Randbedingungen zählen die aus der Mikroökonomie bekannten grundlegenden Bedingungen der Industrieökonomie sowie die Wirtschaftspolitik des Staates (vgl. Abbildung 3.1):

1. Nachfrage: Auf der Nachfrageseite können folgende Elemente von Bedeutung sein: Die Preiselastizität der Nachfrage, Substitute, Marktwachstum, saisonale bzw. zyklische Schwankungen, sowie der Informationsgrad der Kunden.

---

[4]   Für einen Überblick zur Industriepolitik seien Oberender, Daumann (1995) sowie Holzem (1995) empfohlen.

[5]   Eine ausführliche Darstellung dieser verschiedenen Charakteristika findet der Leser u.a. in Carlton, Perloff, 2005, insb. Fig. 1.1, S. 4; sowie in Scherer, Ross, 1990, insb. Fig. 1.1, S. 5.

Grundlegende Bedingungen

Nachfrageseite   Angebotsseite

Elastizität   Technologie
Substitute   Rohstoffe
Saisoneinflüsse   Grad der gewerkschaftlichen Organisation
Wachstumsrate   Produktlebigkeit
Standort   Standort
Frequenz der Bestellung   Größenvorteile
Zahlungsform   Verbundvorteile

Struktur
Anzahl der Käufer und Verkäufer
Marktzutrittsschranken
Produktdifferenzierung
Vertikale Integration   **Staatliche Wirtschaftspolitik**
Diversifizierung   Regulierung
                                  Kartellrecht
                                  Marktzutrittsschranken
Verhalten   Steuern
Werbung   Investitionsanreize
Forschung und Entwicklung   Beschäftigungsanreize
Preissetzungsverhalten   Makroökonomische Politik
Rechtmäßige Taktiken
Abgestimmtes Verhalten
Produktwahl
Fusionen und langfristige Verträge

Ergebnis
X-Effizienz
Allokative Effizienz
Vermögenswerte
Produktqualität
Technischer Fortschritt
Gewinne

Abb. 3.1: Grundelemente der Industrieökonomie

2. Angebot: Auf der Angebotsseite können folgende Elemente von Bedeutung sein: der Zugang zur kostengünstigsten Technologie, die Höhe der Transportkosten und die Größe des Marktes.

3. Staatliche Wirtschaftspolitik: Hierzu zählen insbesondere die Wettbewerbspolitik (Antitrustpolitik), Steuern und Subventionen, sowie die internationale Handelspolitik.

3.3   Marktstruktur

Die Markt- oder Industriestruktur bezieht sich in der traditionellen Vorstellung auf solche Charakteristika, welche die Wettbewerbsfähigkeit eines Marktes entscheidend beeinflussen. Damit die Marktstruktur überhaupt etwas über das Marktergebnis aussagen kann, muss vorher der ökonomisch relevante Markt bestimmt werden.

3.3.1   Der relevante Markt

Es gibt zwei Dimensionen einer Marktdefinition: Welche Produkte gehören zusammen (Produktdimension)? Welche geografischen Gebiete gehören zusammen (räumliche Dimension)?

1. Produktdimension:

Definiert man den Markt genügend klein, so kann es im Falle von inhomogenen Gütern nur ein Produkt auf dem Markt geben. Hieraus müsste zwangsläufig Marktmacht gefolgert werden (z. B. der Markt für Rasierapparate eines bestimmten Herstellers), obwohl dieses Produkt durchaus einem intensiven Wettbewerb ausgesetzt sein kann. Werden in den relevanten Markt dagegen zu viele Produkte integriert, wird es schwierig sein, tatsächlich vorhandene Marktmacht zu lokalisieren.

Es gibt keine objektive Marktabgrenzung, und das Konzept der Marktabgrenzung zu Antitrustzwecken ist inzwischen durchaus umstritten (vgl. Geroski, 1998, insb. Fußn. 4, S. 681). Letztlich kommt es auf die Beschränkungen hinsichtlich der Preissetzung an, denen sich ein mutmaßlicher Marktbeherrscher gegenüber sieht, und nicht auf die Marktdefinition. Eine enge Definition führt zu hohen Marktanteilen, aber vernachlässigt den Wettbewerbsdruck außerhalb des Marktes. Umgekehrt schließt eine weite Definition auch den Wettbewerbsdruck außerhalb des Marktes ein, allerdings auch solche Produkte, die für die Gewinnsituation des betrachteten Unternehmens keine Rolle spielen (vgl. Hay, Vickers (eds.), 1987, S. 49; ebenfalls Landes, Posner, 1981, S. 962).

Grundsätzlich sollten im relevanten Markt alle Produkte enthalten sein, die ein Unternehmen in seiner Entscheidungsfreiheit (Preise, Qualität etc.) beeinflussen. Das Problem hierbei ist, dass in der Ökonomie die Entscheidungen stark interdependent sind. Daher muss die Stärke der Einflüsse bezeichnet werden, ab der noch eine problemrelevante Interdependenz zwischen den Entscheidungen vermutet werden kann. Diese Einflüsse stellen einen kontinuierlichen Prozess dar. Das Kontinuum muss durch Festlegung einer Grenze unterbrochen werden. Eine geeignete Marktdefinition sollte alle Produkte umfassen, die enge *Nachfragesubstitute* oder *Angebotssubstitute* darstellen. In beiden Fällen wird das Preissetzungsverhalten für ein Produkt *i* durch die Existenz eines Produktes *j* signifikant beschränkt. So bewirkt eine Erhöhung des Preises für ein Produkt *i* entweder eine Abnahme der nachgefragten Menge, indem die Konsumenten zu dem substitutiven Produkt *j* wechseln, oder eine signifikante Zunahme des Angebots des Produktes *i*, falls die Unternehmen ihre Produktion von Produkt *j* auf Produkt *i* umstellen können.

Zur Bestimmung der Stärke der *Nachfragesubstitution* zwischen zwei oder mehreren Produkten bietet sich das Konzept der Kreuzpreiselastizität an. Produkt *j* ist ein Nachfragesubstitut für Produkt *i*, falls eine Zunahme des Preises von *i* die Konsumenten veranlasst, mehr von Produkt *j* zu konsumieren. Für die Frage, ob der Markt für Produkt *i* auch Produkt *j* einbeziehen soll, ist die Kreuzpreiselastizität ε_{ij} der Nachfrage für Produkt *i* bezüglich des Preises des Produktes *j* relevant. Q_i bezeichne die (einkommenskompensierte) Nachfrage nach Produkt *i* und p_j den Preis des Produktes *j*.

$$\varepsilon_{ij} = \frac{\partial Q_i}{\partial p_j} \cdot \frac{p_j}{Q_i} \text{ mit } \varepsilon_{ij} > 0 \text{ bei Substituten}$$

Das Hauptproblem dieses Konzeptes ist die empirisch nur schwer bestimmbare Kreuzpreiselastizität. Da die Höhe der Elastizität vom Preisniveau abhängt, werden bei einem hohen Preis des Produktes *i* die Produkte *i* und *j* stärker substituierbar sein als bei einem niedrigen Preis des Produktes *i*.

Als Kriterium für die Bestimmung eines *Angebotsubstituts* kann Folgendes verwendet werden: Produkt *i* ist ein Angebotssubstitut für Produkt *j*, falls eine Preiserhöhung des Gutes *i* Unternehmen, die Produkt *j* produzieren, veranlasst, einen Teil ihrer Produktion auf Gut *i* umzustellen. So könnte ein Produzent von Lederbekleidung auf die Produktion von Lederaccessoires wie z. B. Handtaschen wechseln. Hier liegt keine Nachfragesubstitution, sondern allein eine angebotsseitige Substitution vor.

In diesem Zusammenhang muss die Frage beantwortet werden, inwieweit komplementäre Güter, also Vorprodukte oder Produkte, die im weiteren Wertschöpfungsprozess entstehen, zum relevanten Markt gerechnet werden sollten. Ferner stellt

sich die Frage, ob beispielsweise zum Markt für Autoersatzteile nur die Original-
teile oder auch Ersatzteile fremder Hersteller gezählt werden sollen.

2. Räumliche Dimension:

Bei der Untersuchung der räumlichen Dimension eines Marktes lautet die zugrunde liegende Frage: Welche geografischen Gebiete beeinflussen signifikant die
Preissetzung eines Produktes an einem bestimmten Ort? Die Bestimmung dieser
Gebiete geschieht auf analoge Weise zu der Produktmarktdefinition. Die stark
gesunkenen Transportkosten führen dazu, dass die geografischen Märkte für viele
Produkte immer stärker zusammenwachsen. Während die Bedeutung der lokalen
und nationalen Märkte abnimmt, steigt die Relevanz der europäischen Märkte und
der Weltmärkte.

3.3.2   Marktkonzentration

In der Vergangenheit wurde die Marktkonzentration als das bedeutendste Kriterium für die Marktstruktur angesehen. So basieren bestimmte Wettbewerbsregeln
häufig auf Marktanteilskriterien. Die Marktkonzentration kann mit verschiedenen
Maßen bestimmt werden, von denen man annimmt, dass sie einen Bezug zum
Grad der Wettbewerbsfähigkeit einer Industrie haben könnten.

Ausgangspunkt bei der Anwendung von Konzentrationsmaßen muss der relevante
Markt sein. Falls zum Beispiel die Produkte i und j enge (Nachfrage-)Substitute
sind, muss das relevante Konzentrationsmaß sowohl die Unternehmen, die Produkt i produzieren, als auch diejenigen, die Produkt j produzieren, berücksichtigen. Unternehmen, die leicht von einem Produkt k zu der Produktion von i über-
wechseln können (Angebotssubstitution), müssen ebenfalls berücksichtigt werden.

Für die Bestimmung der Marktkonzentration werden verschiedene Konzepte verwendet:

1. Der am Umsatz gemessene Marktanteil („concentration ratio", CR):

CR_1: Marktanteil des größten Anbieters,
CR_4: Marktanteil der 4 größten Anbieter,
CR_8: Marktanteil der 8 größten Anbieter.

Selbst wenn das Marktanteilskriterium an sich nicht in Frage gestellt wird, verbleibt der Nachteil der willkürlichen Konzentration auf 4 oder 8 etc. Anbieter.

2. Herfindahl-Hirschman Index (HHI):

Um die Marktkonzentration zu messen, wird eine Funktion der Marktanteile der einzelnen Unternehmen zugrunde gelegt.[6]

Es seien: n: die Anzahl der Anbieter; S_i: der Marktanteil („share") von Anbieter i, wobei $S_i = x_i/T$, mit x_i: absolute Größe des Unternehmens (Umsatz) und T: Gesamtgröße des Marktes (Umsatz).

Der HHI berechnet sich folgendermaßen:

$$H = \sum_{i=1}^{n} S_i^2 = \sum_{i=1}^{n} \left(\frac{x_i}{T} \right)^2 \text{, wobei } 0 < H \le 1$$

In Abhängigkeit der Angebotsstruktur ergeben sich folgende Standardwerte für den HHI:

Monopol (100 %): $H = 1$
Dyopol (je 50 %): $H = {}^1/_4 + {}^1/_4 = {}^1/_2$
Triopol (je 33 %): $H = {}^1/_9 + {}^1/_9 + {}^1/_9 = {}^1/_3$

im asymmetrisch bedienten Triopol mit Marktanteilen von
50 %, 30 %, 20 %: $H = 0{,}25 + 0{,}09 + 0{,}04 = 0{,}38$

Der HHI weist folgende Eigenschaften auf:

–   Es besteht eine monotone Beziehung zwischen der Anzahl der Unternehmen und dem HHI, falls die Unternehmensgrößen übereinstimmen.

–   Der „letzte kleine Anbieter" ist von untergeordneter Bedeutung für die Höhe der mit dem HHI ausgewiesenen Marktkonzentration.

–   Der Index hat keine theoretische Begründung und ist ad hoc gewählt (vgl. auch Scherer, Ross, 1990, S. 72 f., Fußn. 45).

Der Herfindahl-Hirschman Index wurde in den letzten Jahren vermehrt vom Department of Justice und der Federal Trade Commission (amerikanische Wettbewerbsbehörden) bei der Bewertung von Fusionsfällen eingesetzt. In Deutschland werden die Konzentrationsmaße für die bedeutendsten Industrien regelmäßig auf der Basis aggregierter nationaler Statistiken erstellt.[7] Handelt es sich um einen lokalen Markt, geben nationale Konzentrationsstatistiken aber eine falsche Beschreibung der tatsächlichen Marktkonzentration (z. B. bei Vorliegen hoher Trans-

---

[6]   Vgl. Clarkson, Miller, 1983, S. 72; Carlton, Perloff, 2005, S. 255; im Hinblick auf die historische Entwicklung, vgl. Hirschman, 1969, S. 761; sowie Scherer, Ross, 1990, S. 72 f., Fußn. 45.

[7]   Vgl. z. B. die Anlagebände zu den Gutachten der Monopolkommission.

portkosten). Analoges gilt, falls die Handelsbarrieren niedrig sind und der Außenhandel eine große Rolle in der Bedienung des Marktes spielt.[8]

3.3.3   Marktzutrittsschranken nach Bain

Die Analyse von Marktstrukturfaktoren führt automatisch zu der Frage nach strukturellen Eintrittsbeschränkungen für Unternehmen.[9] Das Kernproblem der Bestimmung von Marktzutrittsschranken ist die Frage, welche Faktoren den potenziellen Wettbewerb verhindern. Traditionell wird in der Industrieökonomie folgenden Elementen zentrale Bedeutung für das Vorliegen von Marktzutrittsschranken zugeschrieben (vgl. Bain, 1951, 1956):

1. Größenvorteile: Die traditionelle Industrieökonomie der Harvard-Schule (vgl. z. B. Scherer, Ross, 1990, S. 4) zählt auch die Kostenstruktur (Größenvorteile, Verbundvorteile etc.) zur Marktstruktur. Dabei stellt das Vorliegen von Größenvorteilen („economies of scale") eine zentrale Determinante für die Marktstruktur dar (vgl. Scherer, Ross, 1990, S. 97 ff.). Dies zeigt, dass die Abgrenzung zwischen grundlegenden Bedingungen und Struktur nicht trennscharf ist. Beide beziehen sich auf beobachtbare Variablen, denen ein Einfluss auf das Verhalten der Unternehmen oder die Marktergebnisse zugeschrieben wird und die sich nur so langsam ändern, dass sie entweder kurzfristig als exogen gegebene Daten oder als durch frühere Entscheidungen festgelegte Parameter (abgeleitete Strukturgrößen) behandelt werden können.

2. Produktdifferenzierung: Wenn Konsumenten unterschiedliche Varianten (Marken) eines Produktes als imperfekte Substitute ansehen, führen höhere Preise nicht automatisch zum Verlust sämtlicher Kunden. Homogenität der Produkte intensiviert dagegen den Preiswettbewerb. Andererseits gibt es eine positive Bewertung der Konsumenten für Produktvielfalt. Inwiefern bei differenzierten Produkten tatsächlich von Marktmacht gesprochen werden kann, wird in Kapitel 9 näher analysiert.

3. Absolute Kostenvorteile: Als mögliche absolute Kostenvorteile etablierter Unternehmen gegenüber Marktneulingen werden niedrigere Kapitalkosten, niedrigere Inputpreise durch längerfristige Lieferverträge, eingearbeitete Mitarbeiter, Patente sowie die Kontrolle über wichtige Rohstoffe genannt (vgl. Koutsoyiannis, 1979, S. 291).

---

[8]   Auf verschiedene andere Konzentrationsmaße (vgl. z. B. Clarkson, Miller, 1983, S. 68 ff.; Scherer, Ross, 1990, Kapitel 3) soll an dieser Stelle nicht weiter eingegangen werden.

[9]   Eine systematische und vertiefende Analyse alternativer Marktzutrittsschrankenkonzepte wird in Abschnitt 1.4 gegeben.

Zunächst stellt sich daher die Frage, ob sich Marktneulinge zu den gleichen Bedingungen wie etablierte Anbieter die notwendigen Inputs beschaffen können. Für
den Input „Kapital" ist hierbei auch zu berücksichtigen, dass Projekte mit hohem
Risiko auch eine hohe Risikoprämie erfordern, unabhängig davon, wer ein solches
Projekt durchführt. Bei funktionsfähigen Kapitalmärkten sollte es viele Investoren
für Projekte unterschiedlicher Größe geben (vgl. Carlton, Perloff, 2005, S. 80).
Das Gleiche gilt für die Möglichkeit von Marktneulingen, durch langfristige Verträge günstige Einkaufsbedingungen zu erhalten. Die Einarbeitung von neuen Mitarbeitern lässt sich als Lernkosten auffassen (vgl. Spence, 1981), die bei allen
Unternehmen anfallen. Langfristige Kostenasymmetrien zwischen etabliertem Anbieter und Marktneulingen lassen sich hieraus nicht ableiten. Hiervon zu unterscheiden sind Situationen, in denen die Marktneulinge zwar kurzfristig höhere
Kosten haben als der etablierte Anbieter, aus denen aber ebenfalls keine langfristigen Kostenasymmetrien folgen. Ein Beispiel hierfür ist der Aufbau von Goodwill
zwischen Produzent und Kunden, oder der Aufbau von Vertrauensbeziehungen
zwischen Unternehmen und Kunden. Für den Fall, dass das etablierte Unternehmen die Kontrolle über einen wichtigen Rohstoff besitzt, besteht allerdings eine
langfristige Kostenasymmetrie.[10] Ferner stellen Patente einen absoluten Kostenvorteil dar; ihre Funktionsweise wird in Kapitel 11 erläutert.

3.4 Marktverhalten

Unter Marktverhalten werden alternative Verhaltensannahmen von aktiven und
potenziellen Marktteilnehmern beim Treffen von Entscheidungen über den Einsatz
der von ihnen kontrollierten Parameter subsumiert.

Aufbauend auf den Methoden der Spieltheorie ist die Unterscheidung zwischen
nichtkooperativem und kooperativem Verhalten grundlegend. Nichtkooperatives
Verhalten lässt sich mittels der Nash-Verhaltensannahme (Nash, 1951) präzisieren. Es wird davon ausgegangen, dass die Entscheidungen der anderen Teilnehmer
gegeben und durch Verhandlungen nicht beeinflussbar sind. Jeder Teilnehmer
versucht in diesem Rahmen die für ihn beste Entscheidung zu treffen. Eine Menge
von Strategien wird Nash-Gleichgewicht genannt, falls – unter der Annahme, dass
die Strategien aller anderen Unternehmen konstant sind – kein Unternehmen einen
höheren Gewinn durch die Wahl einer anderen Strategie erzielen kann. Im
Bertrand-Modell variieren die Unternehmen als Strategieparameter die Preise, im
Cournot-Modell die Mengen. Aber auch andere Strategieparameter sind vorstellbar, z. B. Produktdifferenzierung, Werbung oder Investition in Forschung und
Entwicklung. Die nichtkooperative Verhaltensannahme steht in der modernen
Industrieökonomie im Zentrum. Die kooperative Verhaltensannahme geht dage-
gen davon aus, dass die Entscheidungen in Verhandlungen gemeinsam getroffen

---

[10]   Diese stellt eine Marktzutrittsschranke im Sinne von Stigler dar (vgl. Abschnitt 1.4.4).

werden. Die Annahme kooperativen Verhaltens spielt naturgemäß in der Kartelltheorie eine bedeutende Rolle.

Die Möglichkeiten, Marktverhalten modelltheoretisch zu erfassen und die Effekte
auf den Wettbewerb und das Marktergebnis darzulegen, werden ausführlich in den
nachfolgenden Kapiteln erörtert.

3.5   Marktergebnis

In der industrieökonomischen Literatur stehen Effizienzziele im Vordergrund.
Drei verschiedene Maße werden üblicherweise angewendet, um herauszufinden,
wie weit die Performance einer Industrie aus der Perspektive der Produktions- und
Allokationseffizienz vom Referenzpunkt eines Wettbewerbsmarktes entfernt ist.
Diese sind (1) der Ertrag auf das eingesetzte Kapital, (2) die Preis-Kosten-Relation
und (3) Tobin's q. Jedes dieser Maße bezieht sich direkt oder indirekt auf die
Preissetzung in Relation zu den Kosten und jedes hat Vor- und Nachteile.

3.5.1   Ertrag auf das eingesetzte Kapital

Der Ertrag auf das eingesetzte Kapital („rate of return") ist ein Maß für den Ertrag
pro Euro Investition (vgl. Carlton, Perloff, 2005, S. 247 ff.). Grundlage für die
Ermittlung des adäquaten Kapitalertrags ist der *ökonomische Gewinn*, der im Gegensatz zum buchhalterischen Gewinn die Opportunitätskosten sämtlicher einge-
setzter Produktionsfaktoren mit berücksichtigt[11]: Der Gewinn ergibt sich als Differenz aus den Umsatzerlösen und den Kosten für Arbeit, Material und Kapital. Die
Kapitalkosten müssen auch die Abnahme des ökonomischen Werts der Anlagen
über die Zeit, beispielsweise bedingt durch technischen Fortschritt, mit berücksichtigen. Der Gewinn bestimmt sich also folgendermaßen:

$$\Pi = R - wL - M - (r^* + \delta)K \text{, wobei}$$

Π: Gewinn; R: Erlös; w: Lohnsatz; L: Arbeitseinsatz (in Stunden); M: Materialkosten; r^*: marktmäßige Verzinsung des Kapitals; δ: Abschreibungsrate (ökonomischer Wertverlust); K: Höhe des eingesetzten Kapitals.

Um den Kapitalertrag (r) zu berechnen, setzt man den Gewinn Null und löst den
Ausdruck nach r auf.

---

[11]   Im Rahmen dieses Buches wird als Gewinn durchgängig der ökonomische Gewinn
bezeichnet.

$$r = \frac{R - wL - M - \delta K}{K}, \text{ wobei } r > r^* \text{ falls } \Pi > 0^{12}$$

Es gilt die folgenden Anforderungen an eine jährliche Ermittlung der Kapitalkosten im Sinne eines ökonomischen Werteverzehrs zu beachten:

- Die Bewertung des Kapitals (Festlegung der Kapitalbasis) darf nicht zu Buchwerten erfolgen, sondern muss dem zukunftsorientierten ökonomischen Wert entsprechen.

- Die Abschreibungsmethode darf sich nicht an buchhalterischen oder steuerrechtlichen Vorschriften orientieren, sondern muss dem ökonomischen Werteverzehr entsprechen.

Die Rendite oder der Kapitalertrag lässt sich nur dann vergleichen, wenn einheitlich entweder die Rate vor oder nach Steuern zugrunde gelegt wird. Hinzu kommt die Notwendigkeit, unterschiedliche Ertragsrisiken mit zu berücksichtigen, d. h. die ermittelte Rendite sollte mit einem Kapitalertrag bei vergleichbarem Risiko im Wettbewerb verglichen werden. Nur dann kann diese Größe als Maß für das Marktergebnis eingesetzt werden.

3.5.2   Preis-Kosten-Spanne

Das zweite Maß ist die Preis-Kosten-Spanne, die einen direkten Zusammenhang zwischen Preis- und Grenzkosten herstellt (vgl. Carlton, Perloff, 2005, S. 254 ff.):

$$\frac{\text{Preis} - \text{Grenzkosten}}{\text{Preis}} = \frac{p - MC}{p} = -\frac{1}{\varepsilon}, \text{ wobei}$$

$\varepsilon = \frac{\partial Q}{\partial p} \cdot \frac{p}{Q}$ der Preiselastizität der Nachfrage entspricht.

Zwei Grenzfälle werden näher betrachtet: Das Monopol und der vollständige Wettbewerb.

Die Bedingung für Gewinnmaximierung lautet: $MR = MC$, mit MR: Grenzerlös und MC: Grenzkosten. $p(Q)$ sei die inverse Nachfragefunktion. Im Monopol ist der Erlös abhängig von der angebotenen Gütermenge des Monopolisten, also $R(Q) = p(Q) Q$.

---

[12]   An dieser Stelle wird die Analogie zum Kriterium der Rate-of-return-Regulierung deutlich: $i = \frac{R(L,K) - wL}{K}$, falls $\delta = 0$, $M = 0$ (vgl. Abschnitt 5.2.2).

$$MR=\frac{\partial R(Q)}{\partial Q}=p+Q\frac{\partial p}{\partial Q}=p\left(1+\frac{\partial p}{p}\frac{Q}{\partial Q}\right)=p\left(1+\frac{1}{\varepsilon}\right).$$

Aus der Bedingung zur Gewinnmaximierung $MR = MC$ folgt

$(p - MC)/p = -1/\varepsilon.$

Der relative Aufschlag („mark up") auf die Grenzkosten $[(p - MC)/p]$ wird auch als Lerner-Index bezeichnet (Lerner, 1934).[13] Er macht deutlich, dass auch die Marktmacht von Monopolisten in Form der Preiselastizität der Nachfrage an eine Grenze stößt. Es wird ersichtlich, dass die Preis-Kosten-Spanne als relative Abweichung des Güterpreises von den Grenzkosten allein von der Nachfrageelastizität abhängt. Je höher die Nachfrageelastizität ist, desto näher liegt der Monopolpreis beim Wettbewerbspreis. Je niedriger die Nachfrageelastizität ist, desto mehr überschreitet der Preis die Grenzkosten.

Aus der Anwendung dieses Konzepts zur Bewertung eines Marktergebnisses folgt, dass das zentrale Element zur Erforschung der Monopolmacht die Preiselastizität der Nachfrage ist. Allerdings gilt es zu beachten, dass bei Vorliegen von Größenvorteilen Grenzkostenpreise keine Kostendeckung ermöglichen. Ein Aufschlag auf die Grenzkosten ist demnach zum Überleben des Unternehmens unabdingbar und bedeutet noch nicht zwangsläufig Marktmacht in Form von Gewinnen (vgl. hierzu auch Abschnitt 10.3). Lediglich im Extremfall des vollständigen Wettbewerbs gilt für das mengenanpassende Unternehmen, dessen Residualnachfrage perfekt elastisch ist:

$$\frac{p-MC}{p}=\frac{1}{\varepsilon}$$ und $\varepsilon = -\infty$, so dass $p = MC$.

Die empirische Umsetzung der Preis-Kosten-Spanne als Maß für das Marktergebnis ist nicht unproblematisch. In der Regel ist es schwierig, eine zuverlässige Schätzung für die Grenzkosten zu erhalten. Häufig werden Hilfskonstruktionen verwendet, wobei Kapital- und Werbekosten ausgeklammert werden. Preis-Kosten-Spannen werden typischerweise geschätzt mit dem Ansatz: Verkaufserlöse minus Lohn- und Materialkosten. Die mit dieser Hilfskonstruktion verbundenen Probleme lassen sich wie folgt darstellen. Angenommen, die Grenzkosten sind konstant und gegeben durch:

$$MC=v+\frac{(i+\delta)K}{Q},$$

mit i: „rate of return" im Wettbewerb; δ: Abschreibungsrate; $(i+\delta)K$: Kapitalkosten; v: die durchschnittlichen variablen Kosten für Arbeit und Material.

---

[13]   Zur formalen Herleitung vgl. Abschnitt 10.2.3.1.

Häufig greifen Studien über die Preis-Kosten-Spanne auf die variablen Durchschnittskosten v als Schätzgröße für die Grenzkosten MC zurück. Dies führt jedoch zu einer erheblichen Verzerrung der Ergebnisse. Setzt man

$$MC = v + \frac{(i + \delta)K}{Q}$$

in die Formel für die Preis-Kosten-Spanne $\frac{p - MC}{p} = -\frac{1}{\varepsilon}$

ein, so ergibt sich:

$$\frac{p - v}{p} - \frac{(i + \delta)K}{pQ} = -\frac{1}{\varepsilon} \quad \text{oder} \quad \frac{(p - v)}{p} = -\frac{1}{\varepsilon} + (i + \delta)\frac{K}{pQ}.$$

Falls man $(p - v)/p$ anstatt $(p - MC)/p$ verwendet, berücksichtigt man einen zusätzlichen Term, der dem Mietwert des Kapitals dividiert durch den Wert des Outputs entspricht, so dass die Preis-Kosten-Spanne überschätzt wird.

3.5.3   Tobin's q

Ein drittes Maß für Marktmacht ist Tobin's q (vgl. Lindenberg, Ross, 1981; Scherer, Ross, 1990, S. 415 ff.):

$$q = \frac{\text{Marktwert des Unternehmens}}{\text{Wiederbeschaffungswert des Vermögens}} = \frac{M_S + M_D}{A_R},$$

mit M_S: Marktwert des Eigenkapitals; M_D: Marktwert des Fremdkapitals; A_R: Wiederbeschaffungswert der im Unternehmen eingesetzten Vermögenswerte.

Falls $q > 1$ ist, zeigt dies an, dass die Unternehmung eine Kapitalrendite erzielt, die über den Kosten des Vermögens liegt. Falls man davon ausgehen kann, dass q korrekt gemessen ist, kann man mit dessen Hilfe eine Aussage über das Marktergebnis machen. Falls $q > 1$ ist, folgt, dass das Unternehmen einen höheren Preis als den Wettbewerbspreis verlangt. Der Vorteil von Tobin's q ist, dass die Schwierigkeiten bei der Abschätzung der „rate of return" oder der Grenzkosten umgangen werden können. Andererseits muss man, damit q eine sinnvolle Größe ist, sowohl den Marktwert als auch den Wiederbeschaffungswert des Gesamtvermögens zuverlässig messen können. Die damit verbundenen Probleme haben wiederum dazu geführt, dass dieses Maß weit weniger verwendet wird als der Ertrag auf das eingesetzte Kapital oder die Preis-Kosten-Spanne.

Der Marktwert einer Kapitalgesellschaft lässt sich durch den Börsenwert der Wertpapiere (Aktien, Obligationen) abschätzen, die ein Unternehmen herausgibt. Da diese einer erheblichen Schwankung im Zeitablauf unterliegen können, beeinträchtigt dies aber die Aussagekraft dieses Performance-Maßes in einem bestimm-

ten Zeitpunkt. Wesentlich schwieriger ist es, eine Schätzung für den Wiederbeschaffungswert des Vermögens zu erhalten, es sei denn, es existiert ein Markt für
gebrauchte Ausstattungen wie z. B. Maschinen. Darüber hinaus sind Ausgaben für
Werbung, Forschung und Entwicklung schwierig zu bewerten, da sie immateriel-
ler Natur sind. Oft bleiben deshalb bei empirischen Arbeiten zu Tobin's q die
Wiederbeschaffungskosten der immateriellen Vermögenswerte unberücksichtigt.
Aus diesem Grunde überschreitet q üblicherweise 1. Entsprechend kann es irreführend sein, das so gemessene q ohne weitere Anpassungen als korrektes Maß für
Marktmacht zu interpretieren.

3.6   Das Zusammenspiel von Struktur, Verhalten und Ergebnis

Im Folgenden werden zwei verschiedene industrieökonomische Ansätze diskutiert: Der kausale und der endogene Ansatz.

3.6.1   Der Struktur-Verhalten-Ergebnis-Ansatz

Der Struktur-Verhalten-Ergebnis-Ansatz wurde in Harvard durch Mason (1939,
1949) und Bain (1951, 1956) entwickelt. Im Rahmen dieses Ansatzes werden
Marktstrukturmerkmale in Beziehung zu bestimmten Marktergebnissen gesetzt.
Die Marktstruktur ihrerseits hängt von den grundlegenden Bedingungen wie
Technologie und Nachfrage nach einem Produkt ab. So führen z. B. Größenvortei-
le dazu, dass in einer Industrie nur wenige Unternehmen aktiv sind (oder sogar nur
ein einziges). Dies führt zur so genannten strukturalistischen Hypothese (vgl.
Abbildung 3.2), nach der ein direkter Schluss von der Marktstruktur auf das
Marktergebnis möglich ist. Beispielsweise wird die Frage untersucht, ob die Preise
(Marktergebnis) steigen werden, wenn die Anbieterkonzentration einer Industrie
(Marktstruktur) zunimmt.

Diese Vorgehensweise prägte die traditionelle Industrieökonomie von den 40er
Jahren bis in die 70er Jahre. Dabei wurde versucht, mittels ökonometrischer Modelle empirisch einen Kausalzusammenhang zwischen den im Zeitablauf als robust eingeschätzten Marktstrukturfaktoren und den Marktergebnissen abzuleiten,
ohne dass die Erklärung des Verhaltens im Vordergrund stand. Verhalten wurde
vielmehr als ein Element einer Kausalkette angesehen, so dass der direkte Schluss
von der Marktstruktur auf das Marktergebnis möglich schien.

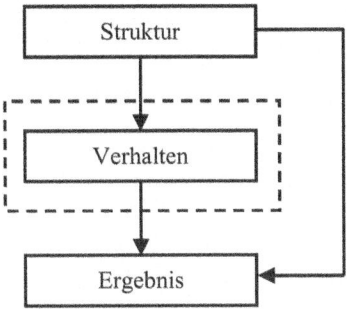

Abb. 3.2: Strukturalistische Hypothese

3.6.1.1   *„Rate of return" und Industriestruktur*

Bain (1951) untersuchte als Erster den Zusammenhang zwischen „rate of return" und Marktstruktur (Industriestruktur).[14] In dieser Industriestudie hat Bain 42 Branchen anhand des Kriteriums der Marktkonzentration in zwei Gruppen unterteilt: In solche mit einer Konzentrationsrate von CR_8 (Marktanteil der 8 größten Anbieter) < 70% und CR_8 > 70%. Seine Ausgangshypothese lautete, dass eine hohe Marktkonzentration Kollusion erleichtert und folglich die Unternehmen in hoch konzentrierten Industrien im Durchschnitt einen positiven Gewinn erwirtschaften müssten. Er fand heraus, dass der Ertrag auf das eingesetzte Kapital für die hoch konzentrierten Industrien 11,8% war, während der Kapitalertrag in den weniger konzentrierten Industrien bei 7,5% lag.

In einer späteren Arbeit aus dem Jahre 1956 klassifizierte Bain die Industrien mit einem zusätzlichen Kriterium, der Höhe von Marktzutrittsschranken (Bain, 1956). Er argumentierte nun, dass sowohl hohe Marktkonzentration als auch hohe Marktzutrittsschranken erforderlich sind, um Gewinne im langfristigen Gleichgewicht zu erzielen (Bain, 1956, insb. S. 190 f.). Die Hypothese lautete, dass Industrien mit einer hohen Marktkonzentration *und* hohen Marktzutrittsschranken (im langfristigen Gleichgewicht) höhere Gewinne als andere Industrien erzielen.

Ökonometrische Studien versuchen mittels Regressionsgleichungen den Effekt unterschiedlicher Variablen (Marktkonzentration, Marktzutrittsschranken) auf die „rate of return" zu messen. In den empirischen Untersuchungen dieser Hypothesen wurden zu diesem Zweck die Koeffizienten der Funktion, die die zugrunde gelegte Hypothese abbildet, geschätzt. Solche Studien können nicht nur den Effekt einer

---

[14]   In folgender Literatur werden diese Arbeiten ausführlich erläutert: Carlton, Perloff, 2005, S. 247 ff.; Scherer, Ross, 1990, Kap. 11, insb. S. 426 ff.; Schmalensee, 1989, S. 951 ff.

Variablen auf eine andere abschätzen, sondern auch untersuchen, wie zuverlässig und signifikant die Schätzungen sind.[15]

Eine typische Regressionsgleichung hat die folgende Form:

$$r = \beta_0 + \beta_1 CON + \beta_2 BE_1 + \ldots + \beta_{n+1} BE_N + \eta$$

mit: r: Profitabilitätsmaß; β_i: unbekannte Koeffizienten; CON: Maß für Marktkonzentration; BE: Variablen, die die strukturellen Determinanten von Marktzutrittsschranken messen sollen (z. B. kostenminimaler Output); η: Residualgröße, die „alle anderen Faktoren" zusammenfasst.

Ein $\beta_i > 0$ bedeutet, dass eine positive Relation zwischen der exogenen Variablen (z. B. Marktkonzentration) und der endogenen Variablen („rate of return") besteht.

Mit diesem Verfahren sind allerdings methodische Probleme verbunden:

– η kann Komponenten enthalten, die mit CON, BE_1, etc. korreliert sind. In diesem Fall beinhalten die Schätzungen von β_i einen Bias, d. h. man ordnet diesen Variablen fälschlicherweise einen Effekt auf die Profitabilität zu, der auf diesen anderen Komponenten beruht. Besonders problematisch ist der Fall der Multikausalität, in dem die exogenen Variablen interagieren und entsprechend simultan die Profitabilität bestimmen.

–   Es ist nicht möglich, eine Kausalität zwischen endogenen und exogenen Variablen aufzuzeigen. „Gute" Schätzwerte für die Koeffizienten, im Sinne der zugrunde gelegten Hypothese, können auch zufällig entstehen.

Bains Arbeiten waren Ausgangspunkt für eine große Anzahl von Industriestudien in den USA und anderen Staaten mit dem Ziel, seine Hypothesen auf statistischem Wege zu testen. Als Fazit aus der Vielzahl der empirischen Arbeiten lässt sich festhalten, dass es lediglich eine schwache Relation zwischen exogenen Variablen und „rate of return" gibt, die häufig statistisch nicht signifikant und über Raum und Zeit instabil ist (vgl. Schmalensee, 1989, insb. S. 976; Carlton, Perloff, 2005, S. 259 ff.).

3.6.1.2   Preis-Kosten-Spanne und Industriestruktur

Ökonometrische Studien mit dem Ziel, die Abhängigkeit der Preis-Kosten-Spanne von einer Zunahme der Konzentration zu überprüfen, basieren ebenfalls auf Regressionsgleichungen. Als Schätzmaß für die Grenzkosten wurden dabei die durchschnittlichen variablen Kosten von Arbeit und Material zugrunde gelegt.

---

[15]   Statistische Insignifikanz bedeutet die Konsistenz der Daten mit der Hypothese, dass der Einfluss einer Variablen Null ist.

In den Ergebnissen empirischer Arbeiten über den Zusammenhang zwischen Preis-Kosten-Spanne und Industriestruktur für die Zeit von 1958 bis 1981 kann man folgende Tendenzen ablesen (vgl. Domowitz, Hubbard, Peterson, 1986): Der Unterschied zwischen Preis-Kosten-Spannen in Industrien mit hoher und niedriger Konzentration hat im Zeitablauf stark abgenommen; der bereits in den 50er Jahren kleine Effekt (Koeffizient) der Konzentration ist in späteren Jahren sogar noch kleiner geworden. Die statistische Signifikanz dieses Koeffizienten verschwindet während der späteren Perioden. Der Zusammenhang zwischen Preis-Kosten-Spanne und Konzentration ist folglich über die Zeit instabil. Falls überhaupt ein Zusammenhang existiert, ist dieser sehr schwach.

Spätere Studien untersuchten den Einfluss individueller Marktanteile der größten Unternehmen einer Industrie, um herauszufinden, ob hohe Preis-Kosten-Spannen auf eine größere Effizienz einer Unternehmung innerhalb einer Industrie zurückzuführen sind, oder ob alle Industrien eine hohe Preis-Kosten-Relation aufweisen (vgl. Kwoka, Ravenscraft, 1986). Auch hier zeigte sich keine generelle (für sämtliche Industrien) statistisch signifikante Relation zwischen hoher Konzentration und hoher Preis-Kosten-Spanne.

3.6.2   Konzeptionelle Kritik der strukturalistischen Hypothese

Den Vertretern dieses Forschungsansatzes ist vorgeworfen worden, dass die preis-theoretische Fundierung dieser empirischen Untersuchungsmethoden unzureichend sei (vgl. z. B. Grossekettler, 1992, S. 634). Folgende Kritikpunkte an diesen empirischen Untersuchungen lassen sich festhalten (vgl. Brozen, 1971): Es werden keine kausalen Zusammenhänge, sondern lediglich Korrelationen oder „deskriptive Statistiken" aufgezeigt; es stellt sich ferner das Problem der Konsistenz der Daten im Sinne einer Vergleichbarkeit der Angaben in den unterschiedlichen Industrien; schließlich werden theoretische Begriffe wie „Konzentrationsgrad", „Eintrittsbarrieren" oder „Produktdifferenzierung" nicht konsistent verwendet.

Vor allem die spieltheoretisch basierte Oligopoltheorie hat gezeigt, dass die Zusammenhänge zwischen grundlegenden Bedingungen, Struktur, Verhalten und Ergebnis komplex sind. Falls etwa Marktzutrittsschranken (Struktur) zu Gewinnen (Performance) führen, kann dies zur Einführung neuer substitutiver Produkte führen (Verhalten), welche die Nachfrage nach dem ursprünglichen Produkt (grundlegende Bedingung) verringern können. Die Pfeile in Abbildung 3.3 können folglich – im Gegensatz zur strukturalistischen Hypothese (vgl. Abbildung 3.2) – auch in die umgekehrte Richtung verlaufen (vgl. z. B. Phillips, 1976).

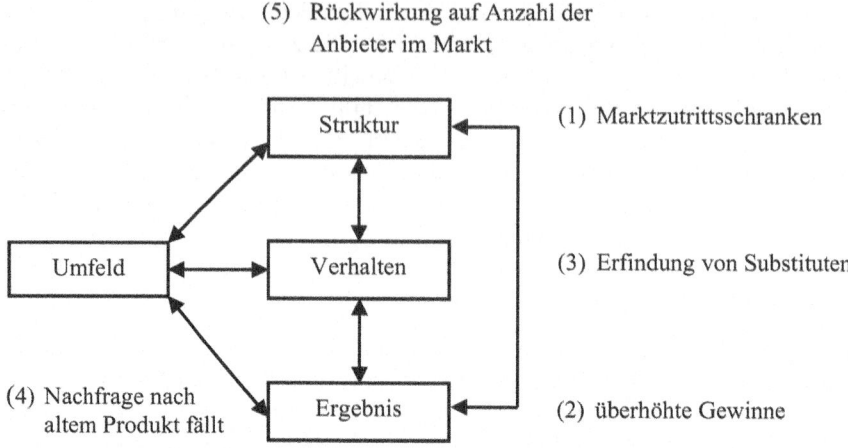

Abb. 3.3: Umkehrung der Kausalität

Ein weiteres bedeutendes Problem besteht darin, dass die betrachteten Industrien sich nicht notwendigerweise im Gleichgewicht befinden. Tatsächlich verloren die von Bain betrachteten sehr profitablen Industrien im Zeitablauf an Profitabilität, während diejenigen mit niedriger Profitabilität später höhere Gewinne verzeichneten (vgl. z. B. Brozen, 1971).

3.6.3   Das Grundprinzip der endogenen Ansätze

Die traditionelle Industrieökonomie bemühte sich, Zusammenhänge zwischen Marktstruktur und Marktergebnis aufzeigen. Sie behandelte jedoch das Marktverhalten nicht explizit. Ein in der Realität beobachtbares Phänomen, nämlich, dass Unternehmen die Marktstruktur nicht als gegeben hinnehmen, sondern diese als variabel betrachten, lässt eine kausale Interpretation des Zusammenhangs zwischen Struktur und Ergebnis hinfällig werden. Tatsächlich ist es der Spieltheorie gelungen, die Elemente Struktur, Verhalten und Ergebnis in der theoretischen Analyse zu endogenisieren. Allgemein gilt die Vorstellung, dass sich Marktergebnis (z. B. Gewinne), Struktur (z. B. Konzentrationsgrad) und Verhalten (z. B. Intensität der Werbung) simultan in endogener Weise am Markt ergeben. Sie werden bestimmt durch die Randbedingungen (exogene Variablen) und das Verhalten der Unternehmen.

Im Rahmen der neueren Entwicklungen der Industrieökonomie wird zunehmend berücksichtigt, dass Unternehmen bestimmte Annahmen über das Verhalten der Konkurrenten treffen und diese in ihr Gewinnmaximierungskalkül mit einbeziehen. Nicht nur Preise und Mengen, sondern auch Produktdifferenzierung, Werbung, Forschungs- und Entwicklungsaktivitäten, ja sogar Standortentscheidungen werden vom Verhalten der Konkurrenz abhängig gemacht.

Grundsätzlich gilt es, zwischen abgestimmtem (kooperativem) Verhalten von Unternehmen und nicht abgestimmtem (nichtkooperativem) Verhalten zu unterscheiden. Kooperatives Verhalten bedeutet ein gleichgerichtetes Agieren von Konkurrenten, welches aber nach Art der Koordination unterschiedliche Formen annehmen kann (von der Abstimmung eines Aktionsparameters bis hin zur Koordination sämtlicher Parameter).

Die zunehmende Unzufriedenheit mit der traditionellen Industrieökonomie (in deren Rahmen im Wesentlichen Cross-industry-Studien vorgenommen wurden) führte zu einer zunehmenden Bedeutung der spieltheoretisch basierten Modelle. Diese ermöglichen es, das strategische Verhalten zwischen den Unternehmen zu modellieren. Hier spielen nichtkooperative Modelle (Nash-Verhalten) eine besonders wichtige Rolle. In den letzten 15 Jahren sind eine Vielzahl von Modellen entwickelt worden, die Preis- und Nichtpreis-Verhalten (Marketing, Produktdifferenzierung, Forschung und Entwicklung) analysieren (vgl. z. B. Tirole, 1989; Schmalensee, 1989). Ein Kritikpunkt an den rein theoretisch orientierten Ansätzen besteht darin, dass die Umwandlung der Formalmodelle in empirisch gehaltvolle Theorien bisher noch ungenügend gelungen ist.[16] Die Modelle können nur dann einen relevanten Theorierahmen bereitstellen, wenn die Ergebnisse sinnvoll verallgemeinerbar sind (siehe auch Peltzman, 1991, S. 206; Sutton, 1990a).[17]

Diese kurze Einführung in die beiden grundlegenden Denkschulen der Industrieökonomie zeigt, dass dieses Gebiet einem starken Entwicklungsprozess unterworfen ist, der wohl auch in den nächsten Jahrzehnten anhalten wird. Die Hauptaufgabe wird darin bestehen, die empirisch orientierte Industrieökonomie mit der spieltheoretisch orientierten Industrieökonomie zu verknüpfen. Beide Ansätze sollten genutzt werden, um zentrale Fragen der Industrieökonomie zu behandeln und für die Wettbewerbspolitik fruchtbar zu machen (vgl. Abschnitt 6.2).

---

[16]   Vgl. die Kritik von Peltzman (1991), Porter (1991) sowie Grossekettler (1992) am *Handbook of Industrial Organization* (Schmalensee, Willig (eds.), 1989).

[17]   Die Notwendigkeit dieses Vorgehens wird jedoch von den Vertretern der Oligopoltheorie nicht unbedingt befürwortet. „I would emphasize my view that the variety of models of oligopolistic interactions is a virtue, not a defect. ... I regard these game-theoretic models as providing the industry analyst with a bag of tools" (Shapiro, 1989, S. 408-409).

Teil B

Lokalisierung und Disziplinierung von Marktmacht

Kapitel 4
Wettbewerbspolitische Leitbilder

Im Folgenden werden die traditionellen wettbewerbspolitischen Leitbilder im Hinblick auf die Konzeption einer disaggregierten Wettbewerbspolitik kurz vorgestellt. Im Vordergrund steht dabei die Frage nach einer gezielten Lokalisierung und Disziplinierung von Marktmacht. Für eine ausführliche, chronologische Darstellung der Entwicklung der wettbewerbspolitischen Leitbilder sei verwiesen auf Aberle (1992), Bartling (1980), Berg (1999) sowie Schmidt (2001, Kap. 1).

4.1 Klassischer Liberalismus

Der klassische Liberalismus bildet den Ausgangspunkt für alle in der Folgezeit entwickelten Leitbilder der Wettbewerbspolitik für grundsätzlich marktwirtschaftlich organisierte Volkswirtschaften. Die klassische Lehre entstand in der Auseinandersetzung mit dem Absolutismus des 18. Jahrhunderts und seiner Wirtschaftspolitik des Merkantilismus. Während es im Merkantilismus dem Souverän oblag, als zentrale Planungsinstanz zu entscheiden, was, wie und für wen zu produzieren sei, sollte fortan die Handlungs- und Wahlfreiheit von privaten Unternehmen und privaten Haushalten über Produktions- und Konsumentscheidungen gewährleistet werden. Bereits Adam Smith (1776) hat den Wettbewerb zwischen den am Markt beteiligten Wirtschaftssubjekten als den entscheidenden Selbststeuerungsmechanismus erkannt. Er betonte gleichzeitig die Bedeutung offener Märkte und trat für die Abschaffung von Monopolprivilegien (zum Beispiel der Zünfte) ein. Eine aktive staatliche Wettbewerbsschutzpolitik (zum Beispiel eine Antikartellpolitik oder eine Antimonopolpolitik) sah er nicht als erforderlich an. Der Staat sollte auch nichts unternehmen, um Kartelle und informelle Absprachen zu unterstützen.

Während Smith direkte staatliche Eingriffe in die Wirtschaft ablehnte, zählte er zu den Staatsfunktionen nicht nur die Sicherheit nach außen und die Rechtsordnung im Innern, sondern auch die Bereitstellung einer Infrastruktur, um die Funktions- und Entwicklungsfähigkeit einer Volkswirtschaft zu gewährleisten. Der Staat habe die Pflicht, bestimmte öffentliche Anstalten und Einrichtungen zu gründen und zu unterhalten, die ein Einzelner oder eine kleine Gruppe aus eigenem Interesse nicht betreiben könne, weil der Gewinn ihre Kosten niemals decke, obwohl er häufig höher sei als die Kosten für das ganze Gemeinwesen. Hierzu zählte er u. a. Straßen, Brücken, Kanäle, Häfen, das Postwesen und die städtische Wasserversorgung. Obwohl Smith für das freie Spiel der Kräfte in der Wirtschaft eintrat, formulierte er in durchaus pragmatischer Weise eine Reihe von Ausnahmen von diesem Prinzip (vgl. Tuchtfeldt, 1976). Smith kann somit auch als Begründer des Konzeptes wettbewerbspolitischer Ausnahmebereiche angesehen werden, in denen der Staat aufgrund von Marktversagen aktiv werden muss. Die Bereitstellung von Infrastrukturen (Straßen, Kanälen etc.) im 18. Jahrhundert wurde von Smith aus der heutigen Sicht der Theorie öffentlicher Güter zu Recht als typische Aufgabe des Staates angesehen. Unteilbarkeiten beim Aufbau der Wegeinfrastrukturen und eine daraus sich ergebende (vollständige) Nichtrivalität bei der Inanspruchnahme bewirken, dass solche Infrastrukturen die Merkmale eines reinen öffentlichen Gutes aufweisen. Die Bereitstellung einer Infrastruktur als dritte Staatsfunktion nach Smith muss in der heutigen Zeit allerdings zunehmend zugunsten privatwirtschaftlicher Lösungen und marktkonformer Tarife in Frage gestellt werden.

4.2   Vollkommene Konkurrenz und allgemeines Gleichgewicht (Neoklassik)

Die Klassiker hatten offen gelassen, unter welchen Bedingungen im Einzelnen der Wettbewerb totale Übereinstimmung von Einzel- und Gesamtinteresse hervorbringt. Der Versuch, die exakten Voraussetzungen eines „vollkommenen", also maximalen Wohlstand hervorbringenden Wettbewerbs abzuleiten, führte zur Entwicklung der allgemeinen Gleichgewichtstheorie (vgl. Walras, 1874/1877). In der wettbewerbspolitischen Literatur ist dieser Ansatz der so genannten mathematischen Schule häufig als völlig realitätsfern kritisiert und als ungeeignetes Leitbild für die Wettbewerbspolitik bezeichnet worden (vgl. z. B. Berg, 1999, S. 308). Dennoch stellt die allgemeine Gleichgewichtstheorie ein bedeutendes Element der Wettbewerbstheorie dar, indem sie die disziplinierende Wirkung des Wettbewerbs einer großen Anzahl aktiver Marktteilnehmer formalisiert (vgl. Abschnitt 1.3).

Die Abwesenheit (physischer) Externalitäten sowohl auf der Konsumenten- als auch auf der Produzentenseite sowie vollständige Information der Wirtschaftssubjekte über existierende Preise müssen garantiert sein. Darüber hinaus müssen zunehmende Skalenerträge (Größenvorteile) ausgeschlossen werden, da sie mit der Annahme der reinen Mengenanpassung nicht vereinbar sind. Größenvorteile führen bei freiem Wettbewerb zu einer so starken Ausweitung der Betriebsgrößen und damit der Unternehmensgrößen, dass die Marktform der vollkommenen Konkurrenz in diesen Wirtschaftssektoren nicht mehr gesichert ist. Größenvorteile spielen in vielen Industrien eine wesentliche Rolle. Damit einhergehende Anreize für Fusionen mit dem Ziel einer Effizienzsteigerung (etwa durch Vermeidung einer Duplizierung hoher Fixkosten) können in der Modellwelt eines Konkurrenzgleichgewichts folglich auch nicht erklärt werden.

Bei der Untersuchung der Kostenseite von Netzen stehen Bündelungsvorteile im Vordergrund, so dass oftmals sogar ein einziger Anbieter den Markt kostengünstiger bedienen kann als mehrere (natürliche Monopole). Solche Vorteile durch Vernetzung führen typischerweise zu Größenvorteilen. Wenn in einer Region alle Netzinputs um ein Prozent wachsen, steigt die Netzkapazität um mehr als ein Prozent. Es folgt unmittelbar, dass die allgemeine Gleichgewichtstheorie zur Untersuchung der Wettbewerbspotenziale in Netzbereichen nicht geeignet ist. Andererseits können Größenvorteile in Netzsektoren nicht bereits einen hinreichenden Grund darstellen, Netze als Staatsfunktionen im Sinne von Adam Smith anzusehen.

4.3   Die Freiburger Schule des Ordoliberalismus

In der ordoliberalen Freiburger Schule (Walter Eucken, Franz Böhm u. a.) werden Wettbewerbsfragen eng verbunden mit der Wirtschaftsordnung behandelt. Die wettbewerbliche Marktordnung entwickelt und erklärt sich dennoch nicht von selbst. Privateigentum und Vertragsfreiheit sind nicht hinreichend für die Spezifikation der Spielregeln, innerhalb derer die ökonomischen Aktivitäten stattfinden. Erforderlich ist zusätzlich die Ausgestaltung eines konkreten Ordnungsrahmens (vgl. Vanberg, 1998).[1] Der Inhalt dieser Wettbewerbsordnung besteht sowohl aus ökonomischen Forderungen wie auch aus rechtlichen Prinzipien.[2] Nach Eucken (1952, S. 254-304) sollte die Herstellung eines funktionsfähigen Preissystems vollständiger Konkurrenz zum Grundprinzip jeder wirtschaftspolitischen Maßnahme gemacht werden. Dieses Grundprinzip verlange nicht nur, dass staatliche Subventionen, staatliche Zwangsmonopole etc. vermieden und Kartelle verboten werden, vielmehr sei auch eine aktive Wirtschaftsverfassungspolitik notwendig. Zu den konstituierenden Prinzipien der Wettbewerbsordnung zählen Privateigentum, Vertragsfreiheit, Haftung, eine stabile Währungspolitik und eine konstante Wirtschaftspolitik sowie offene Märkte. Daneben werden „regulierende" Prinzipien als erforderlich angesehen, um die Wettbewerbsordnung funktionsfähig zu erhalten, unter anderem eine Antimonopolpolitik. Da weder die Verstaatlichung von Monopolen noch die Kontrolle durch ihre Arbeiterschaft das Monopolproblem in der Wettbewerbsordnung lösen könne, solle ihre Kontrolle einem staatlichen, unabhängigen Monopolaufsichtsamt übertragen werden. Diese Behörde habe die Aufgabe, Monopole soweit wie möglich aufzulösen und diejenigen, die sich nicht auflösen lassen, zu beaufsichtigen.

Ziel der Monopolgesetzgebung und der Monopolaufsicht sei es, die Träger wirtschaftlicher Macht zu einem Verhalten zu veranlassen, als ob vollständige Kon-

---

[1]   Zur Bedeutung Walter Euckens, auch für die heutige Ordnungspolitik und Ordnungsökonomik, vgl. Külp, Vanberg (Hrsg.), 2000.

[2]   Die Bedeutung des Ordoliberalismus für die praktische Wettbewerbspolitik ist bereits dadurch ersichtlich, dass das am 1. Januar 1958 in Kraft getretene Gesetz gegen Wettbewerbsbeschränkungen (GWB) in starkem Maße durch ihn geprägt worden ist.

kurrenz bestünde, mit dem Ziel, wettbewerbsanaloge Ergebnisse zu erzielen. Dieses Als-ob-Konzept hypothetischer Vergleichsmärkte ist in der Folgezeit aus verschiedenen Gründen kritisiert worden (vgl. z. B. Lenel, 1975, Mantzavinos, 1994, S. 76 ff.). Der Vorwurf des utopischen Charakters des zur Wettbewerbsnorm erhobenen theoretischen Grenzfalls der vollständigen Konkurrenz ist aus der Sicht Euckens allerdings unzutreffend. Weder Konkurrenz noch Monopole seien irreale Grenzfälle. Den Unterschied von Konkurrenz und Monopol zu verwischen, liege im Interesse wirtschaftlicher Machtgruppen; dadurch werde die Wirksamkeit von Monopolen verharmlost (Eucken, 1940, S. 101). Man kann die Eucken'sche Konzeption des vollständigen Wettbewerbs als Relativierung des Referenzpunkts atomistischer Konkurrenz im allgemeinen Gleichgewichtsmodell in Richtung polypolistischer Marktstrukturen auffassen. Im Sinne eines Struktur-Verhalten-Ergebnis-Argumentationsschemas wird bei polypolistischen Marktkonstellationen die Entfaltung des Wettbewerbs und daraus folgend die Realisierung ökonomischer Effizienz erwartet. Als Folge von Konzentrationsprozessen resultieren dagegen effizienzvermindernde Effekte (vgl. Herdzina, 1999, S. 111).

Bei der Anwendung des Eucken'schen Konzepts auf Industrien mit Größenvorteilen zeigt sich allerdings die Problematik des Als-Ob-Wettbewerbskonzepts (auf der Basis eines homogenen Polypols). Insoweit Bündelungsvorteile zu Größenvorteilen führen, sind Grenzkostenpreise auf der hypothetischen Kostenbasis polypolistischer Märkte überhöht; andererseits führen Grenzkostenpreise auf der Basis der Kostenfunktion eines natürlichen Monopols bei fallenden Durchschnittskosten nicht zu einer Gesamtkostendeckung.[3]

Eucken ist auch vorgehalten worden, der Oligopolproblematik zu wenig Aufmerksamkeit geschenkt zu haben (vgl. Mantzavinos, 1994, S. 79). In der Tat vertritt Eucken die Auffassung, dass bei entschiedener Monopolaufsicht den Oligopolisten jeder Anlass fehlt, durch Kampf die anderen zu vernichten und eine Monopolstellung zu erobern. Vielmehr würden sie sich so benehmen wie im Fall vollständiger Konkurrenz, weil sie sonst einzeln vom Monopolamt gefasst würden (vgl. Eucken, 1952, S. 290 ff.). Die Lokalisierung des Ausmaßes von Marktmacht auf oligopolistischen Märkten zur Entwicklung robuster wettbewerbspolitischer Lösungen stellt auch aus heutiger wettbewerbstheoretischer Sicht eine schwierige Aufgabe dar (vgl. Kap. 6).

4.4 Das Konzept der Wettbewerbsfreiheit (Neuklassik)

Hoppmann (1967a, 1968, 1988) stellt, aufbauend auf die Klassiker, die wirtschaftliche Freiheit in das Zentrum seiner Wettbewerbskonzeption. In Anlehnung an von Hayek wird der Wettbewerb als eine „spontane" Ordnung aufgefasst, in der

---

[3]   Vgl. dazu ausführlicher Abschnitt 5.2.1.

sich unternehmerische Initiative und dynamisches Geschehen manifestieren. Allerdings dürfe sich kein Marktteilnehmer ohne entsprechende Marktleistung die Macht verschaffen, den Freiheitsbereich anderer einzuschränken. Für die Gestaltung der staatlichen Wettbewerbspolitik ist es aus der Sicht der Neuklassik erforderlich, zwischen künstlichen (willkürlichen) und natürlichen Einschränkungen der Wettbewerbsfreiheit zu unterscheiden. Als Folge ergeben sich verschiedene „Sektoren" der Wettbewerbspolitik (vgl. Hoppmann, 1968, S. 31 ff.).

Insoweit künstliche Einschränkungen der Wettbewerbsfreiheit durch den Staat verursacht werden, besteht aktive Wettbewerbspolitik in der Unterlassung dieser künstliche Marktmacht verschaffenden staatlichen Beschränkungen. Soweit künstliche Wettbewerbsbeschränkungen auf Unternehmenspraktiken zurückzuführen sind, bezeichnet man die zu ihrer Beseitigung bestimmten Maßnahmen als Antimonopolpolitik (Antitrustpolitik, Antikartellpolitik, Maßnahmen gegen Wettbewerbsbeschränkungen). Abstrakt formulierte, universell anwendbare Spielregeln sollen dabei im Einzelnen festlegen, durch welche Handlungen die Wettbewerbsfreiheit unzulässig eingeschränkt wird. Um in einem konkreten Marktprozess das Ausmaß an Wettbewerbsfreiheit zu diagnostizieren, wird die Anwendung eines „Tests der Wettbewerbsfreiheit" oder „Marktmacht-Tests" gefordert (vgl. Hoppmann, 1968, S. 44 f.). Es handelt sich dabei um einen Test, in dem sowohl die Substituierbarkeiten geprüft werden („Austauschprozess") als auch die Freiheit in den so genannten Parallelprozessen (Freiheitstests für Aktionsparametereinsatz, für potenziellen und aktiven Wettbewerb, für initiatorischen und imitatorischen Wettbewerb). Diese Tests müssen so konzipiert sein, dass sie die Marktprozesse als dynamische Erscheinung erfassen. Die Anwendung des „Tests der Wettbewerbsfreiheit" auf konkrete Marktprozesse erscheint jedoch äußerst schwierig. Insbesondere entstehen erhebliche Ermessensspielräume für die Wettbewerbsbehörde bei der Entscheidung, wann wettbewerbsbeschränkende Strategien der Marktteilnehmer zu unangemessener Marktmacht führen bzw. wann die Freiheit zur wettbewerbsrelevanten Aktion als hinreichend angesehen werden kann (vgl. auch Berg, 1999, S. 317).

Aus der Sicht der Neuklassik existieren auch Bereiche, in denen der Wettbewerb wegen natürlicher Einschränkungen der Wettbewerbsfreiheit überhaupt nicht funktionieren kann (sog. wettbewerbspolitische Ausnahmebereiche). Wenn etwa die optimale Betriebs- oder Unternehmensgröße in einem Wirtschaftszweig derart groß ist, dass eine Monopolstellung unausweichlich wird, sei der Wettbewerb nicht funktionsfähig und auch nicht herstellbar. Mit Hilfe eines Marktstrukturtests, der Auskunft über die optimale Betriebsgröße geben muss, lasse sich die Funktionsfähigkeit diagnostizieren. Das neuklassische Wettbewerbskonzept fordert für solche Ausnahmebereiche eine Staatsaufsicht. Die Frage, nach welchen Kriterien die Missbrauchsaufsicht vorgenommen werden solle, wird jedoch als ein besonders schwieriges Problem bezeichnet (vgl. Hoppmann, 1967b, S. 172 ff.). Marktstrukturinterventionismus wird von der Neuklassik abgelehnt. Da es auf der Wertbasis dieses Konzeptes nicht verboten ist, Größenvorteile zu realisieren, kann gegen das Entstehen eines Monopols nicht eingeschritten werden, wenn die wett-bewerblichen Aktivitäten nicht gegen die allgemeinen Spielregeln verstoßen, in deren Rahmen sich Wettbewerb zu entfalten hat (vgl. Schmidtchen, 1976/77, S. 449).

Die Rechtfertigung von wettbewerblichen Ausnahmebereichen aufgrund von so genannten natürlichen Einschränkungen wurde selbst von grundsätzlichen Befür-wortern der neuklassischen Konzeption in der Folgezeit relativiert und kritisiert. Zunächst stellt sich die Frage, woher man weiß, ob eine bestimmte Branche als wettbewerblicher Ausnahmebereich zu gelten habe (vgl. Schmidtchen, 1976/77, S. 452). Denn Marktstrukturtests mit dem Ziel, die optimale Betriebsgröße festzu-stellen, widersprechen jedenfalls der Hayekschen Vorstellung einer evolutorischen Wirtschaft, in der Prozess- und Produktinnovationen den zentralen Motor darstel-len.[4] Selbst natürliche Monopole aufgrund der Netzgebundenheit des Leistungs-vertriebs (z. B. Telekommunikation, Wasser- und Energieversorgung, Eisenbah-nen) müssen nicht als unabänderliche Phänomene angesehen werden. Technischer Fortschritt kann die Bedeutung der Unteilbarkeiten lindern oder aufheben (vgl. Streit, 1991, S. 88 f.).

Eine grundsätzliche Kritik, die sowohl die staatliche Aufsicht in wettbewerblichen Ausnahmebereichen als auch die Anwendung des Marktmachttests bei natürlichen Wettbewerbsbeschränkungen betrifft, ist verknüpft mit der Frage nach der Not-wendigkeit einer staatlichen Marktmachtdisziplinierung in einer dynamischen, durch Evolutorik gekennzeichneten Wirtschaft. Da Wettbewerb (als Entdeckungs-verfahren) „... *nur deshalb und insoweit wichtig ist, als seine Ergebnisse unvor-aussagbar und im ganzen verschieden von jenen sind, die irgend jemand bewußt anstreben hätte können ...*" (von Hayek, 1968, S. 3), kann Marktmacht allenfalls nur von kurzer Dauer sein.[5] Ein fortwährendes Verändern der Substitutionsmög-lichkeiten (von Monopolen, Kartellen etc.) und der Produktionsmöglichkeiten aktiver und potenzieller Marktteilnehmer muss aus dieser Perspektive die Anwen-dung des Marktmachttests überflüssig machen. Gleichermaßen ist die Aufrechter-haltung des Konzepts wettbewerblicher Ausnahmebereiche überflüssig oder sogar schädlich. Vielmehr macht der Wettbewerb bei der Suche nach neuen Lösungen nicht davor Halt, ständig neue Bereiche aufzudecken, in denen Größenvorteile eine wichtige Rolle spielen, während in anderen Bereichen deren Bedeutung (etwa wegen gestiegener Nachfrage) verschwindet.

---

[4]   Mit dieser Auffassung eng verknüpft ist auch die Vorstellung von der Rolle des Wett-bewerbs zur Bewältigung des Wissensproblems in einer Gesellschaft (vgl. von Hayek, 1945, 1964, 1975).

[5]   Das umfangreiche Werk von Hayeks kann an dieser Stelle auch nicht einmal ansatz-weise hinreichend gewürdigt werden. Der Leser sei u. a. verwiesen auf Vanberg (Hrsg.), 1999.

4.5   Die Chicago-Schule der Antitrustpolitik

Die Vertreter der so genannten Chicago-Schule (Demsetz, Stigler, Posner u. a.) setzen sich für eine möglichst weit reichende Abstinenz der Antitrustpolitik ein. Eine relevante Beziehung zwischen Größenvorteilen und Marktmacht wird verneint (vgl. Demsetz, 1968). Selbst für den Fall, in dem ein einziger Anbieter den Markt am kostengünstigsten bedienen kann (natürliches Monopol), könne der fehlende Wettbewerb zwischen aktiven Konkurrenten durch einen funktionsfähigen Versteigerungsprozess ersetzt werden. Die Voraussetzungen für einen funktionsfähigen Versteigerungsprozess seien offene Inputmärkte, zu denen viele potenzielle Bieter Zugang besitzen sowie prohibitiv hohe Kosten der Kollusion für bietende Rivalen. Demsetz (1968, S. 59) geht davon aus, dass die Kosten der Kollusion in netzbasierten Versorgungsunternehmen mindestens so hoch seien wie in vielen anderen Industrien, die als wettbewerbsfähig angesehen würden. Insbesondere biete die traditionelle Theorie der natürlichen Monopole keine Basis für Monopolpreise.

Die Chicago-Schule geht davon aus, dass ein Unternehmen, das sich ohne staatlichen Schutz langfristig gegenüber seinen Konkurrenten durchsetzt, effizient ist, selbst wenn es als einziges auf dem Markt übrig bleibt. Es wird dargelegt, dass Eintrittsschranken nur im Falle staatlich gesetzter Marktzutrittsschranken eindeutig nachweisbar sind und rasch abgebaut werden sollten (Demsetz, 1982). Die Chicago-Schule weist folgerichtig keine Bereiche aus, in denen der Wettbewerb aufgrund von Größenvorteilen unmöglich erscheint. Gleichermaßen wendet sie sich gegen Fusionskontrolle. Trotz der Auffassung, dass Kartelle aufgrund der inhärenten Neigung der Kartellmitglieder zu betrügen tendenziell instabil sind (solange Kartelle nicht gesetzlich geschützt sind), und der Überzeugung, dass Kartelle ohne Marktzutrittsschranken nutzlos sind, treten die Vertreter der Chicago-Schule für ein Kartellverbot ein (vgl. Posner, 1979, S. 932).

Vertikale Absprachen zwischen Unternehmen verschiedener Produktionsstufen werden von den Vertretern der Chicago-Schule als gänzlich unbedenklich angesehen.[6] Preisbindung der zweiten Hand, Konditionenbindung etc. werden lediglich als Instrumente zur Steigerung der Konsumentenwohlfahrt betrachtet. Marktschließungs- oder Marktverdrängungseffekte solcher Absprachen gelten als unrealistisch (vgl. Schmidt, 2001, S. 23).

---

[6]   Bereits Aaron Director hatte in den 50er Jahren der Chicago-Schule grundlegende Impulse gegeben, indem er eine erhebliche Einengung der Antitrustpolitik anstrebte (Posner, 1979, S. 928). So sollte die Beschäftigung mit einseitigen Aktionen wie Preisbindungen, Kopplungsgeschäften etc. nicht länger Gegenstand der Antitrustpolitik sein, da solche Aktivitäten ungeeignet seien, Monopolmacht zu erlangen oder auszubauen.

Die Grundpositionen der Chicago-Schule lassen sich in den folgenden drei Thesen zusammenfassen (vgl. Demsetz, 1989, S. 217 ff.):

- Die vielfältigen Transaktionen auf den Märkten werden am besten den Geschäftsleuten, Konsumenten und ihrem wettbewerblichen Verhalten überlassen.

- Die langfristigen Charakteristika weitgehend unregulierter Märkte spiegeln (fast sicher) die zugrunde liegenden Effizienzen wider.

- Die einzige Ursache für langlebige Monopole ist der Staat.

4.6   Das Konzept des funktionsfähigen Wettbewerbs (Harvard-Schule)

Die Konzepte der Harvard-Schule sind eng verknüpft mit den Ansätzen der Industrial Organization. Aufbauend auf Arbeiten von Mason (1939, 1949) und Clark (1940) hat vor allem Bain (1951, 1956) diese Denkansätze weiterentwickelt. Den Ausgangspunkt bildet die Unterscheidung zwischen Marktstruktur, Marktverhalten und Marktergebnis. Bain (1951) war der Erste, der den Zusammenhang zwischen der „rate of return" und der Marktstruktur untersuchte. Seine Ausgangshypothese war, dass hohe Marktkonzentration Kollusion erleichtert und folglich Unternehmen in hochkonzentrierten Märkten Gewinne erwirtschaften. In einer späteren Arbeit klassifizierte Bain (1956) ferner die Märkte entsprechend des Ausmaßes der Marktzutrittsschranken. Marktzutrittsschranken im Sinne von Bain umfassen absolute Kostenvorteile, Größenvorteile und Produktdifferenzierungsvorteile der eingesessenen Unternehmen. Die revidierte Hypothese lautete nun, dass auf Märkten mit hoher Konzentration und hohen Zutrittsschranken höhere Renditen erzielt werden als auf anderen Märkten. Bain fand seine Hypothese auf der Basis der von ihm untersuchten Industrien bestätigt. Es hat aber in der Vergangenheit verschiedene Ansatzpunkte der Kritik an dem Struktur-Verhalten-Ergebnis-Ansatz der Harvard-Schule gegeben (vgl. Abschnitt 3.6).

Die Kritik an dem traditionellen Struktur-Verhalten-Ergebnis-Ansatz lässt sich aber auch nicht als Beweis für die zwangsläufige Abwesenheit von Marktmachtproblemen auf Oligopolmärkten interpretieren (vgl. Schmalensee, 1989). Eine für die Wettbewerbsbehörden zentrale Aufgabe ist allerdings, herauszufiltern, auf welchen Märkten Marktmacht tatsächlich vorliegt und folglich wettbewerbspolitische Eingriffe erforderlich sind. Sowohl die Ansätze der New Empirical Industrial Organization als auch spieltheoretische Ansätze können hierbei Anwendung finden (vgl. Abschnitt 6.2). Auf Märkten, wo der aktive und potenzielle Wettbewerb derart funktioniert, dass Marktmachtprobleme nicht auftreten, besteht die Aufgabe der Wettbewerbsbehörden dagegen in einer wettbewerbspolitischen Abstinenz.

4.7   Disaggregierte Wettbewerbsökonomie

4.7.1   Die „rule of reason" im Sinne robuster wettbewerbspolitischer Lösungen

Wettbewerbspolitik kann sowohl auf der Basis universeller Per-se-Regeln als auch in diskretionärer Weise erfolgen (vgl. Streit, 1992, S. 688). Mittels Per-se-Regeln werden bestimmte Aktivitäten der Marktteilnehmer ohne Rücksichtnahme auf den konkreten Einzelfall entweder grundsätzlich erlaubt oder grundsätzlich verboten. Aber auch diskretionäre Wettbewerbspolitik bedeutet keineswegs willkürliches Handeln, sondern kann ebenfalls auf der Basis abstrakter intersubjektiv überprüfbarer Kriterien erfolgen. In der amerikanischen Antitrustpolitik ist in diesem Zusammenhang das Konzept der „rule of reason" entwickelt worden, das in unterschiedlichen Interpretationen angewendet wird (vgl. Bork, 1965, 1966).

Grundsätzlich gilt, dass keine Wettbewerbspolitik ohne Per-se-Regeln auskommt. Damit Märkte überhaupt entstehen können, müssen der Naturzustand der menschlichen Gesellschaft überwunden und Eigentumsrechte geschützt werden; dies erfordert zwangsläufig Per-se-Verbote des „freien" Zugangs zu Gütern. Zur Erhöhung von Anreizen für Investitionen in technischen Fortschritt ist ein Patentschutz erforderlich. Aber auch Per-se-Erlaubnisse, wie die Vertragsfreiheit, Gewerbefreiheit sowie der freie Zugang zu den Innovationsmöglichkeiten und damit einhergehend die Freiheit zu abweichendem Verhalten, sind grundlegende Voraussetzung für eine Wettbewerbsordnung, in der funktionsfähiger Wettbewerb gedeihen kann (vgl. von Weizsäcker, 1981).

Problematischer ist die Frage, welche Rolle Per-se-Regeln bei der Disziplinierung von Marktmacht spielen sollen, etwa im Zusammenhang mit Kollusion und Exklusion (vgl. Salop, Krattenmaker, 1987, S. 29; Bork, 1966, S. 377). Die Beantwortung dieser Frage hängt entscheidend vom zugrunde gelegten wettbewerbspolitischen Leitbild ab. Im Einzelnen zeigt sich, dass sowohl Per-se-Erlaubnisse als auch Per-se-Verbote als Prinzipien der Wettbewerbspolitik unzureichend sind (vgl. Knieps, 1997c, S. 52 f.). Die Entwicklung einer „rule of reason" im Sinne robuster wettbewerbspolitischer Lösungen kann hier anstelle der häufig praktizierten Einzelfallentscheidungen einen fruchtbaren Lösungsansatz bieten. Dies zielt darauf ab, die Beeinflussung der Wettbewerbsbehörden durch Interessengruppen zu begrenzen und die Planungssicherheit der Unternehmen hinsichtlich erlaubtem oder verbotenem Handeln zu erhöhen.

4.7.2   Lokalisierung und Disziplinierung stabiler Marktmacht

Das Konzept der „rule of reason" als Alternative zu Per-se-Regeln ist in der Vergangenheit mit unterschiedlichen Bedeutungsinhalten gefüllt worden. Die extremste Variante einer „rule of reason" beinhaltet eine rein willkürliche Entscheidung, ob ein bestimmtes Wettbewerbsverhalten unzulässig ist, wobei Einzelinteressen spezieller Unternehmen, Branchen oder Regionen mit berücksichtigt werden (vgl. Bork, 1965, S. 839). Eine solche diskretionäre Wettbewerbspolitik, basierend auf dem Prinzip „discretion by exemption", muss unbefriedigend bleiben. Inzwischen wird denn auch das Konzept der „rule of reason" als „discretion as a principle" aufgefasst (vgl. Streit, 1992, S. 688).

In der amerikanischen Antitrustpolitik wurde die „rule of reason" zudem zunehmend mit Zielen der Maximierung der sozialen Wohlfahrt konfrontiert. Das effizienzerhöhende Potenzial einer wettbewerbsbeschränkenden Vereinbarung wurde dabei gegenüber den Nachteilen einer Marktmachterhöhung in ihrem Nettoeffekt für die Konsumenten abgewogen. Die Anwendung eines Per-se-Verbotes sei abzulehnen, weil Wettbewerbsbeschränkungen nicht illegal sein sollten, wenn ihr Nettoeffekt zugunsten eines effizienzerhöhenden Potenzials positiv sei (vgl. Bork, 1965, S. 815, 820; 1966, S. 389, 474). Politische Ziele sollten jedoch nicht im Rahmen von Antitrustfällen juristisch verfolgt, sondern im Rahmen demokratischer Meinungsbildung parlamentarisch erarbeitet werden. Die Einbeziehung nichtökonomischer Werte und damit einhergehende Politikorientierung bei Antitrustfällen kann und soll dadurch vermieden werden.

Geht man davon aus, dass im Rahmen des Rule-of-reason-Konzepts sämtliche Umstände einzubeziehen sind, um zu einer angemessenen („reasonable") Beurteilung zu kommen, so führt dies zu einer umfassenden Untersuchung vieler Faktoren hinsichtlich der Absicht der involvierten Parteien und der Auswirkungen ihres Verhaltens. Die Einbeziehung der spezifischen Umstände des Falles, einschließlich der Absicht der Unternehmen und der strukturellen Konsequenzen der Aktionen, birgt jedoch all die Gefahren in sich, die Einzeleingriffe des Staates generell an sich haben (vgl. Lenel, 1975, S. 74 f.). Sie bringen Willkür mit sich, beinhalten die Möglichkeit der Überforderung der staatlichen Institutionen und sind mit hohen administrativen Kosten sowie mit hoher Unsicherheit der involvierten Parteien verbunden.[7]

Im Folgenden soll daher der Frage nachgegangen werden, inwieweit die Entwicklung einer Wettbewerbspolitik möglich ist, die auf der Basis beobachtbarer Daten implementiert werden kann und die angemessen robust ist bezüglich Variationen in den Details individueller Märkte und individueller Unternehmen. Von zentraler Bedeutung für die Entwicklung robuster wettbewerbspolitischer Lösungen erweist sich das Problem der Lokalisierung von Marktmacht. Für den Fall, dass Markt-

---

[7]   Zur begrenzten Aussagekraft von Einzelmarktstudien vgl. Abschnitt 6.3.3.2.

macht ausgeschlossen werden kann, besteht ohnehin keine Notwendigkeit einer aktiven Wettbewerbspolitik. Falls aber Marktmacht lokalisiert wird, die robust ist gegenüber einer Variation der Verhaltensannahmen, besteht wettbewerbspolitischer Handlungsbedarf.

4.7.3   Wettbewerbspolitische Umsetzung einer disaggregierten Wettbewerbsökonomie

Da in einer grundsätzlich wettbewerblich organisierten Wirtschaft staatliche Eingriffe in den Markt Ausnahmen darstellen und besonderer Rechtfertigung bedürfen, liegt die Beweislast für die Notwendigkeit eines administrativen Eingriffs in den Wettbewerbsprozess bei den Wettbewerbs-/Regulierungsbehörden. Wenn es nicht gelingt, Marktmacht nachzuweisen, ist die Disziplinierung eines bestimmten Marktverhaltens fragwürdig. In einer Marktwirtschaft kommt der Vermeidung des Fehlers 1. Ordnung („false positive"), nämlich dass die Behörden in den Wettbewerbsprozess eingreifen, obwohl der Wettbewerb funktionsfähig ist und überhaupt kein staatlicher Handlungsbedarf besteht, besondere Bedeutung zu. Die Wettbewerbsbehörden müssen sich dabei immer auch der Gefahr bewusst sein, dass Antitrustpolitik strategisch zur Verzerrung des Wettbewerbs missbraucht werden kann (vgl. Baumol, Ordover, 1985; Salop, Scheffman, 1987; McChesney, Shughart II, 1995).

Auch wenn es gelingt, stabile Marktmacht zu lokalisieren (z. B. in nichtangreifbaren natürlichen Monopolen, vgl. Abschnitt 2.2.2), muss die Disziplinierung eines bestimmten Marktverhaltens nicht notwendigerweise wohlfahrtsverbessernd sein. In diesem Fall stellt sich die Aufgabe, geeignete Instrumente im Sinne einer disaggregierten Wettbewerbs-/Regulierungspolitik herzuleiten (vgl. Abschnitt 5.3). Auch sind die Wettbewerbsbehörden wie alle Träger von Hoheitsgewalt an den Verfassungsgrundsatz der Verhältnismäßigkeit, hier in der Ausprägung des geringst möglichen Eingriffs, gebunden (vgl. Möschel, 1974, S. 208).

Kapitel 5

Marktmachtregulierung im Bereich natürlicher Monopole

5.1 Regulierungsparadigmen

Natürliche Monopole sind durch eine sehr spezifische Marktstruktur gekennzeichnet, indem ein einziger Anbieter den Markt kostengünstiger bedienen kann als mehrere Unternehmen (vgl. Abschnitt 2.1.2). Eine Fülle von Beispielen findet sich im Bereich der Versorgungsnetze, wo Bündelungsvorteile im Vordergrund stehen. Hierzu zählen Abwasserversorgung, Elektrizität, Gas, Rohrleitungen, Telekommunikation, Straßen, Schienenwege, Post- und Zeitungsverteildienste, der Betrieb von Zügen, Busverbindungen in dünn besiedelten Gebieten, Müllabfuhr etc. Die Wettbewerbspolitik wandte in der Vergangenheit im Bereich natürlicher Monopole typischerweise Per-se-Regeln an. Im Rahmen der traditionellen Regulierungsökonomie wurden die Einführung bzw. Aufrechterhaltung gesetzlicher Marktzutrittsschranken (Per-se-Verbot), Marktmachtregulierung sowie Auflagen zur flächendeckenden Versorgung zu einem sozial erwünschten Tarif als unumgänglich betrachtet (vgl. Abschnitt 2.1.1). Solche Wirtschaftssektoren, bei denen die direkte Kontrolle der ökonomischen Aktivitäten von erwerbswirtschaftlich tätigen Unternehmen durch staatliche Regulierung als erforderlich angesehen wurde, galten als wettbewerbspolitische Bereichsausnahmen mit einer kartellrechtlichen Branchenfreistellung. Ist beispielsweise die optimale Betriebs- oder Unternehmensgröße in einem Wirtschaftszweig derartig groß, dass eine Monopolstellung unausweichlich wird, funktioniert Wettbewerb aus der Sicht des neuklassischen Konzepts nicht und ist auch nicht herstellbar. Es müssten folglich im Rahmen einer Missbrauchsaufsicht Ausnahmeregelungen zur Anwendung gelangen (Hoppmann, 1967b, S. 173 f.).

Staatliche Regulierung und wettbewerbspolitische Bereichsausnahmen zählten in der Vergangenheit zu den wichtigsten ordnungspolitischen Ausnahmeregelungen. Im Regulierungsfall beschränkte der Staat unmittelbar den Wettbewerb in einzelnen Wirtschaftsbereichen (z. B. Post- und Telekommunikationsbereich). Dagegen gewährte der Staat im Bereichsausnahmefall eine sektorale Erlaubnis zu an sich verbotenen privaten Wettbewerbsbeschränkungen, beispielsweise eine Kartellerlaubnis zu Gunsten der Stromwirtschaft (vgl. Eickhof, 1993, S. 205; Schmidt, 2001, S. 35 ff.).

Die globale Regulierung von Wirtschaftssektoren und somit auch die wettbewerbspolitischen Bereichsausnahmen sind in jüngster Zeit abgebaut worden.
Damit die Vorteile des Wettbewerbs ausgeschöpft werden können, sind sämtliche
gesetzlichen Marktzutrittsschranken weggefallen. Für die Wettbewerbsbehörden
relevant bleibt allerdings das Marktmachtproblem. In diesem Kapitel wird dargelegt, dass auch im Bereich natürlicher Monopole eine disaggregierte Wettbewerbspolitik erforderlich ist. Grundsätzlich gilt es zu unterscheiden zwischen denjenigen
Teilbereichen, bei denen trotz Vorliegen eines natürlichen Monopols (und gegebenenfalls erheblichen Größenvorteilen) keine Marktmacht nachgewiesen werden
kann, und solchen Teilbereichen, wo eine Marktmachtregulierung erforderlich
wird.

Die Entwicklung, die Ausgestaltung und die Implementierung von Regulierungsinstrumenten kann nicht unabhängig von dem dahinter stehenden Regulierungspa-
radigma gesehen werden. Von grundlegender Bedeutung ist hierbei die Vorstellung, welche Rolle der Regulierer gegenüber dem regulierten Unternehmen einzu-
nehmen in der Lage ist bzw. einnehmen soll; ferner ist die Einschätzung relevant,
welcher Referenzpunkt durch die Regulierung erreicht werden kann (hypothe-
tisches „first-best" der allgemeinen Gleichgewichtstheorie oder Verbesserung des
Status quo im Sinne eines komparativ-institutionellen Ansatzes) sowie welche
Informationsprobleme zwischen Regulierer und reguliertem Unternehmen bestehen und wie diese gegebenenfalls überwunden werden können. Schließlich ist die
Rolle, die den Marktkräften im Bereich natürlicher Monopole zugetraut wird, von
entscheidender Bedeutung.

5.1.1   Public-interest-Theorie

Ausgangspunkt der Public-interest-Theorie ist die Vorstellung von Marktversagen
bzw. Marktunvollkommenheiten, die es durch Regulierungseingriffe zu korrigieren gilt. Dabei wird unterstellt, dass Regulierung kostenlos ist, ferner der Regulierer ohne Eigeninteressen handelt und insbesondere in der Lage ist, dieses
Marktversagen vollständig zu korrigieren, so dass dem regulierten Unternehmen
keine Monopolrenten verbleiben. Grenzkostenpreise im Sinne des „first-best" oder
Ramsey-Preise (wohlfahrtsmaximierende Preise bei Vorliegen von Größenvorteilen unter Kostendeckungsbeschränkung[1]) wurden als Ergebnis einer solchen Regulierung hergeleitet (vgl. Posner, 1974, S. 336 ff.). Diese Public-interest-Theorie
der Regulierung fand weite Verbreitung und beeinflusste lange Zeit maßgeblich
die Gesetzgebung im Bereich der sektorspezifischen Regulierung.

Die Ausgestaltung der Regulierungsinstrumente der Public-interest-Theorie basiert auf der traditionellen Wohlfahrtsökonomie. Es wird davon ausgegangen, dass

---

[1]   Die formale Herleitung erfolgt in Abschnitt 5.2.1.

das Ziel der Maximierung von Konsumenten- und Produzentenrente erreicht werden kann, ohne Anreizverzerrungen des regulierten Unternehmens hervorzurufen.

5.1.2 Regulierung als Nebenbedingung

Obwohl die Public-interest-Theorie der Regulierung erst durch die Chicago-Schule und den Verweis auf die Eigeninteressen der Regulierer Anfang der 70er Jahre grundlegend kritisiert wurde (vgl. Stigler, 1971; Posner, 1974; Peltzman, 1976), trat ein Paradigmenwechsel bereits im Jahre 1962 ein durch den inzwischen wohl am meisten zitierten Aufsatz der Regulierungsökonomie, nämlich: *Behavior of the Firm under Regulatory Constraint* (Averch, Johnson, 1962). Der Aufsatz ist mathematisch keineswegs elegant, die gewählte Perspektive und die erzielten Ergebnisse aber waren wegweisend. Im Gegensatz zur Public-interest-Theorie konnten die Autoren nachweisen, dass ein Marktmachtproblem durch Regulierung nicht beseitigt, sondern lediglich reduziert werden kann. Eine regulatorische Gewinnbeschränkung auf das eingesetzte Kapital (Rate-of-return-Regulierung) erzeugt beispielsweise eine regulierungsbedingte Anreizverzerrung für das regulierte Unternehmen, zu viel Kapital in den Produktionsprozess einzusetzen.[2] Damit war die Illusion widerlegt, dass Regulierungsinstrumente im Sinne der Public-interest-Theorie ohne unerwünschte Nebenwirkungen eingesetzt werden können. Es wurde erkannt, dass eine kostenlose und perfekte Korrektur eines Marktversagens grundsätzlich unmöglich ist.

Regulierungsbedingte Anreizverzerrungen lassen sich auch bei anderen inputorientierten Regulierungsinstrumenten nachweisen. So führt die Mark-up-Regulierung, die den Erlös des regulierten Unternehmens durch einen Aufschlag auf die tatsächlich eingesetzten (und vom Regulierer beobachtbaren) Kosten beschränkt, zur Gefahr eines übermäßigen Mitteleinsatzes (vgl. Abschnitt 5.2.3).

5.1.3 Regulierung als Prinzipal-Agent-Problem

Das Paradigma der Regulierung als Nebenbedingung leitete die Anreizverzerrungen zu ineffizientem Faktoreinsatz unter der Annahme ab, dass keine (signifikanten) Informationsprobleme zwischen Regulierer und reguliertem Unternehmen bestehen, und dass der Regulierer keine Möglichkeit besitzt, die Anreize des regulierten Unternehmens in Richtung einer Effizienzverbesserung zu beeinflussen. In der realen Welt ist jedoch das Problem der asymmetrischen Information von zentraler Bedeutung. Ein Unternehmen ist üblicherweise sehr viel besser über seine Kosten- und Nachfragebedingungen informiert als der Regulierer, insbesondere auch über seine eigenen Kostenbereinigungspotenziale. Genau hier lag der Aus-

---

[2]   Diese regulierungsbedingte Verletzung der Faktorausgleichsbedingung wurde in der Folge als Averch-Johnson-Effekt bekannt (vgl. Abschnitt 5.2.2.2).

gangspunkt, Regulierung als Notwendigkeit zur Reduktion dieser asymmetrischen Informationsprobleme und zur Anreizverbesserung zu formulieren und Regulierungsinstrumente in diesem Kontext herzuleiten. Zu Hilfe kam dabei der rasante Fortschritt der Informationsökonomie in den 70er und 80er Jahren.

Ein sehr eleganter Anreizmechanismus ist der Vogelsang-Finsinger-Mechanismus (vgl. Vogelsang, Finsinger, 1979).[3] Ausgangspunkt ist die Informationsasymmetrie zwischen reguliertem Unternehmen und Regulierer. Es wird unterstellt, dass das Unternehmen vollständig über seine Kosten- und Nachfragefunktion informiert ist, während der Regulierer weder die Kosten- noch die Nachfragefunktion kennt. Es wird folglich von einer extremen Form der Informationsasymmetrie ausgegangen. Allerdings basiert das Modell auf der Annahme, dass der Regulierer dennoch die tatsächlich angefallenen Kosten in der jeweiligen Vorperiode beobachten kann.

Aus der Perspektive der Prinzipal-Agent-Literatur (vgl. z. B. Ross, 1973) kann der Regulierer als Auftraggeber aufgefasst werden, der die Kosten seines Auftragnehmers, nämlich des regulierten Unternehmens, nicht kennt (vgl. Baron, Myerson, 1982), oder der zwar das Kostenniveau des Unternehmens kennt, aber nicht in der Lage ist, diese Kosten zu reduzieren (Laffont, Tirole, 1986).[4] Eine grundlegende Aussage dieses Ansatzes besteht darin, dass regulierten Unternehmen positive ökonomische Gewinne zugestanden werden müssen, damit sie Anreize besitzen, sich effizienter zu verhalten, und dass diese Gewinne durch die Möglichkeit des Unternehmens, zwischen einem Menü von Regulierungsoptionen zu wählen, beschränkt werden können (Vogelsang, 1999). An Stelle von Märkten, auf denen Unternehmen im Wettbewerb um Kunden konkurrieren, rückt die Regulierung als längerfristiger Vertrag zwischen Regulierer und reguliertem Unternehmen in den Mittelpunkt.

Die zentrale Schwäche, Regulierung als Prinzipal-Agent-Problem aufzufassen, besteht in der mangelnden ordnungspolitischen/wettbewerbspolitischen Sensibilität, funktionsfähigem Wettbewerb auch im Bereich natürlicher Monopole so weit wie möglich zu vertrauen.[5]

---

[3]   Dieser Mechanismus wird in seinen Grundzügen in Abschnitt 5.2.4 erklärt.

[4]   Einen illustrativen Überblick über die Literatur zur Regulierung bei asymmetrischer Information unter Unsicherheit gibt Baron, 1989; sowie ausführlicher Laffont, Tirole, 1993.

[5]   Diese manifestiert sich besonders deutlich im folgenden Zitat aus Rees,Vickers (1995, S. 360): „Competition is of course not an end in itself, but rather a means to the end of achieving economic efficiency. Full and effective competition in a market would make regulation unnecessary.*
Conversely, regulation by an omniscient, benevolent, and powerful regulator would make competition unnecessary. Experience with state-owned monopolies suggests that these conditions are not always fulfilled." (bedeutet Fußnote 3 im Original).

5.2   Instrumente globaler Preis- und Gewinnregulierung

Die im Folgenden behandelten Regulierungsinstrumente wurden in der Vergangenheit typischerweise auf regulierte Wirtschaftssektoren global angewandt. Im Gegensatz dazu sind im Rahmen des disaggregierten Regulierungsansatzes gezielt diejenigen Teilbereiche eines natürlichen Monopols zu regulieren, in denen tatsächlich Marktmacht lokalisiert werden kann (vgl. Abschnitt 5.3).

5.2.1   Wohlfahrtsoptimale Preise unter Kostendeckungsbeschränkung

5.2.1.1   Das allgemeine Konzept der zweitbesten Preise

In Abschnitt 2.1.3.3 wurde dargelegt, dass natürliche Monopole mit Größenvorteilen verbunden sein können, aber nicht unbedingt verbunden sein müssen. Natürliche Monopole mit Größenvorteilen werden auch als starke natürliche Monopole bezeichnet – im Gegensatz zu schwachen natürlichen Monopolen ohne Größenvorteile (vgl. Berg, Tschirhart, 1988, S. 24). Bei Vorliegen von Größenvorteilen sind wohlfahrtsmaximierende Grenzkostentarife nicht kostendeckend (vgl. Baumol, 1977, S. 812). Es ergibt sich daher bei starken natürlichen Monopolen nicht nur das Problem der Beschränkung der Marktmacht, sondern auch das Problem, durch geeignete Aufschläge auf die Grenzkosten der verschiedenen Produkte die Kostendeckungsbeschränkung zu erfüllen.

5.2.1.2   Die formale Ableitung von zweitbesten Preisen

Das Grundprinzip der zweitbesten Preise (Ramsey-Preise)[6] lässt sich bereits unter vereinfachenden Annahmen ableiten (vgl. Baumol, Bradford, 1970):

Es seien: $p_i(q_i)$: inverse Nachfragefunktion des Gutes i, $i=1, ..., n$; $C(q_1, ..., q_n)$: Kosten der Produktion des Gütervektors $(q_1, ..., q_n)$; $R(q_1, ..., q_n)$: Erlös aus dem Verkauf des Gütervektors $(q_1, ..., q_n)$.

Zur Vereinfachung der Herleitung sei angenommen, dass die Nachfrage nach den verschiedenen Produkten voneinander unabhängig ist, d. h. die Kreuzpreiselastizitäten der Nachfrage gleich Null sind. Es soll die Summe aus Produzenten- und Konsumentenrente unter der Nebenbedingung der Kostendeckung maximiert wer-

---

[6]   Die Bezeichnung Ramsey-Preise geht auf Frank Ramsey zurück, der im Jahre 1927 im Rahmen einer Abhandlung zur Steuertheorie dieses grundlegende Prinzip entwickelte (Ramsey, 1927). In seinem kurzen Leben schrieb Ramsey nur eine Hand voll von Arbeiten zu Fragen der Mathematik, Philosophie und Wirtschaftswissenschaft, von denen die meisten zu Klassikern wurden.

den. Es wird angenommen, dass die Einkommenseffekte vernachlässigbar sind.[7]
Das Maximierungsproblem lautet folglich:

$$\max_{q_1,\ldots,q_n} \sum_{i=1}^{n} \left(\int_0^{q_i} p_i(t)\,dt \right) - C(q_1,\ldots,q_n),$$

unter der Nebenbedingung:

$$\sum_{i=1}^{n} p_i(q_i)q_i - C(q_1,\ldots,q_n) = 0$$

Die Lagrange-Funktion lautet:

$$L(q_1,\ldots,q_n,\lambda) = \sum_{i=1}^{n} \left(\int_0^{q_i} p_i(t)\,dt \right) - C(q_1,\ldots,q_n)$$

$$+ \lambda \left(\sum_{i=1}^{n} p_i(q_i)\cdot q_i - C(q_1,\ldots,q_n) \right).$$

Es seien ferner:

$$MR_i = \frac{\partial}{\partial q_i} \left(\sum_{i=1}^{n} p_i(q_i)\cdot q_i \right) \text{ und } MC_i = \frac{\partial C}{\partial q_i}.$$

Dann gilt:

$$\frac{\partial L}{\partial q_i} = p_i - MC_i + \lambda(MR_i - MC_i) = 0, \text{ für } i=1,\ldots,n$$

$$\frac{p_i - MC_i}{MC_i - MR_i} = \lambda. \tag{1}$$

Weil $R_i = p_i(q_i)q_i$ ist, gilt:

$$MR_i = \frac{\partial p_i}{\partial q_i}\cdot q_i + p_i, \text{ und deshalb}$$

---

[7] Zum sozialen Überschuss als praktikables Wohlfahrtsmaß, definiert als Summe von
Konsumenten- und Produzentenrente, vgl. Varian, 1999, Kap. 14; ferner Brown,
Sibley, 1986, Kap. 3. Zum Konzept der Konsumentenrente als Wohlfahrtsmaß auch
bei Vorliegen von Einkommenseffekten, vgl. Willig, 1976; ferner Abschnitt 1.3.1.

$$MR_i = p_i \cdot \left(1 + \frac{\partial p_i}{\partial q_i} \cdot \frac{q_i}{p_i} \right) = p_i \cdot (1 + \phi_i).$$ (2)

Es ergibt sich aus (1) und (2):

$$\frac{p_i - MC_i}{MC_i - [p_i \cdot (1 + \phi_i)]} = \lambda$$

Daraus folgt:

$$p_i - MC_i = \lambda(MC_i - [p_i(1 + \phi_i)]) = \lambda MC_i - \lambda p_i - \lambda p_i \phi_i$$

und als Ergebnis:

$$\frac{p_i - MC_i}{p_i} = -\frac{\lambda}{1 + \lambda} \cdot \phi_i, \quad i = 1, \dots, n$$

wobei $\phi_i = \dfrac{\partial p_i}{\partial q_i} \cdot \dfrac{q_i}{p_i}$ die Mengenelastizität der inversen Nachfrage ist.

Da $\varepsilon_i = \dfrac{1}{\phi_i}$ ergibt sich die bekannte *Ramsey-Preisformel*

$$\frac{p_i - MC_i}{p_i} = -\frac{\lambda}{1 + \lambda} \cdot \frac{1}{\varepsilon_i}, \quad i = 1, \dots, n$$ (3)

Hieraus folgt, dass der Aufschlag

$$\frac{p_i - MC_i}{p_1}$$ um so höher ist, je niedriger die Preiselastizität der Nachfrage ist.

Ramsey-Preise sind nicht notwendigerweise beständig gegenüber Marktzutritt, da sie interne Subventionierung zulassen können.[8] Sharkey verweist in diesem Zusammenhang auf den Fall produktspezifischer Fixkosten (Sharkey, 1982, S. 101). Dies sei anhand des folgenden Beispiels verdeutlicht. Es gelte die Kostenfunktion:

$$C(y) = F_0 + \sum_{i=1}^{n} \delta_i F_i + \sum_{i=1}^{n} MC_i y_i$$

---

[8]   Zum Konzept der internen Subventionierung vgl. Abschnitt 2.2.3.

$y = (y_1, ..., y_n)$: Produktvektor; $\delta_i = 0$, wenn $y_i = 0$; $\delta_i = 1$, wenn $y_i > 0$; F_0: unternehmensspezifische Gemeinkosten; F_i: produktspezifische Fixkosten des Gutes i; MC_i: konstante Grenzkosten des Gutes i.

Die Preiselastizität des Produktes i sei sehr klein (unelastisch) und die aller anderen Produkte $j \neq i$ sehr hoch. Die Anwendung der Ramsey-Preisformel ergibt dann einen Preis für Gut i, der so hoch ist, dass die Erlöse aus dem Verkauf von Gut i beinahe die gesamten fixen Kosten

$$F_0 + \sum_{i=1}^{n} F_i \quad \text{decken.}$$

Für die anderen Produkte ist der Deckungsbeitrag dagegen beinahe Null. Hieraus folgt, dass alle Produkte $j \neq i$ weniger als ihre Zusatzkosten $F_j + MC_j$ beitragen. Für jedes Gut ist der Preis nämlich kaum höher als MC_j. Folglich liegt interne Subventionierung vor und daher ist Marktzutritt auf dem Markt i möglich.

Aus der Unbeständigkeit von Ramsey-Preisen folgt allerdings keine Rechtfertigung gesetzlicher Marktzutrittsschranken. Die Preisstrukturen müssen sich im Wettbewerbsprozess flexibel herauskristallisieren können. Dadurch wird auch die Umsetzung wohlfahrtsverbessernder nichtlinearer (mehrteiliger) Tarife ermöglicht (vgl. Abschnitt 10.3.5.3). Durch Öffnung der natürlichen Monopole wird die Suche nach den minimalen Kostenstrukturen erleichtert. Dies kann beispielsweise dazu führen, dass überhöhte Fixkosten abgebaut werden, die bislang Überkapazitäten begründeten (z. B. große Flugzeuge, Busse etc.). Die Deckung überflüssiger Fixkosten durch hohe Aufschläge auf die Grenzkosten wird im Wettbewerb instabil. Ferner gilt es zwischen den Preiselastizitäten vor und nach einer Marktöffnung zu unterscheiden. Durch Berücksichtigung der Substitute nach einer Marktöffnung und damit einhergehenden veränderten Preiselastizitäten reduziert sich das Problem der Unbeständigkeit. Schließlich kann die Unbeständigkeit auch zu volkswirtschaftlich erwünschtem Infrastrukturwettbewerb führen, insoweit entweder die Voraussetzungen eines natürlichen Monopols (aufgrund gestiegener Nachfrage oder technischem Fortschritt) weggefallen sind, oder aber die Nachteile einer Kostenduplizierung durch Produktdifferenzierungs- und Innovationsvorteile überkompensiert werden (vgl. Damus, 1984).

5.2.2   Rate-of-return-Regulierung

5.2.2.1   Der Modellansatz

Die Rate-of-return-Regulierung ist von Averch und Johnson (1962) modelliert worden. Dieser Ansatz betrachtet Regulierung als Nebenbedingung und nicht wie in der traditionellen Public-interest-Theorie als Korrekturmechanismus zur Erzielung wohlfahrtsmaximierender Preise. Bereits für den Einproduktfall lassen sich die grundlegenden Anreizverzerrungen der Rate-of-return-Regulierung aufzeigen (vgl. Averch, Johnson, 1962, S. 1052-1057; Baumol, Klevorick, 1970; Zajac, 1970). Dabei gelten folgende Voraussetzungen:

- Der zugelassene Kapitalertrag s ist größer als der Marktzins r: $s > r$. Das Problem dabei ist, dass r ein hypothetischer Referenzpunkt (im Sinne eines „Als-ob-Wettbewerbs") ist, da der betrachtete Wirtschaftssektor ja gerade nicht im Wettbewerb steht.

- Die Produktionsfunktion hat zwei Produktionsfaktoren, Arbeit und Kapital, die miteinander substituierbar sind (z. B. Cobb-Douglas- oder CES-Produktionsfunktion: $q = f(K,L)$).

- Der zugelassene Kapitalertrag ist kleiner als der Monopolertrag: $r < s < m$. Andernfalls wäre die Regulierung vollständig sinnlos. Dabei ist m ebenfalls hypothetisch, wenn Monopolverhalten auf dem betrachteten Markt nicht bekannt ist.

Das Maximierungsproblem der regulierten Unternehmung lautet:

$$\max \Pi\ (\ L,K\ ) = R(\ L,K\ ) - wL - rK$$

unter der Rate-of-return-Beschränkung als Nebenbedingung:

$$\frac{R(\ L,K\ ) - wL}{K} \leq s\ ,\ r < s < m$$

Dabei bezeichnet $\Pi(L,K) = R(L,K) - C(L,K)$ die Gewinnfunktion mit: L: Anzahl Einheiten Arbeit; K: Anzahl Einheiten Kapital (Netto-Kapitalbasis); w: Lohnsatz pro Einheit Arbeit (konstant); r: Kapitalrentabilität bei Wettbewerb (risikoäquivalente Marktverzinsung); m: Kapitalrentabilität im Monopol; s: zugelassene Kapitalrentabilität; $C(L,K) = wL + rK$: Kostenfunktion; $R(L,K) = p(q) \cdot q(L,K)$: Erlösfunktion; $p(q)$: inverse Nachfragefunktion ($dp/dq < 0$); $q(L,K)$: Produktionsfunktion mit $q(L,0) = q(0,K) = 0$, $dq/dK > 0$, $dq/dL > 0$; $i = (R(L,K) - wL)/K$: tatsächliche Rentabilität.

Die Rate-of-return-Regulierung lässt sich auch für den Mehrproduktfall modellieren. Dadurch sind verschiedene zusätzliche Einsichten möglich. Beispielsweise hat im Einproduktfall eine Reduktion der zugelassenen Kapitalrentabilität eine Senkung des Outputpreises zur Folge.

Aus $p(q) \cdot q(L, K) - wL = sK$ folgt

$$p = \frac{wL}{q} + \frac{sK}{q}\ ,\ \text{falls } s \text{ sinkt, fällt auch } p \text{ (und umgekehrt)}.$$

Dies muss im Mehrproduktfall nicht notwendigerweise der Fall sein. Um die Auswirkungen einer Änderung der zugelassenen Kapitalrentabilität auf den Outputvektor zu ermitteln, müssen die Produktions- und Nachfrageinteraktionen zwischen den Produkten berücksichtigt werden. Dabei spielen insbesondere die Kreuzpreiselastizitäten der Nachfrage sowie Interdependenzen in der Produktion der verschiedenen Outputs (z. B. Kostenkomplementaritäten) eine zentrale Rolle (vgl. z. B. Braeutigam, 1981, S. 28 f.).

5.2.2.2   *Anreizverzerrungen (Averch-Johnson-Effekt)*

Aus der Rate-of-return-Beschränkung $R(L,K) - wL \leq sK$ folgt die Gewinnbeschränkung:

$R(L,K) - wL - rK \leq (s - r)K$, d. h. $\Pi(L,K) \leq (s - r)K$.

Falls die zugelassene „rate of return" bekannt ist, folgt, dass der Gewinn ausschließlich eine Funktion der Anzahl der eingesetzten Kapitaleinheiten ist. Ferner gilt, dass der Gewinn Π positiv von der zugelassenen „rate of return" abhängt. Das Maximierungsproblem unter der Rate-of-return-Beschränkung lässt sich daher auch wie folgt formulieren:

$$\max\ (s - r)K, \quad \text{unter der Nebenbedingung:}\ \frac{R(L,K) - wL}{K} = s, \quad s > r.$$

Hieraus folgt unmittelbar, dass das Unternehmen einen Anreiz hat, die Anzahl seiner Kapitaleinheiten zu maximieren. Als Nebenbedingung berücksichtigt es, dass die Kapitalverzinsung nicht höher als die erlaubte „rate of return" sein darf. Andererseits wird das Unternehmen von sich aus seinen Kapitalbestand nicht so weit ausdehnen, dass seine „rate of return" niedriger als s wird.[9]

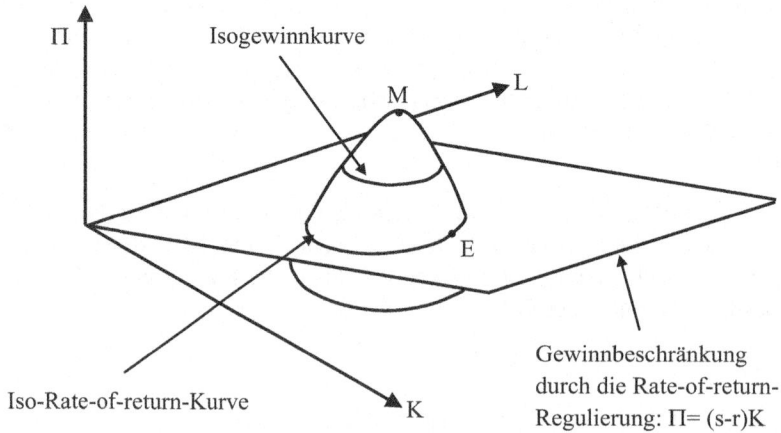

Abb. 5.1: Rate-of-return-Regulierung

---

[9]   Die grafische Darstellung geht zurück auf Zajac (1970, S. 119).

Die Gewinnbeschränkung wird durch die Hyperebene $\Pi = (s - r)K$ gegeben, die bei $s > r$ eine positive Steigung besitzt. Im Punkt E kann die Unternehmung den (unter der Rate-of-return-Beschränkung) größten Gewinn erzielen. Dort ist die eingesetzte Kapitalmenge K^E maximal.

Aus dem Averch-Johnson-Modell folgt somit, dass für die regulierte Unternehmung ein Anreiz besteht, zu viel Kapitaleinheiten einzusetzen, d. h. es entsteht eine nichtoptimale Faktorkombination, die von der Faktorkombination bei Kostenminimierung (Minimalkostenkombination) abweicht. Dies wird in Abbildung 5.2 anhand einer Projektion des Gewinnhügels und einer Projektion der Rate-of-return-Restriktionsebene veranschaulicht (vgl. Bailey, 1973, S. 71).

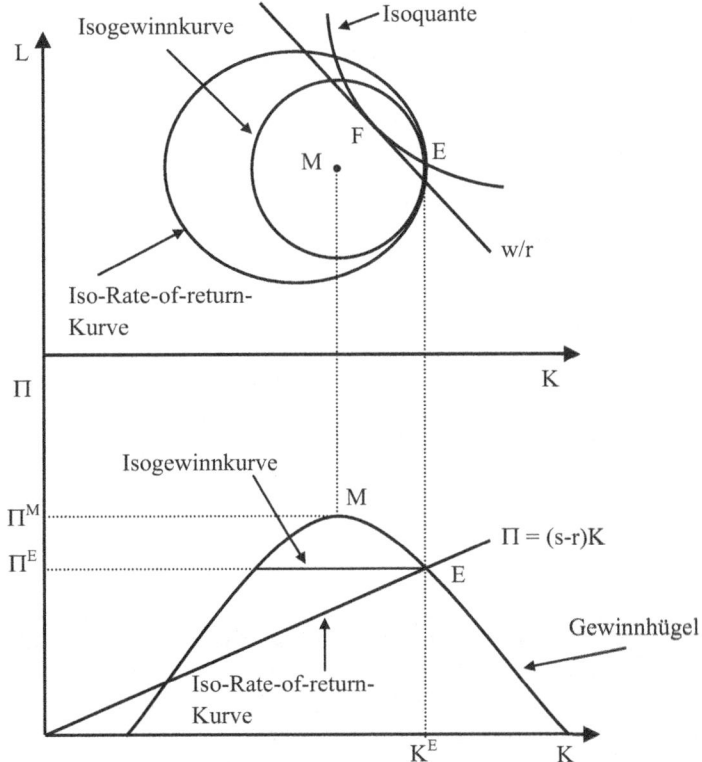

Abb. 5.2: Der Averch-Johnson-Effekt

w/r ist hierbei das Verhältnis der Arbeits- zu den Kapitalkosten. Der im Punkt E produzierte Output kann mit einer Faktorkombination produziert werden, Punkt F, bei der die Kosten niedriger liegen. Die Verzerrung des Faktoreinsatzverhältnisses zu Gunsten des Faktors Kapital bezeichnet man als Averch-Johnson-Effekt (vgl. ausführlich Zajac, 1970, S. 118 f.).

5.2.2.3   Implementierungsprobleme

Selbst wenn keine signifikanten Informationsprobleme zwischen reguliertem Unternehmen und Regulierer hinsichtlich der Höhe der Erträge und der Kosten des Faktors Arbeit bestehen würden, ist die Rate-of-return-Regulierung mit erheblichen Informations- und Kontrollproblemen verbunden.

Ein besonders kontrovers diskutiertes Problem ist die Festlegung der Netto-Kapitalbasis, auf welche die zugelassene „rate of return" angewendet werden darf. Die Berechnung der Kapitalbasis als Differenz des historischen Anschaffungswertes und der kumulierten buchhalterischen Abschreibungen stimmt mit dem ökonomischen Wert der Anlagen (im Sinne der abdiskontierten erwarteten Erträge) typischerweise nicht überein (vgl. Hotelling, 1925). Hinzu kommt das Problem, die Höhe der zugelassenen Kapitalrentabilität festzulegen. Diese hängt letztlich von der Verteilung der Verhandlungsmacht zwischen dem Unternehmen und dem Regulierer ab. Ausgangspunkt hierfür ist eine zuverlässige Einschätzung der risikoäquivalenten Marktverzinsung und der unregulierten Monopolrente.

5.2.3   Mark-up-Regulierung

5.2.3.1   Der Modellansatz

Eine weitere Form der Marktmachtregulierung ist die so genannte Cost Plus- bzw. Mark-up-Regulierung (vgl. Finsinger, Kraft, 1984; Braeutigam, 1981). Ihr Grundprinzip besteht darin, dass die Einnahmen (oder der Erlös) beschränkt sind auf einen Aufschlag auf die *tatsächlichen* Kosten $\overline{C}$ der Produktion. Die Mark-up-Regel lautet:

$$p(x)x = \sum_{i \in N} p^i(x)x_i \leq \beta \overline{C}(x) = (1+m)\overline{C}(x),\tag{1}$$

wobei: $p^i(x)$: inverse Nachfragefunktion für das i-te Produkt, $i = 1, ..., n$; $p(x) = (p^1(x), ..., p^n(x))$: Preisvektor; $x = (x_1, ..., x_n)$: Outputvektor; $\beta = 1 + m > 1$, wobei $m > 0$ der zugelassene Aufschlag ist. Die Unternehmung braucht nicht notwendigerweise zu minimalen Kosten $C(x)$ zu produzieren, so dass $\overline{C}(x) \geq C(x)$ sein kann. Diese Mark-up-Regel entspricht einer Rate-of-return-Beschränkung auf die Erträge (anstatt auf das eingesetzte Kapital):

$$p(x)x - \overline{C}(x) = \frac{m}{1+m} \cdot p(x)x \tag{2}$$

Dies folgt unmittelbar aus der Mark-up-Regel (1), da:

$$p(x) \cdot x = \overline{C}(x) + m\overline{C}(x), \text{ und } \overline{C}(x) = \frac{p(x) \cdot x}{1+m}.$$

5.2.3.2   Anreizverzerrungen

Die Gleichung $p(x)x - \overline{C}(x) = \alpha p(x)x$ (wobei $\alpha = m/(1+m)$) suggeriert, dass ein durch Mark-up-Regulierung beschränktes, gewinnmaximierendes Unternehmen Anreize hat, seine „rate base", d. h. seine Erlöse, ansteigen zu lassen. Die grundlegenden Anreizverzerrungen einer Mark-up-Regulierung lassen sich bereits für den *Einproduktfall* mit Hilfe eines einfachen Modells zeigen (vgl. Finsinger, Kraft, 1984, S. 501 ff.).

Es seien $C(x) = cx$ die minimalen Kosten. Die Unternehmung braucht nicht notwendigerweise zu minimalen Kosten zu produzieren, so dass $\overline{c} \geq c$ (wobei $\overline{c}$ die tatsächlichen Grenzkosten sind). Gegeben sei ferner die Mark-up-Regel $p(x) = (1 + m)\,\overline{c}$. Das Entscheidungsproblem des Unternehmens lautet:

$$\max_{x} p(x)x - \overline{c}\cdot x \text{, so dass } p(x) = (1+m)\overline{c} \text{ und } \overline{c} \geq c.$$

Die entsprechende Lagrange-Funktion lautet:

$$L(x,\lambda) = \frac{m}{1+m}p(x)x + \lambda\left(\frac{p(x)}{1+m} - c\right),$$

wobei der Term $\dfrac{p(x)}{1+m}$ in der Nebenbedingung für die Mark-up-Regulierung steht und λ den Lagrange-Parameter bezeichnet.

Bezeichne *MR* den Grenzerlös, dann wird die Bedingung erster Ordnung für ein Maximum bestimmt durch:

$$\frac{\partial L}{\partial x} = \frac{m}{1+m}p'(x)x + \frac{m}{1+m}p(x) + \lambda\frac{p'(x)}{1+m} = 0 \Rightarrow mMR = -\lambda\frac{\partial p}{\partial x}$$

sowie $\lambda(\overline{c} - c) = 0$ („complementary slackness condition").[10]

Der mark-up-regulierte Output ist größer als der unregulierte Monopoloutput, allerdings niedriger als der wohlfahrtsmaximierende Output. Die Anreize für Kosteninffizienzen aufgrund der Mark-up-Nebenbedingungen sind unmittelbar ersichtlich für den Fall nicht negativer Grenzerlöse und $\lambda = 0$ (vgl. Finsinger, Kraft, 1984, Fig. 2, S. 503).

Wegen $mMR = -\lambda dp/dx$ und $\lambda = 0$ gilt, dass $MR = 0$ ist. Das bedeutet, dass die Unternehmung im Punkte maximaler Erlöse die Menge x_2 produziert. Dieser kann

---

[10]   Vgl. z. B. Kreps, 1990, S. 776 f.

jedoch nur durch Verschwendung von Ressourcen $w = (\bar{c} - c) > 0$ erreicht werden (vgl. Abbildung 5.3).[11]

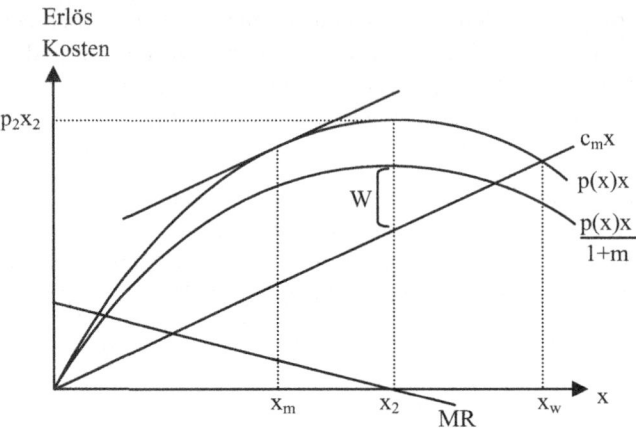

Abb. 5.3: Ressourcenverschwendung bei Mark-up-Regulierung

5.2.3.3   Implementierungsprobleme

Nicht nur die Rate-of-return-Regulierung, sondern auch die Mark-up-Regulierung ist mit erheblichen Informations- und Kontrollproblemen verbunden. Die Regulierungsbehörde steht vor der Notwendigkeit, die tatsächlichen Kosten des regulierten Unternehmens zu kennen. Andernfalls könnte die Regulierungsbeschränkung unterlaufen werden und der (unregulierte) Monopolpreis durch Manipulation der Kostendaten erzwungen werden. Die Möglichkeit, Kosteninformationen in der Praxis zu manipulieren, sind vielfältig. Hinzu kommt, wie bei der Rate-of-return-Regulierung, das Informationsproblem über die Höhe der Erträge.

5.2.4   Anreizmechanismen zur Erzielung effizienter Preisstrukturen

5.2.4.1   Der Modellansatz

Um die Funktionsweise von Anreizmechanismen darzustellen, soll im Folgenden der Vogelsang-Finsinger-Mechanismus in seiner einfachsten Form erklärt werden (vgl. Vogelsang, Finsinger, 1979). Der Mechanismus wurde für den Fall des

---

[11]   Kosteninineffizienzen sind jedoch nicht immer gegeben. Für den Fall nicht negativer Grenzerlöse und $\lambda > 0$ folgt $\bar{c} = c$. In diesem Falle produziert die Unternehmung also zu minimalen Kosten c.

Mehrproduktunternehmens entwickelt. Die Grundidee besteht darin, dass die Regulierungsbehörde dem regulierten Unternehmen Anreize setzt, sein Preisniveau sukzessive zu senken, bis sich schließlich eine Ramsey-Preisstruktur einspielt. Die Regulierungsbeschränkung besteht darin, dass das Unternehmen jeden beliebigen Preisvektor wählen darf, solange die in der vergangenen Periode verkauften Mengen zum neuen Preisniveau keinen Gewinn mehr ermöglichen würden.

Bezeichne $(p_{1,t}, ..., p_{n,t})$ den Preisvektor in einer Periode t und $(q_{1,t}, ..., q_{n,t})$ den Outputvektor in einer Periode t.

$$\Pi_{t-1} = \sum_{i=1}^{n} p_{i,t-1} q_{i,t-1} - C(q_{1,t-1}, ..., q_{n,t-1})$$

bezeichnet den Gewinn in der Periode $t-1$.

Die Regulierungsbeschränkung lautet für den Mehrproduktfall:

$$R_t = \left\{ (p_{1,t}, ..., p_{n,t}) \left| \sum_{i=1}^{n} p_{i,t} \cdot q_{i,t-1} - C(q_{1,t-1}, ..., q_{n,t-1}) \leq 0 \right. \right\}$$

Dies bedeutet, dass die neuen Preise so gewählt werden müssen, dass der in der vergangenen Periode erzielte Gewinn entfällt. Es muss folglich gelten:

$$\sum_{i=1}^{n} p_{i,t} \cdot q_{i,t-1} \leq \sum_{i=1}^{n} p_{i,t-1} \cdot q_{i,t-1} - \Pi_{t-1} .$$

Zur Vereinfachung der Darstellung wird im Folgenden der Einproduktfall näher betrachtet (vgl. Train, 1992, Fig. 5.1, S. 152).

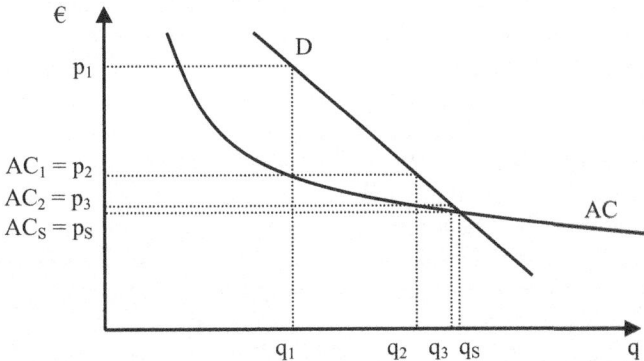

Abb. 5.4: Vogelsang-Finsinger-Mechanismus für den Einproduktfall

Gegeben sei die Situation eines starken natürlichen Monopols mit fallender Durchschnittskostenkurve.[12] Der Regulierer kennt zwar den Verlauf der Kostenkurve und der Nachfragekurve nicht, weiß allerdings, dass es sich um fallende Durchschnittskosten handelt. Zudem kann der Regulierer die tatsächlich angefallenen Kosten der jeweiligen Vorperiode beobachten. Die Regulierung erfolgt über mehrere Perioden. Ausgegangen wird von der Situation eines Monopolisten mit gewinnmaximierendem Preis p_1 und einer Menge q_1, wobei die Gesamtkosten $AC_1{\cdot}q_1$ betragen.

Die Regulierungsbeschränkung des Vogelsang-Finsinger-Mechanismus besagt, dass das Unternehmen jeden Preis für seine Produkte verlangen darf, solange die Erlöse, die durch den Verkauf des Outputs der Vorperiode zu den neuen Preisen erzielt werden, die Gesamtkosten der letztjährigen Periode nicht übersteigen.

5.2.4.2   *Anreizwirkungen*

Für den Einproduktfall kann die Regulierungsbeschränkung unmittelbar mit Hilfe der Durchschnittskosten formuliert werden.

Aus $p_2 q_1 \leq AC_1 \cdot q_1$ folgt $p_2 \leq AC_1$

Dies bedeutet für die Preise in der nachfolgenden Periode

$$p_3 \leq AC_2$$
$$\vdots$$
$$p_t \leq AC_{t-1}$$

Da das Unternehmen den höchstmöglichen Preis verlangt, folgt, dass das Unternehmen in Periode 2 einen Preis verlangt, der den Durchschnittskosten der Periode 1 entspricht. Zum Preis $p_2 = AC_1$ verkauft das Unternehmen einen höheren Output q_2. Die Durchschnittskosten fallen zu AC_2, so dass sich ein Gewinn $\Pi = (p_2 - AC_2)q_2$ ergibt. Der Regulierer beobachtet in Periode 2 Preis, Menge und Kosten. Der Regulierer verlangt nun, dass der Preis in Periode 3 nicht höher sein darf als die Durchschnittskosten in Periode 2. Daraufhin senkt das Unternehmen den Preis auf AC_2, den höchstmöglichen Preis in Periode 3. Der Prozess setzt sich fort mit sinkenden Preisen und höherem Output, bis mit $AC_S = p_S$, der zweitbeste Preis (Ramsey-Preis) erreicht ist. Da der Preis in der nachfolgenden Periode nicht höher sein darf als AC_S, ein Absinken des Preises aber unmittelbar zu Verlusten führen würde, kommt der Prozess an dieser Stelle zum Stillstand. Die Marktmacht

---

[12]   Für den Mehrproduktfall erfordert der Mechanismus, dass die Kostenfunktion fallende Strahlendurchschnittskosten („decreasing ray average costs") besitzt und dies auch dem Regulierer bekannt ist: $C(rx) \leq r(C(x))$, $r \in R$ mit $r{\geq}1$. Im Einproduktfall bedeutet dies $C(rx)/rx \leq C(x)/x$, also fallende Durchschnittskosten.

des Monopolisten wird immer stärker beschränkt, bis schließlich die Ramsey-Preise erreicht sind und überhaupt kein Gewinn mehr erzielt wird.

5.2.4.3   Implementierungsprobleme

Trotz dieser positiven Anreizwirkungen hat der Vogelsang-Finsinger-Mechanismus auch verschiedene Nachteile. Dem Unternehmen fehlen in der Regel die Anreize, seine tatsächlichen Kosten der jeweiligen Vorperiode wahrheitsgemäß zu offenbaren. Vorgetäuschte höhere Kosten in Periode *t-1* erhöhen den erlaubten Gewinn in Periode *t*. Strategisches Verhalten im Zeitablauf durch gegenwärtige Verschwendung mit dem Ziel, die zukünftige Regulierungsbeschränkung zu beeinflussen, ist ebenfalls möglich (vgl. Sappington, 1980).

In den beiden letzten Jahrzehnten wurde eine Vielzahl unterschiedlicher Regulierungsmechanismen entwickelt.[13] In der Regulierungspraxis haben diese Mechanismen allerdings keine Verbreitung gefunden. Dies wird auf verschiedene Ursachen zurückgeführt (vgl. z. B. Borrmann, Finsinger, 1999, S. 412 ff.). Hierzu zählen u. a., dass die tatsächlich vorliegenden Informationsasymmetrien zwischen Regulierer und Unternehmen nur in einer stark vereinfachten Form abgebildet werden können und nur auf sehr einfache Kostenfunktionen zurückgegriffen werden kann.

5.3   Disaggregierte Regulierung

5.3.1   Die Grundkonzeption einer disaggregierten Bottleneckregulierung

Um die Wettbewerbspotenziale im Bereich natürlicher Monopole auszuschöpfen, ist eine gezielte Bottleneckregulierung erforderlich. In der traditionellen Regulierungsökonomie wurden Instrumente zur Disziplinierung von Marktmacht auf die natürlichen Monopole als Ganzes angewendet. Demgegenüber werden im Rahmen des disaggregierten Regulierungsansatzes nur diejenigen Teilbereiche eines natürlichen Monopols reguliert, in denen stabile Marktmacht nachgewiesen werden kann (monopolistische Bottlenecks). Damit der aktive und potenzielle Wettbewerb in den komplementären Teilmärkten funktionsfähig wird, müssen die Zugangsbedingungen zu den Bottlenecks reguliert werden.

Die verbleibenden Regulierungsprobleme im Bereich natürlicher Monopole stellen sich vorwiegend in Netzindustrien. Die nachfolgenden Ausführungen bilden daher die theoretische Basis für die Regulierung monopolistischer Bottlenecks in

---

[13]   Vgl. hierzu für einen Überblick z. B. Berg, Tschirhart, 1988, S. 508-515; sowie Laffont, Tirole, 1993.

den unterschiedlichsten Netzsektoren, ohne dass auf sektorspezifische Einzelfragen eingegangen werden kann.[14]

Die Grundkonzeption des disaggregierten Regulierungsansatzes lässt sich wie folgt charakterisieren:[15]

– *Minimale Regulierungsbasis*

Die Regulierungsbasis darf nicht über das unbedingt erforderliche Maß ausgedehnt werden. Marktmachtdisziplinierung ist daher auf diejenigen Bereiche eines natürlichen Monopols zu begrenzen, in denen stabile Marktmacht lokalisiert werden kann (monopolistische Bottlenecks). Die Anwendung von Regulierungsinstrumenten in den komplementären Bereichen stellt eine Überregulierung dar. Insbesondere ist eine globale End-zu-End-Regulierung nicht gerechtfertigt.

Der disaggregierte Regulierungsansatz wendet sich dabei auch gegen globales Ramsey-Pricing.[16] Es ist bekannt, dass Effizienzverzerrungen des Ramsey-Pricing durch eine Ausdehnung der Regulierungsbasis reduziert werden können (Braeutigam, 1979; Laffont, Tirole, 1994). Nichtsdestotrotz würde ein solches Vorgehen aus ordnungs- und wettbewerbspolitischer Sicht in die Irre führen, da es letztlich zu einer globalen Regulierung der Netzsektoren zurückführen würde, einschließlich einer Preis- und Gewinnregulierung in denjenigen Netzbereichen, in denen der Wettbewerb funktionsfähig ist (vgl. Knieps, 1997b, S. 330 f.). Selbst eine erneute Marktzutrittsregulierung könnte schließlich von den Befürwortern einer End-zu-End-Regulierung als unvermeidbar angesehen werden, um die Unbeständigkeit regulierter Preisstrukturen zu verhindern (vgl. Abschnitt 5.2.1.2). Eine solche Regulierung würde jedoch die Erfolge der Liberalisierung und Öffnung der Netzsektoren zunichte machen. An Stelle der wettbewerblichen Marktprozesse würde ein administrativer Regulierungsprozess gesetzt mit den damit einhergehenden administrativen Kosten, Anreizverzerrungen und Rentseeking-Aktivitäten der involvierten Interessengruppen.[17] Selbst der ausgeklügeltste Regulierungsvertrag kann einen funktionsfähigen Wettbewerbsprozess weder imitieren noch ersetzen. Auch der Versuch, mittels einer „geeigneten" End-zu-End-Regulierung den Wettbewerbsprozess zu imitieren (vgl. Baumol, Willig, 1999), kann eine umfassende Deregulierung jenseits der monopolistischen Bottlenecks nicht ersetzen.

---

[14]   Vertiefende Analysen zur Anwendung des disaggregierten Regulierungsansatzes für verschiedenen Netzsektoren findet der Leser in Knieps, Brunekreeft (Hrsg.), 2003.

[15]   Vgl. hierzu ausführlich Knieps, 1996, 1997a, 1997c.

[16]   Zudem wendet sich der disaggregierte Ansatz erst recht gegen den globalen Secondbest-Ansatz von Lipsey und Lancaster, 1956. Diese Autoren fokussierten die globale Interdependenz von allgemeinen Gleichgewichtssystemen. Bei einer kleinen Störung einer Variablen müssten hiernach sämtliche Variablen angepasst werden. Hieraus würde ein enormer Interventionsbedarf folgen.

[17]   Zur positiven Theorie der Regulierung, vgl. z. B. Becker, 1983; Horn, Knieps, Müller, 1988, S. 55 ff.; von Weizsäcker, 1982; Owen, Braeutigam, 1978.

Insbesondere reicht es nicht aus, Marktmacht disaggregiert zu lokalisieren, aber dennoch die Regulierungsinstrumente global anzuwenden.

– *Symmetrische Regulierung*

Ein symmetrischer Zugang zu den monopolistischen Bottleneckbereichen muss gewährleistet sein, damit der (aktive und potenzielle) Wettbewerb umfassend zum Zuge kommen kann. Die Regulierung hat die Disziplinierung tatsächlicher Marktmacht zum Ziel, unabhängig davon, um welches Unternehmen und welche Technologie es sich handelt. In den umfassend geöffneten natürlichen Monopolen sind die Kundenwünsche und deren effiziente Erfüllung am Markt entscheidend. Hieraus folgt zwangsläufig die Notwendigkeit eines symmetrischen Wettbewerbsrahmens.

– *Phasing-out der sektorspezifischen Regulierung*

Der rasche technische Fortschritt führt insbesondere in dynamischen Sektoren (z. B. Telekommunikation) zu einer sukzessiven Auflösung der monopolistischen Engpassbereiche. Die Notwendigkeit von Regulierungseingriffen muss daher periodisch überprüft werden, da bei einem Wegfall der Marktmachtpotenziale auch die Rechtfertigung für die Anwendung entsprechender Regulierungsinstrumente entfällt.

Die Regulierungsinstitutionen müssen dabei zwischen zwei möglichen Fehlerquellen abwägen. Ein Fehler 1. Ordnung („false positive") tritt auf, wenn die Behörde in den Wettbewerbsprozess eingreift, obwohl der Wettbewerb funktionsfähig ist und überhaupt kein wettbewerbspolitischer Handlungsbedarf vorliegt. Ein Fehler 2. Ordnung („false negative") tritt auf, wenn die Behörde nicht aktiv wird, obwohl wettbewerbspolitischer Handlungsbedarf vorliegt. Das Phasing-out sektor-spezifischer Regulierung kann allerdings auch durch Eigeninteressen der Regulierungsbehörden an einem Fortbestehen staatlicher Regulierungseingriffe verzögert werden (vgl. Knieps, 1997d).[18]

5.3.2   Minimale Regulierungsbasis

5.3.2.1   *Effiziente Verhandlungslösungen in angreifbaren natürlichen Monopolen*

Als Konsequenz der umfassenden Öffnung der Netzsektoren gewinnen Fragen der Organisation der Zusammenschaltung von Teilbereichen natürlicher Monopole zunehmende Bedeutung. Vertikale Zusammenschaltungsprobleme tauchen auf, wenn beispielsweise Anbieter von Netzdienstleistungen Zugang zu komplementä-

---

[18]   Zur positiven Theorie des Verhaltens von Regulierungsbehörden innerhalb eines gesetzlichen Regulierungsmandats vgl. Knieps, 2007, Kap. 9

ren Netzinfrastrukturen benötigen. Horizontale Zusammenschaltungsprobleme
können entstehen, wenn beispielsweise die Koordination und Kooperation zwischen unterschiedlichen Netzinfrastrukturen angestrebt wird. Die Differenzierung
zwischen horizontaler und vertikaler Zusammenschaltung mag aus der Perspektive
phänotypischer Betrachtungen von Netzen durchaus nützlich sein. Um jedoch die
Rolle der erforderlichen Regulierungseingriffe für die Zusammenschaltung und
die Ausgestaltung der Zugangsbedingungen zu analysieren, ist es hinreichend,
sich auf solche Teile von natürlichen Monopolen zu konzentrieren, wo Marktmacht lokalisiert werden kann. Die Regulierung der Zusammenschaltungsprobleme muss auf solche Bereiche beschränkt werden, wo zumindest auf einer Seite
stabile Marktmacht aufgrund von monopolistischen Bottleneckeinrichtungen in-
volviert ist, unabhängig davon, ob es sich um horizontale oder vertikale Zusammenschaltung handelt.

5.3.2.2   Unregulierte Zusammenschaltungs- und Zugangsgebühren

Betrachten wir den Fall, wo Zusammenschaltung zwischen bzw. Zugang zu angreifbaren natürlichen Monopolen benötigt wird. Man denke beispielsweise in der
Telekommunikation an die horizontale Zusammenschaltung von unterschiedlichen, spezialisierten Mehrwertdienstnetzen oder die (vertikale) Zusammenschaltung eines Mehrwertdienstnetzes in ein Mikrowellenfernnetz (vgl. Knieps, 2000).

Aufgrund der Angreifbarkeit dieser Netze besitzen die aktiven Anbieter keine
Marktmacht. Potenzielle Wettbewerber erfüllen die Funktion der Marktmachtdisziplinierung. Es kann erwartet werden, dass private Verhandlungen von Zusam-
menschaltungs- und Zugangsbedingungen zwischen den verschiedenen Netzeigen-
tümern zu ökonomisch effizienten Lösungen führen. Strategisches Verhalten kann
ausgeschlossen werden, da jeder Verhandlungspartner leicht durch einen alternativen (potenziellen) Anbieter (aufgrund der angenommenen Angreifbarkeit) substi-
tuiert werden kann.

Private Verhandlungslösungen über Bedingungen der Zusammenschaltung zwischen Betreibern angreifbarer natürlicher Monopole sind nicht nur vorteilhaft für
die aktiven Anbieter, sondern verbessern insbesondere auch die Marktperformance der Leistungen, die den Kunden bereitgestellt werden. Beispielsweise müssten
unabhängig von der Höhe des Marktanteils des aktiven Anbieters ineffiziente
Anbieter nicht marktgerechter Zusammenschaltungsleistungen (Netzzugangsbe-
dingungen etc.) aufgrund des Wettbewerbsdrucks durch potenzielle Anbieter rasch
erhebliche Marktanteilsverluste hinnehmen.

5.3.2.3   Wettbewerbsschädliche Regulierungsregeln

Es stellt sich die Frage, ob im wettbewerblichen Verhandlungsprozess sich ergebende Zusammenschaltungs- und Zugangstarife die Überlebensfähigkeit des Anbieters von Netzkapazitäten sichern, solange dieser sich effizient verhält. Da auch

im angreifbaren natürlichen Monopol Fixkosten und damit einhergehenden Größenvorteilen eine erhebliche Bedeutung zukommt, sind die bei vollkommener Konkurrenz im allgemeinen Gleichgewicht sich ergebenden Grenzkostenpreise nicht realisierbar, da sie eine Kostendeckung nicht ermöglichen. Selbst Zugangstarife in der Höhe langfristiger Zusatzkosten, welche die fixen Kosten der Kapazitätsanpassung mit berücksichtigen, decken typischerweise die Gesamtkosten nicht, da auch die produktgruppenspezifischen Verbundkosten und die unternehmensspezifischen Gemeinkosten gedeckt werden müssen (vgl. Abschnitt 2.2.3.1). Eine regulatorische Auflage, Zugangsgebühren entsprechend den langfristigen Zusatzkosten zu erheben, würde folglich eine Diskriminierung des Netzeigentümers zur Folge haben. Denn niemand würde freiwillig zu solchen Bedingungen Netzzugangkapazitäten bereitstellen. Es kann sogar davon ausgegangen werden, dass die Anlagen überhaupt nie gebaut worden wären, falls solche Regulierungsauflagen bereits ex ante bekannt gewesen wären. Es verbleibt folglich die Aufgabe, auch die Differenz zwischen Zusatzkosten und Gesamtkosten zu decken (vgl. Albach, Knieps, 1997, S. 18 ff.). Diese Differenz entspricht den nicht direkt zurechenbaren Kosten.

Das Problem der Kostendeckung hat in der Regulierungsökonomie zu unterschiedlichen Lösungsansätzen geführt, die jedoch alle mehr oder weniger als wettbewerbsbehindernd eingestuft werden müssen. Ihr zentraler Nachteil besteht in der administrativen Vorgabe von Aufteilungsschlüsseln der nicht direkt zurechenbaren Kosten durch die Regulierungsbehörden (vgl. Knieps, 1987). In diesem Zusammenhang wurde beispielsweise die so genannte Competition-on-equal-terms-Regel diskutiert (vgl. z. B. Tye, 1993, insb. S. 46 f.). Diese Regulierungsregel sieht vor, die nicht direkt zurechenbaren Kosten proportional den Zusatzkosten unterschiedlicher Leistungen zuzuordnen, so dass der relative Aufschlag überall identisch ist. Auch wenn mit dieser Aufteilungsregel eine symmetrische Behandlung sämtlicher Marktteilnehmer verfolgt wird, ist sie dennoch wettbewerbsbehindernd. Insbesondere können durch eine solche symmetrische Aufteilung Anreize für ineffizienten Bypass von Netzbereichen gesetzt werden. Falls etwa die Stand-alone-Kosten eines spezialisierten Marktneulings[19] niedriger sind als die Zusatzkosten der Leistungserstellung plus den symmetrisch zugeteilten nicht direkt zurechenbaren Kosten, müsste sich im Rahmen einer Verhandlungslösung ein niedrigerer Aufschlag ergeben, der dennoch einen positiven Deckungsbeitrag liefert. Im Gegensatz dazu führt die Competition-on-equal-terms-Regel zu einer Eigenversorgung des Marktneulings und damit einhergehend zu ineffizienter Kostenduplizierung.

---

[19]   Während in Abschnitt 2.2.3.1 davon ausgegangen wurde, dass sämtliche aktiven und potenziellen Anbieter die gleiche Kostenfunktion besitzen, wird hier davon ausgegangen, dass Marktzutritt auch mit einer spezialisierten Technologie möglich ist.

Eine zweite, inzwischen sehr populäre Regel ist die so genannte „efficient component pricing rule" (ECPR-Regel).[20] Sie besagt, dass Netzzugangsgebühren nicht nur die Zusatzkosten des Zugangs, sondern auch die so genannten „opportunity costs" des Marktzutritts durch entgangene Erlöse des eingesessenen Unternehmens in den komplementären Netzbereichen decken sollte. Auch wenn vor der Marktöffnung lediglich eine strikte Gesamtkostendeckung (ohne Monopolgewinne) erzielt wurde, kann die ECPR-Regel Anreize für ineffiziente Eigenversorgung (ineffizienten Bypass) setzen.[21] Die Anwendung dieser Regel wäre in diesem Fall wettbewerbsverzerrend. Je niedriger die Stand-alone-Kosten spezialisierten Marktzutritts sind, umso eher ist ein Verzicht auf Netzzugang als Folge einer solchen Regulierungsvorschrift zu erwarten. In einer Situation mit hohen Verbundvorteilen zwischen den betrachteten Netzteilen und damit einhergehend hohen nicht direkt zurechenbaren Kosten ist Bypass dagegen nicht zu erwarten. Vielmehr werden sich als Resultat der ECPR-Regel Zugangstarife ergeben, die neben den Zusatzkosten die gesamten nicht direkt zurechenbaren Kosten abdecken. Die Anwendung der Regel würde dann sowohl den Netzeigentümer als auch die Marktneulinge symmetrisch behandeln, da die geforderten Opportunitätskosten mit den echten Opportunitätskosten der Inanspruchnahme des Netzzugangs übereinstimmen, unabhängig davon, ob der Netzzugang durch einen Marktneuling oder das eingesessene Unternehmen in Anspruch genommen wird. Marktzutritt könnte nur stattfinden, wenn ein Marktneuling niedrigere Zusatzkosten im komplementären Netzteil oder niedrigere Gesamtkosten in sämtlichen Netzteilen besitzt. Diese Effizienzeigenschaften der ECPR-Regel lassen auf den ersten Blick die Anwendung von Regulierungsvorschriften in angreifbaren natürlichen Monopolbereichen sinnvoll erscheinen. Die Durchsetzung dieser Regulierungsvorschrift wäre in diesem Fall jedoch überflüssig, da sich dieses Ergebnis aufgrund der Komplementaritätseigenschaft des Netzzugangs automatisch im Wettbewerbsprozess ergibt.

Zusammenfassend lässt sich also festhalten, dass in angreifbaren natürlichen Monopolen Regulierungsvorschriften bezüglich Zugangs- und Zusammenschaltungstarifen aufgrund der Funktionsfähigkeit des freien Marktes nicht nur überflüssig sind, sondern den Wettbewerbsprozess geradezu behindern.

---

[20]   Vgl. Baumol, 1983; sowie Baumol, Sidak, 1994. Diese Regel ist inzwischen auch als Baumol-Willig-Regel bekannt.

[21]   Im Falle von monopolistischen Bottleneckeinrichtungen könnte die ECPR-Regel sogar zu einer Zementierung von Monopolrenten führen (vgl. hierzu Economides, White, 1995).

5.3.3   Disaggregierte Regulierung monopolistischer Bottleneckeinrichtungen

5.3.3.1   Der Einfluss der Marktmacht auf Verhandlungen über Zusammenschaltungs- und Zugangsbedingungen

Zusammenschaltung zwischen angreifbaren natürlichen Monopolen mag in der Zukunft eine wachsende Bedeutung einnehmen. Nichtsdestotrotz verbleibt das Problem des Zugangs zu den monopolistischen Bottleneckeinrichtungen. Ein illustratives Beispiel stellen Eisenbahnnetze dar. Konkurrierende Anbieter von Transportleistungen brauchen immer auch den Zugang zu den Schienenwegen und Bahnhöfen. Im Gegensatz zu den Transportleistungen müssen Eisenbahnschienen nach wie vor als irreversible Kosten angesehen werden, die an einen bestimmten (geografischen) Markt gebunden sind. Falls ein potenzieller Anbieter von Gleisanlagen plant, in den Markt einzutreten, kann der eingesessene Schienenbetreiber glaubwürdig androhen, seine Zugangstarife auf die kurzfristigen variablen Netzbetriebskosten zu reduzieren. Sobald Eisenbahnnetze einmal aufgebaut sind, kann man also kaum Marktzutritt mit zusätzlichen Schienen erwarten. Die entscheidungsrelevanten Kosten eines Marktneulings umfassen auch die Kosten der Schieneninvestitionen, die allerdings nicht gedeckt werden könnten mit Tarifen, die auf kurzfristigen variablen Kosten bzw. Zusatzkosten basieren. Im Gegensatz zum Anbieter von Transportleistungen hat der Schienenwegbetreiber daher ein bestimmtes Marktmachtpotenzial inne.

Eine ähnliche Situation gilt auch für Flughäfen. Im Gegensatz zu Flugzeugen sind die Flughafeninfrastrukturen mit irreversiblen Kosten verbunden. Investitionen in Terminals sowie Start- und Landebahnen können, einmal getätigt, nicht wie ein Flugzeug an einen anderen Ort transferiert werden. Insoweit Fluggesellschaften auf einen einzigen Flughafen in einer Region angewiesen sind, hat dieser die Charakteristika eines monopolistischen Bottlenecks (vgl. z. B. Knieps, 1996; Knieps, 2004). Auch die Elektrizitätsübertragungsnetze stellen monopolistische Bottleneckeinrichtungen dar. Einerseits besitzen sie auf Grund der Systemvorteile eines integrierten Elektrizitätsnetzes den Charakter eines natürlichen Monopols, zudem handelt es sich beim Aufbau der Übertragungsnetze um irreversible Kosten, die geographisch an einen bestimmten Ort gebunden sind (vgl. z. B. Brunekreeft, Keller, 2003, S. 148). Während die lokalen Gasversorgungsnetze ebenfalls den Charakter eines monopolistischen Bottlenecks besitzen, stellt der innerdeutsche Ferntransport mittels Hochdruck-Pipelines auf Grund konkurrierender Pipeline-Backbones keinen monopolistischen Bottleneck dar (vgl. Knieps, 2002).

Im Gegensatz zur Zusammenschaltung zwischen angreifbaren Netzen stört die den nichtangreifbaren Netzen zugrunde liegende Marktmacht fundamental den Verhandlungsprozess zwischen den involvierten Parteien.[22] Eine extreme Form des Marktmachtmissbrauchs könnte sein, Marktzugang auf den komplementären Dienstleistungsmärkten überhaupt nicht zuzulassen („vertical foreclosure"). Solch eine Kopplungsstrategie kann von einem Monopolisten mit dem Ziel verfolgt werden, höhere Gewinne durch Preisdifferenzierung zu erzielen, die auf dem monopolistischen Inputmarkt oder wettbewerblichen Dienstleistungsmärkten nicht durchsetzbar wären (vgl. z. B. Fremdling, Knieps, 1993, S. 148 ff., sowie Abschnitt 10.4). Eine andere Methode, Marktmacht auszuüben, besteht darin, den Netzzugang in unzureichender Qualität bereitzustellen. Bei der Benutzung der Wegeinfrastruktur stellt sich nämlich nicht nur die Frage nach der grundsätzlichen Zulassung von Marktteilnehmern, sondern auch das Problem der Zuteilung der besten Benutzungszeiten. Gewährt beispielsweise ein Flughafenbetreiber privilegierte Landerechte (sog. „Großvaterrechte") an eingesessene Fluglinien, entstehen Wettbewerbsverzerrungen und die Wirksamkeit des potenziellen Wettbewerbs ist behindert.

Bereits an dieser Stelle wird deutlich, dass die Ausgestaltung der Marktmachtregulierung von monopolistischen Bottleneckeinrichtungen gleichzeitig eine wesentliche Auswirkung auf das Funktionieren des Wettbewerbs auf den komplementären Märkten besitzt, die prima facie angreifbar gestaltet werden können.

5.3.3.2 Das Konzept der wesentlichen Einrichtung

Ausgangspunkt für die Herleitung eines echten Regulierungsbedarfs im Sinne einer Bottleneckregulierung ist das Konzept der *wesentlichen Einrichtung* („essential facility"). Wesentliche Einrichtungen müssen einer sektorspezifischen Ex-ante-Regulierung unterworfen werden, damit der aktive und potenzielle Wettbewerb funktionsfähig ist.

Als wesentlich wird dabei eine Einrichtung oder Infrastruktur bezeichnet:

– die unabdingbar ist, um Kunden zu erreichen und/oder Wettbewerbern die Durchführung ihrer Geschäftstätigkeit zu ermöglichen, und

– die mit angemessenen Mitteln nicht neu geschaffen werden kann.

Das Konzept der wesentlichen Einrichtung stellt ein maßgeschneidertes Instrumentarium zur Lokalisierung verbleibender stabiler Marktmacht im Sinne des disaggregierten Regulierungsansatzes bereit. Ausgangspunkt dieses Ansatzes ist die Unterscheidung zwischen denjenigen Bereichen eines natürlichen Monopols, in denen funktionsfähiger (aktiver und potenzieller) Wettbewerb gewährleistet ist, und denjenigen Bereichen, in denen stabile Marktmacht lokalisierbar ist.

---

[22] Für den Elektrizitätssektor vgl. im Einzelnen Brunekreeft, 2003b.

Eine Einrichtung ist genau dann als wesentlich anzusehen, wenn diese die Bedingungen für eine monopolistische Bottleneckeinrichtung erfüllt:

– Eine Einrichtung ist unabdingbar, um Kunden zu erreichen, wenn es keine zweite oder dritte solche Einrichtung gibt, d. h. kein *aktives* Substitut verfügbar ist. Dies ist dann der Fall, wenn aufgrund von Bündelungsvorteilen eine natürliche Monopolsituation vorliegt, so dass ein Anbieter diese Einrichtung kostengünstiger bereitstellen kann als mehrere Anbieter.

– Die Einrichtung kann mit angemessenen Mitteln nicht dupliziert werden, um den aktiven Anbieter zu disziplinieren, d. h. es ist kein *potenzielles* Substitut verfügbar. Dies ist dann der Fall, wenn die Kosten der Einrichtung irreversibel sind.

Sektorspezifische Regulierung ist ausschließlich auf diese wesentlichen Einrichtungen zu beschränken. In allen übrigen Bereichen ist Regulierung nicht nur überflüssig, sondern auch mit hohen administrativen Kosten verbunden. Noch wesentlich höhere volkswirtschaftliche Schäden entstehen jedoch aufgrund der Störung des Wettbewerbsprozesses und der damit einhergehenden Anreizverzerrungen, z. B. hinsichtlich der Investitionsbereitschaft.

5.3.3.3   Diskriminierungsfreier Zugang zu monopolistischen Bottleneckeinrichtungen

(a)   Die Essential-facilities-Doktrin als Regulierungsinstrument

Die aus dem amerikanischen Antitrustrecht stammende Essential-facilities-Doktrin findet inzwischen auch im europäischen Wettbewerbsrecht verstärkt Anwendung. Sie besagt, dass eine Einrichtung nur dann als wesentlich („essential") anzusehen ist und folglich diskriminierungsfreier Zugang zu gewähren ist, wenn zwei Bedingungen erfüllt sind, nämlich:

– der Marktzutritt zu dem komplementären Markt ist ohne Zugang zu dieser Einrichtung effektiv nicht möglich, und

– einem Anbieter auf dem komplementären Markt ist es mit angemessenem Aufwand nicht möglich, diese Einrichtung zu duplizieren; auch Substitute fehlen.[23]

---

[23] Zusammenfassend Areeda, Hovenkamp, 1988. Gelegentlich wird als weiteres, drittes Kriterium formuliert, dass der Zugang zu einer Einrichtung für den Wettbewerb auf dem komplementären Markt wesentlich ist, weil durch diese dort die Preise gesenkt oder die angebotene Menge erhöht wird. Dieses dritte Kriterium beschreibt aber nur die Wirkungen des Zugangs.

Mit der Anwendung der Essential-facilities-Doktrin soll ein traditionelles Instrument des Wettbewerbs-/Antitrustrechts als *Regulierungsinstrument* eingesetzt werden. Es handelt sich um die Verpflichtung, eine Einrichtung auch Dritten diskriminierungsfrei zur Mitbenutzung zur Verfügung zu stellen. Das Diskriminierungsverbot besagt, dass der Bottleneckeigentümer unabhängigen Dritten die gleichen Zugangsbedingungen ermöglichen muss wie sich selbst. In der 6. Novelle des Gesetzes gegen Wettbewerbsbeschränkungen (GWB) wurde eine Zugangsverpflichtung zu Infrastrukturen erstmals in das deutsche allgemeine Wettbewerbsrecht aufgenommen (§ 19 Absatz 4).

Im Rahmen des disaggregierten Regulierungsansatzes wird die Essential-facilities-Doktrin jedoch nicht mehr fallweise, sondern auf eine Klasse von Fällen, nämlich auf monopolistische Bottleneckeinrichtungen angewandt. Die Ausgestaltung der diskriminierungsfreien Zugangsbedingungen zu den wesentlichen Einrichtungen muss im Rahmen des disaggregierten Regulierungsansatzes präzisiert werden.[24] Es gilt dabei, die Anwendung der Essential-facilities-Doktrin in einem dynamischen Kontext zu sehen. Es muss also auch darum gehen, durch die Ausgestaltung der Zugangsbedingungen den Infrastrukturwettbewerb nicht zu behindern, sondern auch Anreize für Forschung und Entwicklung sowie für Innovationen und Investitionen auf der Einrichtungsebene zu schaffen.

(b)   Vertikale Separierung

Eine Alternative zur Anwendung der Essential-facilities-Doktrin ist die vertikale Separierung von monopolistischen Bottlenecks und den übrigen Bereichen eines natürlichen Monopols. So ist es denkbar, die Märkte für den Eisenbahnverkehr von den Schienenwegen zu separieren. Schienenwegbetreibern wäre es dann nicht mehr gestattet, gleichzeitig auch als Transportunternehmen tätig zu sein bzw. das Transportgeschäft über eine Tochtergesellschaft abzuwickeln.[25] Auch im Energiebereich ist eine Separierung zwischen Energieerzeugung und Energietransport vorstellbar.[26] Bei einer vertikalen Separierung nehmen zwar die Diskriminierungsanreize ab, aber ein entscheidender Nachteil dieser Lösung liegt in dem tiefen Eingriff in die grundgesetzlich geschützten Eigentumsrechte (vgl. Brunekreeft, 2003a). Auch bei einer vertikalen Separierung verbleibt das Problem der Vermeidung monopolistischer Zugangstarife.

---

[24]   Vgl. hierzu Abschnitt 5.3.3.4.

[25]   Ein solches Reformmodell wird in Knieps, 1996, S. 44 ff. vorgestellt.

[26]   In Großbritannien wird eine solche Separierung bereits praktiziert (vgl. Brunekreeft, 1997).

5.3.3.4   Preisniveauregulierung anstatt Preisstrukturregulierung

Der Effekt einer totalen Verweigerung des Zugangs zu monopolistischen Bottleneckeinrichtungen kann auch erreicht werden, indem der Zugang lediglich zu untragbar hohen Tarifen bereitgestellt wird. Dies macht bereits deutlich, dass eine effektive Anwendung der Essential-facilities-Doktrin mit einer adäquaten Regulierung der Zusammenschaltungs- und Zugangsbedingungen kombiniert werden muss. Diese sollte allerdings nicht in Form einer Preisstrukturregulierung, sondern als Price-cap-Regulierung erfolgen (vgl. Abschnitt 5.3.4).

– *Wettbewerbspreise zwischen Stand-alone-Kosten und kurzfristigen Grenzkosten*

Ein wesentliches Charakteristikum von natürlichen Monopolen besteht darin, dass Größen- und Verbundvorteile bei der Leistungserstellung eine bedeutende Rolle spielen. Die Wettbewerbspreise müssen sich daher – abhängig von den Nachfrageverhältnissen – zwischen Stand-alone-Kosten und kurzfristigen Grenzkosten ungehindert einspielen können. Ein Marktmachtmissbrauch liegt in diesem Fall nicht vor (vgl. Baumol, 1979b, S. 245 ff.). Obergrenzen für Zusammenschaltungsgebühren auf der Basis einheitlicher Aufschläge auf die Zusatzkosten passen nicht in ein wettbewerbliches Umfeld. Vielmehr stellen die kurzfristigen Grenzkosten (variable Kosten) die kurzfristige Preisuntergrenze dar, ohne dass bereits Verdrängungsverhalten („predatory pricing") vorliegt. Die langfristigen Zusatzkosten, die auch die relevanten Fixkosten enthalten, stellen dagegen die langfristige Erlösuntergrenze dar.

– *Marktmäßige Allokation der Gemeinkosten*

Die Deckung der produktgruppenspezifischen Verbundkosten und der unternehmensspezifischen Gemeinkosten muss in Abhängigkeit von den vorherrschenden Nachfrageverhältnissen (Preiselastizitäten der Nachfrage) erfolgen. Der hierfür erforderliche Informationsbedarf wird auf den Märkten spontan bereitgestellt. Die sich ergebende Aufteilung der Gemeinkosten kann daher erst ex post beobachtet werden. Administrative, durch staatliche Regulierung ex ante festgelegte Aufteilungsschlüssel sind grundsätzlich nicht in der Lage, die im Marktprozess endogen sich ergebenden Aufteilungen der Gemeinkosten zu antizipieren. Das Informationsdefizit der Regulierungsbehörden ist zu groß, zumal die relevanten Preiselastizitäten auch im Zeitablauf (Tageszeit, saisonal etc.) erheblich variieren können.

– *Ineffizienz von Preisstrukturregulierung*

Analog der Situation bei angreifbaren Netzen müssen die Netzzugangsgebühren nicht nur die langfristigen Zusatzkosten, sondern die Gesamtkosten der monopolistischen Bottleneckeinrichtung decken. Verbundkosten bei der Bereitstellung von angreifbaren und nicht angreifbaren Netzteilen müssten folglich ebenfalls via Zugangsgebühren erhoben werden, ohne dass ein Marktmachtmissbrauch des Essential-facilities-Eigentümers unterstellt werden kann. Volkswirtschaftlich sinn-

volle Preisregeln für den Zugang zu den monopolistischen Engpassfaktoren sollten als Regulierungsproblem isoliert angegangen werden. Als Ausgangspunkt
sollte die Deckung der Gesamtkosten der monopolistischen Bottleneckeinrichtung
dienen, da sonst die dauerhafte Lebensfähigkeit dieser Anlage gefährdet ist.

Die Unternehmen sollten hierzu nicht auf ganz bestimmte Preisstrukturen, wie
z. B. Ramsey-Zugangstarife oder zweistufige Netzzugangstarife, verpflichtet werden. Dies würde die unternehmerische Suche nach innovativen Tarifsystemen
behindern. Denn es ist nicht auszuschließen, dass in der Zukunft noch bessere
Regeln entdeckt werden. Eine Regulierung sollte sich strikt auf die nachgewiese-
nen Bottlenecks beschränken. Im Weiteren ist der Fortbestand solcher Engpassbereiche beständig zu überprüfen und die Regulierung unmittelbar aufzuheben, wenn
– etwa aufgrund technischen Fortschritts – ein Bottleneck wegfällt.

– Wohlfahrtserhöhende Preisdifferenzierungspotenziale

Sowohl auf europäischer als auch auf nationaler Ebene wird der Zugang zu monopolistischen Bottleneckeinrichtungen zu nichtdiskriminierenden Preisen verlangt.
Derartige Vorschriften dürfen allerdings nicht dazu führen, dass die vielfältigen
wohlfahrtserhöhenden Preisdifferenzierungspotenziale behindert werden.[27]

Da einerseits die (kurzfristigen) variablen Kosten die kurzfristige Preisuntergrenze
und die (langfristigen) Zusatzkosten die langfristige Preisuntergrenze darstellen,
andererseits sowohl die produktgruppenspezifischen als auch die unternehmensspezifischen Gemeinkosten gedeckt werden müssen (Viability-Kriterium), ergibt
sich ein erhebliches Preisdifferenzierungspotenzial, das unabhängig von der zugrunde liegenden Marktform zum Wohle der Konsumenten genutzt werden sollte
(vgl. Willig, 1978). Für die volkswirtschaftliche Beurteilung unterschiedlicher
Preisdifferenzierungsschemata müssen die Schemata als Ganzes verglichen werden. Es ist unzulässig, aufgrund punktueller Preisvergleiche globale Aussagen
über die Wohlfahrtswirkungen von Preisdifferenzierung abzuleiten. Insbesondere
darf eine zum Überleben des Netzbetreibers erforderliche Preisdifferenzierung
nicht mit wettbewerbsschädlicher Diskriminierung verwechselt werden.

Die wohlfahrtserhöhenden Wirkungen von Preisdifferenzierung dürfen nicht
durch asymmetrische Regulierungseingriffe behindert werden. Die Entwicklung
von innovativen Tarifstrukturen muss *sämtlichen* Anbietern offen stehen. Die
Entwicklung neuer Tarifstrukturen darf nicht durch eine Ausdehnung der Genehmigungspflicht auf neue Tarife seitens der Regulierungsbehörde behindert werden. Optionstarife, mehrteilige Tarife, nichtlineare Preisstrukturen etc. müssen im
Wettbewerb von sämtlichen Marktteilnehmern gleichermaßen angeboten werden
können. Wenn bestimmte Tarifmodelle einseitig nur von den Marktneulingen

---

[27]   Eine ausführliche Darstellung der wohlfahrtsverbessernden Preisdifferenzierungspotenziale wird in Kapitel 10 gegeben.

angeboten werden dürften, käme dies einer strukturellen Wettbewerbsbehinderung der etablierten Anbieter gleich.

5.3.4   Price-cap-Regulierung

Auch wenn die traditionellen Regulierungsinstrumente (vgl. Abschnitt 5.2) im Sinne eines disaggregierten Regulierungsansatzes Anwendung finden können, stellt die so genannte Price-cap-Regulierung das geeignetste Instrument dar, um die verbleibende Marktmacht in natürlichen Monopolen zu disziplinieren.

5.3.4.1   Die Grundkonzeption

Die Geburtsstunde der Price-cap-Regulierung ist eher unspektakulär: Im Rahmen der Privatisierung von British Telecom erteilte das Department of Industry im Oktober 1982 S.C. Littlechild den Auftrag, ein modifiziertes Rate-of-return-Regulierungsschema zu entwickeln. Zentraler Kritikpunkt an der herkömmlichen Rate-of-return-Regulierung war nach Littlechild nicht nur der Averch-Johnson-Effekt der Anreizverzerrung überzogener Investitionstätigkeit und der hohe administrative Implementierungsaufwand; Littlechild wies insbesondere auch auf die fehlenden Möglichkeiten einer gezielten Anwendung der Rate-of-return-Regulierung auf diejenigen Produktionsbereiche hin, in denen Monopolmacht tatsächlich ein Problem darstellt, da die Rate-of-return-Regulierung typischerweise auf das ganze Unternehmen oder zumindest auf große Teile davon angewandt wird. Daher entwickelte Littlechild einen alternativen Ansatz, die so genannte Price-cap-Regulierung, den er 1983 in seinem Report für das britische Department of Industry auf S. 34-36 skizzierte (vgl. Littlechild, 1983).[28] Es ist zu vermuten, dass weder Littlechild noch das Department zum damaligen Zeitpunkt ahnten, welchen Einfluss und welche Akzeptanz dieses Regulierungsinstrument in der Folgezeit haben würde, obwohl auch Kritik nicht ausblieb.

Die Idee der Price-cap-Regulierung ist relativ einfach. Grundlegend ist die Überzeugung, dass es ein perfektes Regulierungsinstrument nicht geben kann und dass Regulierung niemals zu einer perfekten Korrektur des Marktversagens im Sinne der Public-interest-Theorie führen kann. Es kommen der Einfachheit und der praktischen Implementierbarkeit eine große Bedeutung zu. Die Regulierung soll sich dabei auf die monopolistischen Leistungen beschränken. Ausgangspunkt ist die Bounded-rationality-Hypothese, welche besagt, dass Regulierung ohne Informationen bezüglich Kosten- und Nachfragebedingungen bereits eine Verbesserung für die Konsumenten bewirken kann, indem sie dafür sorgt, dass sich deren Situation nicht verschlechtert. Insbesondere soll das Preisniveau der monopolistischen Dienste nicht stärker ansteigen als die Inflationsrate. Die Kunden sollen also im

---

[28]   Vgl. auch Beesley, Littlechild, 1989, S. 454-472.

Prinzip in der Lage sein, auch zu den heutigen Preisen die gleichen Mengen der unterschiedlichen Leistungen des betrachteten Dienstleistungskorbes einzukaufen wie in der Vorperiode, ohne dass ihnen dadurch Mehrausgaben entstehen. Als Korrekturfaktor wird *RPI-X* eingesetzt, wobei *RPI* die Veränderung des Konsumentenpreisindexes und *X* einen zwischen Regulierer und Unternehmen auszuhandelnden Prozentsatz darstellt, der in der Folge als Prozentsatz der Produktivitätsveränderung innerhalb des regulierten Bereichs interpretiert wurde. Die Pricecap-Regulierung hat den großen Vorzug, dass sie die Preisflexibilität dem Unternehmen überlässt.

5.3.4.2   *Der Modellansatz*

Bezeichne *RPI* die Veränderung des Konsumentenpreisindexes und *X* die Produktivitätsveränderung im regulierten Wirtschaftssektor.

Die *(RPI - X)*-Regel lautet wie folgt:

$$\sum_{i=1}^{n}\left(\frac{w_{i,t-1}\cdot(p_{i,t}-p_{i,t-1})}{p_{i,t-1}}\right)\leq RPI-X$$

wobei $p_{i,t}$ der Preis des *i*-ten Produkts in Periode *t* ist und

$$w_{i,t-1}=\frac{p_{i,t-1}\cdot q_{i,t-1}}{\sum_{j=1}^{n}p_{j,t-1}\cdot q_{j,t-1}}$$

der Anteil der Erlöse des *i*-ten Gutes an den Gesamterlösen der vorigen Periode. $q_{i,t-1}$ ist hierbei die Menge des *i*-ten Gutes, das in der Periode *t-1* verkauft wird. Hieraus folgt:

$$\sum_{i=1}^{n}p_{i,t}\cdot q_{i,t-1}\leq\sum_{i=1}^{n}p_{i,t-1}\cdot q_{i,t-1}\cdot(1+RPI-X)$$

Die Preise in der heutigen Periode werden gemäß dieser Formel derart festgelegt, dass die Summe der heutigen Tarife gewogen mit den Mengen der vorigen Periode nicht größer ist als die Summe der Tarife aus der vorigen Periode gewogen mit den Mengen der vorigen Periode korrigiert mit einem Faktor (1+*RPI-X*). Mit anderen Worten, es muss möglich sein, die Mengen aus der vorigen Periode zu den heutigen Preisen mit der gleichen Summe Geld zu kaufen, angepasst um die Veränderungen des Konsumentenpreisindex und der Produktivität.

5.3.4.3   Anreizwirkungen

Sowohl die Rate-of-return-Regulierung als auch die Mark-up-Regulierung funktionieren nur unter stringenten Annahmen über die Informationsbeschaffungskompetenz der Regulierungsbehörden. Bei der Rate-of-return-Regulierung muss die Regulierungsbehörde die Kapitalkosten der Unternehmen sowie die Höhe der Erträge kennen (vgl. Abschnitt 5.2.2.3). Bei der Mark-up-Regulierung ist es für die Regulierungsbehörde erforderlich, die tatsächlichen Kosten zu kennen (vgl. Abschnitt 5.2.3.3). Da das zentrale Anreizkonzept der Price-cap-Regulierung darin besteht, Effizienzzuwächse in Form von Kosteneinsparungen zumindest teilweise beim regulierten Unternehmen zu belassen, entfallen die regulierungsbedingten Anreizverzerrungen der Inputregulierung (zu hoher Kapitaleinsatz bzw. Kostenverschwendung). Allerdings verbleibt das Problem möglicher Anreizverzerrungen bei der Bereitstellung von Produktqualitäten, falls die Qualität variierbar ist (vgl. Brennan, 1989).

Die Price-cap-Regulierung versucht die mit hohen Kosten verbundenen Informationsprobleme zu umgehen, indem sie zugelassene Outputpreisveränderungen auf die Veränderungen des Konsumentenpreisindexes und der Produktivität im regulierten Sektor bezieht. Informationsprobleme, wie sie in Prinzipal-Agent-Konstellationen entstehen, entfallen, da die Price-cap-Regulierung auf exogenen, leicht beobachtbaren Größen basiert. Da die Preise der Vorperiode als (zumindest der Regulierungsbehörde) bekannt angenommen werden können und *RPI* sowie *X* exogene Größen darstellen, sind detaillierte Informationen über die Kosten- und Nachfragebedingungen des regulierten Unternehmens nicht erforderlich. Während der Einzelhandelspreisindex *RPI* ohnehin allgemein zugänglich ist, besteht allerdings die Möglichkeit, dass bei der regelmäßig wiederkehrenden Aushandlung der Produktivitätsveränderung des regulierten Bereichs zur „Fundierung" der Argumentation der Produktivitätsveränderung seitens der Regulierungsbehörde detaillierte Kosteninformationen eingefordert werden. Dies hieße allerdings, die Vorteile der Price-cap-Regulierung hinsichtlich der Informationserfordernisse aufzugeben und gleichzeitig wiederum strategisches Verhalten seitens des regulierten Unternehmens zu stimulieren.

5.3.4.4   Implementierung

Die Price-cap-Regulierung stellt ein innovatives Regulierungsinstrument dar, das maßgeschneidert zur Disziplinierung der verbleibenden netzspezifischen Marktmacht in monopolistischen Bottleneckbereichen Anwendung finden kann. Dennoch bedeutet dies nicht, dass Price-cap-Regulierung ein perfektes Regulierungsinstrument ist.

Price-cap-Regulierung in monopolistischen Engpassbereichen schafft unter Umständen erst die Anreize für diskriminierendes Verhalten gegenüber Konkurrenten in komplementären Wettbewerbsmärkten (vgl. Brennan, 1989). Hätte man unregu-

liert bereits alle Monopolrenten abschöpfen können, würden solche Anreize weg-
fallen. Dies zeigt deutlich, dass der Einsatz eines Regulierungsinstruments die
Anwendung einer weiteren Regulierungsanforderung (Gewährleistung eines dis-
kriminierungsfreien Netzzugangs) nach sich ziehen kann, wobei zusätzlich die
Auflage getrennter Buchführung („accounting separation") für den monopolisti-
schen Bottleneck und die übrigen Teilbereiche erforderlich ist. Ein wesentlicher
Vorteil der Price-cap-Regulierung gegenüber inputbasierten Gewinnregulierungen
besteht darin, dass sich das Erfordernis der getrennten Buchführung nur auf die
Einnahmenseite beziehen muss, da die Kostenseite in der Price-cap-Formel keine
Rolle spielt.[29]

Ein Phasing-out der sektorspezifischen Regulierung sollte möglichst rasch und
umfassend umgesetzt werden, sobald das zu disziplinierende Marktmachtproblem
verschwunden ist und der Wettbewerb funktionsfähig ist. Price-cap-Regulierung
im monopolistischen Engpassbereich sowie „accounting separation" sind ausreichend, um die verbleibende Marktmacht zu disziplinieren und einen diskriminierungsfreien Zugang zu den monopolistischen Bottleneckeinrichtungen zu gewährleisten. Detaillierte Inputregulierungen widersprechen der Konzeption einer Price-
cap-Regulierung. Durch die Beschränkung der Regulierungsvorschriften auf das
Niveau der Outputpreise soll gerade das Informationserfordernis der Regulierungsbehörde möglichst gering gehalten werden. Dadurch wird nicht nur der Re-
gulierungsaufwand reduziert; gleichzeitig werden unternehmerische Anreize bei
der Suche nach Kosteneinsparungen sowie innovativen Preisstrukturen gesetzt.
Ein entscheidender Vorteil der Price-cap-Regulierung im Vergleich zur Einzel-
preisgenehmigung besteht darin, dass die unternehmerische Suche nach innovativen Preisstrukturen nicht behindert wird.

5.3.4.5   Reform der Price-cap-Regulierung?

Die Price-cap-Regulierung kann ihre Anreizwirkungen zur Effizienzsteigerung
nur deshalb entfalten – und dies hat sie mit der allgemeinen Theorie der Incentive-
Regulierung gemeinsam –, wenn sie dem regulierten Unternehmen die Früchte
seiner Effizienzbemühungen zumindest teilweise überlässt, so dass Gewinne in
monopolistischen Bottleneckbereichen auch mittels Price-cap-Regulierung nicht
völlig verschwinden.

---

[29]   Verhandlungen über die Produktivitätsveränderung X können ohnehin nicht sinnvoll
auf Grundlage (historischer) Buchführungsdaten eines Unternehmens erfolgen.
Allenfalls können entscheidungs- und zukunftsorientierte Kosteninformationen mit
herangezogen werden, um die Produktivitätsveränderung innerhalb des regulierten
Bereichs näher einzugrenzen (vgl. Beesley, Littlechild, 1989, S. 456 ff.).

(a)   *Übermäßige verbleibende Gewinne?*

In jüngster Zeit ist das Instrument der Price-cap-Regulierung vor allem mit dem Argument kritisiert worden, dass es die regulierten Unternehmen zu gut behandle und ihnen zu hohe Gewinne übrig lasse. Die Leidtragenden seien dabei die Konsumenten. Es liegt in der Natur des Instruments der Price-cap-Regulierung, dass das Risiko der Änderungen der relevanten Parameter sowohl bei den Konsumenten als auch bei dem regulierten Unternehmen verbleibt. Falls – nach Festlegung einer Price-cap-Formel – Inputkosten oder Inflation enorm ansteigen, reduziert dies die Gewinnmöglichkeit des Unternehmens; falls dagegen umgekehrt die Kosten erheblich sinken, erhöht dies die Gewinnmöglichkeiten (da die Price-cap-Formel deswegen während einer Price-cap-Periode nicht mehr angepasst wird).

In jüngster Zeit haben solche unvorhersehbare Veränderungen der Inputpreise zu Gunsten der regulierten Unternehmen in Großbritannien zu erheblichen Gewinnen geführt. Dies führte zur Kritik, dass die Price-cap-Regulierung zu schwach sei. Die Folge war der Ruf nach zusätzlichen Instrumenten der Marktmachtregulierung.

(b)   *Gewinnaufteilungsverfahren*

Eine Verschärfung der Price-cap-Regulierung kann mit einer zusätzlichen Vorschrift über die Gewinnaufteilung erzielt werden (Sliding-scale-Regulierung). Die Grundidee eines solchen Gewinnaufteilungsvorschlags besteht darin, dass ein Referenzmaß („benchmark") an zulässigem Gewinn für das regulierte Unternehmen festgelegt wird. Falls dieses Referenzmaß überschritten wird, muss das Unternehmen einen Teil dieses Gewinns an die Kunden zurückerstatten. Dies kann entweder in Form einer Tarifreduktion für das folgende Jahr oder über einen Rabatt für das laufende Jahr erfolgen (vgl. Kunz, 2003).

Voraussetzung für die Durchführung eines solchen Gewinnaufteilungsverfahrens sind weit gehende Informationen der Regulierungsbehörde, damit eine detaillierte Kostenkontrolle, Erlöskontrolle, Messung des Gewinns, der Tarifbasis etc. möglich wird. Mit anderen Worten, Gewinnaufteilung ist ein Element eines breiten Regulierungsschemas, das sehr wesentlich auf Informationen der Regulierungsbehörde hinsichtlich der Inputseite basiert (vgl. auch Viehoff, 1995, insb. S. 8-12).

Die Kombination von Price-cap-Regulierung und inputbasierter Gewinnregulierung, wie sie in den letzten Jahren zunehmend diskutiert wurde und inzwischen auch Anwendung findet, ist jedoch aus verschiedenen Gründen aus der Perspektive des disaggregierten Ansatzes der Regulierungsökonomie nicht zu empfehlen. So verlockend es auch erscheint, verbleibende Gewinne mittels auf unternehmensspezifischen Inputdaten basierenden Regulierungsmaßnahmen zu reduzieren, muss man sich dennoch der negativen Anreizwirkungen für zukünftige Investitionstätigkeiten bewusst sein (vgl. Rees, Vickers, 1995, S. 365 f.). Diese Gefahr wird unmittelbar deutlich, wenn man den Analogieschluss zum Hold-up-Problem zieht[30]: auch wenn es ex ante effizient ist, in eine irreversible Investition zu investieren, kann diese dennoch aus Angst vor einer Ex-post-Ausbeutung durch opportunistisches Verhalten der Gegenseite unterbleiben. Diese Gefahr besteht gleichermaßen bei einer willkürlichen Veränderung der Price-cap-Formel wie auch bei Kombinationen mit Inputregulierungen, insoweit diese unvorhersehbar sind und daher als Bruch des Regulierungsvertrags empfunden werden. Schließlich gilt es auch die Gefahr zu vermeiden, dass durch ein „Nachbessern" der Price-cap-Regulierung die immanenten Vorteile dieses Regulierungsinstruments (administrative Einfachheit, Anreizwirkung zur Kostenreduktion etc.) verwässert oder sogar ganz verloren gehen können.

5.3.5   Phasing-out monopolistischer Bottleneckregulierung

5.3.5.1   *Wettbewerb durch Substitutionsmöglichkeiten*

Traditionell wurden die Instrumente der Marktmachtregulierung global auf den gesamten Bereich eines natürlichen Monopols angewendet. Marktmachtregulierung sollte jedoch nur in solchen Bereichen angewendet werden, in denen der aktive und potenzielle Wettbewerb als Disziplinierungsinstrument versagt. Die Marktmacht des aktiven Bottleneckanbieters ist umso beschränkter, je mehr die Kunden zu substitutiven Produkten abwandern können. Im Verkehrsbereich heißt diese Disziplinierungsmöglichkeit intermodaler Wettbewerb (vgl. z. B. Braeutigam, 1979; Berndt, Kunz, 2003, S. 186 ff.). Allerdings macht der intermodale Wettbewerb zwischen Schienen-, Straßen- und Luftverkehr sowie der Schifffahrt eine Marktmachtregulierung der Anbieter von Verkehrsinfrastrukturen (Schienenwege, Flughäfen etc.) keineswegs überflüssig (vgl. Knieps, 1996). Im Elektrizitätssektor bestehen zwar partielle Substitutionsmöglichkeiten zwischen Kohle, Gas und Elektrizität, eine Bottleneckregulierung ist aber im Bereich der Transport- und Verteilnetze auch hier erforderlich (vgl. Brunekreeft, Keller, 2003).

5.3.5.2   *Wettbewerb durch Innovation*

Technologischer Wandel hat in den bisher behandelten Modellen keine signifikante Rolle gespielt. Die Frage ist, was geschieht, wenn im Bereich eines natürlichen Monopols mit irreversiblen Kosten die Erwartung besteht, dass ständig neue, verbesserte oder innovative Produkte (Produktinnovationen) oder Produktionstechniken (Prozessinnovationen) eingeführt werden.[31] Wenn Innovationen mög-

---

[30]   Vgl. hierzu z. B. Tirole, 1989, S. 23 ff.; ferner Williamson, 1975.

[31]   Eingehende Analysen des Wettbewerbs durch Innovation findet der Leser bei Armentano, 1982; sowie bei Fisher et. al., 1983.

lich sind, dann bewirkt die Gefahr, dass andere bessere oder billigere Produkte auf den Markt bringen werden, einen Druck auf die aktive Unternehmung, neue Produkte zu entwickeln und einzuführen, welche die Kundenwünsche besser erfüllen (vgl. auch Kirzner, 1973; von Hayek, 1968).

Innovative Unternehmungen, die Risiken auf sich genommen haben, können durch den Wettbewerbsprozess gewinnen. Sie gehen aber auch die Gefahr ein, dass die von ihnen geplanten Innovationen technologisch nicht realisierbar sind oder vom Kunden nicht akzeptiert werden (vgl. von Weizsäcker, 1984a, S. 119 f.). Hohe Gewinne aus einzelnen Innovationen sind in der Regel nur vorübergehender Natur, wenn sich der technologische Wettbewerb fortsetzt und durch Initiative anderer Unternehmungen Preiswettbewerb entsteht.

Da die Theorie der angreifbaren Märkte eine statische bzw. komparativ statische Theorie ist, werden solche dynamischen Elemente, analog der Walrasianischen Gleichgewichtstheorie, vernachlässigt. In Wirtschaftssektoren, in denen dynamische Prozesse sehr bedeutend sind, kann folglich Regulierung grundsätzlich überflüssig oder schädlich sein, selbst wenn ein natürliches Monopol mit irreversiblen Kosten vorliegt. In Netzsektoren gilt es zu unterscheiden zwischen solchen Bereichen, die auch langfristig die Eigenschaft von monopolistischen Bottlenecks aufweisen werden (z. B. Schienenwege, Elektrizitätsnetze), und solchen Bereichen, bei denen der technische Fortschritt sukzessive zu einer Auflösung der monopolistischen Bottlenecks führt.

5.3.5.3   Sukzessives Auflösen eines monopolistischen Bottlenecks: Das Beispiel Telekommunikation

Die Telefonfernnetze sind inzwischen durch intensiven aktiven und potenziellen Wettbewerb gekennzeichnet und stellen keine monopolistischen Bottlenecks mehr dar. Denn aufgrund der Möglichkeiten freier Anbieterwahl sind die Telekommunikationskunden nicht an einen spezifischen Anbieter gebunden und können ohne Verzögerung auf Preissenkungen am Markt reagieren. Die vielfältigen Möglichkeiten des Wettbewerbs in den Fernnetzen ergeben sich durch den potenziellen Wettbewerb nichtkabelgebundener Netze (z. B. Satellitennetze, Mikrowellensysteme, Mobilfunknetze), ferner in der aktiven Netzkonkurrenz alternativer Netzbetreiber sowie in den Arbitragemöglichkeiten durch den Wiederverkauf von Telekommunikationsdienstleistungen.

Für eine möglichst präzise Identifikation der monopolistischen Bottlenecks in der Telekommunikation und des damit einhergehenden Restregulierungsbedarfs erweist sich die traditionelle Unterscheidung zwischen Fern- und Ortsnetzen als zu wenig differenziert. Im Rahmen der aktuellen Regulierungsdiskussion hat sich inzwischen die Unterscheidung zwischen Verbindungsnetzen und Teilnehmeranschlussnetzen durchgesetzt. Teilnehmeranschlussnetze stellen den so genannten Local Loop zwischen Hausanschluss und der ersten Vermittlungsstelle (Teilnehmervermittlungsstelle) bereit. Vermittlungsleistungen und die Übertragung gebündelter Verkehre werden innerhalb der Verbindungsnetze bereitgestellt. Ortsnetze können durchaus verschiedene Anschlussnetze umfassen, wobei der vermittelte Transport innerhalb der Verbindungsnetze abgewickelt wird.

Der Netzcharakter der Teilnehmeranschlussnetze muss als notwendige Voraussetzung für den monopolistischen Bottleneck angesehen werden. Der relevante Markt der Netzbedienung ist dabei die *Gesamtzahl* der angeschlossenen Netzteilnehmer. Nur so können die Größen- und Verbundvorteile des Anschlussnetzes ausgeschöpft werden. Es gilt dabei, die Implikationen eines zusätzlichen Netzanschlusses auf die übrigen Netzeinrichtungen mit in das Kalkül einzubeziehen (Cave, Doyle, 1994, insb. S. 186). Es geht also darum, den monopolistischen Engpassbereich als denjenigen Bereich abzugrenzen, der durch das Vorliegen eines lokalen natürlichen Monopols aufgrund von Bündelungsvorteilen in Kombination mit irreversiblen Kosten gekennzeichnet ist. Dieses umfasste im Zeitpunkt der umfassenden Marktöffnung im Jahre 1998 die Bereitstellung der Kupferdoppelader (Local Loop). In der Folgezeit gelangten zunehmend auch alternative Netzzugangstechnologien (Wireless Local Loop, Breitbandkabelnetze, Powerline) zum Einsatz (Engel, Knieps, 1998; Knieps, 2003, insb. S. 395 f.).

Die Anwendung der Bottleneckregulierung muss in einem dynamischen Kontext gesehen werden, um deren Phasing-out-Potenziale auszuschöpfen (vgl. Knieps, 1997b). Der Umfang der monopolistischen Bottleneckkomponenten innerhalb eines Anschlussnetzes schrumpft, wenn konkurrierende Anbieter von glasfaserbasierten Breitbanddiensten lediglich den Zugang zu den Trassen (Leerrohren) benötigen (vgl. Blankart, Knieps, Zenhäusern, 2007). Es gilt, die Regulierung technologieneutral, also unabhängig von der verwendeten Technologie anzuwenden, solange und in dem Umfang ein monopolistischer Bottleneck vorliegt. Dies impliziert in einem Umfeld konkurrierender Infrastrukturunternehmen mit Netz- und Technologievielfalt, dass bestehende Regulierung nicht aus- sondern abzubauen ist. Da nicht zu erwarten ist, dass sich die Wettbewerbsverhältnisse für alle Teilnehmeranschlussnetze gleichzeitig schlagartig verändern, stellt sich periodisch die Frage nach denjenigen Unterklassen von Anschlussnetzen, in denen die monopolistische Enpasssituation noch vorliegt, und denjenigen Unterklassen von Anschlussnetzen, in denen bereits – beispielsweise aufgrund von Wireless Local Loop und alternativen Kabelnetzen – funktionsfähiger aktiver und/oder potenzieller Wettbewerb herrscht (vgl. Knieps, 1999 und 2000).

Kapitel 6
Stabile Marktmacht in Oligopolen?

Archimedischer Punkt der allgemeinen Wettbewerbspolitik ist das Per-se-Verbot von Kartellvereinbarungen. Diese sind ausschließlich auf die Erzielung von Monopolrenten ausgerichtet, ohne dass dadurch Effizienzzuwächse (wie etwa bei Fusionen) zu erwarten sind. Als Voraussetzung für eine konsequente Durchsetzung des Kartellverbots ist die Untersuchung der Bestimmungsfaktoren für die Stabilität von Kartellen unerlässlich.

Ungeachtet der vielfältigen Kritik an dem traditionellen Struktur-Verhalten-Ergebnis-Ansatz beruht die Einstufung von Unternehmen als marktbeherrschend in der praktischen Wettbewerbspolitik nach wie vor in starkem Maße auf Marktanteilskriterien. Das Ziel einer wettbewerbsökonomisch fundierten Lokalisierung stabiler Marktmacht auf Oligopolmärkten erfordert die kritische Auseinandersetzung sowohl mit den Ansätzen der New Empirical Industrial Organization als auch mit spieltheoretischen Ansätzen. Zu unterscheiden gilt es zwischen allgemein gültigen Aussagen über das Vorliegen von Marktmacht, die für unterschiedliche Industrien gleichzeitig zu treffen sind, und einer gezielten Lokalisierung von Marktmacht in spezifischen Industrien.

6.1 Kartelle und Randwettbewerb

Im Rahmen dieses Abschnitts werden kooperative Lösungsansätze und die Bedingungsfaktoren für die Stabilität von Kartellen behandelt. Es zeigt sich, dass Kartelle nicht immer gegen Außenseiter („competitive fringe") gefeit sind, die letztlich sogar zum Zusammenbruch eines Kartells führen können.

6.1.1 Funktionsweise von Kartellen

Die Untersuchung der Anreize von Unternehmen einer Branche, ihre Entscheidungsparameter (z. B. Mengen oder Preise) zu koordinieren, führt zur Kartelltheorie und -politik. Ein Kartell ist ein Zusammenschluss von Unternehmen, die übereinkommen, ihre Aktivitäten hinsichtlich eines oder mehrerer Strategieparameter zu koordinieren. Der zentrale Anreiz zur Bildung von Kartellen besteht darin, den Gesamtgewinn einer Industrie sowie die Gewinne der einzelnen Unternehmungen durch Kooperation zu erhöhen. In einem perfekten Kartell schließen sich alle aktiven Anbieter einer Industrie zusammen und agieren wie ein Monopolist.

Die Funktionsweise von Kartellen kann bereits an einem einfachen Beispiel für den Fall symmetrischer Unternehmen veranschaulicht werden (vgl. Carlton, Perloff, 2005, Fig. 5.1, S. 124). Als Ausgangssituation sei zuerst perfekter Wettbewerb angenommen (Preis gleich Grenzkosten). Der Output jedes Unternehmens bestimmt sich im Schnittpunkt der individuellen Grenzkostenkurve mit dem Wettbewerbspreis. Ursprünglich existieren 10 Unternehmungen am Markt. Der Gleichgewichtspreis im Wettbewerb ergibt sich aus dem Schnittpunkt der horizontalen Summation der 10 Grenzkostenkurven mit der Industrienachfrage. Das einzelne Unternehmen reagiert auf seine horizontale Nachfrage mit seiner Menge, die $^1/_{10}$ des Outputs der Gesamtindustrie entspricht.

Im Gegensatz hierzu wird im Kartell die angebotene Produktmenge künstlich begrenzt. Dies erfolgt z. B. über eine Zuteilung von Produktionsquoten durch eine Kartellorganisation. Bei $n = 10$ Unternehmen und identischen Produktionskosten wird jeder Unternehmung $^1/_{10}$ des Industrieoutputs zugeteilt (vgl. Abbildung 6.1). Falls sich jedes Kartellunternehmen an die Quotenzuteilung hält, produzieren alle Unternehmen den gleichen Output. Falls aber z. B. jedes Unternehmen eine Einheit mehr produziert, steigt der Gesamtoutput um 10 Einheiten, und die einzelnen Unternehmen können ihre neuen Mengen nicht mehr zum Kartellpreis verkaufen. Im Kartell können die einzelnen Anbieter also keine autonomen Outputentscheidungen treffen.

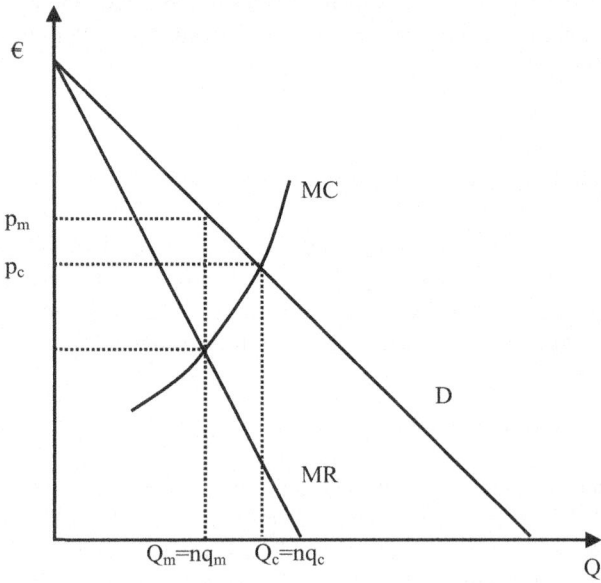

Abb. 6.1: Gemeinsame Gewinnmaximierung in einer Industrie

Die Kartellquote (und infolgedessen die individuelle Residualnachfrage) berechnet sich nach der Aufteilung der gewinnmaximalen Gesamtmenge auf die Anzahl der Unternehmen. Aus Abbildung 6.1 wird deutlich, dass der Kartelloutput $Q_m = 10\ q_m$ kleiner ist als der Wettbewerbsoutput $Q_c = 10\ q_c$, das heißt, dass $q_m < q_c$ und $p_m > p_c$. Die Aussicht auf die Erzielung positiver Gewinne setzt Anreize für die Unternehmen einer Industrie, ein Kartell zu bilden: In der Regel gilt, dass der Gewinn des einzelnen Unternehmens im Kartell größer ist als in einer wettbewerblichen Situation, in der langfristig nicht mehr als die marktgerechte Entlohnung sämtlicher Produktionsfaktoren erreicht werden kann (Gewinn = 0). Allerdings besitzen Kartelle ein immanentes Instabilitätsproblem. Die Stabilität kann von innen heraus durch „illoyale" Mitglieder gefährdet werden (vgl. Abschnitt 6.1.2). Die Stabilität kann aber auch durch Unternehmen außerhalb des Kartells in Frage gestellt werden (vgl. Abschnitt 6.1.3).

6.1.2   Instabilität von Kartellen

6.1.2.1   Der Fall einer großen Anzahl von Kartellmitgliedern

Es gibt Anreize, Kartellvereinbarungen zu brechen: Unter der Annahme, dass sich alle anderen Unternehmen an diese halten (d. h. insbesondere ihren Kartelloutput konstant halten), kann sich für eine einzelne Unternehmung ein Abweichen von der Kartellvereinbarung lohnen. Dies lässt sich anhand der nachfolgenden Abbildung 6.2 illustrieren (vgl. Clarkson, Miller, 1983, Fig. 14-2, S. 319). Es wird angenommen, ein beliebiges Kartellmitglied i sieht den Kartellpreis als Nachfragekurve und auch als Grenzerlöskurve an (d. h. geht davon aus, zum Kartellpreis beliebig viel absetzen zu können). Gewinnmaximierendes Verhalten bedingt einen Output, der durch den Schnittpunkt von Grenzerlös und Grenzkosten bestimmt wird. Der zugehörige Output ist in Abbildung 6.2 mit q_1 gekennzeichnet. Gemäß Kartellquote dürfte Unternehmen i aber nur die Menge q_m anbieten.

Der Gewinn des aus der Kartellvereinbarung ausbrechenden Unternehmens i berechnet sich wie folgt (vgl. Abbildung 6.3):

$$\Pi_i = p_m \cdot q_1 - AC_i(q_1) \cdot q_1 \quad > \quad \Pi_i^{Kartell} = p_m \cdot q_m - AC_i(q_m) \cdot q_m$$

Anreize zum Brechen der Kartellvereinbarung bestehen dann, wenn Fläche B größer als Fläche A ist. Die Annahme, dass sich der Kartellpreis als Folge des Kartellbrechens nicht verändert, setzt allerdings voraus, dass der Kartellbrecher hinreichend klein ist. Bei einer großen Anzahl von Kartellmitgliedern, die sich die Gesamtmenge symmetrisch aufteilen, wäre dies der Fall. Allerdings stellt sich dann unmittelbar die Frage, warum sich nicht jedes Kartellmitglied als Kartellbrecher verhält. Dies hätte zur Folge, dass der Kartellpreis instabil und schließlich die Wettbewerbsmenge zum Wettbewerbspreis angeboten würde.

(a) Einzelnes Kartellmitglied   (b) Gesamtkartell

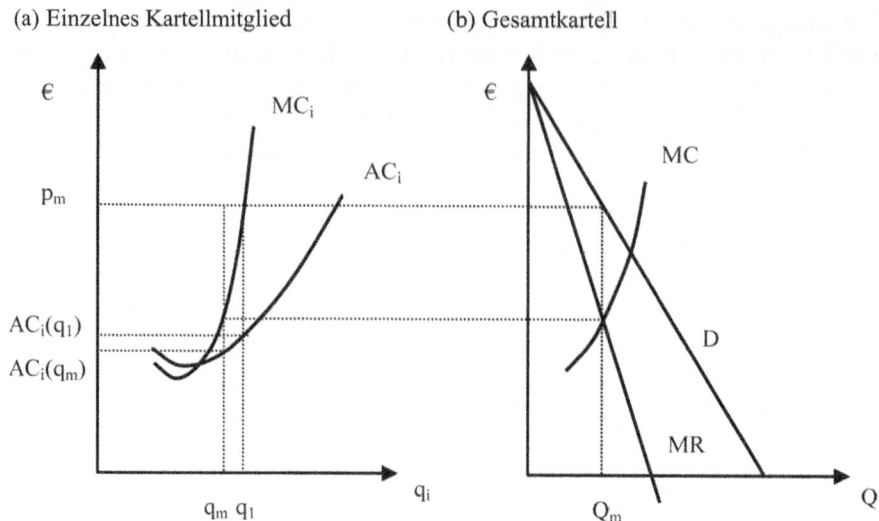

Abb. 6.2: Cheating-Anreize im Kartell

Abbildung 6.3 verdeutlicht die Anreize, die Kartellvereinbarung zu brechen. Bei Einhaltung der Kartellabsprache produziert jedes Unternehmen q_m zu Durchschnittskosten $AC_i(q_m)$, bei individueller Gewinnmaximierung jedoch q_1 zu Durchschnittskosten $AC_i(q_1)$

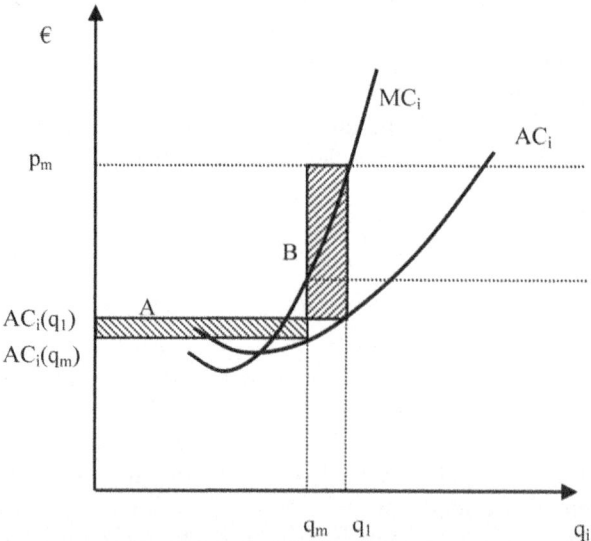

Abb. 6.3: Einhaltung der Kartellvereinbarung versus „cheating"

6.1.2.2 Der Fall einer kleinen Anzahl von Kartellmitgliedern

Die mögliche Instabilität von Kartellen lässt sich bereits für den Spezialfall von lediglich zwei Kartellmitgliedern anhand einer Auszahlungsmatrix ersehen, welche die Struktur eines Gefangenendilemma-Spiels[1] aufzeigt. Die Gewinne der Unternehmen sind maximal, wenn sie gemeinsam den Kartellpreis setzen. Der Gewinn eines individuellen Unternehmens steigt, wenn dieses die Angebotsmenge erhöht, das andere Kartellmitglied aber gleichzeitig an der vereinbarten Menge festhält. Das Verhalten jedes einzelnen Kartellmitglieds beeinflusst signifikant das Marktergebnis.

Im Folgenden werden die Auszahlungen der beiden Strategien in einem Kartell mit 2 Mitgliedern berechnet, entweder mit dem anderen Kartellmitglied zu kooperieren (Kooperation) oder die Kartellvereinbarung zu brechen („cheating"). Die Kombination der Strategien für beide Unternehmen führt zu vier verschiedenen Marktsituationen. Unter der Symmetrieannahme bezüglich der Kosten der Unternehmen ist es hinreichend, den Fall des Kartellbrechens nur für einen Fall zu berechnen. Die beiden anderen Situationen sind das perfekte Kartell, welches analog dem Monopolfall über die addierten Kostenfunktionen der Unternehmen berechnet wird,[2] und die nichtkooperative Situation, in der sich beide Unternehmen nicht an die Kartellvereinbarung halten und das Ergebnis ein Cournot-Dyopol ist.

Für das Rechenbeispiel gelten folgende Annahmen:

$Q = 1000 - 25p$ (Marktnachfrage) $\Rightarrow$ $p = 40 - Q/25$ (inverse Nachfrage)
$R = p \cdot Q = 40Q - Q^2/25$ (Erlöse) $\Rightarrow$ $MR = 40 - 2Q/25$ (Grenzerlös)
$C_i = 800 + 20\,q_i + q_i^2/50$ (Kosten für das Unternehmen i)

---

[1] Das Gefangenendilemma-Spiel lässt sich wie folgt zusammenfassen (vgl. Luce, Raiffa, 1957, S. 94 ff.). Zwei Komplizen werden in getrennten Räumen verhört, so dass sie nicht miteinander kommunizieren können. Jeder Gefangene hat zwei Möglichkeiten: Aussagen oder nicht aussagen. Falls beide schweigen, erhält jeder ein Jahr Strafe; falls beide aussagen, erhält jeder acht Jahre Strafe. Falls einer als Kronzeuge auftritt und der andere schweigt, erhält der Kronzeuge drei Monate Strafe, während der andere zehn Jahre erhält. Beiden Gefangenen (zusammen betrachtet) erginge es besser, wenn keiner ein Geständnis ablegt, d. h. wenn sie kooperieren würden. Da jeder den Anreiz des anderen kennt, ein Geständnis abzulegen, ist es „vernünftig", dass beide gestehen. Es handelt sich um eine dominante Strategie, bei der das Strafmaß aus der individuellen Sicht jedes Einzelnen minimiert wird, unabhängig davon, wie der Andere aussagt Das Gefangenendilemma ist das bekannteste Strategienspiel der Sozialwissenschaften. Es wurde von A.H. Tucker, dem Mentor von Nash, im Jahre 1949 in Princeton entwickelt (vgl. Nasar, 1999, S. 136 f.) Nashs Theorie (Nash, 1951) sagt voraus, dass beide Spieler ihre dominante Strategie einsetzen werden, obwohl sich beide bei der Anwendung ihrer dominierten Strategie (nicht aussagen) besser stellen würden.

[2] Es wird davon ausgegangen, dass die Unternehmen weiterhin als separate Unternehmen produzieren.

(a)   Perfektes Kartell

Die Summe der Kosten der Kartellmitglieder ergibt (da $q_1 = q_2$ im symmetrischen Kartell):

$$C = C_1 + C_2 = 1600 + 20(q_1 + q_2) + \frac{(Q/2)^2 + (Q/2)^2}{50} = 1600 + 20Q + \frac{Q^2}{100}$$

Die Grenzkosten (MC) sind: $MC_1 + MC_2 = 20 + \dfrac{Q}{50}$

Die Gewinnmaximierungsbedingung Grenzerlöse (MR) = Grenzkosten (MC) führt zu:

$$40 - \frac{2Q}{25} = 20 + \frac{Q}{50} \quad \Rightarrow \quad Q = 200$$

Hieraus folgt, dass $q_1 = 100$ und $q_2 = 100$ sowie $p_m = 32$. Die Unternehmen erzielen jeweils einen Gewinn $\Pi_1 = \Pi_2 = 200$.

(b)   Einseitiges „cheating"

Es sei angenommen, dass sich Unternehmen 2 an die Kartellvereinbarung hält und die Menge $q_2 = 100$ anbietet. Unternehmen 1 verhält sich als Kartellbrecher und bietet eine solche Menge an, die seinen individuellen Unternehmensgewinn maximiert.[3] Hierzu wird zunächst die Residualnachfrage gebildet:

$Q = 1000 - 25p$ (Marktnachfrage)
$q_1 = Q - 100 = 900 - 25p$ (Residualnachfrage)
$p = 900/25 - q_1/25$ (inverse Residualnachfrage)

Aus den Kosten $C_1 = 800 + 20q_1 + q_1^2/50$
folgen die Grenzkosten $MC_1 = 20 + q_1/25$.

Die Erlösfunktion $R_1 = pq_1 = (900/25 - q_1/25)\,q_1 = 900q_1/25 - q_1^2/25$
führt zu Grenzerlösen von $MR_1 = 900/25 - 2q_1/25$.

Die Gewinnmaximierungsbedingung $MR_1 = MC_1$
führt zu $20 + q_1/25 = 900/25 - 2q_1/25$; $q_1 = 400/3$, $q_2 = 100$ und damit $Q = 700/3$.

Es ergeben sich ein Marktpreis von $p = 92/3$ sowie Gewinne in Höhe von
$\Pi_1 = 266$ und $\Pi_2 = 66$.

---

[3]   Für die umgekehrte Situation, dass Unternehmen 2 sich als Kartellbrecher verhält und Unternehmen 1 sich an die Kartellvereinbarung hält, gilt die analoge Berechnung.

(c)   Zweiseitiges „cheating"

Falls sich beide Kartellunternehmen nicht an die Kartellabsprache halten, ergibt sich die Situation einer Cournot-Dyopols.[4] Jedes Unternehmen nimmt die Angebotsmenge des anderen Unternehmens als gegeben an und maximiert seinen Gewinn über die verbleibende Residualnachfrage:

$$p = 40 - \frac{1}{25} Q$$

$$C_i = 800 + 20 q_i + \frac{q_i^2}{50}$$

$$R_1 = q_1 \left[40 - \frac{1}{25}(q_1 + q_2) \right]$$

$$\frac{\partial \Pi_1}{\partial q_1} = 20 - 6q_1/50 - q_2/25 = 0$$

Daraus folgt die Reaktionsfunktion des Anbieters 1: $q_1 = 1/3 (500 - q_2)$. Aufgrund der Symmetrie ist die Reaktionsfunktion des Anbieters 2: $q_2 = 1/3 (500 - q_1)$. Mit Hilfe der Reaktionsfunktionen lassen sich die Gleichgewichtsmengen der Anbieter, der Gleichgewichtspreis sowie die Gewinne berechnen: $q_1 = 125$ und $q_2 = 125$, $Q = 250$; $p = 30$; $\Pi_1 = \Pi_2 = 137,5$

(d)   Fazit

Aus den Ergebnissen aus *(a)* - *(c)* ergibt sich folgende Auszahlungsmatrix:

Tabelle 6.1: Kartelldilemma

	Unternehmen 2 „cheating"	Unternehmen 2 Kooperation
Unternehmen 1 „cheating"	(c) 137,5/137,5 Cournot-Dyopol	(b) 266/66
Unternehmen 1 Kooperation	66/266	(a) 200/200 perfektes Kartell

---

[4]   Zur Herleitung eines Cournot-Gleichgewichts vgl. z. B. Varian, 1999, S. 479 ff.

Diese Auszahlungsmatrix entspricht einer Kartelldilemma-Situation, analog dem Gefangenendilemma-Spiel. Falls sich beide Unternehmen kooperativ verhalten (Kartell), erhalten sie die höchste Auszahlung. Anreize, Kartellvereinbarungen zu brechen, entstehen dadurch, dass sich die Auszahlung für das kartellbrechende Unternehmen erhöht, vorausgesetzt das andere Unternehmen hält sich an die Kartellvereinbarungen. Falls beide Unternehmen die Kartellvereinbarungen brechen, sinkt der Gewinn auf die nichtkooperative Cournot-Lösung.

6.1.2.3   (In-)Stabilität von Kartellen im Zeitablauf

Die aufgezeigte Kartelldilemma-Situation basiert auf der Annahme eines einmaligen Spiels („one-shot market game"). Es wird davon ausgegangen, dass die Unternehmen nur einmal darüber entscheiden, ob sie sich kooperativ oder als Kartellbrecher verhalten. Das Modell suggeriert dadurch eine extreme Instabilität von Kartellen. Umgekehrt lässt sich mit Hilfe der Theorie wiederholter Spiele auch eine Modellsituation konstruieren, unter deren Voraussetzungen eine extreme Stabilität von Kartellen gegeben ist.

Für den Fall, dass das Unternehmen unendlich lange in einem Markt aktiv ist, keinerlei exogene Unsicherheit herrscht und zukünftige Gewinne nicht zu stark abdiskontiert werden, lässt sich mit Hilfe der Theorie wiederholter Spiele zeigen, dass kollusive Preisvektoren ein nichtkooperatives Gleichgewicht dieses wiederholten Spiels darstellen und keine Cheating-Anreize bestehen (vgl. Friedman, 1971). Dieses Ergebnis ist intuitiv, da bei Abwesenheit von Unsicherheit „cheating" sofort entdeckt wird. Die Unternehmen wissen, welche Marktanteile ihnen innerhalb des Kartells zustehen und dass Abweichungen zwischen vereinbarten und tatsächlichen Marktanteilen nur über niedrigere Preise zu erreichen sind. In diesem Kontext sind Bestrafungsstrategien („trigger strategies") recht einfach zu formulieren. Es wird dabei davon ausgegangen, dass die Unternehmen den Preis nach den folgenden Regeln wählen:

1. Solange kein Unternehmen jemals von der Kartellvereinbarung abgewichen ist, verhalten sich die Unternehmen auch weiterhin kooperativ.

2. Falls sich zu irgendeinem Zeitpunkt ein Unternehmen nicht an die Kartellvereinbarung hält, verhalten sich die Unternehmen fortan permanent nichtkooperativ.

Jedes Unternehmen im Kartell sieht sich vor der Entscheidung, den kurzfristigen Cheating-Gewinn gegenüber den langfristigen Einbußen des abdiskontierten Kartellgewinns abzuwägen. Die aus der resoluten Bestrafungsstrategie resultierende extreme Robustheit von Kartellen basiert allerdings auf sehr starken Voraussetzungen. Zunächst stellt sich die Frage, ob die „trigger strategy" langfristig tatsächlich eine glaubwürdige Drohung darstellt, und ob ein Kartellmitglied tatsächlich ein ganzes Kartell zu Fall bringen kann.

Wenn zufällige Schwankungen in den Nachfrage- und Kostenbedingungen relevant sind, tritt das Problem auf, zwischen Preisschwankungen aufgrund von „cheating" eines Kartellmitglieds und zufälligen Preisschwankungen aufgrund von Nachfrage- bzw. Kostenschwankungen zu unterscheiden. Es wurde versucht, die Bestrafungsstrategien auch auf die Situation bei solchen Unsicherheiten anzuwenden (vgl. z. B. Green, Porter, 1984). Um zu vermeiden, dass ein Kartell durch eine zufällige Preisschwankung dauerhaft zerstört wird (ohne dass überhaupt ein Cheating-Verhalten vorliegt), kann die Bestrafungsstrategie der Nichtkooperation auf einen bestimmten Zeitraum beschränkt werden, um danach ohne erneutes Verhandeln wieder zu den ursprünglichen Kartellvereinbarungen zurückzukehren.

Mit Hilfe der Theorie der wiederholten Spiele lässt sich also zeigen, dass das wiederholte Aufeinandertreffen der Unternehmen innerhalb einer Industrie das Potenzial für die Stabilität eines Kartells erhöht. Allerdings hat Stigler (1964) zu Recht darauf verwiesen, dass Kollusion schwieriger ist, je größer die Anzahl der Unternehmen ist. Falls es viele Unternehmen gibt oder die Nachfrageunsicherheit sehr hoch ist, sind Kartelle doch instabil und das einzige Gleichgewicht sind die Wettbewerbspreise (vgl. Porter, 1985, S. 418). Die Stabilität von Kartellen im Zeitablauf und die Bestimmungsfaktoren für Preiskriege waren auch Gegenstand verschiedener empirischer Arbeiten (vgl. z. B. Porter, 1983, 1985; Carlton, Perloff, 2005, S. 144 ff.). Einerseits wird die These vertreten, dass Preiskriege am häufigsten als Folge von Rezessionen auftreten (Green, Porter, 1984), andererseits wird auch die Meinung vertreten, dass Preiskriege in Perioden hoher Nachfrage auftreten, da der Vorteil des „cheating" während Boom-Zeiten besonders groß ist (vgl. Rotemberg, Saloner, 1986). Eindeutige Schlussfolgerungen über die Bestimmungsfaktoren der Stabilität von Kartellen lassen sich hieraus jedenfalls nicht ableiten.[5]

6.1.3   Randwettbewerb

Wenn sich verschiedene Unternehmen nicht in ein bestehendes Kartell einfügen, entsteht Randwettbewerb („competitive fringe") mit Auswirkungen auf den Kartellpreis und die Angebotsmenge. Eine Industrie umfasse N Unternehmen mit identischen Kostenfunktionen. Es wird davon ausgegangen, dass kein neuer Anbieter in den Markt eintreten kann. Von den N Unternehmen befinden sich j Unternehmen außerhalb des Kartells.[6] Die Angebotskurve der Nichtkartellmitglieder ergibt sich durch Summation der Grenzkostenkurven

$$\sum_{i=1}^{j} MC_i \, ,$$

---

[5]   Dies ist ein grundsätzliches Problem der dynamischen Oligopolmodellen (vgl. z. B. Gasmi, Laffont, Vuong, 1990).

[6]   Ein Zahlenbeispiel wird in Carlton, Perloff, 2005, Fig. 5.2, S. 147 gegeben.

die Angebotskurve des Kartells durch Summation der Grenzkostenkurven der Kartellmitglieder

$$\sum_{i=1}^{N-j} MC_i \,.$$

Die Residualnachfrage des Kartells ergibt sich durch Subtraktion des Angebots der Nichtkartellmitglieder von der Marktnachfrage. Dies setzt voraus, dass eine Erhöhung des Preises durch das Kartell keine neuen Nichtkartellmitglieder anzieht. Das gewinnmaximierende Kartell wählt seinen Output durch Gleichsetzen von Grenzkosten und Grenzerlöskurve der Residualnachfrage. Der Kartellpreis ist der Preis auf der Residualnachfrage, der mit dieser Menge korrespondiert. Die Unternehmen außerhalb des Kartells (Nichtkartellmitglieder) nehmen den vom Kartell gesetzten Preis p^* als gegeben an und bieten die Menge $\hat{Q}$ an, die sich zum Kartellpreis gemäß ihrer Angebotskurve

$$\sum_{i=1}^{j} MC_i \quad \text{ergibt.}$$

Dieses Angebot wird auch als „competitive fringe supply" bezeichnet. Die Nichtkartellmitglieder sind nicht in der Lage, die gesamte Marktnachfrage zu bedienen. Das Kartell (mit N-j Mitgliedern) wird als dominante Unternehmung aufgefasst, die sich einem „wettbewerblichen Rand" gegenüber sieht, dessen Angebotsverhalten bekannt ist.

(a) Unternehmen außerhalb   (b) Kartellmitglieder
     des Kartells

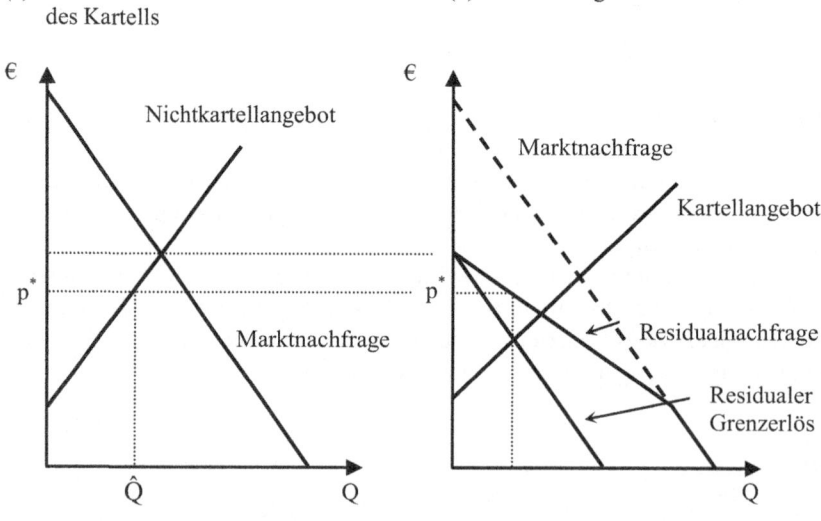

Abb. 6.4: Randwettbewerb

Im Competitive-fringe-Modell sind folgende Grenzfälle denkbar: Für j = N besteht vollständiger Wettbewerb; für j = 0 eine perfektes Kartell (Monopol).

Bei steigender Anzahl der Nichtkartellmitglieder sinkt die Residualnachfrage der verbleibenden Kartellmitglieder und die Angebotskurve der Kartellmitglieder dreht sich nach innen. Hieraus folgt, dass der Preis sinkt und die Gewinne des Kartells abnehmen.

Die Marktergebnisse bei unterschiedlichen Graden der Kartellierung unter zunehmendem Wettbewerb werden in einem numerischen Beispiel in Carlton, Perloff (2005, Tabelle 5.2, S. 148 f.) dargelegt. Falls sich immer mehr Unternehmen außerhalb des Kartells befinden, entwickelt sich die Industrie immer stärker in Richtung Wettbewerb.

6.1.4   Bedingungsfaktoren koordinierten Verhaltens

Die grundlegende Frage für die Wettbewerbsbehörden ist, welche Faktoren die Stabilisierungsmöglichkeiten von Kartellen begünstigen, da Verstöße gegen das Kartellverbot am ehesten in solchen Industrien zu erwarten sind. Die folgenden Bedingungen erleichtern eine Kartellbildung[7]:

1. Eine Erhöhung des Preises ist möglich, ohne intensiven Wettbewerb von Nichtmitgliedern hervorzurufen. Dabei gilt es sowohl den Wettbewerbsdruck durch aktive Anbieter als auch denjenigen durch potenzielle Wettbewerber zu berücksichtigen. Ein Problem, das alle Kartelle (wie auch Monopole) haben, besteht darin, alle (wichtigen) Substitute zu erfassen, um Wettbewerber zu erkennen und möglichst in das Kartell zu integrieren. Falls wenige bedeutende oder viele kleinere Wettbewerber nicht in das Kartell integriert sind, sind die Gewinnmöglichkeiten des Kartells geschmälert. Je unelastischer die Nachfragekurve ist, der sich ein Kartell gegenüber sieht, desto höher ist der Kartellpreis (analog dem Monopolpreis).

2. Die Durchsetzungskosten einer Kartellvereinbarung, sind im Vergleich zu den erwarteten Gewinnen niedrig. Stigler (1974) hat diese Thematik analysiert. Die Organisationskosten einer Gruppe steigen progressiv mit der Anzahl ihrer Mitglieder an:

$$\frac{\partial^2 C(n)}{\partial n \partial n} > 0 \ .$$

Die folgenden Faktoren halten die Organisationskosten und Durchsetzungskosten der kooperierenden Unternehmen niedrig:

---

[7]   Eine ausführliche Charakterisierung der spezifischen Faktoren, welche die Wahrscheinlichkeit koordinierten Verhaltens erhöhen, wird in OECD, 1999, S. 21-31 gegeben.

- Nur wenige Unternehmen sind im Kartell integriert.

- Es besteht eine hohe Marktkonzentration, so dass nur wenige große Unternehmen ein Kartell formen können, ohne alle kleinen Unternehmen berücksichtigen zu müssen.

- Das Produkt ist homogen. Die Unternehmen haben in der Regel größere Schwierigkeiten, sich auf relative Preise festzulegen, wenn die Produkte der einzelnen Unternehmungen unterschiedliche Qualitätsmerkmale besitzen. Abweichungen von Kartellvereinbarungen können leichter festgestellt werden, wenn lediglich Preise und Mengen kontrolliert werden müssen. Unternehmen können versuchen, durch höhere Qualität (bei konstantem Preis) mehr Absatz zu erzielen, ohne die Preisvereinbarung explizit zu verletzen.

- Die Existenz einer Handelsorganisation kann die Koordinationskosten erheblich reduzieren.

3. Das Kartell ist ferner leichter durchsetzbar, wenn Preise weithin bekannt sind und nicht – aufgrund von häufigen Schwankungen der Nachfrage oder der Inputpreise – stark fluktuieren.

4. Falls die erwartete Strafe für eine Kartellbildung im Vergleich zu den erwarteten Gewinnen niedrig ist, erhöht dies die Anreize für Kartellbildung. In der Zeit, in der in den USA das Department of Justice eine vergleichsweise liberale Politik gegenüber Kartellen verfolgt hat, waren Preiskartelle weit verbreitet (vgl. Posner, 1970).

6.1.5   Das Kartellverbot im Wettbewerbsrecht

In den USA sind seit dem Sherman Act des Jahres 1890 (section 1) explizite Kartellabsprachen verboten. Kartellabsprachen waren aber im vergangenen Jahrhundert sowohl in den USA, als auch in Europa übliche Praxis. Da bis zum zweiten Weltkrieg in den meisten europäischen Staaten keine systematische Antitrust-Gesetzgebung bestand, hatten Kartellvereinbarungen den Charakter formaler Verträge.

In Deutschland beruht der Schwerpunkt der wettbewerbspolitischen Regelungen auf dem am 1. 1. 1958 in Kraft getretenen Gesetz gegen Wettbewerbsbeschränkungen (GWB). In diesem Gesetz kommen sowohl Per-se-Regeln als auch das Prinzip der „rule of reason" in unterschiedlichen Ausprägungen zur Geltung.

Das Kartellverbot des § 1 GWB war zur Zeit der Gesetzesentstehung die umstrittenste Vorschrift. Die Frage, ob sich die Vorschrift an einem Verbots- oder an einem Missbrauchsprinzip orientieren sollte, wurde kontrovers beurteilt (vgl. Möschel, 1987). Die Entscheidung fiel zugunsten eines Per-se-Verbotes und gegen die Anwendung einer auf Einzelfallentscheidungen basierenden Missbrauchsaufsicht. Eng verknüpft mit den Auseinandersetzungen um § 1 GWB waren die Durchbrechungen des Kartellverbots in den bis zur siebten Kartellrechtsnovelle gültigen §§ 2-8 GWB. Hierzu zählen insbesondere Absprachen, die der Verbesserung der Markttransparenz oder diversen Rationalisierungsmaßnahmen dienen sollen. Seit der zweiten Novelle von 1973 ist aufeinander abgestimmtes Verhalten ebenfalls verboten.[8]

Die sechste GWB-Novelle vom 26. 8. 1998 brachte schließlich eine Umgestaltung des Kartellverbots (§ 1 GWB) zu einem echten Verbotstatbestand. Seither ist in Anlehnung an Art. 81 (vormals Art. 85) des EG-Vertrags (EGV)[9] bereits der Abschluss und nicht erst die Praktizierung von Kartellvereinbarungen rechtswidrig. Sie brachte ferner eine Bereinigung des Ausnahmenkatalogs vom Kartellverbot durch Streichung der Regelungen über Ausfuhr- und Einfuhrkartelle sowie Rabattkartelle. Andererseits wurde in § 2 neu ein ergänzender Freistellungstatbestand in Anlehnung an Art. 81 Abs. 3 EGV aufgenommen. Hinzu kam eine Streichung bzw. Einschränkung der wettbewerblichen Ausnahmebereiche für Verkehr, Banken und Versicherungen, Landwirtschaft sowie Urheberrechtsverwertungsgesellschaften. Dagegen wurde für Sport- und Fernsehrechte ein Ausnahmebereich eingeführt (vgl. Schmidt, 2001, S. 167 f.). Die Anbieter in Netzsektoren (Beförderungsunternehmen, Versorgungsunternehmen für Elektrizität, Gas und Wasser) fallen seither unter die Regelungen des GWB; insbesondere unterliegen sie dem Kartellverbot.

Mit der siebten GWB-Novelle aus dem Jahr 2005 wurde eine weitergehende Anpassung des deutschen Wettbewerbsrechts an das europäische Wettbewerbsrecht vollzogen.[10] Mit dem neuen Gesetz wurde im Wesentlichen auf die EG-Verordnung 1/2003 eingegangen, die am 1. Mai 2004 in Kraft getreten war und eine grundlegende Harmonisierung des Kartellrechts der EU-Mitgliedsstaaten zur Folge hatte.[11] § 1 GWB bezieht sich seither nicht mehr nur auf horizontale Wett-

---

[8] § 25 (1) GWB in der Fassung gültig bis 31. 12. 1998. Dieses Verbot der Verhaltensabstimmung wurde durch den spektakulären „Teerfarbenfall" motiviert. Im Jahre 1967 hatten sich führende europäische Teerfarbenhersteller auf einer Tagung in Basel über ihre jeweilige Marktbeurteilung gegenseitig so gut informiert, dass daraus eine einheitliche Preisanhebung aller Beteiligten resultierte. Da kein Vertrag geschlossen worden war, erwies es sich als problematisch, § 1 GWB anzuwenden (vgl. Herdzina, 1999, S. 147). In der sechsten GWB-Novelle wurde das Verbot aufeinander abgestimmter Verhaltensweisen in § 1 integriert.

[9] Vertrag zur Gründung der Europäischen Gemeinschaft (EG) in der Fassung vom 2. Oktober 1997 (Vertrag von Amsterdam), BT-Drs. 13/9339 vom 3. Dezember 1997.

[10] Gesetz gegen Wettbewerbsbeschränkungen (Kartellgesetz) in der Fassung der Bekanntmachung vom 15. 07. 2005 (BGBl. I S. 2114). Falls nicht näher spezifiziert beziehen sich die Paragraphen des GWB im Folgenden auf diese Fassung.

[11] Verordnung (EG) Nr. 1/2003 des Rates vom 16. Dezember 2002 zur Durchführung der in den Artikeln 81 und 82 des Vertrags niedergelegten Wettbewerbsregeln, ABl. EG Nr. L1 vom 4. Januar 2003, S. 1-25.

bewerbsbeschränkungen (Kartellverbot), sondern erstreckt sich ebenfalls auf das Verbot vertikaler Wettbewerbsbeschränkungen, entsprechend Art. 81 Abs. 1 EGV. Die Durchbrechungen des Kartellverbots in den bisherigen §§ 2-8 GWB entfallen, mit Ausnahme einer Sonderregelung für die Freistellung von Mittelstandskartellen (§ 3 GWB). Der im deutschen Recht traditionell verfolgte Ansatz von speziellen Freistellungstatbeständen bei grundsätzlicher Anmeldungs- und Genehmigungspflicht für wettbewerbsbeschränkende Vereinbarungen wurde zugunsten einer Generalklausel aufgegeben. Damit wurde das Legalausnahmesystem in der Regelung des Art. 81 Abs. 3 EGV in das deutsche Wettbewerbsrecht übernommen und die Verfahrensvorschriften in den bisherigen §§ 9 ff. GWB zur Anmeldung von Kartellen, zu Widerspruchs- und Genehmigungsverfahren entfallen. Wettbewerbsbeschränkende Vereinbarungen gelten demnach automatisch als freigestellt, wenn sie die Freistellungsvoraussetzungen von Art. 81 Abs. 3 EGV erfüllen. Nach § 2 Abs. 1 GWB sind diejenigen Vereinbarungen, Beschlüsse oder aufeinander abgestimmten Verhaltensweisen vom Verbot wettbewerbsbeschränkender Vereinbarungen freigestellt, die unter angemessener Beteiligung der Verbraucher an dem entstehenden Gewinn zur Verbesserung der Warenerzeugung oder -verteilung oder zur Förderung des technischen oder wirtschaftlichen Fortschritts beitragen, ohne dass den beteiligten Unternehmen Beschränkungen auferlegt werden, die für die Verwirklichung dieser Ziele nicht unerlässlich sind oder Möglichkeiten eröffnet werden, für einen wesentlichen Teil der betreffenden Waren den Wettbewerb auszuschalten. Bei der Anwendung dieser Generalklausel gelten gemäß § 2 Abs. 2 GWB die auf der Grundlage von Art. 81 Abs. 3 EGV erlassenen EG-Gruppenfreistellungsverordnungen (GVOs) der Europäischen Kommission. Die bis zur siebten GWB-Novelle in den speziellen Freistellungstatbeständen zugelassenen Kartellformen (Normen-, Typen-, Spezialisierungskartelle etc.) entsprechen im Allgemeinen den Voraussetzungen der auf Art. 81 Abs. 3 EGV basierenden GVOs. Falls eine Vereinbarung von einer GVO nicht gedeckt ist, begründet dies noch keine Vermutung für die Unvereinbarkeit mit Art. 81 Abs. 3 EGV. Allerdings wurde in der Begründung zum Gesetzentwurf der Bundesregierung davon ausgegangen, dass eine sachliche Änderung damit in aller Regel nicht verbunden ist, da sich die Freistellungsvoraussetzungen in Art. 81 Abs. 3 EGV im Ergebnis weitgehend mit den speziellen Regelungen in den bisherigen §§ 2 ff. decken. Der Übergang vom Anmeldesystem zum Legalausnahmesystem bedeutet, dass Unternehmen Absprachen nicht mehr anmelden müssen, sondern im Sinne einer „Selbstveranlagung" selbst entscheiden, ob ihre Vereinbarung gegen das Kartellverbot des EG-Vertrages verstößt. Die Beweislast dafür, dass Freistellungsvoraussetzungen des § 2 GWB gegeben sind, liegt grundsätzlich bei denjenigen Unternehmen, die sich darauf berufen.

6.1.6   Das Kartellverbot aus der Perspektive des disaggregierten Ansatzes

Auch in der siebten GWB-Novelle behält das Kartellverbot den Charakter eines Per-se-Verbotes. Insbesondere darf § 2 GWB nicht im Sinne der Anwendung einer auf Einzelfallentscheidungen basierenden Missbrauchsaufsicht interpretiert werden. Ungeachtet der Unterschiede zwischen den verschiedenen wettbewerbspolitischen Denkansätzen wird das gesetzliche Kartellverbot im Sinne eines Per-se-Verbotes durchgängig befürwortet. Selbst die besonders liberale Chicago-Schule spricht sich für ein Kartellverbot aus.[12] Aus der Perspektive einer disaggregierten Wettbewerbspolitik ist ein gesetzliches Kartellverbot im Sinne eines Per-se-Verbots ebenfalls zu befürworten. Kartellvereinbarungen haben die Monopolisierung von Märkten zum Ziel und sind wettbewerbsschädlich. Es tritt hier auch kein Abwägungsproblem gegenüber möglichen Effizienzvorteilen zugunsten der sozialen Wohlfahrt auf.

Bereits die Tatsache, dass Kartellabsprachen vor Gericht nicht einklagbar sind, erhöht die Instabilität von Kartellen. Ob jedoch die potenzielle Instabilität von Kartellabsprachen als ausreichend angesehen werden kann, um den Marktmachtmissbrauch von Kartellen zu verhindern und daher Eingriffe der Wettbewerbsbehörden überflüssig zu machen, ist fraglich (vgl. Carlton, Perloff, 2005, S. 144). Auch wenn die Kosten und Nutzen von administrativen Eingriffen immer gegeneinander abzuwägen sind, stellt die konsequente Durchsetzung des Kartellverbots eine herausragende Aufgabe der Wettbewerbsbehörden dar. Dabei kann eine Analyse der Bestimmungsfaktoren für koordiniertes Verhalten dazu beitragen, mögliche Problembranchen leichter zu identifizieren und die knappen administrativen Ressourcen gezielter einzusetzen.

6.1.7   Fusionen zur Umgehung des Kartellverbots?

Falls Unternehmen einer gleichen Wirtschaftsstufe beabsichtigen, sich zusammenzuschließen (horizontale Fusion), stellt sich die Frage, ob dadurch nicht implizit gegen das Kartellverbot verstoßen wird. Die Preisgabe der unternehmerischen Selbständigkeit könnte dadurch belohnt werden, dass nach vollzogener Fusion Monopolpreise am Markt durchgesetzt werden können. Im Gegensatz zum Kartell entfiele sogar das mit Kartellen verbundene Instabilitätsproblem. Im Unterschied zur Kartellierung können durch Fusionen erhebliche Effizienzzuwächse erzielt werden. Hierzu zählen die Reduktion von Management- und Transaktionskosten sowie das Ausschöpfen von Größen- und Verbundvorteilen (vgl. Carlton, Perloff, 2005, S. 20 ff.). Eine restriktive Fusionspolitik bis hin zum Per-se-Fusionsverbot könnte daher erhebliche volkswirtschaftliche Kosten mit sich bringen.

In der ursprünglichen Fassung des GWB waren Fusionen per se erlaubt. Im Jahre 1973 wurde schließlich die Fusionskontrolle eingeführt.[13] Nach § 36 (1) GWB sind Unternehmenszusammenschlüsse, durch die eine marktbeherrschende Stel-

---

[12]   „The elimination of the formal cartel from those industries is an impressive, and remains the major, achievement of American antitrust law" (Posner, 1976, S. 39).

[13]   § 35 GWB regelt den Geltungsbereich der Zusammenschlusskontrolle auf der Basis von Umsatz-Schwellenwerten; § 39 GWB regelt die Anmelde- und Anzeigepflicht.

lung entsteht oder verstärkt wird, durch die Kartellbehörden zu untersagen. Gelingt den Unternehmen der Nachweis, dass durch ihren Zusammenschluss auch eine Verbesserung der Wettbewerbsbedingungen eintritt, und dass diese gegenüber den Nachteilen der Marktbeherrschung überwiegt, ist der Zusammenschluss zulässig. Diese Abwägungsklausel überlässt den Kartellbehörden einen erheblichen Ermessensspielraum. Darüber hinaus hat auch der Bundesminister für Wirtschaft nach § 42 GWB das Recht, eine Fusion zu genehmigen. Voraussetzung hierfür ist, dass die fusionsbedingten Wettbewerbsbeschränkungen von den gesamtwirtschaftlichen Vorteilen des Zusammenschlusses aufgewogen werden oder durch ein „überragendes Interesse der Allgemeinheit" gerechtfertigt sind.

Die Anwendung der Vorschriften zur Fusionskontrolle birgt erheblichen Ermessensspielraum, etwa bei der Bestimmung der sachlichen, räumlichen und zeitlichen Dimensionen des relevanten Marktes. Besondere Aussagekraft wird dabei nach wie vor dem Marktanteil zugesprochen. So beziehen sich die Kriterien für die Vermutung, dass ein Unternehmen marktbeherrschend ist (§ 19 (3) GWB), nur auf den Marktanteil, während die übrigen Referenzgrößen (Marktzutrittsschranken, Zugang zu den Beschaffungs- und Absatzmärkten etc.) unpräzisiert bleiben.

Es gibt keinen Artikel im EWG-Vertrag, der sich speziell mit Fusionen befasst, obwohl sowohl Artikel 81 (vormals Artikel 85) als auch Artikel 82 (vormals Artikel 86) im Zusammenhang mit Fusionsfällen angewendet wurden. Im Jahre 1989 wurde jedoch eine Verordnung durch den Rat der Europäischen Gemeinschaft verabschiedet, die der Kommission die Kompetenz für eine Fusionskontrolle explizit einräumt, falls eine solche Fusion eine gemeinschaftsweite Dimension besitzt.[14] Diese im September 1990 in Kraft getretene Verordnung zur Fusionskontrolle stellt eine bedeutende Änderung des europäischen Wettbewerbsrechts dar.[15] Im Mai 2004 ist eine Neufassung dieser Verordnung in Kraft getreten.[16]

Die Fusionskontrolle gilt gemäß Artikel 1, Absatz 2 der EG-Fusionskontrollverordnung für alle Zusammenschlüsse mit gemeinschaftsweiter Bedeutung, wenn der weltweite Gesamtumsatz aller am Zusammenschluss beteiligten Unternehmen mehr als 5 Mrd. € und der gemeinschaftsweite Gesamtumsatz von mindestens zwei der am Zusammenschluss beteiligten Unternehmen jeweils mehr als 250 Mio. € beträgt (Aufgreifkriterium), es sei denn, die am Zusammenschluss beteiligten Unternehmen erzielen jeweils mehr als zwei Drittel ihres gemeinschaftsweiten

---

[14]   Verordnung (EWG) Nr. 4064/89 des Rates vom 21. Dezember 1989 über die Kontrolle von Unternehmenszusammenschlüssen. (Amtsblatt L 395 vom 30. Dezember 1989 – berichtigte Fassung Amtsblatt L 257 vom 21. September 1990, S. 13).

[15]   Vgl. hierzu George, Jacquemin, 1990, S. 207; Schmidt, Schmidt, 1997, S. 63 ff.; Schmidt, 2001, S. 235 ff.

[16]   Verordnung (EG) Nr 139/2004 des Rates vom 20. Januar 2004 über die Kontrolle von Unternehmenszusammenschlüssen – „EG-Fusionskontrollverordnung" – (Amtsblatt L24/1 vom 29. Januar 2004).

Gesamtumsatzes in ein und demselben Mitgliedstaat (implizite Vermutung für die Nichtbeeinträchtigung des zwischenstaatlichen Handels).

Die Zuständigkeit der Kommission gilt unter bestimmten Voraussetzungen auch für Fusionsvorhaben von Unternehmen mit geringeren Umsätzen. Dahinter steht die Vorstellung, dass Zusammenschlüsse, welche die Umsatzanforderungen der Verordnung nicht erfüllen, dennoch erhebliche grenzüberschreitende Auswirkungen haben können und folglich gleichermaßen nur einmal (auf der EU-Ebene) anzumelden seien. Der Anwendungsbereich der Fusionskontrollverordnung gilt demnach in Artikel 1, Absatz 3 auch für Fusionen, welche die in Artikel 1, Absatz 2 vorgesehenen Schwellenwerte zwar nicht erreichen, aber insbesondere in mindestens drei Mitgliedstaaten jeweils 100 Mio. € übersteigen.

Zusammenschlüsse, durch die wirksamer Wettbewerb im EU-Markt oder in einem wesentlichen Teil desselben erheblich behindert wird, insbesondere durch Begründung oder Verstärkung einer beherrschenden Stellung, sind von der Kommission als unvereinbar mit dem EU-Markt zu erklären (Eingriffskriterium i. S. des Art. 2 (3) EG-Fusionskontrollverordnung). Seit der Einführung der Fusionskontrolle im Jahre 1990 ist eine umfangreiche Entscheidungspraxis zu beobachten. Bei der Prüfung eines Zusammenschlusses orientiert sich die Kommission an einer Vielzahl von Kriterien, denen sie von Fall zu Fall in diskretionärer Weise unterschiedliches Gewicht beimisst (vgl. Neven, Nuttal, Seabright, 1993, S. xiii). Zu diesen Kriterien zählen u. a.

- die Marktstruktur,
- der tatsächliche und potenzielle Wettbewerb von Unternehmen, die ihren Sitz entweder innerhalb oder außerhalb der Gemeinschaft haben,
- die Marktposition,
- die ökonomische und finanzielle Macht der Unternehmen,
- die verfügbaren Alternativen von Anbietern und Konsumenten,
- das Vorliegen von Marktzutrittsschranken,
- Angebots- und Nachfragetrends für die relevanten Güter und Dienstleistungen,
- die Interessen der Konsumenten,
- die Entwicklung des technischen und ökonomischen Fortschritts, vorausgesetzt dass dieser im Interesse der Konsumenten ist und den Wettbewerb nicht behindert.

Die Abwägung zwischen der Aufrechterhaltung und Entwicklung eines wirksamen Wettbewerbs – wie er in der Fusionskontrolle mit Hilfe verschiedener Marktstrukturmerkmale konkretisiert worden ist – und dem technischen Fortschritt als einem Performance-Element wird kontrovers diskutiert, da hierdurch eine Vermischung von Wettbewerbs- und Industriepolitik ermöglicht wird (vgl. Schmidt, 1992, S. 628 f.).

Im Februar 2004 veröffentlichte die Kommission Leitlinien zur Bewertung horizontaler Zusammenschlüsse, die bei der Behandlung von Einzelfällen angewandt werden sollen.[17] Von besonderer Bedeutung ist hierbei die Herleitung von Bedingungen, unter denen die Kommission Effizienzvorteile bei der Prüfung eines Zusammenschlusses berücksichtigen kann. Dabei gilt als Grundsatz, dass die Anmelder einer Fusion darzulegen haben, in welchem Maße die Effizienzvorteile geeignet sind, den nachteiligen Wirkungen der Fusion auf den Wettbewerb entgegenzuwirken, und damit den Verbrauchern zugute kommen.

Die Abwägung im Sinne einer „rule of reason" zwischen möglichen negativen und positiven Folgen einer Fusion stellt die Wettbewerbsbehörden vor eine äußerst schwierige Aufgabe, die häufig in Verhandlungen zwischen dem Bundeskartellamt und den beteiligten Unternehmen endet (vgl. Rittner, 1999, S. 373). Die EU-Kommission hat die meisten der angemeldeten Zusammenschlüsse seit der Einführung der Fusionskontrolle als mit dieser vereinbar erklärt und nur für wenige Fälle die Fusion untersagt (vgl. Rittner, 1999, S. 385).[18]

Als Fazit lässt sich festhalten, dass das Wettbewerbsrecht zu Recht kein Per-se-Verbot von Fusionen kennt. Da eine Erhöhung von Marktmacht in einer Industrie durch Fusion grundsätzlich nicht ausgeschlossen werden kann, ist in einem ersten Schritt eine theoretisch fundierte Lokalisierung von Marktmacht in der betreffenden Industrie erforderlich. Marktanteile und Umsatzdaten stellen zwar aufgrund ihrer leichten Messbarkeit die im Wettbewerbsrecht üblichen Aufgreifkriterien dar, ersetzen allerdings keineswegs eine fundierte ökonomische Analyse der Wirksamkeit des aktiven und potenziellen Wettbewerbs in der betreffenden Industrie. Erst dann, wenn in einer Industrie Marktmacht (entweder bereits vor einer Fusion oder als Folge einer Fusion) nachgewiesen werden kann, stellt sich das Problem der Abwägung zwischen den möglichen positiven und negativen Effekten einer Fusion, und erst dann müssen die Wettbewerbsbehörden zwischen einem Fehler 1. Ordnung (Fusion verbieten, obwohl sie volkswirtschaftlich vorteilhaft ist) und einem Fehler 2. Ordnung (Fusion zulassen, obwohl Marktmacht nachweisbar ist und die negativen Auswirkungen gegenüber möglichen Effizienzvorteilen überwiegen) abwägen.

---

[17]   Leitlinien zur Bewertung horizontaler Zusammenschlüsse gemäß der Ratsverordnung über die Kontrolle von Unternehmenszusammenschlüssen (2004/C 31/03), Amtsblatt C 31/5, vom 5. Februar 2004.

[18]   Ein illustrativer Überblick über die Fusionskontrolle in den OECD-Staaten wird in OECD (1999) gegeben; die Fusionskontrolle in den USA wird z. B. in Mueller, 1997 analysiert.

6.2   Lokalisierung von Marktmacht auf Oligopolmärkten

Mit dem monopolistischen Bottleneckkonzept (vgl. Abschnitt 5.3) steht ein theoretisch fundiertes und zugleich intuitiv leicht verständliches Kriterium zur Lokalisierung stabiler Marktmacht im Bereich natürlicher Monopole bereit. In der Regel stellen weder die Marktabgrenzungsfrage zur Bestimmung der natürlichen Monopoleigenschaft noch das Kriterium der irreversiblen Kosten zu einem bestimmten Zeitpunkt ein ernsthaftes Identifikationsproblem dar. Wesentlich komplexer ist die Situation auf oligopolistischen Märkten.

6.2.1   Die Schwächen des traditionellen Struktur-Verhalten-Ergebnis-Ansatzes

In der traditionellen Industrieökonomie lag das zentrale Interesse auf der Frage, welche Faktoren Marktmacht hervorrufen. Die Untersuchungen konzentrierten sich auf den Zusammenhang zwischen Marktstruktur und Marktergebnis (vgl. Abschnitt 3.6). Dabei wurde davon ausgegangen, dass Marktmacht oder Performance leicht gemessen werden könnte. So könnten etwa (ökonomische) Preis-Kosten-Spannen direkt mittels Buchhaltungsdaten beobachtet werden. Hohe buchhalterische Gewinne wurden als schlechte Performance interpretiert (z. B. mittels des Lerner-Index). Die Frage, wie Marktmacht überhaupt ökonomisch sinnvoll gemessen werden kann, wurde vernachlässigt. Während der beiden letzten Jahrzehnte entwickelte sich die New Empirical Industrial Organization, die sich mit dieser schwierigen Fragestellung beschäftigt (vgl. z. B. Bresnahan, 1989).

6.2.2   Ansätze der New Empirical Industrial Organization

Ausgangspunkt ist die Frage, inwieweit die modernen Ansätze der Performance-Messung in der Lage sind, abzuschätzen, ob und gegebenenfalls in welcher Höhe in einer Industrie tatsächlich Marktmacht vorhanden ist.[19]

Auch wenn Aufschläge auf die Grenzkosten nicht notwendigerweise Marktmacht im Sinne von Gewinnen reflektieren,[20] so dient der Lerner-Index oftmals als Ausgangspunkt für den Versuch, Marktmacht in Industrien nachzuweisen. Da Kostendaten, insbesondere Grenzkostendaten, typischerweise nicht zur Verfügung stehen, ist eine direkte Berechnung von Preis-Kosten-Relationen („mark ups") kaum möglich. Stattdessen werden in der New Empirical Industrial Organization ökonometrische Modellansätze entwickelt, auf deren Basis das Ausmaß der Marktmacht geschätzt werden soll.

---

[19]   Ein einführender Überblick wird in Carlton, Perloff, 2005, S. 274-287 gegeben.

[20]   Vgl. z. B. die Notwendigkeit von Aufschlägen auf die Grenzkosten zur Deckung der Fixkosten im Modell des monopolistischen Wettbewerbs (vgl. Kapitel 10; ferner Cairns, 1995, insb. Fußn. 9, S. 89).

6.2.2.1   Strukturelle Modelle

Während im traditionellen Struktur-Verhalten-Ergebnis-Ansatz Preis-Kosten-Spannen als beobachtbar gelten, werden diese innerhalb der strukturellen Modelle geschätzt. Es ist daher von unmittelbarem Interesse, welche Daten tatsächlich beobachtbar sind und welches natürliche Experiment diese offenbart. Von besonderer Bedeutung ist die Anwendung der komparativen Statik hinsichtlich Nachfrage und Kosten (vgl. Bresnahan, 1989, S. 1032 ff.). Der Grundgedanke der Vorgehensweise wird an folgendem Beispiel deutlich (vgl. Carlton, Perloff, 2005, Fig. 8.3, S. 276).

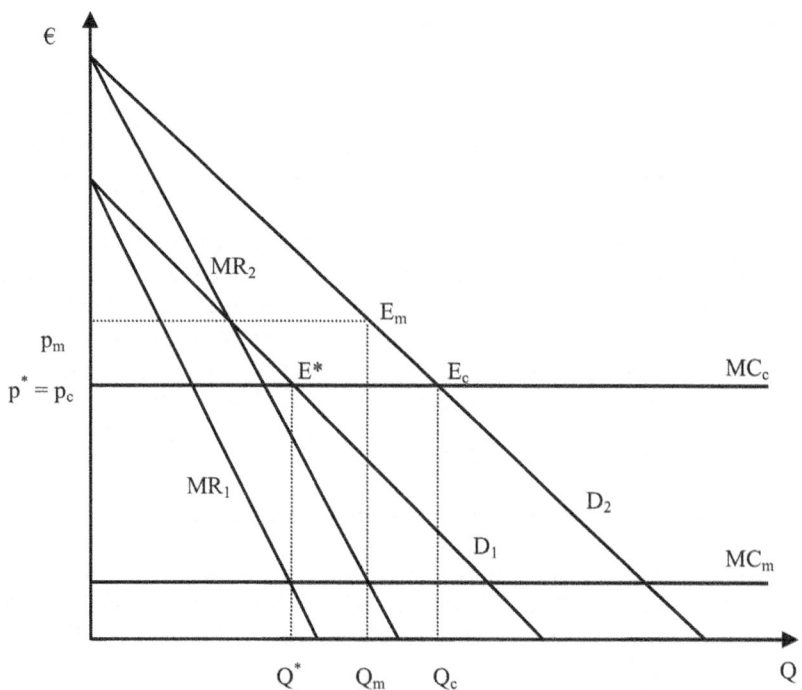

Abb. 6.5: Identifizierung von Marktmacht bei konstanten Grenzkosten

Auf vielen Märkten liegen genügend Informationen vor, um die Marktnachfrage D_1 zu schätzen. Es wird unterstellt, dass davon ausgegangen werden kann, dass die Grenzkosten *MC* der Industrie konstant sind, das *Niveau* der Grenzkosten allerdings unbekannt ist. Das Marktgleichgewicht sei gegenwärtig im Punkt E^* mit Preis p^* und Menge Q^*. Auf der Grundlage dieser Informationen ist ein Rückschluss auf das Vorliegen von Marktmacht nicht möglich. Das Gleichgewicht könnte entweder in einer wettbewerblichen Industrie bei relativ hohen Grenzkosten MC_c oder aber im Monopol bei relativ niedrigen Grenzkosten MC_m erreicht werden. Die Preis-Kosten-Relation kann nicht bestimmt werden. Falls jedoch die

Nachfrage in der nächsten Periode nach D_2 wandert, lässt sich ermitteln, ob sich die Industrie im Wettbewerb befindet oder ob Marktmacht vorliegt. Entscheidende Voraussetzung hierfür ist allerdings, dass die Grenzkosten der Industrie tatsächlich konstant sind. Für eine Industrie im Wettbewerb gilt $p^* = p_c$, der Output wächst von Q^* auf Q_c und das neue Marktgleichgewicht stellt sich dementsprechend bei E_C ein. Falls das Nachfragewachstum keine Preisänderung bewirkt, lässt sich ableiten, dass die Grenzkosten der Industrie MC_c sind und der Lerner-Index

$$\frac{p-MC_c}{p}=0 \quad \text{beträgt.}$$

Falls sich jedoch der Preis von p^* auf p_m erhöht und die Menge lediglich auf Q_m ansteigt, befindet sich das neue Gleichgewicht bei E_m. Dieser Preisanstieg ist konsistent mit nichtwettbewerbsmäßigem Verhalten.

Es leuchtet ein, dass die Annahme konstanter Grenzkosten entscheidend ist für die Aussage über das Vorliegen von Marktmacht in der betroffenen Industrie. Falls dagegen die Grenzkosten der Industrie steigen, lässt sich aus dem ansteigenden Preis bei gestiegener Nachfrage nicht zuverlässig auf das Vorliegen von Marktmacht schließen. Abbildung 6.6 zeigt den Fall eines Wettbewerbsmarktes. Die Nachfrageerhöhung bewirkt eine Verlagerung des Gleichgewichtes von E^* nach E_C. Die Menge erhöht sich hierdurch von Q_C^1 auf Q_C^2 und der Preis steigt von p_C^1 auf p_C^2. Dieser Preisanstieg hat jedoch nichts mit der Ausübung von Marktmacht zu tun, sondern reflektiert lediglich die gestiegenen Grenzkosten.

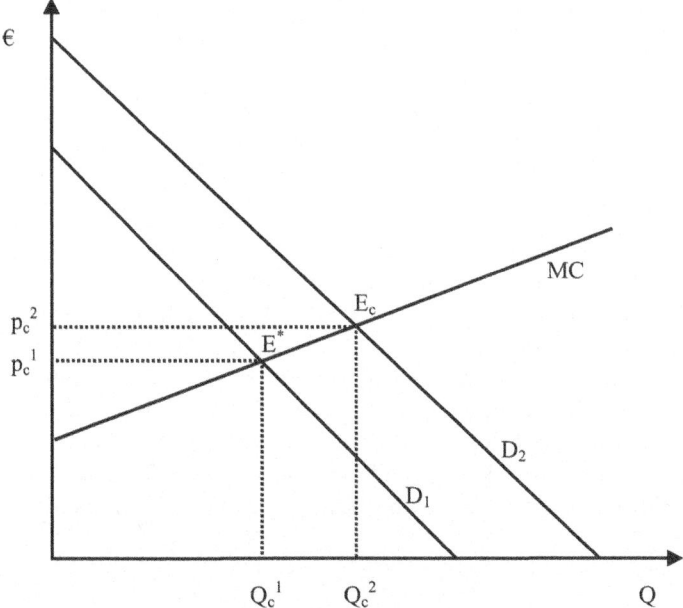

Abb. 6.6: Preiserhöhung bei steigenden Grenzkosten

Aufbauend auf der Grundidee des vorangegangenen Beispiels werden innerhalb der strukturellen Modelle explizite Annahmen über die Gestalt der Nachfrage- und Grenzkostenkurven getroffen, die es erlauben, durch beobachtbare Veränderungen von Gleichgewichtspreisen und -mengen über die Zeit Preis-Kosten-Relationen zu ermitteln.

Strukturelle Modelle wurden für verschiedene Industrien entwickelt. Eine Tabelle über verschiedene Studien findet sich z. B. in Bresnahan (1989, S. 1051). In einem strukturellen Modell schätzt der Ökonometriker alle Gleichungen des Modells. Idealerweise würde man ein vollständiges Modell schätzen, welches separate Verhaltensgleichungen für jedes Unternehmen in der Industrie einschließt. Falls lediglich aggregierte Industrieniveaudaten verfügbar sind, schätzt man eine Nachfragegleichung, eine aggregierte Kostengleichung sowie eine Gleichgewichtsbedingung. Die Abschätzung der Marktmacht mittels dieser Methoden ist extrem sensibel gegenüber Änderungen in der Spezifikation der zugrunde liegenden strukturellen Modellgleichungen. Zudem erfordern strukturelle Modelle umfangreiche Datenerhebungen.

6.2.2.2   Reduzierte-Form-Modelle

Während die strukturellen Modelle alle Gleichungen eines vollständigen Modells schätzen, sind Reduzierte-Form-Modelle dadurch gekennzeichnet, dass sie *eine* (oder wenige) Gleichung(en) schätzen. Die Grundidee, mittels komparativer Statik Aussagen über das Vorliegen von Marktmacht in einer Industrie zu erzielen, haben die strukturellen Modelle und die Reduzierte-Form-Modelle gemeinsam. Von besonderem Interesse sind dabei die Auswirkungen von Änderungen der Faktorpreise, unterschiedliche Steuerbelastungen sowie tatsächliche Änderungen der Kosten (beispielsweise aufgrund der Einführung einer neuen Technologie). Im Gegensatz zu den strukturellen Modellen werden bei den Reduzierte-Form-Modellen detaillierte Annahmen über den Verlauf der Nachfrage- und Kostenfunktionen vermieden.

Der von Hall (1988) entwickelte Marktmachttest basiert auf der restriktiven Annahme konstanter Skalenerträge.[21] Dabei wird das Vorliegen von Wettbewerb und konstanten Skalenerträgen in Kombination getestet. Untersucht werden die Auswirkungen von (beobachtbaren) Nachfrageveränderungen und damit einhergehenden (beobachtbaren) Outputveränderungen auf (beobachtbare) Kostenänderungen. Falls die Erlöse genau so ansteigen wie die Kosten, wird die Industrie als wettbewerblich angesehen. Falls die Erlöse stärker ansteigen als die zusätzlichen Kosten, liegt der Preis über den Grenzkosten und die Industrie wird als nichtwettbewerblich eingestuft. Ohne die zusätzliche Information, ob in einer Industrie tat-

---

[21]   Für den Fall, dass Größenvorteile in Industrien von zentraler Bedeutung sind, ist die Anwendung dieses Tests daher unzulässig.

sächlich konstante Skalenerträge vorliegen, lässt sich daher keine zuverlässige Aussage über das Vorliegen von Marktmacht mit Hilfe des Hall-Tests herleiten.[22]

Ausgehend von der Annahme, dass die einzigen verfügbaren unternehmensspezifischen Daten die Erlöse und die Faktorpreise sind,[23] entwickelten Panzar und Rosse (1987) eine Reduzierte-Form-Erlösfunktion. Ziel dieses Ansatzes ist es, mit Hilfe *einer* Gleichung die Auswirkungen einer Änderung der Faktorpreise auf die Erlöse zu untersuchen. Falls eine Zunahme der Faktorpreise um 1% zu einer Zunahme der Erlöse im Gleichgewicht um ebenfalls 1% führt, wird davon ausgegangen, dass sich die Industrie im Wettbewerb befindet. Falls eine proportionale Kostenzunahme zu einer überproportionalen Veränderung der Erlöse des Unternehmens führt, liegt ein Monopolverdacht vor. Um den tatsächlichen *Grad* von Marktmacht zu schätzen, erscheint der allgemeine Modellansatz von Panzar und Rosse jedoch nicht geeignet. Dazu wären viel mehr zusätzliche Informationen oder zusätzliche Annahmen (z. B. Hall's konstante Skalenerträge) erforderlich.[24]

Die verschiedenen Reduzierte-Form-Modelle unterscheiden sich sowohl im Umfang der Datenanforderungen als auch in den zugrunde liegenden Annahmen. Gegenüber den strukturellen Modellen besitzen sie prinzipiell den Vorteil geringerer Datenanforderungen und einfacherer Schätzverfahren. Allerdings lässt sich das Ausmaß von Marktmacht mit diesen Modellen nicht zuverlässig abschätzen. Sowohl die Methode nach Panzar, Rosse (1987) als auch diejenige nach Hall (1988) sind sensibel bezüglich der Spezifikationen des Reduzierte-Form-Modells und der Anzahl der einbezogenen Faktoren.

6.2.2.3 Disaggregierte Wettbewerbspolitik versus diskretionäre Einzelmarktstudien

Es stellt sich die Frage, inwieweit die verschiedenen Ansätze der New Empirical Industrial Organization bei der Entwicklung einer disaggregierten Wettbewerbspolitik fruchtbar eingesetzt werden können. Positiv hervorzuheben ist, dass durch diese neue Forschungsrichtung die Lokalisierung und empirische Messung von Marktmacht in Industrien in das Blickfeld gerückt sind. Dabei wird deutlich, dass der Nachweis tatsächlicher Marktmacht keine einfache Aufgabe ist und es insbesondere nicht hinreichend ist, anhand einfacher buchhalterischer Kriterien Marktmacht zu unterstellen, wie dies innerhalb des traditionellen Struktur-Verhalten-Ergebnis-Ansatzes üblich ist. Aber auch die ökonometrisch-empirischen Modelle der New Empirical Industrial Organization können bisher keine allgemein gültigen Lösungsansätze zur Lokalisierung von Marktmacht bereitstellen. Am ehesten

---

[22]   Vgl. hierzu auch Hyde, Perloff, 1995, S. 474 f.

[23]   Im Gegensatz dazu gehen die strukturellen Modelle davon aus, dass auch Daten über Gleichgewichtspreise und Gleichgewichtsmengen für das Unternehmen und / oder für die Industrie vorliegen (vgl. z. B. Bresnahan, 1989).

[24]   Vgl. hierzu auch Carlton, Perloff, 2005, S. 279, Fußn. 31.

sind strukturelle Modelle in der Lage, Marktmacht in Industrien abzuschätzen. Vorsicht ist allerdings bezüglich voreiliger Schlussfolgerungen geboten, da strukturelle Modelle sehr sensibel bezüglich der gewählten Spezifikationen sind. Falls hinreichend Sicherheit besteht, dass konstante Skalenerträge vorliegen, bietet sich die Anwendung der Hall-Methode an, da diese leichter anzuwenden ist und weniger sensibel auf einem Spezifikations-Bias reagiert als strukturelle Modelle. Hyde und Perloff (1995) empfehlen daher gegebenenfalls eine gleichzeitige Anwendung mehrerer Methoden. Es ist dabei allerdings nicht ausgeschlossen, dass die unterschiedlichen Verfahren, angewandt auf die gleiche Industrie, zu gegensätzlichen Ergebnissen führen (vgl. Hyde, Perloff, 1995, S. 480 f.).

Inzwischen ist eine Vielzahl von empirischen Industriestudien auf der Basis struktureller Modelle durchgeführt worden.[25] Bresnahan (1989, S. 1052 f.) geht davon aus, dass in einigen Industrien ein erhebliches Ausmaß an Marktmacht im Sinne von Preis-Kosten-Spannen nachweisbar ist; allerdings sei noch sehr wenig über die Ursachen von Marktmacht, insbesondere über den Zusammenhang zwischen Marktmacht und Industriestruktur bekannt.

Aus der Perspektive der disaggregierten Wettbewerbspolitik ergibt sich folgendes Fazit:

– Marktmacht darf nicht bloß anhand von buchhalterischen Gewinndaten vermutet werden, sondern muss mit Hilfe geeigneter empirischer Methoden nachgewiesen werden können.

– Es ist erforderlich, den Referenzpunkt für den Nachweis von Marktmacht kritisch zu reflektieren. In Industrien mit Größenvorteilen sind Abweichungen von den Grenzkosten ein zu grobes Maß. Da auch die fixen Kosten gedeckt werden müssen, sind Aufschläge auf die Grenzkosten erforderlich, ohne dass bereits Gewinne erzielt werden können (vgl. Abschnitt 10.3). Das wettbewerbspolitisch geeignete Kriterium zur Beurteilung von Marktmacht ist folglich nicht, ob die Preise von den Grenzkosten abweichen oder die Nachfragekurve nicht perfekt elastisch ist. Entscheidend für das Vorliegen von Marktmacht ist vielmehr, ob Gewinne realisiert werden können, die nicht durch Wettbewerb bedroht sind (vgl. z. B. Cairns, 1995, S. 902).

– Auch wenn in Industrien mit Größenvorteilen positive Aufschläge auf den Grenzkosten gemessen werden (vgl. Bresnahan, 1989, Tab. 17.1, S. 1051), kann noch nicht notwendigerweise auf das Vorliegen von Marktmacht geschlossen werden. Falls tatsächlich Gewinne anfallen, folgt hieraus insbesondere nicht, dass diese kausal auf Größenvorteile zurückzuführen sind.

– Die verschiedenen Industriestudien der New Empirical Industrial Organization erlauben im günstigsten Fall punktuelle Aussagen über das Vorliegen von

---

[25]   Vgl. z. B. Bresnahan, 1989, S. 1051, Tabelle 17.1; Carlton, Perloff, 2005, S. 277, Tabelle 8.7.

Marktmacht. Solange ein stabiler Zusammenhang zwischen Marktstruktur und Marktmacht nicht nachgewiesen werden kann, ist die Herleitung von Prinzipien für eine disaggregierte Wettbewerbspolitik, die auf der Basis beobachtbarer Daten implementiert werden kann, und die angemessen robust ist bezüglich Variationen in den Details individueller Märkte und Unternehmen, nicht zu erwarten. Nur unter diesen Bedingungen wäre es möglich, Aussagen über das Vorliegen von Marktmacht mittels Cross-industry-Studien zu erzielen und somit das ursprüngliche Forschungsziel der traditionellen Struktur-Verhalten-Ergebnis-Ansätze zu erreichen.

– Für den Fall, dass sich Wettbewerbsbehörden die Frage stellen, ob in einer bestimmten „Problemindustrie" Marktmacht tatsächlich vorliegt, können Industriestudien eine wertvolle Hilfestellung bieten. Solche diskretionären Einzelmarktstudien sind allerdings mit hohem Zeit- und Ressourcenaufwand (große Datenmengen etc.) verbunden. Vorsicht ist ebenfalls geboten bezüglich der Interpretation der Modellspezifikationen, der Interpretation der verfügbaren Daten und der Zwangsläufigkeit einer bestimmten Interpretation wegen fehlender Vergleiche mit anderen Industrien.[26]

6.2.3   Spieltheoretische Ansätze

6.2.3.1   Möglichkeitstheoreme

Eine alternative methodische Vorgehensweise, Marktmacht in Industrien aufzudecken, führt zur Spieltheorie. In den beiden vergangenen Jahrzehnten haben spieltheoretische Oligopolmodelle in starkem Maße Eingang in die industrieökonomische Forschung gefunden (vgl. z. B. Tirole, 1989; Schmalensee, Willig (eds.), 1989). Auf der Basis der inzwischen umfangreichen Literatur zu spieltheoretischen Oligopolmodellen ist jedoch eine zuverlässige Lokalisierung von Marktmacht in Industrien kaum möglich. Dieses Ergebnis ist nicht überraschend, führt man sich die Stärken und Schwächen der spieltheoretischen Modellanalysen vor Augen.[27] Zum einen gibt es typischerweise eine Vielzahl von Alternativen, ein spieltheoretisches Modell zu entwickeln, die a priori alle gleich angemessen erscheinen. Hierzu zählen alternative Annahmen über das Verhalten der Unternehmen, die Anzahl der Unternehmen, die Regeln des Spiels (Natur des Marktes) und die Länge des Spiels (vgl. Carlton, Perloff, 2005, S. 189 ff.). Zum anderen existieren innerhalb eines bestimmten Modellansatzes typischerweise eine Vielzahl von Lösungen, die sich als Gleichgewichte interpretieren lassen.

---

[26]   Vgl. hierzu auch Baker, Bresnahan, 1992. Diese Autoren lehnen Marktanteile als zuverlässiges Kriterium zur Beurteilung ab (S. 4) und empfehlen im Rahmen von Antitrust-Fällen die Entwicklung von mehr als einem Modell. Dabei sind sie sich auch des hohen Datenaufwandes und der Schwierigkeiten bewusst, welche die z. T. komplexen ökonometrischen Modellansätze mit sich bringen (S. 15 f.).

[27]   Ein illustrativer Überblick findet sich in Fisher, 1989.

Der Vorzug der Spieltheorie, aufgrund ihrer vielfältigen Modellierungsmöglichkeiten eine theoretische Erklärung für einen weiten Bereich beobachtbarer Phänomene liefern zu können, erweist sich gleichzeitig für die praktische Wettbewerbspolitik als problematisch. Insoweit die Ergebnisse der spieltheoretischen Analysen entscheidend von einer Reihe von Faktoren abhängen, die nicht zu identifizieren sind, stellt sich die Frage nach der Implementierbarkeit und der Überprüfbarkeit solcher Theorien (vgl. Güth, 1992, S. 272; Sutton, 1990a, S. 506 f.).[28] Die theoretisch orientierte Industrieökonomik beschränkt sich bisher weitgehend auf die Entwicklung von „Möglichkeitstheoremen": Für fast jede denkbare Industriepraktik wurde (zumindest) ein theoretisches Modell entwickelt, das die Praxis als Gleichgewichtsresultat eines geeignet definierten Oligopolspiels erklärt (vgl. Porter, 1991, S. 557).

6.2.3.2   Einzelmarktstudien

Um diesen grundlegenden Mangel zu überwinden, haben sich inzwischen zwei unterschiedliche Forschungsrichtungen neu herausgebildet, die versuchen, spieltheoretische Analysen mit empirischer Forschung zu verknüpfen. Die erste Richtung versucht, im Rahmen von Einzelmarktstudien die spezifischen Merkmale einer betrachteten Industrie zu modellieren und dadurch die Klasse der zulässigen Spezifikationen a priori einzuschränken. Im günstigsten Fall sollte es gelingen, gewisse institutionelle Charakteristika eines Marktes derart zu präzisieren, dass hieraus ein sehr spezieller industriespezifischer Modellansatz folgt, der es erlaubt, zu unterschiedlichen testbaren Vorhersagen zu gelangen. Bisher sind nur wenige Fallstudien bekannt, in denen der institutionelle Kontext die Form des Spiels bestimmt und die anschließende Analyse des Spiels scharf eingegrenzte qualitative Vorhersagen hervorbringt, die sich von anderen (nicht spieltheoretischen) Beschreibungen des Verhaltens unterscheiden (Sutton, 1990a, S. 508).

Ein Fallbeispiel stellt die Arbeit von Hendricks und Porter (1988) dar. Es handelt sich um die Untersuchung einer Versteigerung von Erdölfeldern. Die institutionelle Ausgestaltung der Auktion spezifiziert explizit die Regeln des Spiels. Da die verfügbaren Aktionen der Spieler bekannt sind, tritt das übliche Problem der Beliebigkeit der Spezifikation des Spiels nicht auf. Die Regeln der Auktion spezifizieren das Spiel fast vollständig. Das spieltheoretische Modell liefert überzeugende Erklärungen für die verfügbaren empirischen Daten (Informationen zur Versteigerung, Förderkosten, Produktionskosten etc.), die mit Hilfe alternativer Modellansätze kaum zu erklären sind.[29]

---

[28]   Der mangelnde empirische Bezug ist denn auch ein zentraler Kritikpunkt bei den verschiedenen Besprechungen des *Handbook of Industrial Organization* (Schmalensee, Willig (eds.), 1989; vgl. Porter, 1991; Peltzman, 1991; Grossekettler, 1992.

[29]   Hierdurch sind zuverlässige Aussagen über die Auswirkungen asymmetrischer Informationen auf das Versteigerungsergebnis möglich. Unternehmen, die bereits Bohr-

Auch wenn diese neuen Untersuchungen aus der Sicht der industrieökonomischen Forschung fruchtbar erscheinen, so erweisen sie sich für die Entwicklung robuster wettbewerbspolitischer Lösungen doch als unzureichend. Insbesondere erlauben sie nur punktuelle Aussagen über das Vorliegen von Marktmacht. Es ist allerdings nicht zu erwarten, dass durch eine Beschränkung auf spieltheoretisch fundierte Einzelfallstudien eindeutig testbare Vorhersagen den Regelfall darstellen. Dies ist bereits unmittelbar im Kontext dynamischer Oligopolmodelle ersichtlich, etwa im Rahmen der Analyse der Kartellstabilität (vgl. Abschnitt 6.1.2.3). Es gibt viele unterschiedliche Kartellmodelle. Fallstudien zeigen, dass unterschiedliche Kartelle sich sehr verschieden verhalten. Aber selbst bei einer Konzentration auf ein bestimmtes Kartell über eine bestimmte Periode lassen sich keine konkreten Vorhersagen treffen (vgl. Sutton, 1997, S. 68). Die Formulierung von robusten Prinzipien für eine disaggregierte Wettbewerbspolitik ist auf der Basis solcher Einzelfallstudien daher nicht möglich.

6.2.3.3   Robuste Lösungen: Marktkonzentrationsaussagen versus Marktmachttests

Eine zweite entgegengesetzte Forschungsrichtung sucht nach den robusten Eigenschaften von spieltheoretischen Modellen. Angestrebt werden also Resultate, die zumindest innerhalb einer umfangreichen Klasse von Modellspezifikationen gegenüber der spezifischen Formulierung des zugrunde liegenden Oligopolmodells robust sind. Solche robusten Ergebnisse könnten eine geeignete Basis für die traditionellen Cross-industry-Studien bilden, indem sie Erklärungen für empirische Regularitäten liefern, die inzwischen als gesichert gelten (vgl. Schmalensee, 1989). Diese neue Forschungsrichtung steht jedoch noch am Anfang (vgl. Sutton, 1990b, 1992, 1998). Die bisher erzielten Ergebnisse beziehen sich insbesondere auf den Zusammenhang zwischen den (exogenen und endogenen) irreversiblen Kosten und der Gleichgewichtslösung einer Industriestruktur.

Ausgangspunkt dieser Arbeiten ist nicht die Frage nach dem Vorliegen von Marktmacht, sondern die Suche nach einer Struktur des zugrunde liegenden Oligopolmodells, die robust ist gegenüber Änderungen der Form des Preiswettbewerbs (Bertrand versus Cournot), gegenüber Änderungen der Spielregeln (simultaner Marktzutritt der Unternehmen versus sequenzieller Marktzutritt) etc. (vgl. Sutton, 1990b).

Ausgegangen wird von fixen Kosten, die zugleich versunken sind. In Industrien, in denen versunkene Kosten exogen gegeben sind, produziert jedes Unternehmen im Kostenminimum. Unter Vernachlässigung der Unteilbarkeitsproblematik erhöht sich mit steigender Marktnachfrage die Zahl der Anbieter. Anders verhält es sich im Fall endogener versunkener Kosten, die als fixe Kosten in Form von Wer-

---

rechte in anliegenden Gebieten besitzen, haben Vorteile gegenüber denjenigen, die in dieser Region noch nicht aktiv sind.

bungs- und Forschungsausgaben getätigt werden. Bei zunehmender Marktnachfrage erhöhen sich für jedes einzelne Unternehmen die Ausgaben für versunkene Kosten. Damit findet auch bei steigender Marktnachfrage keine Konvergenz in Richtung eines „fragmentierten" Gleichgewichts mit einer großen Anzahl von kleinen Unternehmen (mit niedrigen Marktanteilen) statt. Der zusätzliche Einsatz von fixen Kosten (die gleichzeitig versunken sind) ermöglicht die Erzeugung von Produkten höherer Qualität, für die qualitätsbewusste Käufer auch einen höheren Preis zu zahlen bereit sind. Damit ist eine duale Marktstruktur vorstellbar, die eine Koexistenz einer relativ kleinen Anzahl von relativ großen Unternehmen (deren Marktanteile eine bestimmte Größe nicht unterschreiten) mit relativ hohen fixen Kosten und hoher Qualität zu hohen Preisen und einer großen Zahl von kleinen Unternehmen mit geringen Fixkosten und niedriger Qualität zu niedrigen Preisen ermöglicht (Sutton, 1989).[30] Diese unterschiedliche Entwicklung der Marktstruktur bei zunehmender Nachfrage bei exogenen bzw. endogenen versunkenen Kosten ist robust gegenüber der Modellierung des zugrunde gelegten Oligopolmodells (insbesondere gegenüber alternativen Verhaltensannahmen).[31]

Die wenigen bisher für eine umfangreiche Klasse von Modellspezifikationen erzielten robusten Resultate für Oligopolmärkte sind erwartungsgemäß relativ allgemeiner Natur (vgl. Sutton, 1992, S. 321). Auch wenn diese Forschungsrichtung in Zukunft für die Entwicklung robuster Lösungen durchaus Erfolg versprechend sein kann, ist sie als theoretische Basis für eine disaggregierte Wettbewerbspolitik momentan noch unzureichend. Hierzu wäre eine verstärkte Ausrichtung auf die Lokalisierung von Marktmacht (anstatt lediglich die Untersuchung der Marktkonzentration) erforderlich (vgl. Sutton, 1998).

6.3   Disaggregierte Wettbewerbspolitik und Wettbewerbsrecht

Praktische Wettbewerbspolitik ist ohne Einbezug der einschlägigen wettbewerbsrechtlichen Vorschriften nicht denkbar. Abgesehen von Per-se-Regeln (z. B. Kartellverbot) sind die zentralen Konzepte des Wettbewerbsrechts, Marktbeherrschung und Missbrauch, unbestimmte Tatbestandsmerkmale (vgl. Schmidt, 2001, S. 278; Möschel, 1973, S. 464; Möschel 1974, S. 217). Eine ökonomisch fundierte Ausgestaltung dieser Konzepte ist ohne Rückgriff auf die Wettbewerbspolitik

---

[30]   Aufgebaut wird hier auf eine Arbeit von Shaked und Sutton (1987), in der nachgewiesen wird, dass unter bestimmten Voraussetzungen, unabhängig von der Größe des Marktes, zumindest ein Unternehmen existiert, dessen Marktanteil ein bestimmtes Niveau nicht unterschreitet.

[31]   Auch wenn Sutton die Marktmachtproblematik nicht in den Vordergrund seiner Untersuchungen stellt, liegt doch ein Vergleich mit der Suche nach robusten Ergebnissen im Bereich natürlicher Monopole nahe. Die dort erzielten Ergebnisse hinsichtlich einer Lokalisierung monopolistischer Bottlenecks beziehen sich allerdings nur auf exogene versunkene Kosten (vgl. Abschnitt 2.2.2).

nicht möglich. Diese interdisziplinäre Verknüpfung des Sachgegenstands wird sowohl von den Wettbewerbsrechtlern als auch von den Wettbewerbspolitikern angestrebt. Potenziale für kontroverse Auffassungen entstehen bei der Frage der konkreten Ausgestaltung und Umsetzung einer praktischen Wettbewerbspolitik. Dabei ist zu berücksichtigen, dass nicht nur die Wettbewerbsökonomie, sondern auch das Wettbewerbsrecht einem fortwährenden Wandel unterworfen ist.[32]

6.3.1 Per-se-Regeln und die „rule of reason" im Recht gegen Wettbewerbsbeschränkungen

Der Schwerpunkt der wettbewerbspolitischen Regelungen liegt in Deutschland auf dem am 1. 1. 1958 in Kraft getretenen Gesetz gegen Wettbewerbsbeschränkungen (GWB). In diesem Gesetz kommen sowohl Per-se-Regeln als auch das Prinzip der „rule of reason" in unterschiedlichen Ausprägungen zur Geltung.

Während bei Per-se-Verboten am Einzelfall lediglich geprüft werden muss, ob die kodifizierten Tatbestandsmerkmale erfüllt sind oder nicht, geht die Anwendung des Prinzips der „rule of reason" im gegenwärtigen Wettbewerbsrecht von der Notwendigkeit einer fallweisen Berichtigung von Marktprozessen aus (vgl. Herdzina, 1999, S. 90 f.; Oberender, Okruch, 1994, S. 510).

Das Verbot wettbewerbsbeschränkender Vereinbarungen (§ 1 GWB) stellt ein Per-se-Verbot dar. Es beinhaltet neben dem Kartellverbot auch das Verbot vertikaler Wettbewerbsbeschränkungen.[33] Daneben sind nur noch einige wenige Behinderungstatbestände aufgeführt, die einem generellen Verbot unterliegen: So verbietet § 21 (2) GWB, andere zu einem bestimmten Verhalten zu veranlassen (etwa der Akzeptierung einer Preisbindung), das laut GWB nicht zum Gegenstand einer vertraglichen Bindung gemacht werden darf.

Neben diesen Per-se-Verboten enthält das GWB eine Vielzahl von Regeln, die im Sinne einer „rule of reason" angewendet werden. Bestehende Marktmacht wird im GWB akzeptiert. Bestimmungen, die beispielsweise eine Politik der De-Konzentration ermöglichen würden, enthält es nicht. Verhindert werden soll jedoch, dass Marktmacht missbraucht wird. Die dazu geschaffene Missbrauchsaufsicht marktbeherrschender Unternehmen wird vor allem in § 19 GWB geregelt. Sie beschränkte sich ursprünglich lediglich auf Unternehmen ohne Wettbewerber oder ohne wesentlichen Wettbewerb. Die Missbrauchsaufsicht war Gegenstand verschiedener Novellen des GWB. Dabei wurden sukzessive der Kreis der Adressaten der Missbrauchsaufsicht erweitert und Vermutungstatbestände in das Gesetz

---

[32]   Vgl. z. B. Sidak, Spulber (1998) und die dort aufgeführte umfangreiche Literatur.

[33]   Hierzu zählt insbesondere die (vertikale) Preisbindung der zweiten Hand, bei welcher die Hersteller die Wiederverkaufspreise der Händler festlegen. Bis Ende 1973 war in Deutschland die Preisbindung der zweiten Hand auch für Markenartikel zulässig, jetzt ist sie gemäß § 30 GWB nur noch für Verlagserzeugnisse zugelassen.

aufgenommen, die den Nachweis einer marktbeherrschenden Stellung erleichtern sollen. Als Kriterien für eine „überragende Marktstellung" im Verhältnis zu seinem Wettbewerber nennt das Gesetz den Marktanteil eines Unternehmens, seine Finanzkraft, seinen Zugang zu den Beschaffungs- und Absatzmärkten, Verflechtungen mit anderen Unternehmen und das Bestehen von Marktzutrittsschranken.

Die sechste GWB-Novelle hat die Essential-facilities-Doktrin als neues Regelbeispiel für einen Missbrauch eingefügt (§ 19 (4) 4. GWB). Im Gegensatz zur Anwendung der Essential-facilities-Doktrin im Kontext des disaggregierten Regulierungsansatzes (vgl. Abschnitt 5.3.3.3), gilt hier jedoch die Verpflichtung zur Bereitstellung von für den Wettbewerb auf vor- oder nachgelagerten Märkten wesentlichen Einrichtungen fallweise und nicht trennscharf für eine Klasse von Fällen (nämlich den monopolistischen Bottlenecks). Der Tatbestand des Missbrauchs wird in § 19 GWB lediglich durch das Aufzählen einiger Beispiele verdeutlicht. Im Übrigen belässt es der Gesetzgeber bei der Feststellung, dass die Kartellbehörde untersagend eingreifen und Verträge für unwirksam erklären kann, wenn eine marktbeherrschende Stellung missbräuchlich ausgenutzt wird. Es ergeben sich folglich große Ermessensspielräume für die Wettbewerbsbehörden, ob bestimmte Formen von Preisdifferenzierung Diskriminierungstatbestände darstellen und als Missbrauch einer marktbeherrschenden Stellung nach § 19 (4) GWB anzusehen sind (vgl. Schmidt, 2001, S. 130 f.).

Seit Inkrafttreten des GWB ist nur eine geringe Zahl an Missbrauchsverfahren nach § 19 GWB eingeleitet worden (vgl. Schmidt, 2001, S. 278). Die Schwierigkeiten, die sich bei der Anwendung der Missbrauchskontrolle ergeben, lassen sich besonders anschaulich anhand der in diesem Zusammenhang angewandten Preisüberwachung veranschaulichen. Die Preisüberhöhungskontrolle wurde von den Gerichten in den 70er Jahren akzeptiert und mit der vierten Novelle von 1980 in das GWB eingearbeitet (vgl. Möschel, 1987, S. 12). Da das Konzept des Als-ob-Wettbewerbs sich als nicht praktikabel erwies, wurde vom Bundeskartellamt das so genannte Vergleichsmarktkonzept entwickelt. Dabei wird dem missbrauchsverdächtigen Preis ein anderer Preis gegenübergestellt, der auf einem vergleichbaren Markt mit höherer Wettbewerbsintensität gilt. Das Vergleichsmarktkonzept erfordert allerdings ähnliche Ermessensentscheide wie die Konstruktion hypothetischer Wettbewerbspreise, um machtbedingte Einflussfaktoren für Preisdifferenzen von den marktbedingten Einflussfaktoren zu separieren (vgl. Berg, 1999, S. 349 ff.).

Durch die siebte GWB-Novelle wurden die §§ 14 bis 18 GWB a. F. zu vertikalen Vereinbarungen abgeschafft. Somit entfällt das Missbrauchsprinzip für vertikale Vereinbarungen zugunsten eines Per-se-Verbots von denjenigen vertikalen Vereinbarungen, die den Wettbewerb beschränken. Im Gegensatz zum Per-se-Verbot einer vertikalen Preisbindung (§ 14 GWB a. F.) unterlagen die Abschlussbindungen gemäß § 16 GWB a. F. dem Rule-of-reason-Standard einer Missbrauchsaufsicht. Darüber hinaus griff auch die Missbrauchsaufsicht über marktbeherrschende Unternehmen nach § 19 GWB (vgl. Schmidt, 2001, S. 133). Hierzu zählen Ausschließlichkeitsbindungen, Vertriebsbeschränkungen, Verwendungsbeschränkungen und Kopplungsverträge. Als erforderlich für einen wettbewerbspolitischen Eingriff wurde stets eine umfassende Analyse des Einzelfalles und eine detaillierte Interessenabwägung des diskriminierenden und des diskriminierten Unternehmens angesehen (vgl. Schmidt, 2001, S. 132).

Behinderungs- und Diskriminierungsverbote stellen keine Per-se-Regeln dar, sondern gelten ausschließlich für marktbeherrschende Unternehmen und solche, die gegenüber kleinen und mittleren Wettbewerbern eine überlegene Marktposition besitzen (§ 20 GWB). Sie beziehen sich im Wesentlichen auf die Lieferverweigerung, also auf den Kampf ausgeschlossener Händler gegen den selektiven Vertrieb. Die handels- und mittelstandsmotivierten Reformvorschläge eines generellen Diskriminierungsverbots (Verzicht auf das Kriterium der Marktmacht in § 20 (2) GWB) konnte sich nicht durchsetzen (vgl. Möschel, 1987, S. 12 f.). Im deutschen Recht gibt es prinzipiell keinen Anspruch eines Nachfragers auf Vertragsabschluss und Belieferung, also keinen allgemeinen Kontrahierungszwang. Demnach verstößt auch eine endgültige Liefersperre nicht gegen ein generelles Behinderungsverbot nach GWB (§ 21 (2)). Der nicht nur gelegentliche Verkauf von Waren unter dem Einstandspreis durch Unternehmen mit Marktmacht kann als unbillige Behinderung kleinerer und mittlerer Wettbewerber angesehen werden (§ 19 (4) GWB).

6.3.2   Der zweistufige Ansatz

Abgesehen vom Kartellverbot und dem Verbot vertikaler Wettbewerbsbeschränkungen (§ 1 GWB) verfolgt das Wettbewerbsrecht einen zweistufigen Ansatz (§ 19 GWB). In einer ersten Stufe wird untersucht, ob ein oder mehrere Unternehmen eine marktbeherrschende Stellung innehaben. Wird der Tatbestand der Marktbeherrschung bejaht, so greift die zweite Stufe, nämlich das Verbot des Missbrauchs einer marktbeherrschenden Stellung durch wettbewerbsbeschränkendes Verhalten (Untersagung von Behinderungs- und Ausbeutungsmissbrauch nach § 19 (4) GWB; Diskriminierungsverbot und Verbot unbilliger Behinderung nach § 20 GWB).

Hinter dem unbestimmten Rechtsbegriff der „Marktbeherrschung" verbirgt sich das ökonomische Konzept der Marktmacht.

> „Es geht darum, übermäßige Marktmacht, d. h. solche Unternehmensmacht, die Wettbewerb als Kontrollregulans nicht oder nicht mehr ausreichend unterliegt, mit Hilfe spezifischer Verhaltensnormen gleichwohl in eine Wettbewerbsordnung zu integrieren" (Möschel, 1974, S. 206).

Die Rolle der Marktmacht als Kernkonzept des Antitrustrechts wird auch von Landes und Posner (1981, S. 937) hervorgehoben:

> „The term 'market power' refers to the ability of a firm (or a group of firms, acting jointly) to raise price above the competitive level without losing so many sales so rapidly that the price increase is unprofitable and must be rescinded."

Eine marktbeherrschende Stellung ist nach § 19 GWB nicht verboten, die eigene wirtschaftliche Macht aber folgt einem Unternehmen bzw. einer Gruppe von Unternehmen schattengleich, bei allem was sie tut (vgl. Mestmäcker, 1959, S. 17). Die trennscharfe Lokalisierung von Marktmacht ist nicht nur das Ziel der Wettbewerbsökonomie, sondern entspricht auch dem Telos des Wettbewerbsrechts.

6.3.3   Suche nach einfachen und robusten Regeln

6.3.3.1   *Mangelnde Aussagekraft von Marktanteilskriterien*

Die Charakterisierung einer marktbeherrschenden Stellung im Wettbewerbsrecht (§ 19 (2) GWB) umfasst eine lange Liste von Kriterien: Marktanteil, Finanzkraft, Zugang zu den Beschaffungs- oder Absatzmärkten, rechtliche oder tatsächliche Schranken für den Marktzutritt anderer Unternehmen, der tatsächliche oder potenzielle Wettbewerb durch andere Unternehmen, Verflechtungen mit anderen Unternehmen etc. Der räumlich relevante Markt kann weiter sein als der Geltungsbereich des GWB.[34] Ausgangspunkt für die praktische Wettbewerbspolitik in Deutschland sind insbesondere die Vermutungskriterien auf der Basis von Marktanteilen (§ 19 (3) GWB).[35]

Aber auch in der Wettbewerbspolitik der anderen europäischen Länder, der Europäischen Gemeinschaft, Kanadas und der USA spielen Marktanteilskriterien nach wie vor eine zentrale Rolle für die Beurteilung einer marktbeherrschenden (dominanten) Stellung. Während den Begriffen „dominant position" und „monopolization" in den USA und Europa durchaus unterschiedliche Bedeutungen zukommen, wird jedoch in jedem Fall ein hoher Marktanteil vorausgesetzt (vgl. OECD, 1996, S. 8 f.). Der Europäische Gerichtshof hat in seinem Urteil vom 13. Februar 1979 im Fall Hoffmann-La Roche entschieden, dass besonders hohe Anteile – von außergewöhnlichen Umständen abgesehen – ohne weiteres den Beweis für das Vorliegen einer beherrschenden Stellung liefern. Ein Marktanteil von 50% wurde

---

[34]   Diese Präzisierung wurde mit der siebten GWB-Novelle eingeführt.

[35]   § 19 (3) GWB: „Es wird vermutet, daß ein Unternehmen marktbeherrschend ist, wenn es einen Marktanteil von mindestens einem Drittel hat. Eine Gesamtheit von Unternehmen gilt als marktbeherrschend, wenn sie

1.   aus drei oder weniger Unternehmen besteht, die zusammen einen Marktanteil von 50 vom Hundert erreichen, oder

2.   aus fünf oder weniger Unternehmen besteht, die zusammen einen Marktanteil von zwei Dritteln erreichen,

es sei denn, die Unternehmen weisen nach, daß die Wettbewerbsbedingungen zwischen ihnen wesentlichen Wettbewerb erwarten lassen oder die Gesamtheit der Unternehmen im Verhältnis zu den übrigen Wettbewerbern keine überragende Marktstellung hat."

dafür als ausreichend erachtet.[36] Sowohl in den grundlegenden Fallentscheidungen zum Missbrauch einer marktbeherrschenden Stellung durch Kampfpreisunterbietung[37] als auch durch Kopplungsverkäufe[38] beruft sich der Europäische Gerichtshof auf das Fünfzigprozent-Marktanteilskriterium (RN. 60, Akzo-Urteil; RN. 49, Tetra Pak-Urteil).

In Ziffer 73 der Access Notice[39], welche die Relevanz des allgemeinen EU-Wettbewerbsrechts gegenüber sektorspezifischen EU-Regulierungsvorschriften auf den Telekommunikationsmärkten erheblich verstärkt, wird ein Marktanteil von mehr als 50 von Hundert ebenfalls als in der Regel bereits ausreichender Nachweis für die Marktbeherrschung angesehen; andere Faktoren werden jedoch zusätzlich berücksichtigt.

Ungeachtet der vielfältigen Kritik an dem traditionellen Struktur-Verhalten-Ergebnis-Ansatz beruht die Einstufung von Unternehmen als marktbeherrschend in der praktischen Wettbewerbspolitik nach wie vor in starkem Maße auf Marktanteilskriterien. Dem Vorteil eines transparenten, für unterschiedliche Industrien gleichzeitig geltenden und leicht implementierbaren Kriteriums steht allerdings als entscheidender Nachteil die Gefahr gegenüber, Marktmacht nicht präzise zu lokalisieren, sondern lediglich aufgrund von Vermutungskriterien zu unterstellen.

Die oftmals angewandte, aber dennoch ökonomisch nicht fundierte Methode, Marktmacht in Antitrustverfahren „nachzuweisen", besteht darin, (1) den relevanten Markt zu definieren, in dem der Marktanteil des beschuldigten Unternehmens bestimmt werden soll, (2) diesen Marktanteil zu berechnen und (3) zu entscheiden, ob dieser Marktanteil hinreichend groß ist, um eine Schlussfolgerung hinsichtlich des Ausmaßes der Marktmacht zuzulassen. Diese Methode ist für die Herleitung von Marktmacht unzureichend. Es gibt keine objektive Marktabgrenzung, und das Konzept der Marktabgrenzung zu Antitrust-Zwecken ist inzwischen durchaus umstritten.[40]

Aber selbst wenn man von einem abgegrenzten „Antitrustmarkt" ausgeht, gilt der zweite Kritikpunkt, dass Marktanteile kein zuverlässiges Kriterium für Marktmacht bilden, nach wie vor. Dies lässt sich bereits an dem bekannten Phänomen der entgegengesetzten Kausalität erklären. Anstatt wegen eines hohen Marktanteils hohe Preise durchsetzen zu können, führen niedrige Preise zu einem hohen

---

[36]   Rechtssache 85/76 (Hoffmann-La Roche), Slg. 1979, 461, Randnr. 41.

[37]   Rechtssache C-82/86, Akzo Chemie gegen Kommission der Europäischen Gemeinschaften, Urteil des Gerichtshofs v. 3. Juli 1991.

[38]   Rechtssache C-333/94P, Tetra Pak International SA gegen Kommission der Europäischen Gemeinschaften, Urteil des Gerichtshofs v. 14. November 1996.

[39]   Notice on the application of the competition rules to access agreements in the telecommunications sector – Framework, Relevant Markets and Principles, Official Journal of the European Communities, 98/C265/02, 22. 8. 1998, S. 2-28.

[40]   Vgl. Abschnitt 3.3.1; ferner Geroski, 1998, insb. Fußn. S. 681.

Marktanteil (vgl. Abschnitt 3.6.2). Offensichtlich ist es unzutreffend, Marktmacht unbesehen aus einem hohen Marktanteil abzuleiten (vgl. Landes, Posner, 1981, S. 977). In Industrien, in denen häufig Größenvorteile auftreten, verstärken die damit einhergehenden fallenden Durchschnittskosten diese Problematik.

6.3.3.2   Die begrenzte Aussagekraft von Einzelmarktstudien

Weder die Modelle der New Empirical Industrial Organization (Abschnitt 6.2.2), noch die spieltheoretischen Ansätze (Abschnitt 6.2.3) sind bisher in der Lage, allgemein gültige Aussagen über das Vorliegen von Marktmacht, die für unterschiedliche Industrien gleichzeitig gelten, zu treffen. Sie können jedoch für eine gezielte Lokalisierung von Marktmacht in spezifischen Industrien hilfreich sein. Dies ist allerdings nur mit erheblichem Modellierungs- und Datenaufwand möglich und daher bestenfalls für ausgewählte Industrien („Problemindustrien") realisierbar. Im Vergleich zu einem bloßen Vermuten von Marktmacht auf der Basis von Marktanteilen stellen solche Studien einen Fortschritt dar. Es gilt allerdings eine Überinterpretation der Ergebnisse zu vermeiden. Inzwischen wird auch ein gleichzeitiger Einsatz unterschiedlicher Verfahren und eine Abgleichung der dabei erzielten Ergebnisse empfohlen (vgl. Baker, Bresnahan, 1992), was allerdings eine Übereinstimmung hinsichtlich der Lokalisierung von Marktmacht in einer bestimmten Industrie nicht garantiert (vgl. Hyde, Perloff, 1995).

Teil C

Disaggregierte Wettbewerbspolitik und funktionsfähiger Wettbewerb

Kapitel 7
Vertikale Bindungen

7.1 Vertikale Integration versus vertikale Bindungen

Ein Unternehmen ist vertikal integriert, wenn es auf mehreren aufeinander folgenden Stufen der Produktion oder Verteilung von Gütern aktiv ist. Der Gegenpol zur vertikalen Integration ist die Beschaffung der auf den jeweiligen Produktionsebenen benötigten Inputs über Tagesmärkte („spot markets"). Vertikale Bindungen können als Mittelweg zwischen der vertikalen Integration und dem Einkauf auf Spotmärkten betrachtet werden. Sie äußern sich in verschiedenen Formen vertraglicher Beschränkungen, die etwa zwischen Produzent und Händler vereinbart werden, ohne dass eine eigentumsrechtliche Integration stattfindet.

Die Untersuchung der Frage, unter welchen Bedingungen vertikale Integration langfristigen Vertragsbeziehungen vorgezogen wird (oder umgekehrt), stellt ein interessantes Gebiet der neuen Institutionenökonomik dar (vgl. Richter, Furubotn, 1999). Im Vordergrund steht hier die Frage, unter welchen Bedingungen die Transaktionskosten von Vertragsbeziehungen Anreize für vertikale Integration hervorrufen. Dies ist etwa der Fall, wenn aufgrund der Gefahr opportunistischen Verhaltens transaktionsspezifische irreversible Investitionen (z. B. der Bau einer Zuliefererfabrik in der Nähe des Großabnehmers) nicht mehr getätigt werden können und die entsprechenden Transaktionen innerhalb des Unternehmens abgewickelt werden müssen (vgl. z. B. Williamson, 1975). Unter bestimmten Voraussetzungen, insbesondere bei vollständiger Information, lässt sich ein solches opportunistisches Verhalten jedoch vertraglich ausschließen, so dass langfristige Verträge ein perfektes Substitut für vertikale Integration darstellen (vgl. Kleindorfer, Knieps, 1982). Falls die technologischen und organisatorischen Verbundvorteile zwischen den verschiedenen Produktionsstufen hinreichend groß sind, ist vertikale Integration zu erwarten (vgl. Chandler, 1994).

Vertikale Integrationen der Produzenten in die Handelsstufe können allerdings auch Verbundnachteile hervorrufen. Falls beispielsweise die geeigneten Werbe- und Marketingaktivitäten lokal stark variieren, können die Händler vor Ort sehr viel besser über die jeweils beste Vertriebsstrategie informiert sein als der Hersteller. Auch kann das Tagesgeschäft des Einzelhandels an vielen unterschiedlichen Standorten erhebliche Koordinationsprobleme für die Leitung eines vertikal integrierten Unternehmens hervorrufen. Dies kann dazu führen, dass die Gesamtkosten der integrierten Bereitstellung des Produkts für den Endkunden wesentlich höher sind als die Summe der Kosten unabhängiger Produktions- und Handelsstufen, die über vertikale Bindungen miteinander verknüpft sind (Kaserman, Mayo, 1995, S. 341; Carlton, Perloff, 2005, S. 423 f.).

Vertikale Bindungen werden im Gegensatz zu vertikaler Integration als besonderes Anliegen einer aktiven Wettbewerbspolitik angesehen. Vertikale Bindungen unterliegen auf europäischer Ebene dem Verbot wettbewerbsbeschränkender Vereinbarungen (Art. 81), das im deutschen Wettbewerbsrecht in der siebten GWB-Novelle umgesetzt ist. Die Ursache hierfür liegt in der Vermutung, dass vertikale Beschränkungen wettbewerbsschädlich sein können, weil sie entweder der Erzeugung von Marktmacht, oder aber der Übertragung bereits bestehender Marktmacht auf vor- bzw. nachgelagerte Produktionsstufen dienen. Obwohl wettbewerbspolitisch unterschiedlich behandelt, bestehen bei der modellhaften Analyse erhebliche Ähnlichkeiten (isomorphe Beziehungen) zwischen vertikaler Integration und vertikalen Bindungen (vgl. Kaserman, Mayo, 1995, S. 335).

Aus der Vielzahl der Varianten vertikaler Bindungen (vgl. Mathewson, Winter, 1986, S. 212 f.; Kay, 1990, S. 556 ff.) werden in diesem Kapitel die folgenden Ausprägungen analysiert:

1. Vertikale Preisbindung der zweiten Hand („resale price maintenance").

2. Vertikale Gebietsvereinbarungen, die das Gebiet eines Einzelhändlers gegen Intra-brand-Wettbewerb schützen, einschließlich der extremen Form von Exklusivverkaufsrechten in einem Gebiet;

3. Lizenzgebühren („franchise fees"), d. h. Pauschalabgaben vom Einzelhändler an den Hersteller, die meist in Verbindung mit Exklusivverkaufsrechten stehen.

7.2   Effizienzeigenschaften vertikaler Bindungen im funktionsfähigen Wettbewerb

7.2.1   Das Problem der vertikalen Externalität

Unter den Voraussetzungen des vollständigen Wettbewerbs, in dem die Kosten der Verteilung von Produkten ignoriert werden, sind vertikale Bindungen aus Effizienzgründen nicht erklärbar. Anders verhält es sich dagegen, wenn der Vertriebsaufwand auf der Handelsstufe signifikant ist. Die Produzenten-Händler-Beziehung lässt sich dann auch als eine Prinzipal-Agent-Relation auffassen: Der Hersteller ist auf die Verkaufsanstrengungen des Handels angewiesen, kann diesen aber nicht vollständig kontrollieren. Beispielsweise könnten einzelne Händler weniger Werbung für ein bestimmtes Produkt machen, als dies vertraglich vereinbart ist. So entsteht ein Trittbrettfahrerproblem („free riding"), wenn ein Händler sich auf die Verkaufsanstrengungen anderer Händler verlässt und seinen vertraglich vereinbarten Anteil zur Information der Konsumenten nicht beiträgt.

„Free riding" bewirkt eine *vertikale Externalität*, die es durch geeignete vertikale Bindungen zu neutralisieren gilt (vgl. Mathewson, Winter, 1984, S. 28). Bei geeigneter Gestaltung vertikaler Bindungen führen diese zu effizienten Verträgen zwischen Produzenten und Händler, die sowohl Produzent als auch Händler besser stellen. Es verbleibt das Problem, inwieweit solche Bindungen auch wohlfahrtsoptimal (sozial effizient) sind, d. h. auch die Konsumenteninteressen berücksichtigen. Dies ist nicht zwangsläufig der Fall, da ein hoher Einzelhandelspreis bei intensiver Kundenbetreuung als Folge vertikaler Bindungen nicht notwendigerweise die Kundenpräferenzen reflektiert. Letztlich führt diese Frage jedoch in die Problematik der sozial optimalen Produktdifferenzierung, die mangels besseren Wissens ganz dem Markt überlassen bleiben sollte (vgl. Kapitel 9). Mathewson, Winter (1986) zeigen, dass unter bestimmten Modellannahmen vertikale Bindungen nicht nur die soziale Wohlfahrt verbessern, sondern sogar eine Pareto-Verbesserung bewirken.

7.2.2   Preisuntergrenzen zur Neutralisierung vertikaler Externalitäten

Um das Problem der vertikalen Externalitäten zu veranschaulichen, ist es nützlich zwischen den allgemeinen Serviceleistungen des Handels (z. B. Standort, Kundenkredite, Öffnungszeiten) und den produktspezifischen Serviceleistungen (z. B. Produktberatung, Produktinstallation) zu unterscheiden. Während der Wettbewerb im Handel spontan dafür sorgt, dass sich unterschiedliche Typen von Händlern mit höheren und niedrigeren allgemeinen Serviceleistungen und damit einhergehenden Preisunterschieden herausbilden, hat dies auf den Produzenten weiter keinen Einfluss. Anders verhält es sich dagegen bei produktspezifischen Serviceleistungen, da diese die Nachfrage nach einem Produkt unmittelbar beeinflussen. Für Produkte mit hohem produktspezifischem Beratungsbedarf ist die Nachfrage höher, wenn eine bestimmte minimale Beratungsqualität gewährleistet ist. Der Produzent könnte folglich versuchen, sämtliche Händler zu verpflichten, den erforderlichen produktspezifischen Service bereitzustellen. Das Problem hinsichtlich der Gewährleistung produktspezifischer Serviceleistungen besteht nun aber darin, dass diese oftmals separat (vor der Kaufentscheidung) in Anspruch genommen werden. Dies ermöglicht für einzelne Händler ein Free-rider-Verhalten auf Kosten der übrigen.

Bezeichne: MC_D^*: Grenzkosten der Verteilung per Einheit inklusive produktspezifischer Serviceleistungen; MC_D: Grenzkosten der Verteilung ohne produktspezifische Serviceleistungen.

Wenn alle Händler die erforderlichen produktspezifischen Serviceleistungen bereitstellen und dabei gerade ihre Kosten decken, sind die Anreize für Free-rider-Verhalten eines einzelnen Händlers unmittelbar ersichtlich. Solange alle übrigen Händler die produktspezifischen Serviceleistungen bereitstellen und der Endverkaufspreis P^* nicht sinkt, verbessert sich der Trittbrettfahrer, indem er den Preis P^* unterbietet und ein höheres Verkaufsvolumen erzielt. Da sich seine Verteilkosten um $MC_D^* - MC_D$ reduzieren, ergeben sich gleichzeitig positive Gewinne. Die Gewinnmöglichkeiten durch Umgehung der produktspezifischen Beratungsleistungen führen schließlich dazu, dass immer mehr Händler diese Leistungen einstellen. Dies hat zur Folge, dass diejenigen Händler, die weiterhin produktspezifische Beratungsleistungen bereitstellen, vom Markt gedrängt werden. Indem sie einen kostenlosen Beratungsservice für die Kunden anbieten, die schließlich das Produkt billiger bei einem Konkurrenten einkaufen, müssen sie Verluste hinnehmen. Schließlich wird auf dem Markt kein Beratungsservice mehr geleistet und die Marktnachfrage geht von D^* auf D zurück. Nicht nur der Hersteller, sondern auch die Konsumenten verlieren in dem vorliegenden Fallbeispiel durch den Übergang vom Gleichgewicht bei konsumentenspezifischer Beratung zu einem Gleichgewicht ohne Beratung (vgl. Kaserman, Mayo, 1995, Fig. 10.4, S. 344).

Bezeichne: D^*: die Nachfragefunktion mit produktspezifischer Beratung; D: die Nachfragefunktion ohne produktspezifische Beratung; $d^* = D^* - MC_D^*$: die abgeleitete Nachfrage des Herstellers bei Beratung; MR^*: die Grenzerlöskurve des Herstellers mit Beratung; $d = D - MC_D$: die abgeleitete Nachfrage des Herstellers ohne Beratung; MR: die Grenzerlöskurve des Herstellers ohne Beratung; MC_P: die Grenzkosten der Produktion des Herstellers; p: Großhandelspreis des Produktes ohne Beratung; p^*: Großhandelspreis der Produktes mit Beratung; P: Endverkaufspreis des Produktes ohne Beratung; P^*: Endverkaufspreis des Produktes mit Beratung.

Aus Abbildung 7.1 ist unmittelbar der Endverkaufspreis P^* mit der Gleichgewichtsmenge Q^* mit Beratung und der Endverkaufspreis P mit der Gleichgewichtsmenge Q ohne Beratung ersichtlich, wobei $P^* > P$ und $Q^* > Q$. Durch den Übergang von (P^*, Q^*) nach (P, Q) verliert der Produzent $(p^* - MC_p)Q^* - (p - MC_p)Q$. Aber auch die Konsumenten verlieren, da der Wert der produktspezifischen Serviceleistung durch die vertikale Differenz zwischen D^* und D gegeben ist und diese die zusätzlichen Kosten der Bereitstellung der produktspezifischen Serviceleistung, also die Differenz zwischen MC_D^* und MC_D überschreitet.

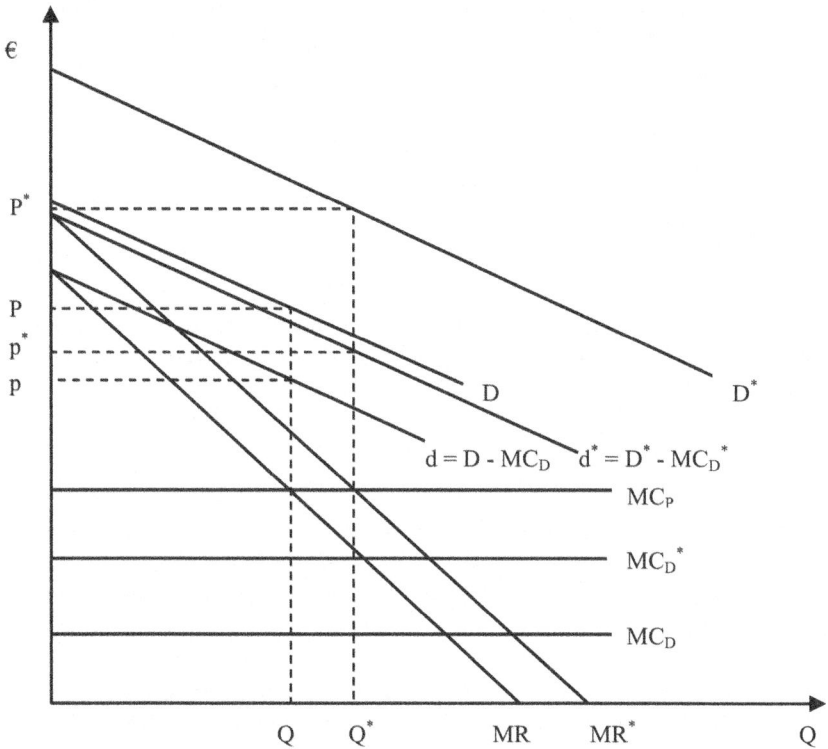

Abb. 7.1: Free-rider-Verhalten im Handel

Preisuntergrenzen stellen eine Alternative zur vertikalen Integration zwecks Internalisierung vertikaler Externalitäten und Vermeidung von Free-rider-Verhalten dar. Falls der Hersteller P^* als Preisuntergrenze festlegt, verschwinden die Anreize der Händler produktspezifische Serviceleistungen nicht bereitzustellen. Auch wenn ein einzelner Händler immer noch seine Kosten durch Vermeidung der Beratungskosten reduzieren kann, fehlt ihm die Möglichkeit, Kunden durch niedrigere Preise abzuwerben. Da durch Preisuntergrenzen der Preiswettbewerb nach unten zwischen den verschiedenen Einzelhändlern ausgeschaltet wird, müssen sich diese notgedrungen dem Qualitätswettbewerb durch Bereitstellung produktspezifischer Beratungsleistungen stellen. Es ist zu erwarten, dass Anreize für Preisbindungen zur Vermeidung vertikaler Externalitäten sich bei denjenigen Produkten herauskristallisieren, bei denen ein hoher Beratungsbedarf besteht. Bei Produkten ohne solchen Beratungsbedarf, lässt sich ein entsprechender Preisaufschlag über Preisbindungen nicht durchsetzen, da die Kunden zu alternativen Anbietern ohne Preisbindung wechseln würden.

Es gilt zu betonen, dass die höheren Erträge des Herstellers nicht mit Gewinnen gleichzusetzen sind. Funktionsfähiger Wettbewerb auf der Herstellerebene vorausgesetzt, werden diese Erträge zur Deckung der Fixkosten eingesetzt. Es ist durchaus denkbar, dass nur die höheren Erträge im Gleichgewicht *(P*, Q*)* überhaupt erst das Überleben des Herstellerunternehmens garantieren.[1]

7.3   Marktmacht durch vertikale Bindungen? – Das Kartellargument

Die Frage, ob durch vertikale Bindungen Marktmacht geschaffen werden kann, führt zum Kartellargument. Sind vertikale Bindungen wie z. B. Preisbindungen mit dem Ziel zu erklären, Hersteller- oder Einzelhandelskartelle zu stabilisieren? Wird durch vertikale Beschränkung Kartellbildung erleichtert, die anderenfalls versagt? Es zeigt sich, dass vertikale Bindungen für sich genommen keine Quelle von Marktmacht darstellen (vgl. Mathewson, Winter, 1986, S. 230).

7.3.1   Herstellerkartellierung?

Vertragsabschlüsse, die in den Bereich vertikaler Beschränkungen fallen (z. B. Preisbindungen), werden manchmal mit den verbesserten Möglichkeiten eines Herstellerkartells begründet. Es stellt sich zunächst die Frage, warum die Hersteller nicht versuchen, ihre Preise für den Großhandel zu koordinieren. Dies entspräche zumindest der üblichen Kollusionspraxis. Falls ein Verstoß gegen Kartellabsprachen auf der Großhandelsebene schwierig aufzudecken ist, könnten Anreize für die Koordination eines Herstellerkartells über (gebundene) Einzelhandelspreise entstehen. Allerdings würden solche vertikale Preisbindungen eine sehr aufwendige und imperfekte Form der Kartellbildung darstellen. Denn diese Preisbindungen müssten zur Verhinderung von „cheating" durch andere intensive Kontrollmechanismen gestützt werden. Es müsste durch Kontrollen gesichert sein, dass einzelne Hersteller sich nicht durch geheime Preissenkungen, Zugeständnisse bei den Lieferkonditionen etc. an den Einzelhandel einen Vorteil gegenüber anderen Herstellern verschaffen. Letztlich stellt Preisbindung der zweiten Hand (oder andere vertikale Bindungen) daher keine geeignete Strategie zur Herstellerkartellierung dar (vgl. Kaserman, Mayo, 1995, S. 348).

7.3.2   Kartellierung auf der Einzelhandelsebene?

Aus einer anderen Perspektive wird zuweilen argumentiert, dass Preisbindungen der zweiten Hand der Stabilisierung eines Kartells auf der Einzelhandelsebene

---

[1]   Das Modell des monopolistischen Wettbewerbs, bei dem sich die Anbieter einer fallenden Nachfragekurve gegenüber sehen, aber dennoch keine (langfristigen) Gewinne machen, wird in Kapitel 9 behandelt.

dienten: Zur Umgehung des direkten Verbots von Preisabsprachen würden die Einzelhändler die Hersteller dazu veranlassen, den Endverkaufspreis festzuschreiben. Es ist jedoch sehr unwahrscheinlich, dass die Hersteller sich als „Kartellstabilisatoren" ihrer Kunden einsetzen lassen, denn dies stünde im Gegensatz zu ihren eigenen Gewinnmaximierungsinteressen. Im Gegenteil hätten die Hersteller vielmehr Anreize, die kollektiven Aktivitäten der Einzelhändler an die Wettbewerbsbehörden zu verraten. Je höher die Wettbewerbsintensität auf der Einzelhandelsebene, desto besser ist dies für die Hersteller, da diese an einer kostenminimalen Verteilung ihrer Erzeugnisse interessiert sind und insbesondere vertikale Externalitäten mit „free riding" durch vertikale Beschränkungen zu neutralisieren trachten. Lediglich unter der Annahme, dass Marktzutritt auf der Händlerebene schwierig ist, könnten Händler Anreize besitzen, in einem Händlerkartell zusammenzuarbeiten (vgl. Carlton, Perloff, 2005, S. 429 f.). Dies würde allerdings bereits stabile Marktmacht der Händlerstufe voraussetzen und wäre folglich kein Beweis für das Entstehen von Marktmacht durch vertikale Bindungen. Daher liefert auch das Kartellargument auf der Einzelhandelsebene keine zufrieden stellende Erklärung für Preisbindungen der zweiten Hand (vgl. Kaserman, Mayo, 1995, S. 347).

7.4   Übertragung von Marktmacht durch vertikale Bindungen?

Auch wenn Marktmacht durch vertikale Bindungen nicht erzeugt werden kann, stellt sich die Frage, ob bei Vorliegen von Marktmacht auf einer Produktionsstufe die Möglichkeit besteht, diese auf eine vor- bzw. nachgelagerte Stufe zu übertragen.[2] Zur Vereinfachung der Darstellung werden lediglich zwei Ebenen betrachtet.

Im Weiteren bezeichnet der Index A die Upstream-Ebene, der Index X die Downstream-Ebene. A steht für den Output der Upstream-Ebene, der downstream als Input zur Produktion des Gutes X eingesetzt wird (vgl. Abbildung 7.2).

Ausgegangen wird von den folgenden Annahmen:

1. Fixe Faktorproportionen und damit einhergehend fixe Input-Output-Relationen: Ausgegangen wird vom einfachsten Fall, d. h. eine Einheit Output X erfordert eine Einheit Input A.

---

[2]   Für die weitere Analyse, vgl. ausführlich Kaserman, Mayo, 1995, S. 302-305, insbesondere Fig. 9.2. Obwohl ihre Ausführungen sich auf die Untersuchung der Anreize für vertikale Integration beziehen, gelten sie gleichermaßen für den Fall vertikaler Bindungen. Die eigentumsrechtlichen Unterschiede zwischen vertikaler Integration und vertikaler Bindung sind für die vorliegende Fragestellung nicht von Bedeutung.

2. Transaktionskosten werden vernachlässigt, so dass aus ihnen keine Anreize für vertikale Bindungen abgeleitet werden können.

3. Die Grenzkosten des Zwischenprodukts A sind MC_A, die Grenzkosten der Transformation des Inputs A in den Output X sind MC_T.

4. Es gibt keine Preisdifferenzierung auf dem Endproduktmarkt. Andernfalls könnten Anreize zu vertikalen Bindungen wie Preisbindung der zweiten Hand bestehen, um Arbitrageaktivitäten durch Wiederverkauf zu verhindern und dadurch ein bestimmtes, gewinnmaximierendes Preisdifferenzierungsschema zu stabilisieren.[3]

5. Auf der Upstream-Ebene (Inputmarkt) besteht ein Monopol. Das Downstream-Unternehmen nimmt den Monopolpreis $P_A{}^M$ für den Input A als gegeben an.

6. Auf der Downstream-Ebene (Produktmarkt) herrscht Wettbewerb. $D_A = P_X - MC_T$ ist die abgeleitete Nachfrage nach dem Zwischenprodukt. Die Zahlungsbereitschaft für das Zwischenprodukt entspricht der Zahlungsbereitschaft der Endkunden für das Endprodukt, abzüglich der Grenzkosten der Transformation.

Es zeigt sich, dass – unter den getroffenen Voraussetzungen – durch vertikale Beschränkungen keine Übertragung von Marktmacht möglich ist. Das Downstream-Unternehmen macht keinen Gewinn, da es im Wettbewerb steht und Grenzkostenpreise setzt. Es verhält sich als Preisnehmer bezüglich des Inputpreises bzw. als Mengenanpasser bezüglich seines Outputs und hat keine Möglichkeit, die Absatzmenge künstlich einzuschränken, um den Preis über die Grenzkosten zu heben. Der Upstream-Monopolist kann die gesamte Marktmachtrente über den Inputpreis abschöpfen. Er könnte auch durch eine Preisbindung der zweiten Hand keine zusätzlichen Gewinne erzielen. Es bestehen folglich keine Anreize für vertikale Bindungen, denn:

Upstream: $\Pi_A = (P_A{}^M - MC_A)\, Q_A{}^M$
Downstream: $MC'_X = P_A{}^M + MC_T$
Endproduktpreis: $P_X{}^M = MC'_X = P_A{}^M + MC_T$

Aus Abbildung 7.2 wird ersichtlich, dass unter den getroffenen Annahmen der Gewinn eines vertikal integrierten Monopols ($\Pi_X = (P_X{}^M - (MC_A + MC_T))\, Q_X{}^M$) dem Gewinn Π_A eines Upstream-Monopolisten entspricht.

---

[3]   Preisdifferenzierung und damit einhergehende Kopplungsverkäufe („tying") sowie Produktbündelung („commodity bundling") werden in Kapitel 10 untersucht. Aber selbst unter der Voraussetzung eines Monopols können Preisdifferenzierungsstrategien wohlfahrtserhöhend sein (vgl. Abschnitt 10.2).

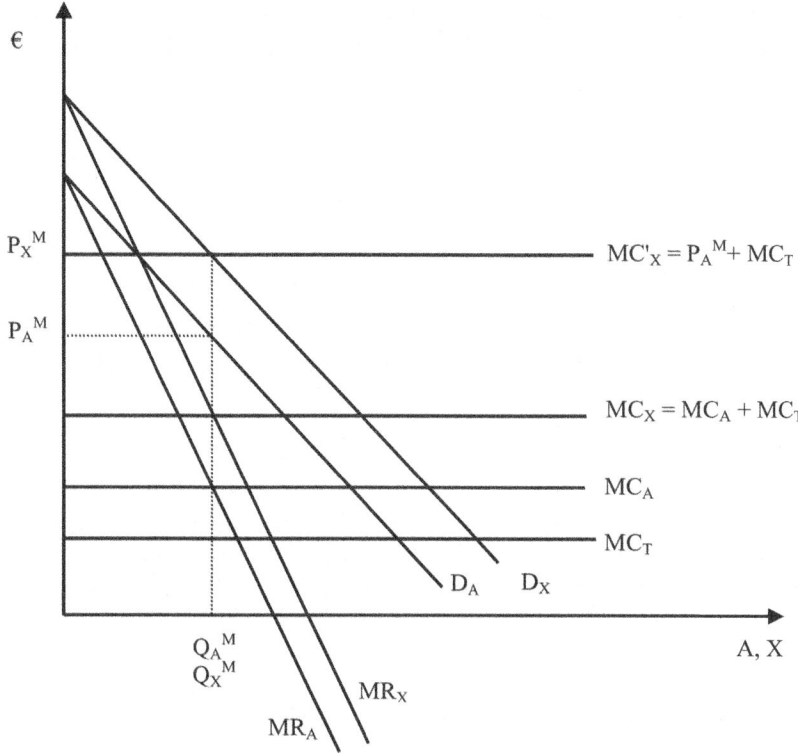

Abb. 7.2: Keine Marktmachtübertragung

7.5 Effizienzeigenschaften vertikaler Bindungen bei Vorliegen von Marktmacht

Auch bei Vorliegen von Marktmacht besitzen vertikale Bindungen wichtige Effizienzeigenschaften. Es werden zwei unterschiedliche Marktmachtszenarien unterschieden: a): einseitige Marktmacht (monopolistischer Inputmarkt und nachgelagerter wettbewerblicher Markt); b): zweiseitige Marktmacht (sowohl auf der Herstellerebene als auch auf der Handelsebene wird von einer Monopolsituation ausgegangen). Ferner ist zwischen dem Fall I): fixe Inputproportionen und dem Fall II): variable Inputproportionen zu unterscheiden. Im Zusammenhang mit fixen Inputproportionen wird unterstellt, dass zur Produktion des Outputs ein ganz bestimmtes Faktoreinsatzverhältnis eingehalten werden muss. Die Inputs sind perfekte Komplemente; die Produktionskoeffizienten, welche die Relation eines Inputs zum Output ausdrücken, sind somit konstant. Im Fall variabler Inputproportionen wird dagegen angenommen, dass die Produktionstechnologie eine gewisse Substituierbarkeit der Produktionsfaktoren untereinander zulässt.

Im Folgenden gilt es, die Effizienzwirkungen vertikaler Bindungen für vier Fälle zu untersuchen (vgl. Tabelle 7.1).

Tabelle 7.1: Effizienzwirkungen vertikaler Bindungen

	Einseitige Marktmacht (a)	Zweiseitige Marktmacht (b)
Fixe Inputproportionen (I)	Fall (Ia)	Fall (Ib)
Variable Inputproportionen (II)	Fall (IIa)	Fall (IIb)

Bei Abwesenheit von Marktmacht dienen vertikale Bindungen lediglich der Neutralisation vertikaler Externalitäten (vgl. Abschnitt 7.2). Bei Vorliegen von Marktmacht hingegen kommen zwei weitere Funktionen hinzu: Die Vermeidung ineffizienter Faktorsubstitution und die Vermeidung doppelter Marginalisierung.

7.5.1   Preisbindung zur Vermeidung von doppelter Marginalisierung

7.5.1.1   Das Problem der doppelten Marginalisierung

Für den Fall zweiseitiger Marktmacht (dem Vorliegen eines Monopols sowohl auf dem Upstream- als auch auf dem Downstream-Markt) sind vertikale Bindungen (wie die vertikale Integration) in der Lage, das Problem der doppelten Marginalisierung zu lösen. Spengler (1950) sowie Machlup und Taber (1960) haben dies als Argument für vertikale Integration analysiert. Eine zentrale Annahme im Modell des sukzessiven Monopols ist, dass der Downstream-Monopolist als Nachfrager keinerlei Marktmacht besitzt. Er muss den Inputpreis des Upstream-Monopolisten akzeptieren. Eine kooperative Lösung zwischen den beiden Monopolisten wird ebenfalls ausgeschlossen (keine Kommunikation). Ist Kommunikation möglich, haben die Monopolisten ein Interesse daran, auf die Marginalisierung des Inputs zu verzichten und hierdurch höhere Erlöse auf dem Endproduktmarkt zu erzielen. In dem Maße, in dem die Kommunikation zwischen den Produzenten funktioniert, schwinden auch die Anreize für eine vertikale Bindung.[4]

---

[4]   Hier zeigt sich, dass Verhandlungslösungen durch Kommunikation zu einer eindeutigen Lösung und in diesem Fall sogar zu einer Monopollösung führen. Kommunikation und Kooperation stellen damit ein ideales Substitut für vertikale Integration dar (vgl. hierzu auch Machlup, Taber, 1960).

Das Grundproblem der doppelten Marginalisierung wird im Folgenden für den Fall fixer Inputproportionen aufgezeigt (vgl. Kaserman, Mayo, 1995, S. 305-307, insb. Fig. 9.3).[5] Ausgegangen wird von den Annahmen 1.-5. in Abschnitt 7.4. Anstelle von Annahme 6. tritt nun die Annahme, dass auch auf der Downstream-Ebene (Endproduktmarkt) ein Monopol herrscht. Dies führt dazu, dass nicht nur das Downstream-Unternehmen den (marginalisierten) Monopolpreis für den Input akzeptieren muss, sondern dass auch das Upstream-Unternehmen von einem (marginalisierten) Monopolpreis für den Output ausgehen muss. Diese doppelte Marginalisierung führt schließlich dazu, dass sich im Vergleich zur einmaligen Marginalisierung eine geringere Menge und ein höherer Preis ergeben.

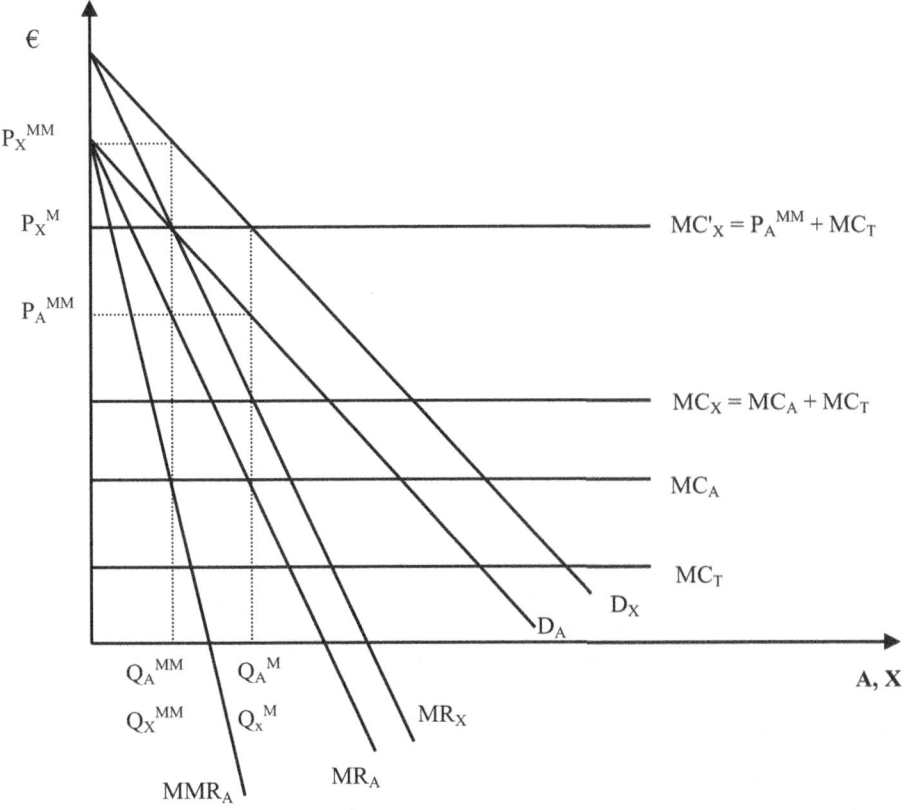

Abb. 7.3: Doppelte Marginalisierung

Im Folgenden wird das Marktergebnis bei doppelter Marginalisierung hergeleitet und mit der Performance bei einseitiger Marktmacht verglichen:

---

[5]   Es handelt sich um den Fall (Ib) in Tabelle 7.1.

- *Doppelte Marginalisierung:*

Das Downstream-Unternehmen akzeptiert den Monopolpreis des Zwischenprodukts als Parameter, so dass sich folgende Grenzkosten ergeben:

$$MC'_X = P_A^{MM} + MC_T$$

Die Gewinnmaximierungsbedingung lautet daher:

$$MR_X = MC'_X = P_A^{MM} + MC_T$$

Die effektive Nachfrage für Input A entspricht der abgeleiteten Nachfrage mit Monopol auf der Downstream-Ebene:

$$d_A = P_A^{MM} = MR_X - MC_T = MR_A$$

Die effektive Grenzerlöskurve für den Upstream-Monopolisten ist somit MMR_A. Aus der Marginalisierung auf der Upstream-Ebene $MMR_A = MC_A$ folgt die doppelt marginalisierte Upstream-Menge Q_A^{MM} zu einem Preis P_A^{MM}.[6] Aufgrund der fixen Inputproportionen ist $Q_A^{MM} = Q_X^{MM}$, so dass sich auf der Output-Ebene der Preis P_X^{MM} ergibt. Dies folgt gleichermaßen aus der doppelten Marginalisierungsbedingung auf der Downstream-Ebene:

$$MR_X = P_A^{MM} + MC_T = MC'_X$$

Die Allokationsverzerrung, die durch das Downstream-Monopol hervorgerufen wird, lässt sich wie folgt ermitteln: Der Erlös auf der Downstream-Ebene kann in einer allgemeinen Formulierung auch als $R_X = p(x) \cdot x$ ausgedrückt werden (mit der inversen Nachfragefunktion $p(x)$). Die zugehörige Grenzerlösfunktion lautet $MR_X = p'(x) \cdot x + p(x)$. Setzt man den Preis ein, den der Downstream-Monopolist für den Input A zu zahlen hat $(P_A^{MM} = MR_X - MC_T)$, ergibt sich:

$$p(x) = P_A^{MM} + MC_T - p'(x) \cdot x$$

Da $p'(x) < 0$ ist, wird der Ausdruck $p'(x) \cdot x$ zu den gesamten Grenzkosten der Downstream-Ebene (bei monopolistischem Upstream-Preis) addiert. Dies ist der vom Upstream-Monopolisten unerwünschte Preisaufschlag auf die Grenzkosten downstream. Da sich also neben dem Upstream-Monopol eine weitere Allokationsverzerrung ergibt, ist doppelte Marginalisierung auch aus volkswirtschaftlicher Sicht unerwünscht.

- *Einseitige Marktmacht auf der Upstream-Ebene:*[7]

In diesem Falle setzen die Downstream-Anbieter Grenzkostenpreise:

---

[6]   Der Preis P_A^{MM} stimmt im vorliegenden Beispiel mit dem Preis P_A^M überein, der sich auch bei Wettbewerb auf der Downstream-Ebene ergeben würde, obwohl die Menge $Q_A^{MM} < Q_A^M$. Dieses spezielle Ergebnis ergibt sich aufgrund der Annahmen linearer Grenzkosten und linearer Nachfrage (vgl. Kaserman, Mayo, 1995, S. 306, Fußn. 13).

[7]   Es handelt sich um den Fall (Ia) in Tabelle 7.1 (vgl. Abbildung 7.2).

$$P_X = P_A{}^M + MC_T$$

Es zeigt sich, dass zwei separate Monopolisten (up- und downstream) die Konsumenten schlechter stellen als ein integriertes Monopol, da:

$$P_X{}^M < P_X{}^{MM} \text{ und } Q_X{}^M > Q_X{}^{MM}$$

Zusätzlich gilt, dass auch die Gewinne des integrierten Monopols im Vergleich zur doppelten Marginalisierung ansteigen:

$$\Pi_X{}^M > \Pi_A{}^{MM} + \Pi_X{}^{MM} \text{ , da}$$

$$(P_X{}^M - MC_X) \cdot Q_X{}^M > (P_X{}^{MM} - MC'_X) \cdot Q_X{}^{MM} + (P_A{}^{MM} - MC_A) \cdot Q_A{}^{MM}$$

Im Falle einer vertikalen Integration ist die Frage, auf welcher Produktionsstufe des integrierten Unternehmens Gewinne anfallen, irrelevant. Anders verhält es sich dagegen bei vertikalen Bindungen, bei denen ein Verteilungsproblem zwischen Upstream-Monopolisten und Downstream-Monopolisten entsteht.

7.5.1.2   *Preisbindung als perfektes Substitut für vertikale Integration*

Die bisherigen Ausführungen haben sich auf vertikale Integration zur Vermeidung der doppelten Marginalisierung bezogen. Es zeigt sich, dass vertikale Bindungen in der Form der Preisbindung hierzu völlig ausreichen. Es genügt den integrierten Monopolpreis festzulegen. Die Nachteile der stärkeren Form der Zusammenführung der Eigentümerschaft können dadurch vermieden werden. Man muss sich beispielsweise kein Wissen über Märkte aneignen, in denen man keine Kernkompetenz hat (Marketing etc.).

Da der Gewinn bei Preisbindung höher ist als die Summe der Einzelgewinne bei doppelter Marginalisierung, stellen sich Händler und Produzenten bei aggregierter Betrachtung besser. Die Produzenten verbessern ihre Position durch Preisbindung stärker als sie die Position der Händler verschlechtern. Damit die integrierte Lösung beiderseitig vorteilhaft ist, müssen Seitenzahlungen zwischen dem Endproduktanbieter, der bei der internen Verrechnung auf den Marktmachtaufschlag verzichtet, und dem Upstream-Monopolisten arrangiert werden. Es besteht aber auch die Möglichkeit, dass der ursprüngliche Monopolist die vertikale Bindung aufgrund seiner Monopolsituation und der Abhängigkeit des Downstream-Monopolisten z. B. mit Hilfe der Drohung einer Lieferverweigerung durchsetzen kann. Die Konsumenten stellen sich bei Preisbindung eindeutig besser als bei doppelter Marginalisierung, denn es gilt, eine größere Menge zu einem niedrigeren Preis zu konsumieren. Als Fazit lässt sich festhalten, dass Preisbindung zu einer Wohlfahrtsverbesserung im Vergleich zur doppelten Marginalisierung führt.

7.5.1.3   Lokale Verteilermonopole und Preisobergrenzen

Preisuntergrenzen zur Neutralisierung vertikaler Externalitäten wurden in Abschnitt 7.2.2 behandelt. Lokale Verteilermonopole können als substitutives Instrument zur Internalisierung vertikaler Externalitäten aufgefasst werden (vgl. Mathewson, Winter, 1984, S. 28). Allerdings gilt es, im Fall lokaler Verteilermonopole das Problem der doppelten Marginalisierung zu vermeiden. Wird angenommen, dass ohne vertikale Bindung der Herstellermonopolist und der Händler mit lokalem Verteilermonopol unabhängig voneinander ihren Gewinn maximieren, entspricht das Ergebnis dem der doppelten Marginalisierung.

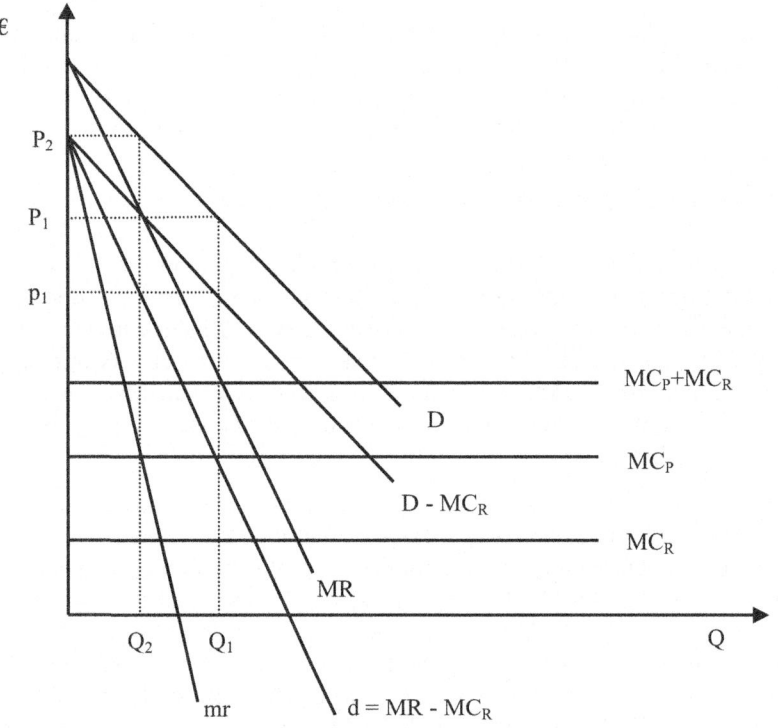

Abb. 7.4: Preisobergrenze zur Vermeidung doppelter Marginalisierung

Die Annahmen lauten:

Fixe Proportionen: MC_P: Grenzkosten der Produktion upstream; MC_R: Grenzkosten des Handels; $D - MC_R$: abgeleitete Nachfrage (im Wettbewerb).

Ergebnis bei *Preisbindung* (Preisobergrenze):

p_1: Großhandelspreis;
$P_1 = p_1 + MC_R$: Endverkaufspreis bei Preisbindung (analog der Situation bei

Wettbewerb auf der Downstream-Ebene);
$\Pi_P = (p_1 - MC_P)Q_1$ und $\Pi_R = 0$ (da $p_1 + MC_R = P_1$).

Ergebnis bei *doppelter Marginalisierung*:

Produzent:
$d = MR - MC_R$: abgeleitete Nachfrage des Händlers;
mr: Grenzerlöskurve;
$mr = MC_P \Rightarrow Q_2, p_1.$[8] $\Rightarrow \Pi_P = (p_1 - MC_P)Q_2$

Händler:
$MC' = p_1 + MC_R = MR \Rightarrow Q_2, P_2 \Rightarrow \Pi_R = (P_2 - p_1 - MC_R)Q_2$

Als Gesamtgewinn ergibt sich:

$$\Pi_P + \Pi_R = (P_2 - MC_R - MC_P)Q_2 < (p_1 - MC_P)Q_1$$

Preisbindung durch Festlegung einer Preisobergrenze für den Endverkaufspreis durch den Hersteller verhindert einen doppelten Monopolaufschlag (vgl. hierzu auch Kaserman, Mayo, 1995, S. 339 ff., insb. Fig. 10.3). Allerdings fließt beim Endpreis $P_1 = p_1 + MC_R$ der gesamte erzielbare Gewinn der Herstellerfirma zu. Der Gesamtgewinn wird trotz sinkender Preise erhöht, allerdings zum Nachteil der Händler (die im Modellfall überhaupt keinen Gewinn erhalten). Im Gegensatz zum Fall der vertikalen Integration wird diese Gewinnumverteilung zwischen Händler- und Produzentenebene im Fall der Preisbindung relevant. Ein maximaler Endverkaufspreis kann z. B. durch eine Drohung der Lieferverweigerung gegenüber dem Abnehmer durchgesetzt werden. Infolge einer effektiven Preisbindung tritt ein Marktergebnis ein, das demjenigen bei einem einstufigen Monopol entspricht. Preisbindung der zweiten Hand ist dann ein effizientes Instrument zur Vermeidung von doppelter Marginalisierung, wenn die Nachteile einer vollständigen internen Bereitstellung sämtlicher Vorprodukte groß sind.

Alternativ kann der Hersteller dem Händler bestimmte Mindestabnahmemengen vorschreiben. Mindestverkaufsmengen haben die gleiche Wirkung wie Preisobergrenzen, da Outputerhöhungen nur über Preissenkungen zu erreichen sind (vgl. Carlton, Perloff, 2005, S. 417; Kaserman, Mayo, 1995, S. 358).

Als Fazit ergibt sich, dass das Ziel der Internalisierung von vertikalen Externalitäten eine Kombination von vertikalen Bindungen erfordern kann. Exklusivverkaufsrechte in einem Gebiet machen gleichzeitig die Festlegung einer Preisobergrenze unumgänglich, soll die Gefahr einer doppelten Marginalisierung vermieden werden.

---

[8] Der Großhandelspreis p_1 bei doppelter Marginalisierung stimmt im vorliegenden Beispiel aufgrund der spezifischen Annahmen linearer Grenzkosten und linearer Nachfrage mit dem Großhandelspreis bei Preisbindung überein.

7.5.2   Preisbindung zur Überwindung ineffizienter Faktorsubstitution

7.5.2.1   Das Problem der Inputverzerrung bei variablen Faktorproportionen

Angenommen, es bestehe Marktmacht auf der Upstream-Ebene und auf der Downstream-Ebene herrsche Wettbewerb. Die Technologie der Downstream-Unternehmen weise eine variable Faktorkombination von A und B auf, wobei A ein monopolisierter Inputfaktor ist und B im Wettbewerb angeboten wird.[9] Für jedes Outputniveau X bestehen verschiedene Möglichkeiten der Kombination der Inputs A und B. Die Faktoren sind also – in gewissen Grenzen – gegeneinander austauschbar (vgl. Kaserman, Mayo, 1995, Fig. 9.4, S. 308).

Upstream wird Input B zum Wettbewerbspreis MC_B angeboten, hingegen der Input A zum Monopolpreis P_A^M. Dies führt zu einer Isokostenkurve DD' (mit Steigung $- P_A^M/MC_B$). Falls beide Inputs zu Wettbewerbspreisen bereitgestellt werden, ergibt sich dagegen eine Isokostenkurve FF' (mit Steigung $- MC_A/MC_B$). Die Inputsubstituierbarkeit führt dazu, dass die Downstream-Produzenten zumindest teilweise den Monopolpreisen ausweichen können, indem sie mehr von Input B einsetzen, als die Minimalkostenkombination Z' zu Wettbewerbspreisen aller Inputfaktoren vorsieht. Sie wählen also die Minimalkostenkombination in Punkt Z auf der Basis der Isokostenkurve DD' anstelle von Punkt Z' auf der Basis der Isokostenkurve FF' (vgl. Abbildung 7.5). Dies führt zu einer ineffizienten Ressourcenallokation, da von Input A zu wenig eingesetzt wird. Diese suboptimale Inputnachfrage nach A reduziert den Gewinn des Upstream-Monopolisten und setzt diesem Anreize, nach Lösungen zu suchen, wie er die Monopolrente abschöpfen kann, ohne Inputverzerrungen auszulösen. Eine Möglichkeit besteht in der vertikalen Integration mit der Downstream-Ebene (vgl. Vernon, Graham, 1971), eine andere besteht darin, geeignete vertikale Bindungen einzugehen (vgl. Abschnitt 7.5.2.2).

7.5.2.2   Exklusivverkaufsrechte und Lizenzgebühren

Eine Möglichkeit, das Problem der ineffizienten Inputsubstitution bei variablen Faktorproportionen zu überwinden und gleichzeitig doppelte Marginalisierung zu vermeiden, kann in der Erhebung nichtlinearer Tarife[10] zwischen der Upstream- und der Downstream-Ebene liegen (vgl. Kaserman, Mayo, 1995, S. 335 ff.). Nichtlineare Preissetzung bedeutet, dass aufgrund der Erhebung von fixen Lizenzgebühren („franchising") der Gesamterlös, den der Hersteller vom Verkauf der Zwischenprodukte erhält, nichtlinear von der Anzahl der abgesetzten Einheiten abhängt.

---

[9]   Es handelt sich um den Fall (IIa) in Tabelle 7.1.
[10]   Die Problematik nichtlinearer Tarife wird ausführlich in Kapitel 10 behandelt.

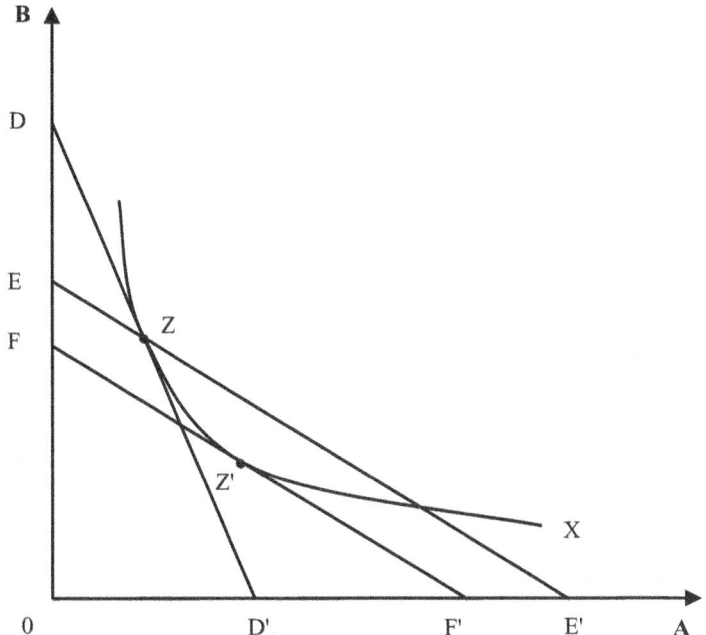

Abb. 7.5: Das Problem ineffizienter Faktorsubstitution

Lizenzgebühren, die ein Einzelhändler an den Produzenten zahlen muss, sind typischerweise mit Exklusivverkaufsrechten in einem Gebiet kombiniert („closed territory distribution"). Hierdurch wird die an sich wettbewerbliche Einzelhandelsebene in eine Vielzahl regionaler Monopole gegliedert. Der Einzelhändler bezahlt an den Produzenten neben dem Stückpreis p eine fixe Lizenzgebühr L, so dass die Gesamtzahlung $E = L + pq$ beträgt (q = Anzahl der Einheiten des Zwischenprodukts). Jeder Einzelhändler maximiert seinen Gewinn gemäß $MR = MC$ und schöpft zum Monopolpreis p^M eine Monopolrente ab.

Die folgende Abbildung 7.6 (vgl. Kaserman, Mayo, 1995, Fig. 10.2, S. 338) stellt die Nachfrage- und Kostensituation eines Einzelhändlers dar, der über ein Exklusivverkaufsrecht für ein bestimmtes Gebiet verfügt.

Es gelte folgende Notation: AC: durchschnittliche Gesamtkosten; D: Gesamtnachfrage (nur ein Gebiet); MC: Grenzkosten des Zwischenprodukts; A: mengenunabhängige Lizenzgebühr

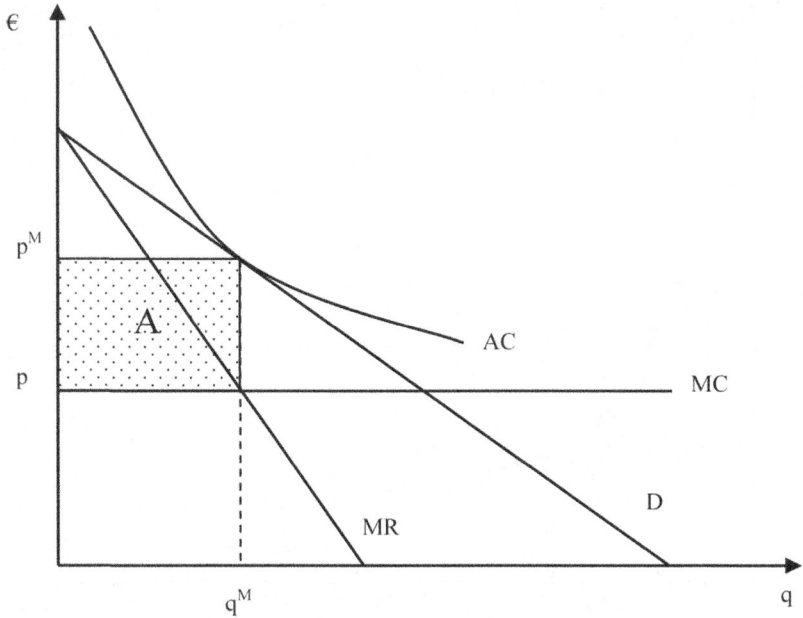

Abb. 7.6: Lizenzgebühren

Der Produzent stellt dem Händler seinen Input zum Grenzkostenpreis $p = MC$ zur Verfügung und setzt die Lizenzgebühr $L = A$ so, dass die Durchschnittskostenkurve des Lizenznehmers gerade die Nachfragekurve tangiert.[11] Die Lizenzgebühr ist also ein Weg, um Marktmacht – die auf der Herstellerebene liegt – über den Handel in Monopolrenten zu transformieren, ohne dabei auf der Einzelhandelsebene eine Verzerrung des Faktoreinsatzverhältnisses zu erzeugen.

7.6   Fazit

Vertikale Bindungen zwischen Produzenten und Handelsstufen wurden in der traditionellen Wettbewerbspolitik eher skeptisch betrachtet. Dies zeigt bereits ihre Typisierung als vertikale Wettbewerbsbeschränkung. Nichtsdestotrotz können vertikale Bindungen wesentliche Effizienzeigenschaften im Wettbewerbsprozess besitzen. Preisuntergrenzen, aber auch Exklusivverteilrechte etc. sind Instrumente, Free-riding-Verhalten auf der Handelsebene in beratungsintensiven Branchen zu reduzieren bzw. zu vermeiden.

---

[11]   Dabei wird angenommen, dass auf der Händlerebene keine weiteren Grenzkosten anfallen.

Vertikale Bindungen sind nicht dazu geeignet, Hersteller- oder Einzelhandelskartelle zu stabilisieren. Für den Fall, dass Marktmacht auf einer Produktionsstufe tatsächlich besteht und nicht diszipliniert werden kann[12], stellen vertikale Bindungen ein geeignetes Substitut zur vertikalen Integration dar, um Effizienzverzerrungen bei der Ausübung dieser Marktmacht, insbesondere ineffiziente Faktorsubstitution sowie doppelte Marginalisierung zu vermeiden. Auch wenn auf der Verteilebene mittels Lizenzierung ein lokales Monopol geschaffen wird, werden hierdurch nicht zusätzliche Monopolrenten geschaffen, sondern die bestehende Monopolsituation auf der Herstellerebene unter Vermeidung ineffizienter Faktorsubstitution ausgeschöpft. Die Hersteller müssen allerdings darauf achten, dass doppelte Marginalisierung vermieden wird. Es genügt also insbesondere nicht, lediglich ein lokales Verteilmonopol zu gewähren, ohne gleichzeitig eine Preisobergrenze festzulegen oder stattdessen eine fixe Lizenzgebühr zu erheben, die den Fall der vertikalen Integration imitiert.

---

[12] Allerdings sind die Lizenzgebühren nicht notwendigerweise mit Gewinnen auf der Produktionsstufe gleichzusetzen. Falls auf der Herstellerebene funktionsfähiger Wettbewerb herrscht, werden diese Erträge zur Deckung der Fixkosten eingesetzt.

Kapitel 8
Kampfpreisstrategien

8.1 Wettbewerbliches Preissetzungsverhalten versus Kampfpreisstrategien

Funktionsfähiger Wettbewerb ist dadurch gekennzeichnet, dass Unternehmen am Markt konkurrieren. Zugleich liegt es im Interesse der Konsumenten, dass ineffiziente, zu überhöhten Kosten produzierende Unternehmen von leistungsfähigeren Unternehmen „verdrängt" werden, indem diese zu niedrigeren Preisen anbieten können. Unternehmen, die sich nicht durch ihre Leistungen am Markt zu behaupten vermögen, könnten nun versucht sein, ihre Stellung mit Hilfe des Wettbewerbsrechts und der Wettbewerbsbehörde zu stärken. Es besteht die Gefahr, dass die Wettbewerbsbehörden in den Preissetzungsprozess eingreifen, obwohl überhaupt kein wettbewerbspolitischer Handlungsbedarf besteht (Fehler 1. Ordnung; vgl. Abschnitt 4.7.3). Die Wettbewerbsbehörden brauchen sich bei funktionsfähigem Wettbewerb nicht um das Preissetzungsverhalten der Unternehmen zu kümmern. Die Unternehmen haben von sich aus Anreize, Gewinne zu vermeiden und kostenminimal zu produzieren, da sie sonst von den Konkurrenten unterboten werden.

Im Gegensatz zu wettbewerblichem Preissetzungsverhalten, bei dem die Unternehmen sich fortwährend dem Wettbewerbsdruck stellen müssen, besteht die innere Logik einer Kampfpreisstrategie („predatory pricing") darin, den Preis in einer ersten Phase strategisch niedrig anzusetzen, mit dem Ziel, die Konkurrenten vom Markt zu verdrängen, um dann in einer zweiten Phase Gewinne erzielen zu können. Ein solches Verdrängungsverhalten ist nur dann anreizkompatibel, wenn die Verluste in der Phase 1 durch die (abdiskontierten) Gewinne in der Phase 2 (zumindest) ausgeglichen werden.

Abbildung 8.1 veranschaulicht die innere Logik einer Kampfpreisstrategie. Zur Vereinfachung der Darstellung wird vom Einproduktfall mit einer linearen Kostenfunktion $C(q) = cq$ ausgegangen. Das Unternehmen setzt in der Verdrängungsphase (Phase 1) den Preis $p_{pred} < MC=c$ und in der Phase 2 den Monopolpreis p_m. Bezeichne - Π_{pred} den Verlust in Phase 1, Π_m den Gewinn in Phase 2 und r die Diskontrate. Angenommen, Verdrängungsverhalten sei überhaupt durchsetzbar, so lohnt sich dies nur dann, wenn der abdiskontierte Wert der Kampfpreisstrategie $PDV = -\Pi_{pred} + \frac{1}{1+r}\Pi_m$ positiv ist.

Dabei wird unterstellt, dass der Konkurrent bei Ankündigung des Verdrängungs-
preises unmittelbar den Markt verlässt und das verdrängende Unternehmen in der
1. Phase seinen Preis noch nicht anheben kann.[1]

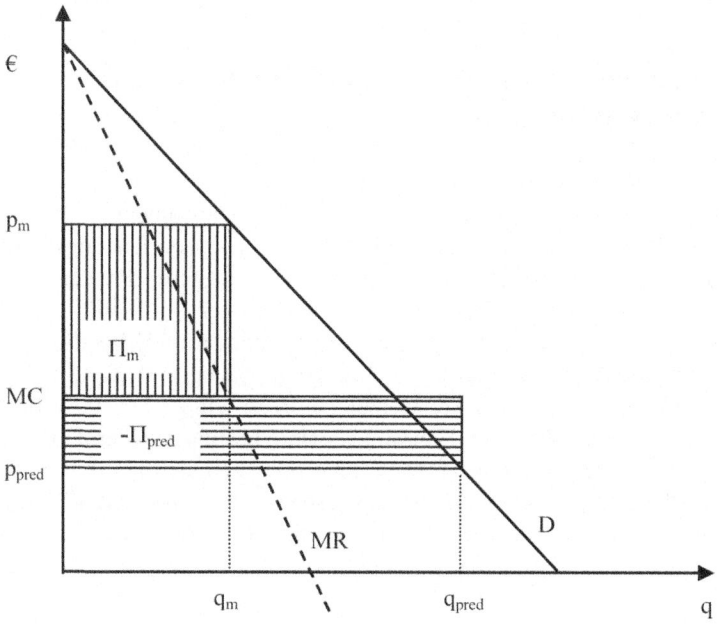

Abb. 8.1: Kampfpreisstrategie

8.2   Marktmacht als Voraussetzung für Kampfpreisstrategien

Bei funktionsfähigem Wettbewerb ist eine Kampfpreisstrategie nicht anreizkompatibel. Ein Unternehmen, das aufgrund von aktivem und potenziellem Wettbewerb keine Marktmacht besitzt, ist nicht in der Lage, in der Phase 2 die Preise
derart zu erhöhen, dass Gewinne entstehen. Denn selbst wenn durch eine Verdrängungsstrategie sämtliche Konkurrenten vom Markt verschwänden, würde dies
dem verdrängenden Unternehmen nichts nützen. Nach einer Preiserhöhung zur

---

[1]   Für den Fall, dass während der 1. Phase das verdrängte Unternehmen noch produziert,
vgl. Martin 1988, S. 411.

Erzielung von Gewinnen würde wieder Marktzutritt erfolgen und die überhöhten Preise würden auf das Wettbewerbsniveau sinken. Insbesondere auf angreifbaren Märkten („contestable markets")[2] lohnt sich Verdrängungswettbewerb nicht. Wo keine Marktmacht vorhanden ist, kann sie auch nicht durch Verdrängungswettbewerb erzeugt werden.

Ausgangspunkt für die Frage, ob sich Wettbewerbsbehörden mit dem Vorwurf des Verdrängungswettbewerbs überhaupt befassen sollen, ist folglich der Nachweis von Marktmacht. Um zu vermeiden, dass Wettbewerber den Vorwurf des Verdrängungsverhaltens strategisch benutzen, um sich dem Preiswettbewerb durch effizientere Unternehmen zu entziehen, fordern Joskow und Klevorick (1979, S. 244), dass ein Kläger zuerst den Nachweis von Marktmacht bei dem beschuldigten Unternehmen führt. Durch die Übertragung der Beweislast auf den Kläger, so Joskow und Klevorick, würde bereits eine Vielzahl von strategischen Verfahren ohne eigentlichen Verdrängungstatbestand vermieden.[3] Erst wenn der Nachweis der Marktmacht gelungen sei, müsse in einem zweiten Schritt das Preissetzungsverhalten des beschuldigten Unternehmens mit Hilfe von Kostentests eingehend untersucht werden. Dabei basieren Joskow und Klevorick ihren Predatory-pricing-Test auf einer Kombination von Kriterien, die von Areeda und Turner sowie von Baumol und Williamson entwickelt wurden (vgl. Joskow, Klevorick, 1979, S. 213).[4]

Die Lokalisierung von Marktmacht ist vom zugrunde liegenden wettbewerbspolitischen Leitbild abhängig (vgl. Kapitel 4). Im Rahmen ihres zweistufigen Ansatzes zur Aufdeckung von Kampfpreisunterbietungen greifen Joskow und Klevorick (1979) zur Ermittlung von Marktmacht den Struktur-Verhalten-Ergebnis-Ansatz der Harvard-Schule (Marktkonzentration sowie „conditions of entry" als Marktzutrittsschranken) auf. Das Konzept der Harvard-Schule tendiert allerdings dazu, Marktmacht zu überschätzen. Auch wenn ein weniger rigoroser Nachweis von Marktmacht für die Eröffnung von Wettbewerbsfällen eher akzeptierbar erscheinen mag als für die Einführung von ex ante sektorspezifischer Regulierung[5], so muss doch im Rahmen einer disaggregierten Wettbewerbspolitik ein fundierter Nachweis der Marktmacht erbracht werden (vgl. Teil B). Nur auf dieser Basis kann die Eröffnung eines Verfahrens wegen Kampfpreisunterbietung überhaupt gerechtfertigt werden.

---

[2] Zum Konzept der angreifbaren Märkte vgl. Abschnitt 2.2.1.

[3] Der strategische Einsatz von Antitrustverfahren mit dem Ziel den Wettbewerb zu untergraben, wird ausführlich in Baumol, Ordover (1985) analysiert.

[4] Diese Kriterien werden in Abschnitt 8.3 erläutert.

[5] Man kann Wettbewerbsfälle relativ leicht aufgreifen, während Ex-ante-Regulierungsmaßnahmen nur schwer abgeschafft werden können.

8.3   Kriterien für die Bestimmung von Kampfpreisunterbietung

In der Vergangenheit wurden in der amerikanischen Antitrustliteratur unterschiedliche Kriterien zum Nachweis von Verdrängungswettbewerb kontrovers diskutiert.[6] Aber auch im europäischen Wettbewerbsrecht war das Problem der Kampfpreisunterbietung Gegenstand verschiedener Verfahren. Ein interessantes Beispiel ist das Urteil im Fall AKZO Chemie gegen die Kommission der Europäischen Gemeinschaften[7], in dessen Verlauf über eine Konkretisierung des Kriteriums zur Feststellung von Verdrängungspreisen ebenfalls kontroverse Auffassungen bestanden. Im Folgenden sollen die Kriterien zur Identifikation von Kampfpreisunterbietung kurz vorgestellt und kritisch beurteilt werden.[8] Es folgt ein Fazit aus der Perspektive der disaggregierten Wettbewerbspolitik.

8.3.1   Keine Regel

Aus der Sicht der Chicago-Schule ist Verdrängungswettbewerb kein Problem, da Marktmacht auf der Basis dieses Wettbewerbsleitbildes in der Regel nicht abgeleitet werden kann. Es liegt daher nahe, dass die Chicago-Schule Antitrustfälle in Sachen Verdrängungswettbewerb grundsätzlich ablehnt. Nach dieser Auffassung besteht sonst die Gefahr, echten Preiswettbewerb zu behindern.

Bork, McGee und andere Vertreter der Chicago-Schule argumentieren, Verdrängungswettbewerb komme so selten vor, dass die Wettbewerbsbehörde dieses Problem außer Acht lassen könne. Wenn Verdrängungswettbewerb derart selten vorkommt, birgt nahezu jede Regel die Gefahr eines Fehlers 1. Ordnung, d. h. einer überflüssigen Intervention, in sich. Wenn ein Unternehmen tatsächlich versuchen sollte, ein anderes durch Kampfpreisunterbietung aus dem Markt zu drängen, würde es sich damit nur selbst Schaden zufügen, da das „Opfer" den Angriff

---

[6]   Parallel hierzu gab es eine vergleichbare Diskussion über die Kriterien von Dumping in der Außenhandelstheorie.

[7]   Rechtssache C-62/86, AKZO/Kommission, Slg. 1991, SI-3359. Es ging dort um die Frage, ob AKZO Verdrängungspreise beim Verkauf von als Mehlzusatz verwendeten organischen Peroxiden praktizierte und dadurch die Stellung des Unternehmens ECS in diesem Bereich schwächte. Fraglich war, ob ECS auf diese Weise daran gehindert werden sollte, auf dem von AKZO beherrschten Markt der zur Herstellung von Kunststoffen bestimmten organischen Peroxide aufzutreten.

[8]   Auch die Einführung eines neuen Produktes kann nach Ordover und Willig eine Verdrängungsstrategie („predatory innovation") darstellen, falls dieses der Verdrängung eines Konkurrenten dient und infolgedessen auf Gewinne verzichtet wird, um nach dem Marktaustritt umso höhere Gewinne zu erzielen (Ordover, Willig, 1981, S. 10). Dieses Kriterium wird im Folgenden nicht weiter verfolgt, da es sich nicht um eine echte Kampfpreisstrategie handelt.

höchstwahrscheinlich überstünde (vgl. McGee, 1958, 1980; Bork, 1978). Rationale Manager verzichteten daher von vornherein auf Kampfpreisunterbietung.

8.3.2   Kurzfristige Grenzkosten / kurzfristige durchschnittliche variable Kosten

Areeda und Turner (1975) bezeichnen Preise unterhalb der kurzfristigen Grenzkosten als Verdrängungswettbewerb. Ein im „fairen" Wettbewerb stehendes, gewinnmaximierendes Unternehmen würde nie Preise setzen, die niedriger als die kurzfristigen Grenzkosten sind. Grenzkostenpreise sind eine First-best-Lösung, da sie die soziale Wohlfahrt als Summe aus Produzentenrente und Konsumentenrente maximieren. Daher bildet die Regel „Preis gleich Grenzkosten" für Areeda/Turner den Referenzpunkt. Ausgangspunkt des von Areeda und Turner (1975) entwickelten Kriteriums ist das schwierige Problem, einen Standard für das Vorliegen von Verdrängungswettbewerb zu finden, der einerseits in der Lage ist, Verdrängungsverhalten aufzudecken, andererseits aber nicht missbraucht werden kann, um unliebsame Wettbewerber durch Antitrustverfahren auszuschalten und dadurch den Preiswettbewerb zu beeinträchtigen.

Für eine (außenstehende) Wettbewerbsbehörde ist es nicht einfach, die kurzfristigen Grenzkosten eines Unternehmens zu ermitteln. Areeda/Turner betrachten daher die kurzfristigen durchschnittlichen variablen Kosten als eine realistische Approximation der Grenzkosten. Gemäß dieses Kriteriums liegt keine Kampfpreisstrategie vor, solange der Preis über den kurzfristigen durchschnittlichen variablen Kosten liegt. Auch temporäre Preissenkungen werden zugelassen, solange die kurzfristigen Grenzkosten nicht unterschritten werden.

Die Areeda/Turner-Regel ist jedoch nicht unproblematisch, wie die folgenden Beispiele zeigen:

-   Kurzfristige Einführungsangebote bei Geschäftseröffnung und andere kurzfristige Werbeaktivitäten mit dem Ziel, Kunden zu werben (kostenlose Warenmuster etc.) verletzen die Areeda/Turner-Regel, obwohl hier kein Verdrängungsmotiv vorliegen muss. Preise unter den kurzfristigen Grenzkosten können durchaus Bestandteil einer intertemporalen Gewinnmaximierungsstrategie sein. Es handelt sich dann nicht um Verdrängungswettbewerb, wenn vermeintliche Kampfpreise als Investition in die Zukunft angesehen werden können, etwa im Zusammenhang mit einem Geschäftsaufbau.

-   „Learning by doing": Falls die Produktionskosten bei steigendem Absatz sinken, kann es sich lohnen, kurzfristig unter Kosten anzubieten, um durch den zusätzlichen Absatz Erfahrungen zu sammeln, die zu sinkenden Kosten in der Zukunft führen. Der niedrige Preis zu Beginn des Produktlebenszyklus kann als Investition in die Zukunft angesehen werden. (vgl. Carlton, Perloff, 2005, S. 359).

– Bei Vorliegen positiver Netzexternalitäten (wenn z. B. der Nutzen eines Tele-
   fonanschlusses mit der Anzahl erreichbarer Teilnehmer im Netz steigt) kann es
   sinnvoll sein, Preise unter die Grenzkosten zu setzen, um damit möglichst
   rasch eine kritische Masse von Nutzern zu erreichen (vgl. Artle, Averous,
   1973). Dieses Preissetzungsverhalten zur Internalisierung positiver Netzexternalitäten würde aber nach der Areeda/Turner-Regel als Verdrängungswettbewerb bezeichnet.

– Bei Vorliegen von Komplementaritäten kann es für ein Unternehmen gewinn-
   maximierend sein, ein Produkt unter Grenzkosten anzubieten (vgl. z. B. Allen,
   1938, S. 361 f.). Allen führt als Beispiel ein Unternehmen an, das Rasierklin-
   gen verkauft und das Rasiermesser (fast) gratis dazu gibt. Das Gut mit einer relativ elastischen Nachfrage, wird als „loss leader" angesehen, um dadurch den
   Verkauf des komplementären Gutes mit geringer Elastizität zu fördern.

Die Areeda/Turner-Regel bildete einen zentralen Ausgangspunkt für die Beurteilung von Verdrängungsverhalten in einer Vielzahl von amerikanischen Antitrustfällen. Sie wurde in der Folge von Vertretern der Harvard-Schule als zu schwach
kritisiert, weil sie das strategische Verhalten ignoriere. Die Chicago-Schule dagegen fand diese Regel zu restriktiv, weil sie das Problem der Kampfpreisunterbietungen überbewerte und private Antitrustklagen fördere, deren Ziel allein die
Behinderung effizienterer Konkurrenten sei.

8.3.3   Langfristige Grenzkosten / Durchschnittskosten

Aufbauend auf den Arbeiten von Areeda und Turner sieht Posner als Referenzpunkt für Verdrängungsverhalten nicht allein die kurzfristigen, sondern auch die
langfristigen Grenzkosten (vgl. Posner, 1976, S. 184-196). Er definiert „predatory
pricing" wie folgt (Posner, 1976, S. 188):

> „... pricing at a level calculated to exclude from the market an equally or more effi-
> cient competitor".

Zwei Preissetzungsverhalten könnten diesem Zweck dienen: Erstens, Preise unter
den kurzfristigen Grenzkosten (Areeda/Turner) und zweitens, Preise unter den
langfristigen Grenzkosten. Langfristige Grenzkosten beinhalten diejenigen Kosten, die aufgebracht werden müssen, damit ein Unternehmen auf unbestimmte Zeit
am Markt aktiv sein kann. In einem Einzelhandelsgeschäft sind darin beispielsweise die Miete, das Inventar und Versicherungen enthalten (vgl. Posner, 1976,
S. 189 ff.). Allerdings besteht die Möglichkeit, dass ein Unternehmen diese langfristigen Grenzkosten nicht am Markt durchsetzen kann, so dass Preise unterhalb
der langfristigen Grenzkosten nur dann Verdrängungsverhalten darstellen, wenn
sie mit einer Verdrängungsabsicht einhergehen. Langfristig müssen aber auch die
Fixkosten gedeckt werden, um nicht aus dem Markt ausscheiden zu müssen. Da
langfristige Grenzkosten laut Posner für eine Antitrustbehörde schwierig zu ermitteln sind, werden als praktisch tolerierbare Näherung die vollen historischen

Durchschnittskosten (aus der Bilanz) angesetzt. Der Nachweis eines Verkaufs unter den durchschnittlichen, bilanzmäßig erfassten Kosten in Verbindung mit dem Nachweis der Absicht, Wettbewerber zu verdrängen, ist für Posner ein ausreichendes Auffangkriterium zur Aufdeckung von Kampfpreisunterbietung. Das beschuldigte Unternehmen hat dann immer noch die Gelegenheit nachzuweisen, dass sich aufgrund veränderter Nachfrage- und Kostenbedingungen die durchschnittlichen Kosten aus der Bilanz von den entscheidungsrelevanten langfristigen Grenzkosten unterscheiden, oder dass die kurzfristigen anstelle der langfristigen Grenzkosten das richtige Kriterium für eine effiziente Preissetzung unter den gegebenen Umständen sei. Ferner ist bei Posner die Idee des von Joskow und Klevorick ausgearbeiteten zweistufigen Ansatzes insoweit bereits enthalten, als er zur Vermeidung eines Missbrauchs des Konzepts der Kampfpreisunterbietung vom Kläger den Nachweis verlangt, dass der relevante Markt Charakteristika besitzt, die eine Kampfpreisunterbietung anreizkompatibel erscheinen lassen (Posner, 1976, S. 191). Die historischen Kosten aus der Bilanz entsprechen typischerweise nicht den ökonomisch entscheidungsrelevanten zukunftsorientierten Kosten. Effiziente Preisentscheidungen müssen demgegenüber stets auf den zukunftsorientierten Kosten der effizienten Leistungsbereitstellung basieren. Posner hält die Anwendung von historischen Kostendaten zumindest für Steady-state-Situationen mit stabilen Kosten und Nachfrage für gerechtfertigt.

Ein zentraler Kritikpunkt an Posners Ansatz besteht darin, dass effizienzerhöhende Preisdifferenzierungsmaßnahmen nicht systematisch im Kontext eines Mehrproduktunternehmens analysiert werden, in dem Durchschnittskosten naturgemäß nicht definiert sind (vgl. Baumol, 1996, S. 59). Das Argument, mittels kurzfristiger Grenzkostenpreise könne man Wettbewerber, die langfristig effizienter wären, verdrängen, vermag nicht zu überzeugen, da sich im Wettbewerb die Preissetzung an den Nachfrageelastizitäten orientiert. Dies gilt auch bei Größenvorteilen der Produktion (vgl. Abschnitt 10.3). Bei Vorliegen von Größenvorteilen sind Grenzkostenpreise nicht kostendeckend. Bei Produkten mit sehr elastischer Nachfrage werden Unternehmen demnach Preise setzen, die sehr nahe an den Grenzkosten liegen. Bei Produkten mit sehr starrer Nachfrage werden sie dagegen entsprechend hohe Aufschläge auf die Grenzkosten erheben (vgl. Abschnitt 10.3.5.2). Das Posner-Kriterium birgt daher die Gefahr, dass elastizitätsorientiertes Pricing zu Kampfpreisunterbietung erklärt wird.

8.3.4   Rule-of-reason-Tests

Als Reaktion auf Areeda/Turner entwickelte Scherer (1976) ein Konzept zur Aufdeckung von Verdrängungswettbewerb, bei dem das ganze Spektrum des Unternehmensverhaltens, einschließlich der Absicht („intent") des verdrängenden Unternehmens, erfasst werden soll. Darüber hinaus sollen auch die strukturellen Konsequenzen dieses Verhaltens mit berücksichtigt werden. Scherer ist davon überzeugt, dass dem Ziel langfristig allokativer Effizienz nicht durch kurzfristige

Grenzkostentests entsprochen werden kann. Da jeweils die gesamten Umstände des konkreten Falles von der Antitrustbehörde mit berücksichtigt werden müssen, erweist sich dieser Rule-of-reason-Ansatz in der wettbewerbspolitischen Praxis als kaum einsetzbar.

8.3.5   Veränderungen des Post-entry-Outputs

Genauso wie Scherer und Posner betont auch Williamson (1977) den strategischen Aspekt des Verdrängungswettbewerbs und richtet sich somit ebenfalls gegen das Areeda/Turner-Kriterium: *„Areeda and Turner nevertheless model the predatory pricing issue mainly in static terms"* (Williamson, 1977, S. 287). Williamson verlangt, dass ein als dominant eingestuftes Unternehmen seinen Output als Reaktion auf Marktzutritt nicht erhöhen darf. Mit der Outputzunahme käme es zu einer entsprechenden Preissenkung. Ist diese Preissenkung allein durch Marktzutritt verursacht (und nicht etwa durch veränderte Nachfragebedingungen), ist der strategische Charakter eines solchen Preissetzungsverhaltens offensichtlich.

Areeda/Turner (1978, S. 1339) kritisieren diesen Ansatz von Williamson. Ihre Einwände basieren im Wesentlichen auf Argumenten, die gegen sämtliche Regeln eines Eingreifens in den Wettbewerbsprozess angeführt werden können, nämlich den potenziellen Missbrauch der Regeln durch ineffiziente Wettbewerber, die einen echten Preiswettbewerb zu verhindern suchen. Aber auch das Argument von Williamson, outputbasierte Regeln seien leichter anzuwenden als kostenbasierte Regeln, lassen Areeda und Turner nicht gelten. Da Williamson bei wachsender Nachfrage in der entsprechenden Branche dem dominanten Unternehmen eine Ausdehnung des Outputs erlaube, müssten Antitrustgerichte in der Lage sein, Schätzungen der zukünftigen Nachfrage durchzuführen, was aber ebenso schwierig sei wie Kostenschätzungen (vgl. Martin, 1988, S. 433 ff.).

8.3.6   Veränderungen des Post-exit-Preises

Preissenkungen sind grundsätzlich erwünscht, da sie im Konsumenteninteresse liegen, es sei denn, es handelt sich tatsächlich um Kampfpreisunterbietung. Kampfpreisunterbietung liegt nach Baumol (1979a) dann vor, wenn als Folge einer Preissenkung Anbieter aus dem Markt austreten und danach der Preis wieder erhöht wird.

Baumol stellt ebenfalls den intertemporalen, strategischen Aspekt von Verdrängungswettbewerb in den Vordergrund. Etablierte Unternehmen sollten zwar als Reaktion auf Marktzutritt den Preis senken (bzw. den Output erhöhen) dürfen, aber sie sollten den Preis nicht wieder erhöhen dürfen, wenn zu einem späteren Zeitpunkt Konkurrenten den Markt verlassen. Da Inflationsanpassungen erlaubt sein sollen, besteht allerdings das Problem, diese vom Verdrängungswettbewerb zu unterscheiden. Diese Tatsache erschwert die Anwendung des Baumol-Kriteriums. Für Antitrustfälle ist dieses Kriterium daher kaum geeignet.

8.4 Kampfpreisunterbietung und Wettbewerbspolitik

Bei der Bewertung der verschiedenen Regeln zur Analyse von Kampfpreisunterbietung müssen die Risiken von Fehlern 1. und 2. Ordnung berücksichtigt und gegeneinander abgewogen werden (vgl. Joskow, Klevorick, 1979). Wird grundsätzlich gegen Kampfpreisunterbietung nicht vorgegangen (Laisser-faire), entsteht die Gefahr nicht einzugreifen, obwohl Kampfpreisunterbietung vorliegt (Fehler 2. Ordnung). Demgegenüber können Regeln, die zu umfassend sind, den Wettbewerb ebenso behindern, indem sie die Suche nach dem effizientesten Unternehmen erschweren (Fehler 1. Ordnung). Wettbewerbliche Preisstrategien dürfen folglich nicht mit Kampfpreisunterbietung verwechselt werden.

Stärker als dies von den meisten Autoren betont wird, sollte als unabdingbare Voraussetzung für die Untersuchung von Verdrängungsverhalten durch die Wettbewerbsbehörde das Vorliegen von Marktmacht nachgewiesen werden. Kann Marktmacht nicht nachgewiesen werden, besteht auch keine Basis für den Vorwurf von Verdrängungswettbewerb (1. Stufe). Erst danach stellt sich die Frage nach dem geeigneten Kriterium zum Nachweis von Kampfpreisunterbietung und dessen Implementierbarkeit.

Die vorgestellten Regeln für Verdrängungswettbewerb unterscheiden sich vor allem darin, wie man strategisches Verhalten, das wettbewerbsschädigend ist, zu vermeiden versucht. Je tiefer die Wettbewerbsbehörde eingreift, umso größer ist die Gefahr, den Wettbewerbsprozess durch den Eingriff selbst zu verzerren. Hinzu kommt die Gefahr, dass Wettbewerber die Kriterien für Verdrängungswettbewerb missbrauchen, um sich dadurch Wettbewerbsvorteile zu verschaffen (vgl. Baumol, Ordover, 1985).

Obwohl es keinen perfekten Test für den Nachweis von Kampfpreisunterbietung gibt, erweist sich letztlich doch der Ansatz von Areeda/Turner als am geeignetsten. Insbesondere verwenden diese Autoren ein objektivierbares, kostenbasiertes Kriterium, das die im Wettbewerb erforderliche Preissetzungsflexibilität nicht gefährden möchte. Regeln, die bereits bei höheren Preisuntergrenzen als den kurzfristigen Grenzkosten Preisverhalten als Kampfpreisunterbietung verfolgen, laufen demgegenüber Gefahr, ineffizienten Marktzutritt zu fördern.

Auch wenn Baumol (1979a) selbst ein den strategischen Aspekt des Kampfpreisverhaltens betonendes Kriterium entwickelt hat, spricht er sich letztlich für das Areeda/Turner-Kriterium aus (Baumol, 1996, S. 51):

> „Of course, in the complex world of reality, one cannot hope to formulate a test that
> does so with perfection, but Areeda-Turner comes as close to success in doing so as

could reasonably have been hoped, and more. There seems to be general consensus among informed observers that genuine cases of predation are very rare birds. As Areeda and Turner note, that does not relieve us of the necessity of guarding against those rare occurrences, of taking steps to prevent them and to rectify any damage they produce."

Die durchschnittlichen variablen Kosten wurden lediglich als imperfekte Näherung für Grenzkosten bei der Anwendung des Areeda/Turner-Kriteriums angesehen. Baumol bezeichnet demgegenüber die durchschnittlichen variablen Kosten als geeigneten Referenzpunkt für Verdrängungsverhalten. Er greift dabei auf die innerhalb der Theorie der natürlichen Monopole entwickelten Kostentheorie für Mehrproduktunternehmen zurück (vgl. Abschnitt 2.1). Insbesondere entwickelt er dabei eine geeignete Definition der durchschnittlichen variablen Kosten als durchschnittliche vermeidbare Kosten („average avoidable costs"). Fixe Kosten im Sinne von Opportunitätskosten sind innerhalb der so definierten „variablen Kosten" zu berücksichtigen, solange sie vermeidbar und daher nicht irreversibel sind (Baumol, 1996, S. 56 ff.). In einem Mehrproduktfall kann Verdrängungsverhalten nicht nur dann vorliegen, wenn einzelne Leistungen ihre vermeidbaren Kosten nicht decken, sondern auch wenn die Erträge der verschiedenen Leistungen insgesamt nicht die vermeidbaren Kosten der Kombination der Dienste dieser Leistungen decken. So bestehen die vermeidbaren Kosten des Einsatzes eines Flugzeuges nicht nur aus Verpflegung, Bordpersonal und Treibstoff, sondern beinhalten auch die Opportunitätskosten, dieses Flugzeug nicht gleichzeitig anderweitig einsetzen zu können. Diese variablen Kosten müssen durch die Erträge der verkauften Flugtickets gedeckt werden.

Baumol präzisiert auf diesem Wege die Umsetzung des Areeda/Turner-Kriteriums für den (üblichen) Mehrproduktfall und leitet im Ergebnis einen verallgemeinerten Areeda/Turner-Test ab. Das Kriterium der Fristigkeit ist dabei nach wie vor nicht die lange Sicht wie bei Posner, aber auch nicht die extrem kurze Frist, bei der bereits (fast) alle relevanten Entscheidungen des Unternehmens getroffen sind. Ausgangspunkt ist viel mehr der Entscheidungshorizont, für den die relevanten kostenverursachenden Entscheidungen getroffen werden. Der Begriff „variable Kosten" ist notgedrungen mehrdeutig. „Variabel" im vorliegenden Kontext bezieht sich auf die Vermeidbarkeit von Kosten und folglich auf die Möglichkeit, ein Gerät (z. B. ein Flugzeug) in einem bestimmten Zeitpunkt für alternative Zwecke einsetzen zu können. Demgegenüber variieren die Kosten eines Flugzeugs nicht mit der Anzahl der tatsächlich beförderten Passagiere und sind daher sowohl kurzfristig als auch langfristig bezogen auf diese Kriterien nicht variabel (vgl. Baumol 1996, S. 57, Fußn. 13).

Bereits in einer früheren Kontroverse zwischen Jordan (1983) und Vickrey (1985) spielte das Problem der Fristigkeit bei der Bestimmung der entscheidungsrelevanten (Grenz-)Kosten für die Preissetzung eine zentrale Rolle.[9] Die differenzierte Analyse von Baumol gewinnt in solchen Fällen Relevanz, in denen entscheidungsrelevante Kosten nicht nur extrem kurzfristig sind (z. B. Anzahl Menüs bei einem Flug), sondern auch entscheidungsrelevante vermeidbare Fixkosten entstehen (z. B. ob ein Flug überhaupt durchgeführt wird).

---

[9]   „The marginal cost that ist relevant to a pricing decision is a marginal cost of the output that will be affected by the pricing decision over the period for which that decision is to be considered not subject to possible revision" (Vickrey, 1985, S. 1333).

Kapitel 9
Produktdifferenzierung und monopolistischer Wettbewerb

9.1 Chamberlin und die Pigou/Taussig-Kontroverse

Wesentliche Merkmale des funktionsfähigen Wettbewerbs auf offenen Märkten sind Unternehmensstrategien wie Produktdifferenzierung und damit einhergehende Marketingaktivitäten sowie Anstrengungen zum Aufbau von Goodwill.[1] Die Ausgestaltung der angebotenen Produkte ist neben dem Preis und den Verkaufsbedingungen ein bedeutender Parameter, mit dem Unternehmen um Kunden konkurrieren. In diesem Kapitel werden die Möglichkeiten der Modellierung des Wettbewerbs zwischen Anbietern gleicher Produktarten dargelegt, deren Produktqualitäten sich aus der Sicht der Konsumenten allerdings voneinander unterscheiden. Um unterschiedliche Produktqualitäten zu berücksichtigen, wird eine zentrale Annahme des Modells der vollkommenen Konkurrenz, nämlich die Homogenität der Güter, aufgehoben. Es wird aber weiterhin davon ausgegangen, dass die einzelnen Unternehmen ihre Entscheidungen bezüglich Preise, Outputmengen und anderer Verhaltensparameter unkoordiniert treffen.

Ausgangspunkt der Theorie der Produktdifferenzierung sind die Untersuchungen von Chamberlin (1933) sowie Robinson (1933, 1934) zum monopolistischen Wettbewerb. Diese beiden Autoren übten Kritik an der Vorstellung der von Walras (1874/1877) formulierten allgemeinen Gleichgewichtstheorie, nach der eine große Anzahl exogen bestimmter homogener Produkte vorausgesetzt wird. Diese Annahme steht im Widerspruch zur Realität, in der es sowohl unterschiedliche Produktqualitäten als auch verschiedene Produktarten gibt. Es stellt sich daher die Frage, wie sich Produktdifferenzierung im Wettbewerbsprozess der Unternehmen modelltheoretisch erfassen lässt.

Die Theorie des monopolistischen Wettbewerbs ist für das Verständnis des funktionsfähigen Wettbewerbs als Referenzpunkt für wettbewerbliches Verhalten auf Märkten in der realen Welt von grundsätzlicher Bedeutung. Daher soll im Folgen-

---

[1] Preisdifferenzierungsstrategien (vgl. Kapitel 10) und Forschungs- und Entwicklungsausgaben für neue Produkte (vgl. Kapitel 11) sind ebenfalls wesentliche Kennzeichen eines funktionsfähigen Wettbewerbs.

den kurz die historische Wurzel dieser Theorie nachgezeichnet werden (vgl. Chamberlin, 1961; Ekelund, Hulett, 1973).

Ausgangspunkt ist die so genannte Pigou/Taussig-Kontroverse. Die Kontroverse der beiden Ökonomen entzündete sich an den unterschiedlichen Transporttarifen für Kohle und Kupfer der amerikanischen Eisenbahnen gegen Ende des 19. Jahrhunderts (vgl. auch Kapitel 10). Während Pigou der Auffassung war, dass die unterschiedlichen Transporttarife in der monopolistischen Stellung der Eisenbahn begründet seien (Pigou, 1952, S. 290-317), war Taussig der Überzeugung, dass diese Tarifunterschiede auf Kuppelproduktion („joint costs") zurückzuführen und unvermeidbar seien (Taussig, 1890/91).[2] 1921 verfasste der Ökonomiestudent Chamberlin an der Universität Michigan eine Seminararbeit über diese Kontroverse, in der er eine Kompromisslösung zwischen den beiden Positionen suchte. Er legte damit den Grundstein zum Konzept des monopolistischen Wettbewerbs.[3]

Chamberlin erkannte, dass die unterschiedlichen Transporttarife weder auf Kuppelproduktion noch auf positive Gewinne eines Monopols zurückgeführt werden müssen. Er war mit Taussig – im Gegensatz zu Pigou – der Auffassung, dass Transportleistungen heterogene Güter darstellen und somit unterschiedliche Märkte für unterschiedliche Transportleistungen existieren können. Er unterstützte aber gleichzeitig Pigous Auffassung, dass der Transport unterschiedlicher Güter kein Kuppelprodukt darstellt.[4] Chamberlin verwies darauf, dass aber trotzdem erhebliche Verbundkosten bei der Produktion der unterschiedlichen Transportleistungen anfallen, wobei die verschiedenen Transportleistungen unterschiedliche Anteile zur Kostendeckung beitragen können (vgl. Abschnitt 10.3.4).

Maßgeblich für die Entwicklung des Konzepts des monopolistischen Wettbewerbs war die Erkenntnis, dass aufgrund der Produktdifferenzierung jeder Anbieter sich einer fallenden Nachfragekurve gegenüber sieht. Trotz freiem Marktzutritt reagieren die Unternehmen aufeinander, so dass die Voraussetzung der vollkommenen Konkurrenz (reine Mengenanpassung) nicht mehr gegeben ist.

---

[2]   Zum Problem der Preisbildung bei Kuppelproduktion vgl. Abschnitt 10.3.2; zur Preisdifferenzierung im Monopol vgl. Abschnitt 10.2.

[3]   In seiner Dissertation 1927, die als Vorläufer seines Buches *The Theory of Monopolistic Competition* aus dem Jahre 1933 angesehen werden kann, geht Chamberlin explizit in einer langen Fußnote auf diese Seminararbeit ein (vgl. Chamberlin, 1961, S. 517 f.)

[4]   Ein typisches Beispiel für Kuppelproduktion ist die Produktion von Fleisch und Wolle bei der Zucht von Schafen.

9.2   Größenvorteile und Produktvielfalt

9.2.1   Charakterisierung des monopolistischen Wettbewerbs

Ein Wirtschaftssektor befindet sich im monopolistischen Wettbewerb, falls die Nachfragefunktion jedes Unternehmens aufgrund von Produktdifferenzierung fallend verläuft sowie freier Marktzutritt zugelassen ist. Produktdifferenzierung kann z. B. seitens der Kunden durch Präferenzunterschiede und seitens der Anbieter durch Werbung entstehen. Eine Preiserhöhung führt dann nicht zum Verlust der gesamten Nachfrage, wie dies bei einer perfekt elastischen Nachfrage der Fall wäre, weil ein Teil der Konsumenten das Produkt trotz gestiegenem Preis weiterhin anderen Angeboten vorzieht. In den Mittelpunkt des Interesses rücken so die Anreize für den Marktzutritt durch Produktdifferenzierung sowie für die Erhöhung der Produktvielfalt.

Wenn beispielsweise ein Unternehmen 1 sich einer fallenden Nachfragekurve D_1 gegenübersieht, braucht es den Preis für sein Produkt nicht mehr als gegeben anzunehmen, sondern kann ihn selbst bestimmen. Nutzt ein Unternehmen diesen Preissetzungsspielraum und setzt den gewinnmaximierenden Preis ($MR_1 = MC_1$), so ist kurzfristig, d. h. für die Zeit, in der kein Markteintritt erfolgt, ein Gewinn Π_1 möglich (vgl. Abbildung 9.1).

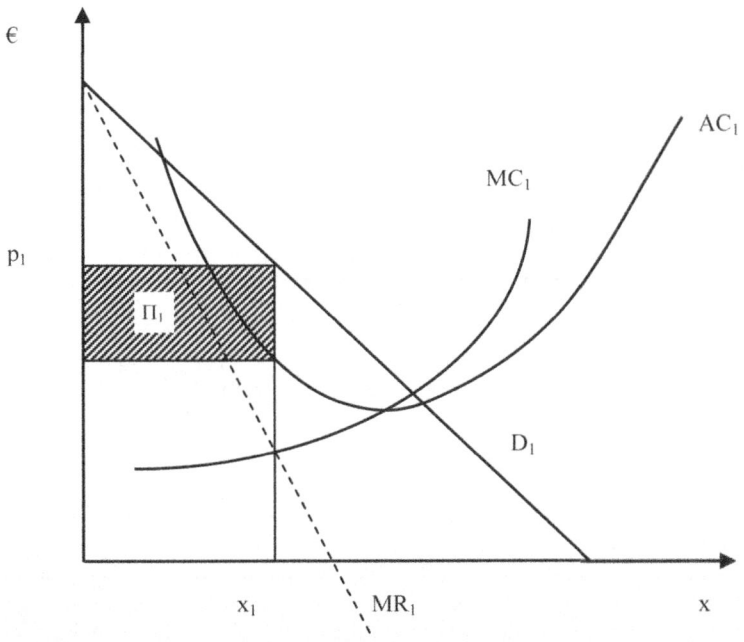

Abb. 9.1: Kurzfristige Gewinne im monopolistischen Wettbewerb

Da freier Marktzutritt besteht, haben jedoch langfristig – solange positive Gewinne möglich sind – weitere Anbieter Anreize, durch das Angebot von zusätzlichen Produkten (Produktqualitäten) in den Markt einzutreten. Aufgrund der Substitutionspotenziale unterschiedlicher Produktqualitäten wird die Nachfragekurve nach einer gegebenen Produktqualität als Folge des zusätzlichen Marktzutritts flacher und immer mehr nach innen verschoben. Ein weiterer Rückgang der Nachfrage findet nicht mehr statt, wenn der Preis für eine bestimmte Produktqualität den Durchschnittskosten entspricht. Auch wenn der Preis über den Grenzkosten liegt, besitzen die Unternehmen keine Marktmacht, da die verbleibenden Erlöse zur Deckung der Fixkosten benötigt werden.[5] Bei einem Preis gleich Durchschnittskosten entstehen jedoch keine ökonomischen Gewinne, so dass die Anbieter unterschiedlicher Produktqualitäten langfristig einen Gewinn von Null erzielen – genau wie dies im vollständigen Wettbewerb der Fall ist (vgl. Abbildung 9.2).

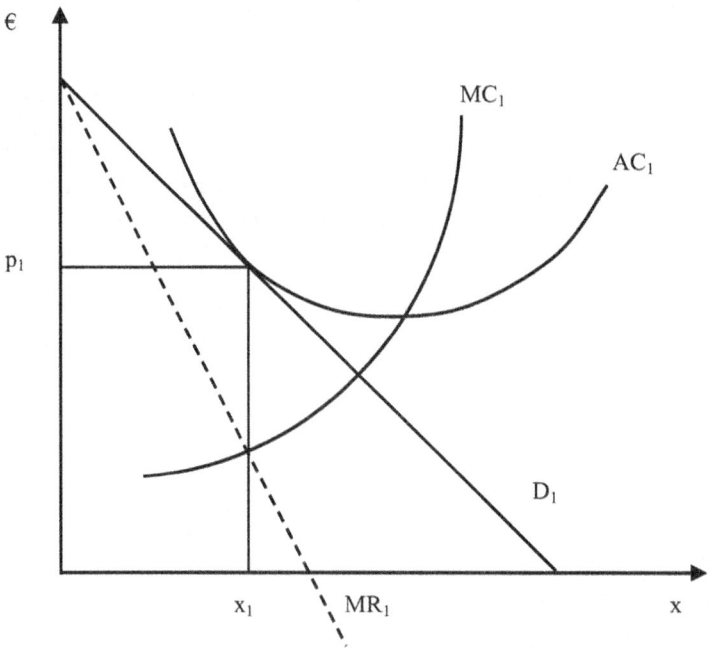

Abb. 9.2: Langfristige Kostendeckung im monopolistischen Wettbewerb

---

[5]   In der Literatur wird das Vorliegen einer fallenden Nachfragekurve manchmal bereits mit dem Vorliegen einer gewissen Marktmacht gleichgesetzt (vgl. Carlton, Perloff, 2005, S. 200; Tirole, 1989, S. 284). Dieser Auffassung wird hier nicht gefolgt, denn solange keine positiven Gewinne erzielt werden können, tritt kein wettbewerbspolitisch relevantes Marktmachtproblem auf (vgl. Cairns, 1995, S. 89 f.).

9.2.2   Der Trade-off zwischen Produktvielfalt und Größenvorteilen

Der Fokus der Theorie des monopolistischen Wettbewerbs richtet sich auf die Untersuchung des Trade-offs zwischen Produktvielfalt und Größenvorteilen. Größenvorteile lassen sich am einfachsten durch eine Kostenfunktion mit fixen Kosten (Setup-Kosten) und (konstanten) Grenzkosten der laufenden Produktion veranschaulichen:

$$C_i(x) = F_i + c_i x .$$

Ist $F_i = 0$ für alle Produktqualitäten i, so entsteht kein Trade-off zwischen Vielfalt und Größenvorteilen, da zusätzliche Vielfalt keine zusätzlichen Kosten verursacht. Die Präferenz für Vielfalt ist abhängig von der Nutzenfunktion der Konsumenten. Eine starke Präferenz für Produktvielfalt liegt vor, wenn eine Zunahme der unterschiedlichen Produktqualitäten einer Industrie die Konsumentenrente stark erhöht. Werden sämtliche Produktqualitäten als identisch angesehen, besteht für die Anbieter überhaupt kein Anreiz für Produktdifferenzierung.

Im Folgenden wird davon ausgegangen, dass jedes Unternehmen genau eine Produktqualität produziert und dass keine Produktqualität von mehr als einem Unternehmen hergestellt wird. Aufgrund der Produktdifferenzierung ist die Nachfragefunktion d_i nach der Produktqualität i des i-ten Unternehmens fallend. Werden zusätzliche Produktqualitäten angeboten, wird die Nachfragekurve d_i nach einer gegebenen Produktqualität aufgrund der zusätzlichen Substitutionsmöglichkeiten nach links verschoben. Marktzutritt findet dann so lange statt, bis dass der Gewinn gleich Null ist. Chamberlin (1933, 1950) ging davon aus, dass die Gleichgewichtslösung bei monopolistischem Wettbewerb im Gegensatz zum Modell der vollständigen Konkurrenz zu Überkapazitäten in dem Sinne führt, dass jedes Unternehmen links vom Kostenminimum produziert. Die hieraus resultierenden höheren Durchschnittskosten bedingen höhere Preise (vgl. Abbildung 9.2). Daneben befinden sich mehr Unternehmen im Markt, als dies bei vollständiger Konkurrenz der Fall wäre. Er argumentierte, dass angesichts der Präferenz der Konsumenten für Produktvielfalt dieses Ergebnis dennoch eine Art Ideal darstellt. Es ist folglich nicht optimal, den Output jedes Unternehmens auszudehnen bis sämtliche Größenvorteile ausgeschöpft sind (vgl. Dixit, Stiglitz, 1977, S. 301).

Der Trade-off zwischen Produktvielfalt und Größenvorteilen, der in dieser Konstellation auftritt, lässt sich wie folgt charakterisieren:

– Die Produzenten erhalten nur einen Teil der Konsumentenrente durch zusätzliche Produktdifferenzierung[6], müssen aber die vollen Setup-Kosten einer zusätzlichen Produktqualität tragen.

---

[6]   Es wird davon ausgegangen, dass perfekte Preisdifferenzierung nicht möglich ist (vgl. Abschnitt 10.1).

– Bei Marktzutritt einer Produktqualität verschiebt sich die Nachfragekurve der übrigen Anbieter nach links. Alle Produkte werden dadurch engere Substitute. Dieser Effekt wird bei der individuellen Marktzutrittsentscheidung vernachlässigt.

In der Folgezeit entwickelten sich zwei grundsätzlich unterschiedliche Modelltypen zur Untersuchung des monopolistischen Wettbewerbs. Die räumlichen Modelle (vgl. Abschnitt 9.3) gehen von einer sehr eingeschränkten Bereitschaft zur Substitution zwischen verschiedenen Produktqualitäten aus. Da kein Konsument sein „ideales" Produkt kaufen kann, geht es darum, diesem „idealen" Produkt möglichst nahe zu kommen. In der räumlichen Darstellung bedeutet dies, dass ausgehend von einem bestimmten Standort des Konsumenten lediglich der Produzent links oder rechts von ihm, aber niemals der Übernächste in Frage kommt. Es handelt sich folglich um eine Präferenz für lokale Produktvielfalt, so dass nur die Produkte in der unmittelbaren Nachbarschaft miteinander konkurrieren.[7] Zum zweiten Modelltyp gehören die repräsentativen Konsumentenmodelle (vgl. Abschnitt 9.4). Bei diesen Modellen konkurrieren alle Produktqualitäten untereinander; d. h. es besteht eine Präferenz für globale Produktvielfalt.

Die räumlichen Modelle und die repräsentativen Konsumentenmodelle behandeln die gleichen Problemstellungen. Zielsetzung ist die Ermittlung folgender Faktoren:
– Marktgleichgewicht im monopolistischen Wettbewerb bei freiem Marktzutritt;
– sozial optimale Produktvielfalt;
– wettbewerbspolitischer Handlungsbedarf.

Beide Modelltypen kommen zu dem Ergebnis, dass die sozial optimale Produktvielfalt nicht per se mit dem Marktgleichgewicht übereinstimmen muss. Im Salop'schen Einheitskreismodell ergibt sich eine zu große Produktvielfalt.[8] Diese Modellrichtung untermauert die traditionelle Auffassung, dass monopolistischer Wettbewerb zu Überkapazitäten und übermäßiger Produktdifferenzierung führt. Aus der inneren Modelllogik wird allerdings ersichtlich, dass relativ zu den eingeschränkten Vorteilen einer lokalen Produktvielfalt die Fixkosten zusätzlicher Produzenten sehr stark ins Gewicht fallen. Es ist daher nicht verwunderlich, dass im repräsentativen Konsumentenmodell mit einer Präferenz für globale Produktvielfalt auch der umgekehrte Fall auftreten kann, bei welchem im Marktgleichgewicht zu wenig Produktqualitäten relativ zum sozialen Optimum angeboten werden.

Da der Markt die sozial optimale Produktvielfalt nicht spontan hervorbringt, stellt sich die Frage nach dem wettbewerbspolitischen Handlungsbedarf. Die Umsetzung eines sozialen Optimums wäre immer mit tief greifenden wettbewerbspoliti-

---

[7]   In der Folgezeit wurde der Anwendungsbereich räumlicher Modelle erheblich erweitert, so dass auch „entfernter" gelegene Anbieter mit unterschiedlichen Produktionskosten miteinander konkurrieren (vgl. von Ungern-Sternberg, 1991).

[8]   Vgl. hierzu ausführlich Abschnitt 9.3.3.4.

schen Eingriffen verbunden. Hierzu zählen Subventionen, falls die Bereitstellung der sozial optimalen Produktqualitäten nicht kostendeckend ist, sowie die Kontrolle über die Anzahl der Unternehmen und deren Entscheidungen über Outputmengen und -preise (vgl. Koenker, Perry, 1981). Eine solche Subventions-, Struktur- und Verhaltenspolitik ist aus ordnungspolitischen Gründen als nicht marktkonform abzulehnen, da eine solche insbesondere dem Postulat der offenen Märkte widerspricht (vgl. Abschnitt 1.4.1). Bereits Chamberlin hat daher zu Recht die Marktlösung im monopolistischen Wettbewerb als „ideal" bezeichnet. Betrachtet man die Lösung des beschränkten sozialen Optimums mit Kostendeckungsbeschränkung, so stimmt diese ohnehin mit dem privaten Gleichgewicht überein. Dies gilt im repräsentativen Konsumentenmodell (vgl. Dixit, Stiglitz, 1977, S. 301), aber auch im räumlichen Modell entspricht das Marktgleichgewicht dem zweitbesten Optimum (vgl. Carlton, Perloff, 2005, S. 230).

9.3 Größenvorteile und Produktvielfalt im räumlichen Modell

9.3.1 Das räumliche Modell

Allen räumlichen Modellen ist gemeinsam, dass sie die auf Hotelling (1929) zurückgehende Analogie zwischen einem geografischen Raum und einem Produktraum (charakteristischer Raum) zur Darstellung der Produktdifferenzierung und der unterschiedlichen Konsumentenpräferenzen nutzen. Im Hotelling-Modell unterscheiden sich die Produkte nur in einer Dimension, repräsentiert durch den Standort im geografischen Raum, an dem sie verkauft werden. Lancaster (1966, 1979) und andere haben gezeigt, dass ein solcher räumlicher Ansatz ausgedehnt werden kann, um die Nachfrage nach Produkten zu untersuchen, die sich in mehr als nur einer Dimension unterscheiden.

Jedes Gut besteht nach diesem Verständnis aus einem Vektor von Charakteristika. Eiscreme variiert beispielsweise in ihrer Süße, ihrem Härtegrad und ihrer Verpackung. Anstatt die Produkte ohne Rücksicht auf ihre Differenzierung zu vergleichen, entscheiden sich die Konsumenten auf der Basis mehrerer als wesentlich angesehener Eigenschaften. Jedes Produkt ist somit in einem Raum der Charakteristika platziert. Je näher die Produkte im geografischen oder charakteristischen Raum beieinander liegen, desto bessere Substitute bilden sie untereinander.

Hotelling verdeutlicht den räumlichen Ansatz mit Hilfe eines Badestrandes der Länge 1, an dessen linkem und rechtem Ende jeweils das gleiche Speiseeis verkauft wird. Bezeichne p_i den Preis des Eises im Laden i, $i=1, 2$. Die Badenden sind gleichmäßig entlang des Strandes verteilt, ihr jeweiliger Abstand zu Laden 1 beträgt d, ihr Abstand zu Laden 2 ist 1 - d. Beim Eiskauf entstehen ihnen entsprechend Transportkosten in Höhe von td beziehungsweise $t(1 - d)$, so dass sich der

Bruttopreis vom Nettopreis p_i in Höhe der Transportkosten unterscheidet. Obwohl also das Eis ein homogenes Produkt ist, sind die Produkte der beiden Läden für die Badenden verschieden. Produktdifferenzierung wird somit in diesem Modell als eine Art Transportkosten aufgefasst.[9] Wie es für die traditionellen Oligopolmodelle typisch ist, stellt auch das Hotelling-Modell einen einfachen Modellansatz des Preiswettbewerbs mit Transportkosten dar, bei welchem Markteintritt neuer Anbieter explizit ausgeschlossen ist.

9.3.2   Das Einheitskreismodell von Salop

Aufbauend auf die räumlichen Modelle von Hotelling (1929) modellierte Salop (1979) einen räumlichen Wettbewerb, bei dem der Zutritt von Unternehmen mit zusätzlichen Produktvarianten möglich ist. Dieser Modellansatz soll im Folgenden vorgestellt werden.

Das Produkt jedes Unternehmens hat einen bestimmten Ort im geografischen bzw. charakteristischen Raum. Ferner unterscheiden sich die Produkte nur in einer Dimension. Je näher die Produkte im geografischen oder charakteristischen Raum beieinander liegen, umso bessere Substitute stellen sie dar. Da der Konsument kein „ideales" Produkt kaufen kann, ist der räumliche Abstand nur im Extremfall Null. Es wird von unterschiedlichen Konsumenten ausgegangen, die einen unterschiedlichen Standort (Adresse) im geografischen Raum oder Produktraum einnehmen. Auch wenn die Produkte unterschiedlicher Hersteller einen identischen Preis besitzen, verteilen sich die Konsumenten aufgrund ihrer unterschiedlichen räumlichen Positionierung auf die unterschiedlichen Hersteller.[10] Es kostet die Konsumenten mehr, Produkte in Läden einzukaufen, die weiter entfernt sind, oder sie erzielen weniger Nutzen von Produkten, deren Charakteristika weiter weg liegen von ihrem Ideal.

N Anbieter mit jeweils einem Produkt sind äquidistant auf einem Einheitskreis mit Umfang 1 verteilt. Hieraus folgt, dass die Distanz zwischen zwei Läden $1/N$ beträgt. Es wird weiter davon ausgegangen, dass die Kosten für alle Läden gleich hoch sind.[11] Die Kostenstruktur der Anbieter sei: $C = cx + F$, wobei c die Grenz-

---

[9]   Vgl. demgegenüber die Definition der Preisdifferenzierung in Abschnitt 10.1.

[10]   Die räumlichen Modelle unterscheiden sich daher grundlegend von den Modellen der vertikalen Produktdifferenzierung. Während in den räumlichen Modellen alle Anbieter das gleiche homogene Produkt (z. B. Speiseeis einer bestimmten Qualität) anbieten, unterscheiden die Modelle der vertikalen Produktdifferenzierung hinsichtlich unterschiedlicher Produktqualitäten, so dass bei gleichem Preis sämtliche Konsumenten das Produkt mit höherer Qualität bevorzugen (vgl. Sutton, 1986).

[11]   Dies ist ein Spezialfall, der eine Symmetrie im Gleichgewicht herstellt.

kosten der Produktion und F die Fixkosten bezeichnet.[12] Die Durchschnittskosten nehmen somit über alle produzierten Mengen x hinweg mit zunehmendem x ab:

$$AC = C/x = F/x + c.$$

Ferner wird angenommen, dass die Konsumenten auf dem Einheitskreis gleich verteilt sind und dass jeder Konsument genau eine Produkteinheit kauft. Das Gesamtverkaufsvolumen sämtlicher Läden auf dem Einheitskreis ist g (bei g Konsumenten).

Folgende Fragen werden mit dem Modell beantwortet (vgl. Salop, 1979):
– Wie hängt das Verkaufsvolumen eines Unternehmens von der Preissetzung der anderen Unternehmen ab?
– Welches ist die gewinnmaximierende Strategie bei gegebener Nachfragekurve?
– Wie sieht das Nash-Gleichgewicht bei freiem Marktzutritt aus?
– Wie verhält sich das Nash-Gleichgewicht bei freiem Marktzutritt (privates Gleichgewicht) im Vergleich zur wohlfahrtsoptimalen Lösung?

9.3.3   Herleitung des Nash-Gleichgewichts bei freiem Marktzutritt

9.3.3.1   *Nachfrage nach dem Produkt von Anbieter i*

Zur Bestimmung der Nachfrage nach dem Produkt von Anbieter i ist es sinnvoll, den Einheitskreis „aufzuklappen" und die Entscheidungssituation eines Käufers an der Stelle d_i zu betrachten.

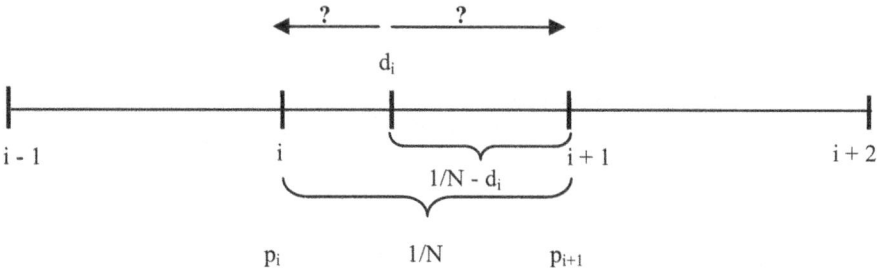

Abb. 9.3: Kaufentscheidung im räumlichen Modell von Salop

Der Konsument an der Stelle d_i steht vor der Entscheidung, ob er beim linken oder rechten Laden kauft.[13] Er kann einen Nettonutzen von:

---

[12]   Ohne Fixkosten gäbe es unendlich viele Anbieter, da sich Marktzutritt lohnt, solange $p > c$.

u^* - td_i - p_i bei einem Kauf bei Laden i, und von
u^* - $t(1/N - d_i)$ - p_{i+1} bei einem Kauf bei Laden $i + 1$ erzielen.

Der Konsument wird bei Laden i kaufen, falls u^* - td_i - $p_i \geq u^*$ - $t(1/N - d_i)$ - p_{i+1} ist. Hierfür muss die Bedingung $t/N + p_{i+1} - p_i \geq 2td_i$ oder $d_i \leq 1/(2N) + (p_{i+1} - p_i)/2t$ erfüllt sein. Ist $p_{i+1} = p_i$, so teilen sich die Käufer genau in der Mitte zwischen i und $i + 1$ auf diese beiden Läden auf. Sind die Transportkosten t niedrig, so kann ein Anbieter durch kleine Preissenkungen viele zusätzliche Kunden gewinnen, d. h. die Produkte stellen gute Substitute dar.

Die Verkäufe des i-ten Ladens, v_i, bestimmen sich nach $v_i = 2gd_i$, oder:

$$v_i = 2g\left(\frac{1}{2N} + \frac{(p_{i+1} - p_i)}{2t}\right).^{14}$$

Das Verkaufsvolumen (v_i) wird als Anteil vom Gesamtverkaufsvolumen (g) ermittelt.

9.3.3.2 Gewinnmaximierende Strategie

Für den Gewinn von Laden i gilt:

$$\Pi_i = (p_i - c)v_i - F = 2g(p_i - c)\left(\frac{1}{2N} + \frac{(p_{i+1} - p_i)}{2t}\right) - F$$

Die Gewinnmaximierung:

$$\max\Pi_i : \frac{\partial \Pi_i}{\partial p_i} = 0, \quad \frac{\partial \Pi_i}{\partial p_i} = g\left(\frac{1}{N} + \frac{p_{i+1} - p_i}{t}\right) + g(p_i - c)\left(-\frac{1}{t}\right) = 0,$$

führt zu dem gewinnmaximalen Preis:

$$p_i = \frac{t}{2N} + \frac{p_{i+1} + c}{2},$$

so dass gilt: Je höher t (d. h. je schlechter die Güter substituierbar sind), desto höher ist der gewinnmaximierende Preis.

---

[13] Es sei angenommen, dass die Käufer rechts von $i+1$ nicht bei i einkaufen, da sonst $i+1$ überhaupt keine Käufer mehr hätte.

[14] Multiplikation mit zwei, da die Käufer links und rechts vom Laden erfasst werden müssen.

9.3.3.3   Nash-Gleichgewicht bei freiem Marktzutritt

Aufgrund der Symmetrieannahmen bezüglich der Kosten- und Nachfragebedingungen kann man davon ausgehen, dass im Gleichgewicht die Preise der Anbieter gleich hoch sein werden: $p_i = p_{i+1} = p^*$. Solange der Preis, den Laden i verlangt, verschieden ist von den Preisen anderer Anbieter, liegt wegen der Symmetrie der Kostenfunktion kein Gleichgewicht vor.

Dieses Gleichgewicht wird vom Trade-off zwischen den Transportkosten und den von den Läden aufzuwendenden fixen Kosten bestimmt. Existieren viele Läden, so sind die insgesamt aufzuwendenden Transportkosten für die Konsumenten niedrig. Es entstehen aber hohe Fixkosten für die Anbieter. Gibt es nur wenige Läden, so sind die Fixkosten zwar niedriger, jedoch sind die Transportkosten für die Konsumenten höher.

Es stellt sich ein symmetrisches Nash-Gleichgewicht ein, wenn gilt:

$$p_i = \frac{t}{2N} + \frac{p_{i+1} + c}{2} = p^*$$

$$p^* = \frac{t}{2N} + \frac{p^* + c}{2} \quad \Rightarrow \quad p^* = c + \frac{t}{N}$$

Aufgrund der Symmetrieannahme (Kosten- und Nachfrageseite) und der Annahme linear steigender totaler Transportkosten ergibt sich ein relativ einfaches Ergebnis für p^*. Auf jeder Einheit erzielt der Verkäufer einen Aufschlag auf die Grenzkosten von t/N. Das Verkaufsvolumen $v_i = 2gd_i$ beträgt im Gleichgewicht (für jeden Produzenten):

$$v_i = 2g \cdot \frac{1}{2N} = \frac{g}{N}$$

Marktzutritt erfolgt so lange, bis keine Gewinne mehr erzielt werden, bis also für $\Pi_i = (p^* - c)v_i - F$ gilt:

$$\Pi_i = \frac{t}{N} \cdot \frac{g}{N} - F = 0$$

Daraus ergibt sich für die Anzahl der am Markt aktiven Unternehmen:

$$N^* = \sqrt{\frac{t \cdot g}{F}}$$

9.3.3.4   Privates versus sozial optimales Gleichgewicht

Der Trade-off zwischen der Höhe der Fixkosten und den Transportkosten wird aus der Sicht der sozialen Wohlfahrt[15] bei monopolistischem Wettbewerb nicht notwendigerweise optimal gelöst. Es besteht eine Divergenz zwischen privaten und sozialen Anreizen. Ohne Fixkosten und bei konstanten Grenzkosten gilt $p = MC = AC$. Für diesen Fall stimmen die sozial optimalen Produktionsbedingungen mit den privaten Anreizen der Unternehmen überein.

Generell gilt, dass ein neuer Anbieter bei seiner Markteintrittsentscheidung weder die Gewinneinbußen der etablierten Anbieter noch die Wirkungen auf die Konsumentenrente berücksichtigt. Ein Unternehmen tritt in den Markt ein, wenn es dort zumindest seine Kosten decken kann ($\Pi_i \geq 0$), falls also die Erlöse seine fixen und variablen Kosten decken. Ist die Wohlfahrtssteigerung aufgrund eingesparter Transportkosten geringer als die Fixkosten des Neulings (zusätzliche Kosten durch den Marktzutritt), dann sinkt die soziale Wohlfahrt infolge des Eintritts.

Umgekehrt tritt unter der Bedingung $\Pi_i < 0$ das Unternehmen nicht in den Markt ein. Es vernachlässigt ebenfalls die Gewinneinbuße der anderen Unternehmen und die Wirkungen der Konsumentenrente bei seiner Entscheidung. Unter diesen Bedingungen würde also ein Markteintritt, auch wenn er wohlfahrtssteigernd wäre, ausbleiben, da ein potenzieller Neuanbieter mit den Erlösen seine Gesamtkosten nicht decken könnte.

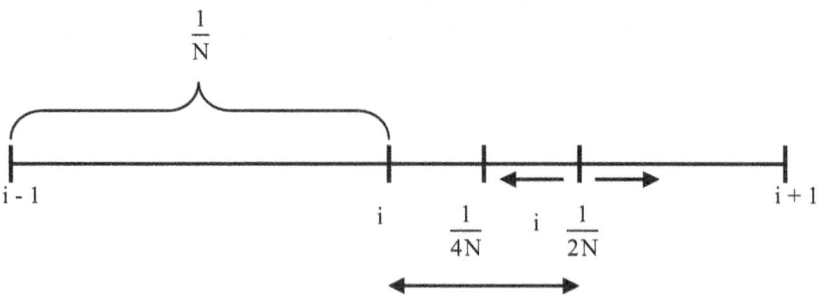

Abb. 9.4: Maximale und durchschnittliche Distanz eines Konsumenten zu einem Laden

Wie aus der Abbildung 9.4 hervorgeht, beträgt bei gleichmäßiger Verteilung der Läden auf dem Einheitskreis die maximale Distanz eines Konsumenten zu einem Laden $1/2N$. Die minimale Distanz hingegen ist Null. Die durchschnittliche Distanz für einen Konsumenten entspricht dem Erwartungswert der zurückzulegenden Strecke. Bei gleichmäßiger Verteilung der Konsumenten auf dem Intervall

---

[15]   Die soziale Wohlfahrtsfunktion (der soziale Überschuss) S ist die Summe aus Konsumenten- und Produzentenrenten (vgl. Abschnitte 1.3.1 und 5.2.1.2).

[0, 1/2N] und einer Zufallsvariablen X, mit der die Stelle bestimmt wird, an der sich ein bestimmter Konsument befindet, ist der Erwartungswert E(X) ein Maß für die Bestimmung der sozialen Kosten des „Transports".

Der Erwartungswert E(X) der Distanz wird unter Zuhilfenahme der Zufallsvariablen X folgendermaßen berechnet:

$$E(X) = \int_0^{\frac{1}{2N}} xf(x)dx \; ; \; f(x) = \frac{1}{\frac{1}{2N}} = 2N \;\; \text{Dichte der Gleichverteilung}$$

Es gilt:

$$E(X) = \int_0^{\frac{1}{2N}} X \cdot 2N \cdot dx = \left[\frac{1}{2}x^2 \cdot 2N \right]_0^{\frac{1}{2N}} = \frac{1}{2} \cdot \frac{1}{4N^2} \cdot 2N = \frac{1}{4N}$$

Somit beträgt die durchschnittliche Distanz für einen Konsumenten 1/4N. Es wird weiterhin von der Annahme ausgegangen, dass g Konsumenten auf einem Einheitskreis gleichmäßig verteilt sind. Jeder Konsument erwirbt eine Produkteinheit. Folglich ist g das Verkaufsvolumen. Dies ermöglicht die Berechnung der Konsumenten- und Produzentenrente, die beide für eine Gesamtwohlfahrtsbetrachtung notwendig sind (globale Betrachtung über alle Läden, d. h. alle Konsumenten und Produzenten). Die soziale Wohlfahrt entspricht der Differenz zwischen der Brutto-Konsumentenrente (gu*) und den volkswirtschaftlichen Kosten:

$$S = gu^* - g\left(c + \frac{t}{4N} \right) - NF \; ,$$

wobei c den durchschnittlichen variablen Kosten der Produzenten t/4N den durchschnittlichen variablen Transportkosten der Konsumenten und NF den gesamten Fixkosten der Läden entspricht.

Zur Berechnung der sozial optimalen Anzahl von Produzenten wird die soziale Wohlfahrtsfunktion S in Abhängigkeit von N maximiert:

$$\underset{N}{Max}S = g\left[u^* - c - \frac{t}{4N} \right] - NF$$

$$\frac{\partial S}{\partial N} = \frac{gt}{4N^2} - F = 0$$

$$N^S = \sqrt{\frac{gt}{4F}} = \frac{1}{2}\sqrt{\frac{gt}{F}} < \sqrt{\frac{gt}{F}} = N^* \; ,$$

wobei N^S: sozial optimale Anzahl Läden und N^*: Anzahl Läden bei freiem Marktzutritt.

Es zeigt sich, dass $N^S < N^*$, d. h. dass die sozial optimale Anzahl Läden kleiner ist, als die Anzahl Läden im privaten Gleichgewicht. Für den Fall, dass die sozial optimale Anzahl Läden exogen vorgegeben ist,[16] Preise und Mengen von den Unternehmen aber nach wie vor frei gewählt werden, stellt sich ein neues symmetrisches Nash-Gleichgewicht ein. Die Gewinne im sozialen Optimum für die einzelnen Unternehmen sind positiv, im privaten Gleichgewicht hingegen sind sie Null:

$$\Pi_i^S = \frac{t}{N^S} \cdot \frac{g}{N^S} - F > \Pi_i^* = \frac{t}{N^*} \cdot \frac{g}{N^*} - F = 0$$

Im sozialen Optimum gilt im Vergleich zum privaten Gleichgewicht ein höherer Preis sowie mehr Verkäufe pro Laden:

$$p^S = c + \frac{t}{N_s} > p^* = c + \frac{t}{N^*}$$

$$v_i^S = \frac{g}{N^S} > v_i^* = \frac{g}{N^*}$$

Die Konsumenten haben im privaten Gleichgewicht niedrigere Transportkosten, da mehr Produzenten als Anbieter auftreten. Der Preis ist dennoch niedriger. Es entsteht allerdings kein Gewinn, da mit den Erlösen die höheren Fixkosten der Anbieter gedeckt werden müssen und zusätzlicher Marktzutritt solange erfolgt, bis der Gewinn gleich Null ist. Da die private Markteintrittsentscheidung auf der Basis der erwarteten privaten Gewinne getroffen wird, werden die reduzierten Erlöse (und infolgedessen auch Gewinne) der etablierten Unternehmen nicht mit berücksichtigt.

Im sozialen Optimum könnten die einzelnen Konsumenten, denen wegen der geringeren Anzahl von Läden höhere Transportkosten entstehen, durch einen Teil der Fixkosten kompensiert werden, die über alle Anbieter hinweg eingespart werden. De facto findet eine solche Umverteilung, die letztlich nur mittels wirtschaftspolitischer Interventionen möglich wäre, aber nicht statt.

9.4   Das repräsentative Konsumentenmodell

Als zweiter Typ von Modellen zur Charakterisierung des monopolistischen Wettbewerbs wurden die repräsentativen Konsumentenmodelle entwickelt. Sie haben eine andere Charakterisierung der Konsumentenpräferenzen als die räumlichen Modelle. Sie gehen von der Nutzenfunktion eines repräsentativen Konsumenten

---

[16]   Zur Kritik einer solchen Marktstrukturregulierung, vgl. Abschnitt 9.7.

aus, die als Basis für die soziale Wohlfahrtsfunktion (Samuelson'sche soziale Indifferenzkurve) dient. Der Wunsch nach Produktvielfalt kann dann aus der Sicht jedes einzelnen Konsumenten als Präferenz für Diversifizierung interpretiert werden. Die Unternehmen produzieren unterschiedliche Produktqualitäten, aber sie konkurrieren alle um die gleichen Konsumenten. Die Nachfrage eines Unternehmens variiert stetig mit dem Preis aller anderen Unternehmen. Das erste monopolistische Wettbewerbsmodell wurde von Chamberlin 1933 veröffentlicht (vgl. Spence, 1976; Dixit, Stiglitz, 1977).

Es sei angenommen, dass in einer Industrie N verschiedene Unternehmen existieren, wobei jedes Unternehmen genau eine Produktqualität herstellt. Die (inverse) Nachfragefunktion jedes Unternehmens i lautet:

$$p_i = D(q_i, ..., q_N), \ i = 1, ..., N$$

Für den Fall, dass sämtliche Produkte von den Konsumenten als homogen angesehen werden, gilt $p_i = D(q_1+...+q_N)$, so dass im Gleichgewicht sich der Einheitspreis p^* ergibt. Für den in diesem Kapitel betrachteten Fall der Produktdifferenzierung sind die Produkte aus der Sicht der Konsumenten keine perfekten Substitute. Je besser ein Unternehmen in der Lage ist, seine Produktqualität von derjenigen anderer Hersteller zu differenzieren, umso stärkere Auswirkungen hat seine eigene Outputentscheidung auf den Preis der selbst angebotenen Produktqualität im Vergleich zu derjenigen der übrigen Anbieter:

$$p_i = a - b_i q_i - \sum_{j \neq i} b_j q_j \text{ , wobei } a > 0 \text{ und } |b_i| > |b_j| \, j \neq i$$

Im Gegensatz zum räumlichen Modell hängt die Nachfrage nach dem Produkt des i-ten Anbieters (i-te Produktqualität) von dem Angebot sämtlicher Anbieter ab. Es konkurrieren also nicht nur benachbarte Anbieter, sondern alle Anbieter miteinander.

In dieser Konstellation kann die optimale Vielfalt in zweierlei Richtungen verfehlt werden: Es ist möglich, dass aus gesamtwirtschaftlicher Perspektive eine zu große Produktvielfalt angeboten wird. Aber auch ein Zuwenig an Produktvielfalt ist nicht auszuschließen (vgl. Carlton, Perloff, 2005, Fig. 7.3, S. 217). So besteht die Möglichkeit, dass eine zusätzliche Produktqualität nicht angeboten wird – selbst wenn dies sozial optimal wäre –, da die Unternehmen die Erhöhung der Konsumentenrente aufgrund höherer Produktvielfalt in ihrem Kalkül vernachlässigen.

Bei hohen Fixkosten kann es sein, dass ein sozial erwünschtes Gut nicht produziert wird, weil die Unternehmen Verluste machen würden, eine kostendeckende Produktion also nicht möglich ist (vgl. Abbildung 9.5). Es lohnt sich aus volkswirtschaftlicher Sicht dennoch, das zusätzliche Produkt zu produzieren, da die Summe von Konsumenten- und Produzentenrente größer ist als die totalen (sozialen) Kosten. Aus Abbildung 9.5 ist leicht ersichtlich, dass die Konsumentenrente (schraffierte Fläche) größer ist als der Subventionsbedarf $[AC(q^*)-p^*]q^*$. Allerdings ist es in dieser Situation für ein Unternehmen nicht lohnend zu produzieren, da die Durchschnittskostenkurve überall über der Nachfragekurve liegt.[17]

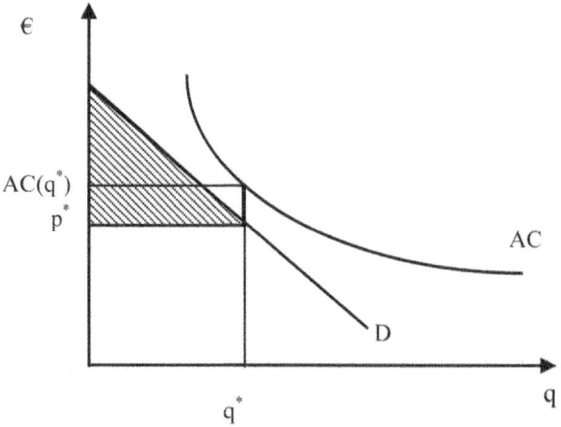

Abb. 9.5: Nichtkostendeckende Produktion und Wohlfahrtsgewinne

Umgekehrt kann die Anzahl der Unternehmen auch zu hoch sein, da die Produzenten solange die Produktvielfalt erhöhen, bis dass keine Gewinne mehr möglich sind. Das Angebot einer zusätzlichen Produktqualität erfolgt in diesem Fall auch dann, wenn der Konsumentenrentenzuwachs durch eine höhere Produktvielfalt kleiner ist als die zusätzlichen Fixkosten. Während innerhalb der räumlichen Modelle bei freiem Marktzutritt (aus der Sicht der Maximierung der sozialen Wohlfahrt) stets exzessive Produktvielfalt hervorgerufen wird, kann innerhalb der repräsentativen Konsumentenmodelle auch zu geringe Produktvielfalt bei freiem Marktzutritt nachgewiesen werden (vgl. Pettingill, 1979; Koenker, Perry, 1981, S. 218).

9.5 Werbung und Reputation

Neben den unterschiedlichen Produktqualitäten stellt der Aufbau eines Produkt- und Unternehmensimages mittels Werbung einen wichtigen strategischen Parame-

---

[17] Bereits Hotelling (1938, S. 262, 268 f.) hatte – im Kontext der Entscheidung über den Bau von Infrastrukturinvestitionen – auf den Fall hingewiesen, dass ein Projekt aus volkswirtschaftlicher Sicht lohnend sei, falls die Konsumentenrente die Fixkosten übersteigt, obwohl die Fixkosten nicht durch die Nettoerlöse gedeckt werden.

ter der Differenzierung eines Anbieters gegenüber der Konkurrenz dar.[18] Die Bewertung der Werbung auf einem Markt mit monopolistischem Wettbewerb ist in der ökonomischen Literatur umstritten: Einerseits, so wird argumentiert, erhöht Werbung die Intensität des Wettbewerbs, da sie die Konsumenten über vorhandene Substitutionsmöglichkeiten in Kenntnis setzt und ihnen infolgedessen eine gezieltere Wahl ermöglicht. Zudem kann der Aufbau von Goodwill dazu beitragen, das Problem asymmetrischer Information zwischen Verkäufer und Käufer zu überwinden. Andererseits wird als Argument gegen (zu intensive) Werbung angeführt, dass durch sie die Voraussetzungen für zu starke Produktdifferenzierung geschaffen werden, welche eine gute Marktübersicht seitens der Konsumenten und eine Senkung der Distributionskosten erschwert. (vgl. z. B. Carlton, Perloff, 2005, S. 480 ff.).

9.5.1   Übermäßige Produktdifferenzierung durch Werbung?

Dixit und Norman (1978) untersuchten die private Profitabilität von Werbeausgaben im Vergleich zu ihrer volkswirtschaftlichen Erwünschtheit innerhalb eines repräsentativen Wettbewerbsmodells. Aufgrund der Null-Gewinn-Bedingung bei freiem Marktzutritt müssen die zusätzlichen Werbeausgaben durch die Preise gedeckt werden. Hinzu tritt die Auswirkung einer Werbeaktion eines Unternehmens auf die Nachfragefunktion der übrigen Anbieter. Als Ergebnis zeigt sich, dass innerhalb der in der Untersuchung gewählten Modellspezifikation das Marktgleichgewichtsniveau der Werbeausgaben aus volkswirtschaftlicher Sicht zu hoch ist.

Dixit und Norman (1978) lehnen nicht sämtliche Werbeaktivitäten als volkswirtschaftlich unerwünscht ab; sie verweisen aber darauf, dass unter bestimmten Voraussetzungen zu viel Werbung betrieben wird.[19] Hiervon zu unterscheiden ist eine grundsätzliche Ablehnung von Werbung als irreführend und folglich als wettbewerbsschädlich (vgl. Bain, 1956, Comanor, Wilson, 1974). Diese Ansicht wird zumeist mit den Argumenten untermauert, dass Werbung die Konsumenten dazu verleite, physikalisch identische Produkte als unterschiedlich wahrzunehmen, und dass dadurch eine unechte Produktdifferenzierung hervorgerufen werde. Weiter wird von den Kritikern argumentiert, Werbung stelle eine Marktzutrittsschranke dar, da ein potenzieller Marktneuling intensiv Werbung betreiben müsse, um gegen den Goodwill des etablierten Unternehmens anzukämpfen, während das etablierte Unternehmen solche Werbeausgaben nicht nötig habe. Aufgrund eines solchen „first-mover advantage" besitze das etablierte Unternehmen Marktmacht und sei in der Lage, Gewinne zu erzielen.

---

[18]   Ein Überblick über die umfangreiche Literatur zu dieser vielschichtigen Thematik wird z. B. in Carlton, Perloff, 2005, Kap. 14, sowie in Martin, 1988, Kap. 11 gegeben.

[19]   Vgl. hierzu auch Grossman, Shapiro, 1984.

Gegen diese Argumentation ist einzuwenden, dass kein asymmetrischer Kostenvorteil gegenüber potenziellen Marktneulingen entsteht, solange das etablierte Unternehmen keinen asymmetrischen Kostenvorteil im Bereich der Werbung besitzt. Auch das etablierte Unternehmen muss diese Kosten zum Aufbau von Goodwill aufwenden. Überdies begründet der Aufbau von Goodwill keine Marktmacht und stellt insbesondere keine Marktzutrittsschranke im Stigler'schen Sinne dar. Selbst wenn Instrumente der Produktdifferenzierung wie Werbeaktivitäten und der Aufbau von Goodwill als Marktzutrittsschranke im Bain'schen Sinne aufgefasst würden, so fehlt ihnen doch das zentrale Kriterium von Bain, nämlich die Garantie eines langfristigen Gewinns (vgl. Abschnitt 1.4.3).

9.5.2   Informationsfunktion von Werbung

In der Literatur werden auch positive Auffassungen über Werbung vertreten (vgl. Nelson 1970, 1974). Es wird argumentiert, dass unabhängig davon, wie wenig oder wie viel echte Produktinformation Werbung beinhaltet, sie zumindest eine Signalfunktion erfüllt. Der Konsument erfährt nicht nur von der Existenz eines Produkts, es wird ihm auch signalisiert, dass der Produzent selbst hinreichend Vertrauen in die Qualität des Produkts besitzt, da er bereit ist, Ausgaben für Werbung zu tätigen. Nelson (1974) unterscheidet in seiner Untersuchung zwischen Gütern, (1) die eine genaue Überprüfung ihrer Qualität vor dem Kauf zulassen („inspection goods", z. B. Rohstoffe) und (2) Erfahrungsgütern („experience goods"), deren Qualität erst nach dem Kauf beim Konsum festgestellt werden kann (z. B. Serviceleistungen, komplexe Computersoftware, etc.). Werbung ist vor allem bei Erfahrungsgütern von erhöhter Bedeutung, denn bei diesen versucht die Werbung eine Kaufentscheidung herbeizuführen, ohne dass der Käufer eine Sicherheit über die Qualität des Gutes besitzt. Falls der Käufer jedoch zufrieden ist, wird er zu wiederholtem Kauf veranlasst. Je besser die Qualität des Produktes ist, umso höher ist die Wahrscheinlichkeit des wiederholten Kaufs und umso größer wird der erwartete Gewinn eines Unternehmens. Der Versuch, durch Werbung einen Initialkauf (zum Probieren) zu veranlassen, lohnt sich folglich umso mehr, je höher die Qualität des Produktes ist. Nelsons Schlussfolgerung ist daher: Die Produkte, für die am meisten geworben wird, sind die qualitativ hochwertigsten.

Diese Schlussfolgerung kann allerdings auch kritisch betrachtet werden. Die Konsumenten können selbst nach dem Kauf Schwierigkeiten haben, die echte Qualität eines Produktes zu erkennen. Dies ist beispielsweise dann der Fall, wenn exogene Zufallsfaktoren beim Konsum und Gebrauch der Güter eine Rolle spielen. Bei Vertrauensgütern oder „trust goods" ist die Qualität aufgrund unbekannter Einflussgrößen nicht eindeutig festzustellen; es stellt sich dann die Frage nach dem Grundvertrauen, beispielsweise in den Arzt, den Rechtsanwalt etc. Ein zusätzliches Problem ist, dass die Qualität oftmals mehrdimensional ist und ein Produkt, das in einer Eigenschaft (Komponente) besser ist, durchaus in anderen Komponenten schlechter sein kann als Konkurrenzprodukte.

9.5.3   Reputation (Imagedifferenzierung)

Auch wenn unklar ist, inwieweit Imagedifferenzierung vom eingesetzten Werbe-aufwand abhängt, so werden dadurch doch (immerhin) Informationen bereitge-stellt, die den Konsumenten helfen können, Produkte gezielt auszuwählen. Ebenso motiviert diese Imagedifferenzierung die Produzenten, einen adäquaten Qualitäts-standard aufrechtzuerhalten (z. B. Markenartikel, Markennamen).

Um zu verstehen, warum der Aufbau von Reputation oder Goodwill für einen Anbieter anreizkompatibel sein kann, ist es nützlich, kurz auf das so genannte Lemon-Problem einzugehen (vgl. Akerlof, 1970). Darunter versteht man das Phä-nomen, dass ein Käufer die Qualität des gekauften Produktes zum Zeitpunkt des Kaufs nicht oder nicht hinreichend genau erkennen kann, und dass Garantieleis-tungen des Verkäufers nicht realisierbar sind.[20] Während der Verkäufer die tat-sächliche Qualität des Produktes kennt, kann der (potenzielle) Käufer die Qualität lediglich als Zufallsvariable betrachten. Die erwartete Produktqualität hängt je-doch vom Preis ab, den der Verkäufer verlangt. Je niedriger der verlangte Preis ist, umso niedriger ist die erwartete Produktqualität (da die tatsächliche Produktquali-tät nicht den verlangten Preis übersteigen kann). Das Lemon-Problem ist nun dadurch charakterisiert, dass ein Angebotsüberhang nicht durch eine Preissenkung abgebaut werden kann. Im Gegenteil, je mehr der Verkäufer den Preis senkt, umso stärker sinkt die erwartete Produktqualität und umso schlechter verkäuflich wird das Produkt. Ein Ausgleich zwischen Angebot und Nachfrage lässt sich über den Preis nicht mehr herstellen.

Die Market-Signalling-Literatur schließt genau an diesen Problemkreis an (vgl. z. B. Spence, 1974). Das Phänomen Goodwill (Reputation) ist ein möglicher Me-chanismus für die Einschätzung von Qualität auf Märkten mit Informationsprob-lemen und geeignet zur Überwindung des Lemon-Problems. Goodwill basiert nach von Weizsäcker auf dem so genannten Extrapolationsprinzip (vgl. von Weiz-säcker, 1984b): Die Konsumenten haben die Gewohnheit, das zukünftige Verhal-ten von Unternehmen aus dem in der Vergangenheit beobachteten Verhalten zu extrapolieren, das heißt, die relative Konstanz des Verhaltens vorauszusetzen (vgl. von Weizsäcker 1980a; von Weizsäcker, 1980b, Kap. 5 und 6). Wenn der Konsu-ment die Qualität eines Produktes zwar nicht beim Kauf, aber zu einem späteren Zeitpunkt beurteilen kann, so überträgt er die beim früheren Kauf des Produktes festgestellte Qualität beim nächsten Kauf auf die zu erwartende Qualität des Pro-duktes des gleichen Anbieters. Dies aber schafft beim Anbieter Anreize, auch dann gute Qualität zu liefern, wenn diese zum Zeitpunkt des Kaufs gar nicht fest-gestellt werden kann.

---

[20]   Akerlof (1970) untersuchte diese Problematik beispielhaft am Gebrauchtwagenmarkt, auf welchem gute („peaches") und schlechte Qualitäten („lemons") gegeben sind, aber vom Nachfrager vor dem Kauf nicht erkannt werden können; vgl. auch Abschnitt 1.3.3.2.

9.6   Produktdifferenzierung als Marktzutrittsschranke?

Der Bain'schen und der Stigler'schen Marktzutrittsschrankenkonzeption ist gemeinsam, dass eingesessene Unternehmen und Marktneulinge sich unterschiedlichen
Gewinnchancen gegenüber sehen. Während bei Bain letztlich ungeklärt bleibt,
welches Unternehmen die besseren Gewinnchancen hat, besteht bei Stigler eine
eindeutige Kostenasymmetrie zugunsten des eingesessenen Unternehmens (vgl.
Abschnitt 1.4.4). Stigler schließt aufgrund der Insider-/Outsider-Situation auf
überhöhte Gewinnmöglichkeiten des eingesessenen Unternehmens. Dies führt letztlich zu Wohlfahrtsverlusten, und daraus abgeleitet zu wettbewerbspolitischem Handlungsbedarf. Dennoch wurde bisher stets zwischen der Definition von Marktzutrittsschranken und ihren wohlfahrtsmäßigen Auswirkungen unterschieden.

Ein anderes Vorgehen wählt von Weizsäcker:

> „... a barrier to entry is a cost of producing which must be borne by a firm which
> seeks to enter an industry but is not borne by firms already in the industry and
> which implies a distortion in the allocation of resources from the social point of
> view" (von Weizsäcker, 1980a, S. 400).

Die Bain'schen Marktzutrittsschranken können sozial erwünscht sein und sind dann
aus der Sicht von Weizsäckers gar keine Schranken mehr. So wird beispielsweise
Reputation von Bain als Marktzutrittsschranke eingeordnet. Letztendlich kann es sich
aber beim Aufbau von Goodwill auch um positive Externalitäten handeln, von denen
andere profitieren, ohne dafür bezahlen zu müssen. Goodwill ist in diesem Sinne
keine Marktzutrittsschranke, da dadurch die soziale Wohlfahrt erhöht wird. Goodwill
liefert Anreize, gute Qualität anzubieten. Reputation und Goodwill können effiziente
Mechanismen zur Reduktion von Unsicherheit sein, als deren Folge die durchschnittliche angebotene Qualität und somit auch die Wohlfahrt ansteigen kann (vgl.
von Weizsäcker, 1980a, S. 418).

Goodwill und andere positive Externalitäten rufen keine Asymmetrie in den Kosten
zwischen eingesessenem Unternehmen und Marktneuling hervor, die kausal auf diese
positiven Externalitäten bezogen werden können (von Weizsäcker, 1980a, S. 400):

> „It is not useful to say that entrants are at a disadvantage as compared with estab-
> lished firms, since they enter precisely because of the later advantages, of an estab-
> lished firm. The earlier output of unknown quality and the later output of known
> quality are joint products, and the bookkeeping losses incurred in the earlier period
> are really investments to be recovered in the later period" (von Weizsäcker 1980a,
> S. 418).

Es wird deutlich, dass auch Stigler den Aufbau von Goodwill nicht als Marktzutrittsschranke bezeichnen würde, weil dieser nicht zu Kostenasymmetrien zwischen
eingesessenen Unternehmen und Marktneulingen führt.

9.7 Wettbewerbspolitischer Handlungsbedarf?

Der Trade-off zwischen Produktvielfalt (Anzahl Marken) und der Menge, die von jeder Marke produziert wird, ist – wie aufgezeigt wurde – im Wettbewerb (bei freiem Marktzutritt) nicht notwendigerweise im Sinne eines sozialen Optimums gelöst. Es stellt sich die Frage, ob daraus auf die Notwendigkeit wirtschaftspolitischer Korrekturmaßnahmen geschlossen werden sollte, wie beispielsweise die Kontrolle der Anzahl der Unternehmen in einer Industrie (Strukturregulierung), die Kontrolle des Outputs pro Unternehmen, aber freier Marktzutritt und -austritt (Verhaltensregulierung), oder die Subvention von Läden in Randgebieten (vgl. z. B. Koenker, Perry 1981).

Wirtschaftspolitische Eingriffe zur Korrektur einer Abweichung der Marktlösung (bei freiem Marktzutritt) von der sozial optimalen Lösung können jedoch aus verschiedenen Gründen nicht empfohlen werden (vgl. von Weizsäcker 1980b, S. 18 f; Koenker, Perry, 1981; Carlton, Perloff, 2005, S. 213 f.): Eine Subventionierung von Produkten steht im Widerspruch zur Konsumentensouveränität innerhalb einer Marktwirtschaft. Es besteht überdies die Gefahr von Wettbewerbsverzerrungen durch Strukturpolitik; als Folge von Outputkontrollen könnte es zu Preisabsprachen kommen. Überdies besteht die Gefahr von Ineffizienzen als Folge von Marktzutrittsschranken (X-Ineffizienzen). Ferner ist der Trade-off zwischen Vielfalt und Größenvorteilen schwierig bzw. unmöglich zu berechnen. Ursache hierfür sind Informationsprobleme bzgl. der Präferenzen und der Höhe der Größenvorteile. Wo die Suche nach neuen Produkten wichtig ist (insbesondere in dynamischen Märkten), sind offene Märkte und die Möglichkeit des Marktzutritts besonders wichtig. Wettbewerb funktioniert hier als Entdeckungsverfahren für neue Produkte (von Hayek, 1968). Der Trade-off zwischen Vielfalt und Größenvorteilen ist somit endogen und verändert sich über die Zeit. Da die Anzahl der möglichen Produktqualitäten unbekannt ist, ist es logisch unmöglich, die optimale Anzahl der Produktqualitäten ex ante zu kalkulieren (vgl. Blankart, Knieps, 1994, S. 454 ff.).

Als Fazit lässt sich festhalten, dass Eingriffe in den Wettbewerbsprozess zur Korrektur der Produktvielfalt nicht angestrebt werden sollten. Selbst wenn die sozial optimale Produktvielfalt den wirtschaftspolitischen Instanzen bekannt wäre, hätten die Korrekturmaßnahmen im Rahmen einer Subventionspolitik oder einer Struktur- und Verhaltensregulierung erhebliche negative Nebenwirkungen in Form von Störungen des Wettbewerbsprozesses. Überdies ist die Berechnung des sozial optimalen Trade-offs zwischen Vielfalt und Größenvorteilen nur im einfachen statischen Modell überhaupt durchführbar. Die Bestimmung der sozial optimalen Anzahl von Produktqualitäten in einer dynamischen Welt ist von vornherein zum Scheitern verurteilt (vgl. Abschnitt 11.2.6).

Kapitel 10
Preisdifferenzierung

10.1 Grundelemente einer effektiven Preisdifferenzierung

Da Preisdifferenzierung in unterschiedlichsten Marktformen relevant ist, sollte eine allgemeine Definition nicht an eine bestimmte Marktform (z. B. Monopol) geknüpft werden.

Eine erste Umschreibung gibt die folgende Definition:

> „Roughly, it can be said that the producer price-discriminates when two units of the same physical good are sold at different prices, either to the same consumer or to different consumers" (Tirole, 1989, S. 133).

Tirole selbst relativiert seine Definition und führt dabei die folgenden kritischen Argumente an:

– Die Transportkosten dürfen nicht vernachlässigt werden; Preisunterschiede, die lediglich die vollen Transportkostenunterschiede für Konsumenten an unterschiedlichen Wohnorten reflektieren, stellen keine Preisdifferenzierung dar (ein einheitlicher Lieferpreis frei Haus dagegen wäre Preisdifferenzierung).

– Preisdifferenzierung kann auch im Zusammenhang mit Produktdifferenzierung erfolgen (z. B. unterschiedliche Qualitätsklassen in einem Zug oder Flugzeug). Preisunterschiede, die lediglich die vollen Kosten der Produktdifferenzierung reflektieren (z. B. zusätzliche Verpflegung, bequemere Sitze etc.), stellen hierbei noch keine Preisdifferenzierung dar.

Die folgende Definition berücksichtigt diese Punkte:

> „... price discrimination should be defined as implying that two varieties of a commodity are sold (by the same seller) [either to the same buyer or] to two buyers at different *net* prices, the net price being the price (paid by the buyer) corrected for the cost associated with the product differentiation" (Phlips, 1983, S. 6).[1]

Das so definierte Phänomen der Preisdifferenzierung umfasst eine Vielzahl unterschiedlicher Preisstrukturen. Dazu gehören beispielsweise nichtlineare Tarife (Mengenrabatte, zweiteilige Tarife etc.) sowie räumlich unterschiedliche Preise

---

[1] [„either to the same buyer or"] wird dem Zitat hinzugefügt, um auch Mengenrabatte mit zu berücksichtigen.

oder Sonderpreise für bestimmte Kundengruppen (z. B. Studententarife). Derartige Tarife berücksichtigen Unterschiede in den Zahlungsbereitschaften der Konsumenten.

Lange Zeit wurde Preisdifferenzierung als Ausbeutungsinstrument von Monopolisten (miss-)verstanden und als wettbewerbsschädlich angesehen.[2] Inzwischen hat sich jedoch in der modernen Wettbewerbsökonomie die Erkenntnis durchgesetzt, dass – unabhängig von der zugrunde liegenden Marktform – Preisdifferenzierung oftmals eine wohlfahrtserhöhende Wirkung besitzt und nicht nur die Produzenten, sondern auch die Konsumenten besser stellt.

Das ökonomische Phänomen der Preisdifferenzierung wird häufig mit dem juristischen Begriff der Diskriminierung in Verbindung gebracht. Gemäß § 19 (4), Ziffer 1 des Gesetzes gegen Wettbewerbsbeschränkungen (GWB) darf ein als marktbeherrschend eingestuftes Unternehmen die Wettbewerbsmöglichkeiten anderer Unternehmen nicht in eine für den Wettbewerb auf dem Markt erhebliche Weise ohne sachlich gerechtfertigten Grund beeinträchtigen; ferner dürfen gleichartige Unternehmen ohne sachlich gerechtfertigten Grund nicht unterschiedlich behandelt werden (§ 20 (1) GWB). In dieser abstrakten Formulierung ist das Diskriminierungsverbot wettbewerbspolitisch gerechtfertigt, und steht auch nicht im Konflikt zur Ausgestaltung volkswirtschaftlich erwünschter effizienter Preissysteme. Das Konzept der Diskriminierung darf aber nicht dazu verwendet werden, erwünschte Preisdifferenzierungen zu untersagen. Diese Gefahr besteht u. a. darum, weil im angelsächsischen Sprachgebrauch der wettbewerbsneutrale Begriff Preisdifferenzierung als „price-discrimination" bezeichnet wird und die Unterscheidung vom wertenden Konzept der „undue price-discrimination" nicht immer deutlich wird. Im Folgenden wird daher durchgängig der Begriff Preisdifferenzierung verwendet, auch wenn in der wettbewerbspolitischen Literatur bzw. in der amerikanischen Antitrustliteratur häufig der Begriff Preisdiskriminierung verwendet wird.

10.1.1   Drei Typen der Preisdifferenzierung

Die Unterscheidung in die folgenden Typen von Preisdifferenzierung wurde von Pigou im Jahre 1920 im Rahmen der Untersuchung des Preissetzungsverhaltens von Monopolen entwickelt (vgl. Pigou, 1952):

– *Preisdifferenzierung 1. Grades (perfekte Preisdifferenzierung)*:

Preisdifferenzierung 1. Grades liegt vor, wenn die individuelle Zahlungsbereitschaft der Konsumenten für unterschiedliche Produkteinheiten voll abgeschöpft

---

[2]   Hierfür waren insbesondere die grundlegenden Ausführungen von Pigou (1952, Kapitel XVII) verantwortlich.

wird.[3] Perfekte Preisdifferenzierung kann anhand einer Situation verdeutlicht werden, in der es unterschiedliche Konsumenten mit unterschiedlichen Zahlungsbereitschaften für ein Produkt gibt und in der jeder Konsument nur eine Einheit des Gutes kauft. Perfekte Preisdifferenzierung liegt in dieser Situation dann vor, wenn für jede Produkteinheit ein Preis erhoben werden kann, der genau der Zahlungsbereitschaft entspricht. Dabei werden alle Kunden bedient, deren Zahlungsbereitschaft zumindest den Grenzkosten entspricht.

– *Preisdifferenzierung 2. Grades*

Preisdifferenzierung 2. Grades liegt vor, wenn die unterschiedlichen Zahlungsbereitschaften von Konsumentengruppen durch unterschiedliche Preise abgeschöpft werden, wobei die Konsumenten innerhalb einer Gruppe den gleichen Preis bezahlen. Durch die Kaufentscheidung ordnen sich die Konsumenten selbst (endogen) einer bestimmten Gruppe zu.[4] So können sie durch die Wahl ihrer Nachfragemenge oder durch die Wahl einer bestimmten Produktvariante den von ihnen zu zahlenden Stückpreis selbst frei bestimmen. Aufgabe der Anbieter ist es dann, ihre Tarife so zu gestalten, dass die Produkteinheiten, für die hohe Zahlungsbereitschaften bestehen, auch zu entsprechend höheren Stückpreisen verkauft werden als Produkteinheiten, für die nur geringe Zahlungsbereitschaften bestehen.

Zur Verdeutlichung des Prinzips der Preisdifferenzierung 2. Grades wird angenommen, p_i sei der Reservationspreis des Konsumenten mit der geringsten Zahlungsbereitschaft innerhalb der Konsumentengruppe i. Jeder Konsument kauft nur eine Einheit (z. B. 1 Zugticket einer bestimmten Kategorie). Die schraffierte Fläche in Abbildung 10.1 stellt die verbleibende Konsumentenrente (CS_i) der Konsumentengruppe i ($i = 1, 2, 3$) dar. Es findet eine Separierung der Konsumenten in unterschiedliche Gruppen statt, wobei innerhalb jeder Gruppe ein identischer Preis erhoben wird. p_3 entspricht dem Reservationspreis des Konsumenten mit der geringsten Zahlungsbereitschaft in der Konsumentengruppe 3, wobei p_3 mit den Grenzkosten MC übereinstimmt.

---

[3] „A first degree would involve the charge of a different price against all the different units of commodity, in such wise that the price exacted for each was equal to the demand price for it, and no consumers' surplus was left to the buyers" (Pigou, 1952, S. 279).

[4] „A second degree would obtain if a monopolist were able to make n separate prices, in such wise that all units with a demand price greater than x were sold at a price x, all with a demand price less than x and greater than y at a price y, and so on" (Pigou, 1952, S. 279).

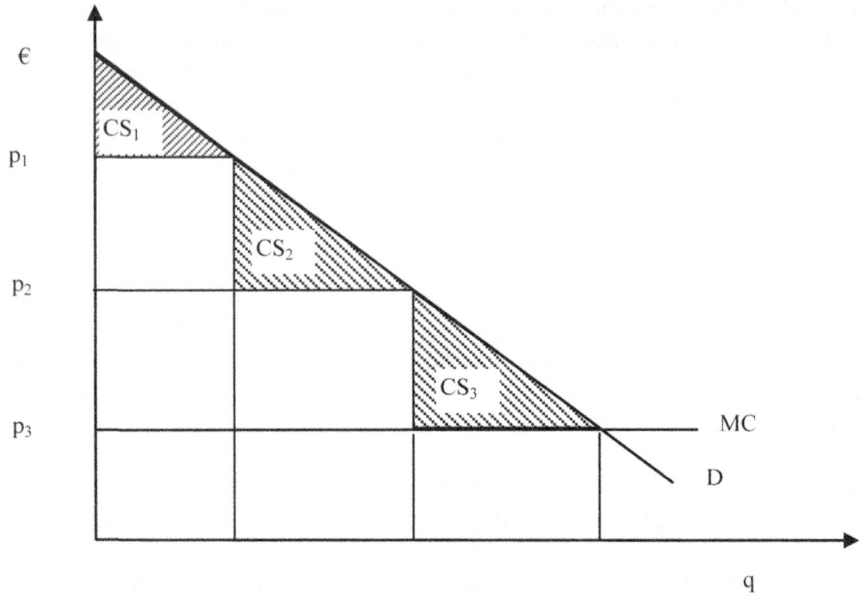

Abb. 10.1: Preisdifferenzierung 2. Grades

– *Preisdifferenzierung 3. Grades*

Preisdifferenzierung 3. Grades liegt vor, wenn die Konsumenten nach einfachen, objektiven Kriterien in unterschiedliche Konsumentengruppen eingeteilt werden können, deren unterschiedliche Zahlungsbereitschaften durch unterschiedliche Preise abgeschöpft werden.[5]

Im Unterschied zur endogenen Marktsegmentierung bei Preisdifferenzierung 2. Grades ist die Zuordnung von Konsumenten zu den einzelnen Marktsegmenten bei einer Preisdifferenzierung 3. Grades exogen möglich. Die Konsumenten wählen also nicht selbst zwischen alternativen Tarifen, sondern werden von den Anbietern anhand objektiver Kriterien zugeordnet. Beispiele für eine Differenzierung nach unterschiedlichen Käufertypen sind unterschiedliche Zeitschriften-Abonnenten-Preise für Bibliotheken und Privatpersonen oder Studenten-/Schülerrabatte für Kino, öffentliche Verkehrsmittel etc.

Pigou (1952, S. 279 ff.) ging davon aus, dass Preisdifferenzierung 3. Grades bei weitem die relevanteste Form sei. Er war der Meinung, Preisdifferenzierung 1.

---

[5]   „A third degree would obtain if the monopolist were able to distinguish among his customers n different groups, separated from one another more or less by some practicable mark, and could charge a separate monopoly price to the members of each group" (Pigou, 1952, S. 279).

Grades sei typischerweise mit zu hohen Verhandlungskosten verbunden, da mit jedem einzelnen Konsumenten separat verhandelt werden müsse. Aber auch Preisdifferenzierung 2. Grades hielt Pigou aufgrund großer Durchsetzungsprobleme (Umgehungsmöglichkeiten etc.) für wenig relevant.

Aufgrund der Entwicklungen in der modernen Informationsökonomie hat die Theoriebildung im Bereich der Preisdifferenzierung 2. Grades in den letzten Jahrzehnten erhebliche Fortschritte erzielt. Es besteht insbesondere die Möglichkeit, durch die geeignete Ausgestaltung von wahlweisen (optionalen) Tarifen, Anreize zur Selbstselektion zu schaffen und auf diese Weise unterschiedliche Konsumentengruppen zu identifizieren.

10.1.2   Voraussetzungen für Preisdifferenzierung

Die Durchsetzung von Preisdifferenzierung basiert auf zwei grundlegenden Voraussetzungen: der Separierbarkeit der Märkte und der Möglichkeit, Arbitrage zu vermeiden.

Falls ein Produkt auf einem Markt relativ günstig eingekauft und dann auf einem anderen Markt zu einem höheren Preis verkauft werden kann, ist Preisdifferenzierung nicht stabil. Daher muss die Transferierbarkeit einzelner Einheiten eines Produktes zwischen unterschiedlichen Märkten schwierig oder unmöglich sein. Beispiele mit solchen geringen Arbitragemöglichkeiten sind personenbezogene Dienstleistungen von Rechtsanwälten, Medizinern etc. oder die Versorgung einzelner Haushalte mit Elektrizität oder Wasser. Aber auch hohe Transportkosten oder hohe Vertragsstrafen beim Weiterverkauf können die Tansferierbarkeit zwischen den Märkten erheblich erschweren.

Die Kosten der Arbitrage stellen die Obergrenze für die Durchsetzung von Preisdifferenzierung dar. Pigou begründet im Rahmen der so genannten Pigou/Taussig-Kontroverse (vgl. Abschnitt 9.1) die Möglichkeit von Preisdifferenzierung im Eisenbahntransport wie folgt:

> „A railway's offer to charge one price for a ton-mile of transport service to copper merchants and a lower price to coal merchants cannot lead to any middleman device, because it is physically impossible to convert copper into coal for the purpose of transport and afterwards to reconvert it" (Pigou, 1952, S. 276).

Je besser ein Produkt zwischen unterschiedlichen Märkten transferierbar ist, umso mehr nehmen die Arbitragemöglichkeiten zu und um so mehr verringern sich die Möglichkeiten für Preisdifferenzierung. Dabei muss zwischen der Transferierbarkeit (einer Einheit) eines Produktes zwischen Märkten und der Transferierbarkeit (einer Einheit) der Nachfrage zwischen Märkten unterschieden werden. Während leichte Transferierbarkeit eines Gutes zwischen den Märkten die Möglichkeiten von Preisdifferenzierung erheblich einschränkt, kann leichte Transferierbarkeit der Nachfrage zwischen den Märkten zu einer Verstärkung der Differenzierung führen. Damit kann die Anreizkompatibilität von differenzierenden Preisstrukturen unterstützt werden. So muss unter Umständen der Verkäufer die Qualitätsdifferenz zwischen teuren und billigen Produkten erhöhen, um zu vermeiden, dass Konsumenten, die den höheren Preis bezahlen könnten, zu einer billigeren Marke wechseln. Analoges gilt für die räumliche Verschiebung der Nachfrage, wenn beispielsweise die Käufer ihre eigenen Transporteinrichtungen (bzw. Lagereinrichtungen) besitzen. Um diese Verschiebung der Nachfrage zu verhindern, können Verkäufer gleichmäßige Lieferpreise (frei Haus = Bruttopreis) anbieten, was bei unterschiedlichen Kosten zwangsläufig Preisdifferenzierung beinhaltet.

Die Grenze einer weiter gehenden Differenzierung wird dann erreicht, wenn die Transaktionskosten für das Preisschema zu hoch werden, d. h. wenn die Kosten der Arbitragevermeidung die Vorteile einer weiteren Tarifverfeinerung überschreiten. Diese Grenze lässt sich jedoch nicht uniform bestimmen, sondern hängt von den jeweils herrschenden Verhältnissen „vor Ort" ab. Eine weitere Differenzierung ist nicht mehr möglich wenn keine Konsumentengruppe mehr gefunden werden kann, die durch eine zusätzliche Preissenkung zusätzliche Einheiten kauft, oder wenn keine weiteren Marktspaltungen mehr möglich sind (ohne dass Arbitrage zwischen den einzelnen Gruppen stattfindet).

10.2 Preisdifferenzierung im Monopol

Preisdifferenzierungsstrategien wurden in der Vergangenheit oftmals als diskriminierendes Verhalten marktbeherrschender Unternehmen und folglich als wettbewerbsschädlich angesehen. Um diese Sichtweise besser verstehen zu können, erscheint es zweckmäßig, zunächst Preisdifferenzierungsstrategien im (vor Marktzutritt geschützten) Monopol zu betrachten. Dies ist auch deshalb interessant, weil Pigou seine grundlegenden Untersuchungen über Preisdifferenzierung in den Zusammenhang eines diskriminierenden Monopols gestellt hat.[6]

10.2.1   Preisdifferenzierung 1. Grades

Es wird von unterschiedlichen Konsumenten mit unterschiedlichen Zahlungsbereitschaften A_i ausgegangen, wobei zur Vereinfachung angenommen wird, dass jeder Konsument 1 oder 0 Einheiten konsumiert. CS_i bezeichnet die Konsumentenrente für Konsument i und MC die Grenzkosten. Unter der Voraussetzung, dass die individuellen Zahlungsbereitschaften der verschiedenen Konsumenten bekannt sind, maximiert das folgende Preisschema T_i den Gewinn des Monopolisten:

$$T_i = A_i + p, \text{ wobei } p = MC, \text{ mit } A_i = CS_i$$

---

[6]   Pigou, 1952, Kapitel XVII: Discriminating Monopoly.

Es handelt sich um einen zweiteiligen Tarif, wobei die personenbezogene fixe Gebühr A_i gleich der Konsumentenrente CS_i und die Grenzkosten des Produktes als variable Preiskomponente gewählt werden (vgl. Oi, 1971, S. 78 ff.)

Der Tarif $T_i = A_i + p$, mit $p = MC$ wird allen Konsumenten mit $A_i = CS_i \geq 0$ angeboten. Gegenüber einem einheitlichen Monopolpreis wird durch die Preisdifferenzierung 1. Grades die soziale Wohlfahrt (Konsumenten- und Produzentenrenten) erhöht, denn durch den Verkauf der Wettbewerbsmenge entfällt gegenüber der Monopolmenge der „dead-weight loss", dargestellt als schraffierte Fläche in Abbildung 10.2.

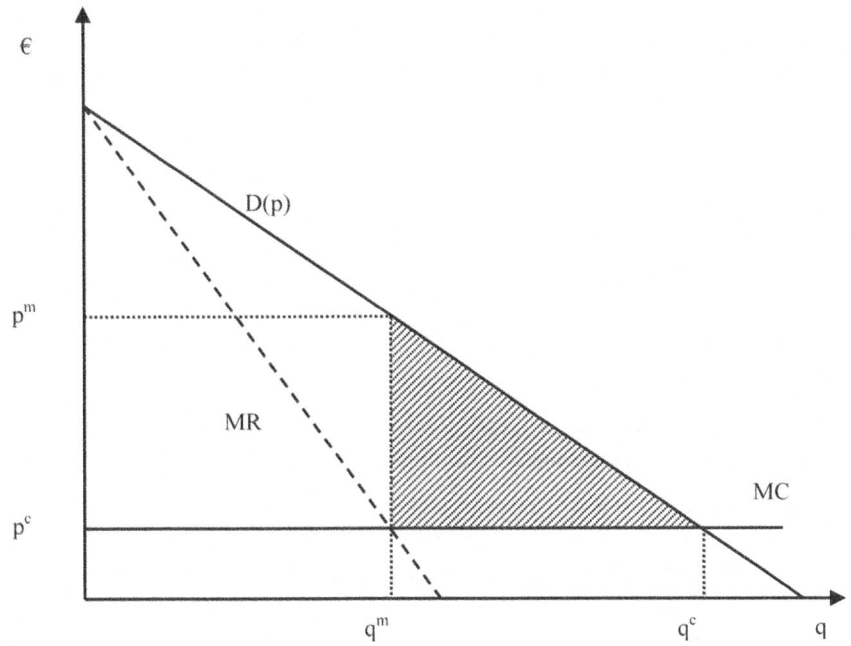

Abb. 10.2: Preisdifferenzierung 1. Grades erhöht die soziale Wohlfahrt

Die Umsetzung der perfekten Preisdifferenzierung gestaltet sich in der Realität problematisch, denn Informationen über die individuellen Zahlungsbereitschaften (die individuellen Konsumentenrenten), wie sie zur Implementierung perfekter Differenzierung unabdingbar sind, werden von den Konsumenten nicht ohne weiteres bereitgestellt, da sie direkte Auswirkungen auf den zu zahlenden Preis haben. Ferner sind Anreizmechanismen mit dem Ziel, die individuellen Zahlungsbereitschaften kennen zu lernen (etwa über den Weg von Versteigerungen), typischerweise mit hohen Transaktionskosten verbunden und werden daher auch nur bei speziellen Gütern (Kunstgegenständen, Warenbörsen etc.) eingesetzt. Falls der Produzent lediglich die Verteilung der Konsumentenrente über die Bevölkerung, aber nicht die individuellen Wertschätzungen kennt, wird Preisdifferenzierung

1. Grades letztlich unmöglich. Der Anbieter könnte dazu gezwungen sein, einen einheitlichen Monopolpreis zu erheben. Falls allerdings Informationen verfügbar sind, die eine Gruppierung der Konsumenten erlauben, kann er eine entsprechende Form der Preisdifferenzierung 2. oder 3. Grades wählen.

10.2.2   Preisdifferenzierung 2. Grades

10.2.2.1   Nichtlineare Ausgabenfunktionen und mehrteilige Tarife

Die Schwierigkeiten bei der Umsetzung von Preisdifferenzierung 1. Grades führen zu der Notwendigkeit, andere Preisdifferenzierungsformen mit einfacheren Implementierungsmöglichkeiten zu suchen. Hierzu zählt insbesondere die Preisdifferenzierung 2. Grades und damit einhergehend die Entwicklung optionaler Tarife. Optionale Tarife lassen den Konsumenten die Wahl zwischen mehreren alternativen Tarifstrukturen.

Die einfachste Möglichkeit besteht in der Wahl zwischen einem linearen Tarif und einem zweiteiligen Tarif (vgl. Abschnitt 10.2.2.2). Ein zweiteiliger Tarif besteht aus einer Grundgebühr und einem variablen Stückpreis. Optionale zweiteilige Tarife sind z. B. in der Elektrizitätswirtschaft bekannt. Dabei stehen grob betrachtet folgende Optionen zur Wahl:

– Eine niedrige monatliche Grundgebühr mit einer hohen Verbrauchsgebühr.
– Eine niedrige Verbrauchsgebühr mit einer hohen monatlichen Grundgebühr.

Jeder Haushalt kann selbst wählen, welchen zweiteiligen Tarif er bevorzugt. Damit ein zweiteiliger Tarif von den Konsumenten gewählt wird, muss auf jeden Fall einer höheren Grundgebühr eine niedrigere Benutzungsgebühr gegenüberstehen. Lediglich solche undominierte Tarife sind daher von Interesse.

Von zentraler Bedeutung ist die Möglichkeit der Konsumenten, zwischen alternativen Preisschemata wählen zu können. Der entscheidende Vorteil optionaler Tarife liegt darin, dass sie den Konsumenten Anreize setzen, Informationen über ihre individuelle Zahlungsbereitschaft zu offenbaren (z. B. ob es sich für sie lohnt, eine bestimmte fixe Grundgebühr zu zahlen) und sich somit selbst einer bestimmten Konsumentengruppe zuzuordnen. Aufgrund der Anreizkompatibilität optionaler zweiteiliger Tarife ist die Implementierung unterschiedlicher Tarife durchsetzbar, ohne dass exogene Differenzierungscharakteristika erforderlich sind. Hier zeigt sich die Überlegenheit optionaler Tarife, wenn die individuelle Zahlungsbereitschaft der Konsumenten von dem Unternehmen nicht zu erfahren ist (und daher Preisdifferenzierung 1. Grades nicht durchsetzbar ist) oder aber, wenn die Differenzierungscharakteristika nicht exogen gegeben sind (wie im Falle der Preisdifferenzierung 3. Grades).

Eine häufige Form von Preisdifferenzierung 2. Grades sind nichtlineare Preise. Dabei hängt der Preis pro Einheit von der insgesamt gekauften Menge ab. Eine formale Präzisierung führt zum Konzept der Ausgabenfunktion („outlay schedule"; vgl. Willig 1978). Eine Ausgabenfunktion $R(q)$ gibt die erforderlichen Ausgaben eines Konsumenten für den Kauf unterschiedlicher Mengen q eines Gutes an. Ein Einheitspreis entspricht einer linearen Ausgabenfunktion Preis × Menge. Im Folgenden sollen solche nichtlinearen Ausgabenfunktionen vorgestellt werden, wobei

$$\frac{\partial R(q)}{\partial q} \text{ den Grenzpreis darstellt.}$$

Ein einfaches Beispiel für eine nichtlineare Ausgabenfunktion ist ein zweiteiliger Tarif. Es gilt: $R(q) = 0$, für $q = 0$; $R(q) = E + qp$, für $q > 0$, wobei E die Grundgebühr und p die Verbrauchsgebühr bezeichnet.

Eine nichtlineare Ausgabenfunktion mit einer endlichen Anzahl $n \geq 2$ Tarifstufen wird als mehrteiliger Tarif bezeichnet. Die totalen Ausgaben eines Konsumenten, der die Menge q nachfragt, ergeben sich durch:

$$R(q) = E + p_1 q, \quad \text{für } q < q^1$$

$$= E + p_1 q^1 + p_2 (q - q^1), \quad \text{für } q^1 \leq q < q^2$$

$$= E + p_1 q^1 + p_2 (q^2 - q^1) + p_3 (q - q^2), \quad \text{für } q^2 \leq q < q^3$$

$$\dots$$

$$= E + p_1 q^1 + \sum_{i=2}^{n-1} p_i\left(q^i - q^{i-1}\right) + p_n (q - q^{n-1}), \quad \text{für } q \geq q^{n-1}$$

Dieser mehrteilige Tarif führt zu einem fallenden Blocktarif (Mengenrabatt). Mehrteilige Tarife lassen sich durch die nichtdominierten Teile einer Menge von zweiteiligen Tarifen erzeugen (vgl. Brown, Sibley, 1986, S. 80 ff.). Optionale zweiteilige Tarife vereinfachen auf diese Weise die Umsetzung komplexer nichtlinearer Preisstrukturen. Es besteht eine direkte Relation zwischen nichtlinearen (mehrteiligen) Tarifen und einem Bündel von zweiteiligen Tarifen, aus denen die Konsumenten den für sie passenden zweiteiligen Tarif auswählen können.

Die Grundidee lässt sich anhand eines einfachen Zahlenbeispiels erläutern. Angenommen, ein Elektrizitätsunternehmen bietet einen dreiteiligen Tarif an, der aus einer monatlichen Grundgebühr von 20 €, einer Benutzungsgebühr von 0,30 € pro kWh für die ersten 300 kWh, und 0,20 € pro kWh für den Konsum über 300 kWh an. Dieser dreiteilige Tarif ist äquivalent zu der Option zwischen zwei zweiteiligen Tarifen (E_1, p_1), (E_2, p_2) zu wählen, wobei $E_1 = 20$, $E_2 = 50$, $p_1 = 0{,}30$, $p_2 = 0{,}20$. Der undominierte Teil dieser beiden zweiteiligen Tarife entspricht dem dreiteiligen Tarif.[7] In der nachfolgenden Abbildung 10.3 (vgl. Brown, Sibley, 1986, Fig. 4.14, S. 82) wird der fünfteilige Tarif der nichtlinearen Ausgaben-funktion E_1, M_1, M_2, M_3 durch die nichtlinearen Teile der vier zweiteiligen Tarife erzeugt (E_1, p_1), (E_2, p_2), (E_3, p_3), (E_4, p_4), wobei $E_0 < E_1 < E_2 < E_3 < E_4$ und $p_0 > p_1 > p_2 > p_3 > p_4$.

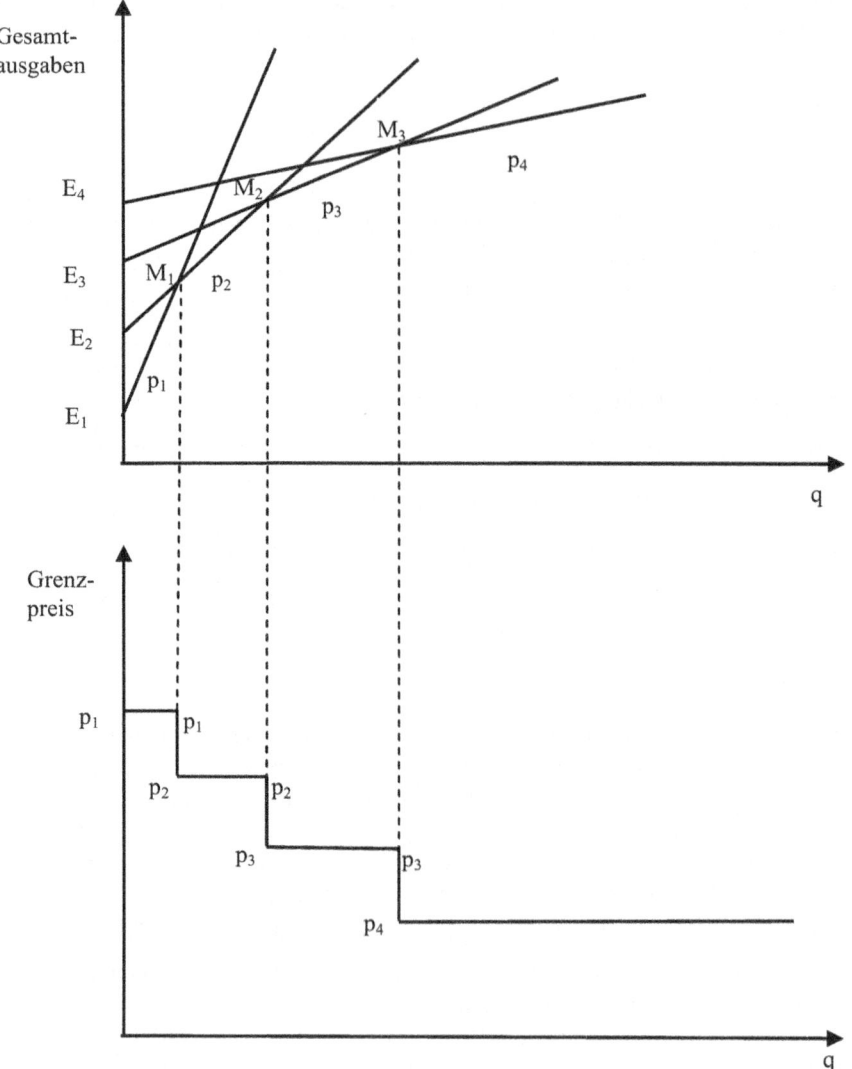

Abb. 10.3: Mehrteilige Tarife

---

[7]   Diese Äquivalenz gilt allerdings nur für fallende Blocktarife und einer abnehmenden Steigung der Ausgabenfunktion.

10.2.2.2 Option zwischen linearen und zweiteiligen Tarifen

Eine spezielle Form optionaler Tarife bildet die Wahlmöglichkeit zwischen einem linearen Preis und einem zweiteiligen Tarif (vgl. Brown, Sibley, 1986, Kap. 4). Angenommen, es existieren zwei Typen von Konsumenten: Kleinkonsumenten mit der Nachfrage $D_1(p)$ sowie Großkonsumenten mit der Nachfrage $D_2(p)$. Es gelte: $D_1(p) < D_2(p)$ für alle p.

Der zweiteilige Tarif *(E, p^*)* besteht aus einer Grundgebühr E sowie einem Stückpreis p^*. Dieser zweiteilige Tarif wird optional zu dem linearen Monopolpreis $\bar{p}$ ohne zusätzliche Grundgebühr angeboten, wobei $\bar{p} > p^* > MC$ ist.[8] Da $p^* < \bar{p}$ folgt, dass $D_2(p^*) > D_2(\bar{p})$ ist. E ist so gewählt, dass das Unternehmen auf den ersten $D_2(\bar{p})$ Einheiten des Großkonsumenten den gleichen Gewinn erzielt wie in einer Situation, in der nur der lineare Tarif angeboten wird. Dies wird erreicht, indem $E = D_2(\bar{p}) \cdot (\bar{p} - p^*)$ gesetzt wird. Der Großkonsument hat Anreize, den zweiteiligen optionalen Tarif zu wählen, da er seine Konsumentenrente durch einen Übergang von $D_2(\bar{p})$ nach $D_2(p^*)$ vergrößern kann. Der Kleinkonsument dagegen kann – abhängig von der individuellen Nachfragesituation – beim Einheitspreis bleiben oder ebenfalls den zweiteiligen Tarif in Anspruch nehmen. Er stellt sich daher ebenfalls nicht schlechter. Da $p^* > MC$ ist, bringt jede, durch den Übergang zu einem optionalen zweiteiligen Tarif zusätzlich verkaufte Einheit dem Unternehmen zusätzlichen Gewinn. Die nachfolgende Abbildung 10.4 veranschaulicht dieses Ergebnis (vgl. Brown, Sibley, 1986, Fig. 4.6, S. 69)

Für den Kleinkunden gilt: a: Konsumentenrente bei Einheitstarif $\bar{p}$; $b + c$: zusätzliche Konsumentenrente bei zweiteiligem Tarif; $b + c + d$: zu zahlende Grundgebühr E.

Der Kleinkunde ist nicht bereit, die Grundgebühr E zu bezahlen. Er könnte bei der Wahl des zweiteiligen Tarifs zwar seine Konsumentenrente um $b + c$ steigern, müsste dafür aber eine Grundgebühr in Höhe von $b + c + d$ zahlen und würde eine Netto-Konsumentenrente $a - d$ erzielen. Damit würde er sich eindeutig schlechter stellen als bei der Wahl des Einheitstarifs $\bar{p}$, durch den er eine Konsumentenrente in Höhe von a erzielen kann.

Demgegenüber wechselt der Großkunde zum optionalen Tarif, denn verglichen mit der Situation bei einem Einheitstarif $\bar{p}$ kann er so seine Konsumentenrente vergrößern. Sie wächst um $b + c + d + e$. Dieser Zuwachs übersteigt die Grundgebühr $E = b + c + d$. Es verbleibt ein Netto-Konsumentenrentenzuwachs e. Durch das Angebot optionaler Tarife erhält das Unternehmen einen zusätzlichen Gewinn $f = (p^* - MC) \cdot (D_2(p^*) - D_2(\bar{p}))$.

---

[8] Die nachfolgenden Ausführungen gelten allgemein für jeden uniformen Preis über den Grenzkosten (vgl. Willig, 1978).

Als Fazit ergibt sich, dass sich sowohl das Unternehmen als auch die Großkunden beim Übergang zum optionalen zweiteiligen Tarif verbessern, während die Klein-kunden sich aufgrund der Optionalität weiter zum ursprünglichen Einheitspreis bedienen lassen können. Der Übergang zu optionalen zweiteiligen Tarifen stellt damit eine Pareto-Verbesserung gegenüber dem ursprünglichen Einheitstarif dar.[9]

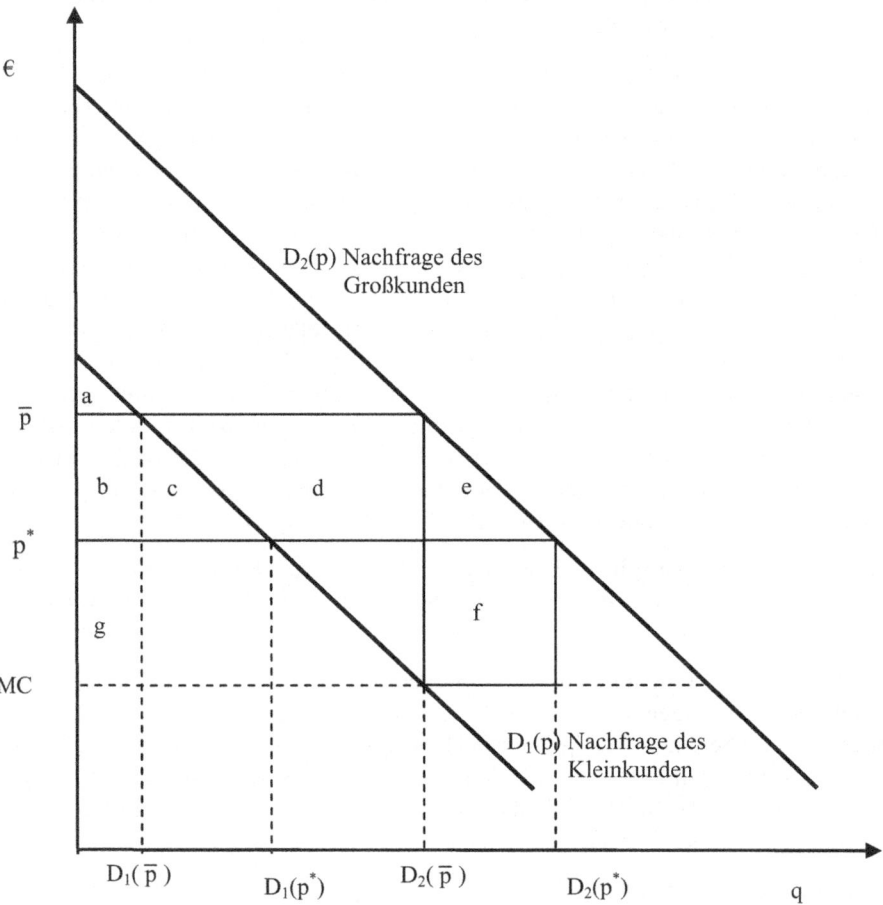

Abb. 10.4: Pareto-superiore zweiteilige optionale Tarife

---

[9]   Genereller gilt folgende Aussage: Angenommen, es existiert ein Einheitspreis $\bar{p}$, der die Grenzkosten überschreitet, so lässt sich immer ein optionales nichtlineares („non-uniform") Preisschema konstruieren, welches sowohl das Unternehmen als auch eini-ge Konsumenten besser stellt, ohne dass irgendwelche anderen Konsumenten schlech-ter gestellt werden (Willig, 1978).

10.2.2.3 Optionale nichtlineare Tarife auf imperfekten Inputmärkten

Das Ergebnis von Willig (1978), dass bei einem geeigneten Übergang zu nichtlinearen Tarifen eine Pareto-Verbesserung eintritt, basiert auf der Annahme unabhängiger Nachfragefunktionen. Für den Fall, dass jedoch die Nachfrager (Down-
stream-)Unternehmen sind, die ihrerseits auf einem Endkundenmarkt konkurrieren, stellt sich die Frage, inwieweit durch das Angebot optionaler nichtlinearer
Tarife seitens des Upstream-Monopolisten der Wettbewerb auf der Downstream-
Ebene durch entsprechende Interaktionen zwischen den Downstream-Unternehmen beeinträchtigt wird. Die Beantwortung dieser Frage hängt entscheidend
davon ab, ob auf der Downstream-Ebene funktionsfähiger aktiver und potenzieller
Wettbewerb herrscht, oder ob bereits von einem imperfekten Wettbewerb auf der
Downstream-Ebene ausgegangen wird.

Bereits die von Ordover, Panzar (1980) aufgezeigte Möglichkeit der Nichtexistenz
Pareto-superiorer nichtlinearer Tarife basiert auf einem spezifischen Modellrahmen mit exogen vorgegebenen Asymmetrien zwischen großen und kleinen Anbie-
tern, der die Möglichkeiten des Wettbewerbs auf der Downstream-Ebene erheblich einschränkt.[10] Es wird von einer exogen vorgegebenen Anzahl großer
Downstream-Anbieter ausgegangen, die überdies effizienter produzieren als die
kleineren Anbieter. Der Endkundenpreis auf dem Downstream-Markt wird im
Kostenminimum der kleinen Anbieter ermittelt, wobei die großen Anbieter einen
Gewinn (Produzentenrente) erzielen. Die Anzahl der kleinen Anbieter auf dem
Downstream-Markt ergibt sich endogen, nach Abzug der abgesetzten Mengen der
großen Unternehmen von der Marktnachfrage. Insoweit aufgrund von Mengenra-
batten der Absatz der großen Downstream-Anbieter ansteigt und der Absatz der
kleinen Downstream-Anbieter zurückgeht, ist die Existenz eines Pareto-superioren
nichtlinearen Preissystems gegenüber einem linearen Tarif nicht mehr gewährleistet. Die Ursache hierfür liegt in einer Schlechterstellung der kleinen Downstream-
Anbieter, die zum Teil sogar zum Marktaustritt gezwungen sind (vgl. Ordover,
Panzar, 1980, S. 352 f.).[11]

Bei funktionsfähigem aktivem und potenziellem Wettbewerb zwischen den großen
Anbietern auf dem Downstream-Markt ist bei Marktaustritt der kleineren ineffi-
zienteren Anbieter dennoch ein positiver Wohlfahrtszuwachs durch die Einführung optionaler nichtlinearer Tarife zu erwarten. Da bei freiem Marktzutritt auch
die Anzahl der großen Anbieter endogen ist, tritt keine Verschlechterung der
Wettbewerbssituation ein.

---

[10]   Die Auswirkungen von optionalen zweiteiligen Tarifen auf imperfekten Inputmärkten
       im Rahmen eines Cournot-Verhaltenansatzes wird in Panzar, Sibley, 1989 untersucht.
[11]   Brown, Sibley, 1986, S. 158 weisen darauf hin, dass auch in diesem spezifischen
       Modellkontext derartige Auswirkungen auf die Marktstruktur (Multi-market-
       equilibrium-Effekte) vernachlässigbar sind, falls es eine große Anzahl von Unterneh-
       men gibt, deren Verteilung stetig ist.

10.2.2.4 Nichtoptionale zweiteilige Tarife

Das Ergebnis der Pareto-Verbesserung durch Einführung zweiteiliger Tarife hängt entscheidend davon ab, ob der ursprüngliche lineare Tarif weiterhin angeboten wird oder nicht. Wird lediglich ein zweiteiliger Tarif (nichtoptional) angeboten, so führt dies unter Umständen zu einem Ausschluss der Kleinkunden.

Dies lässt sich anhand der Abbildung 10.4 verdeutlichen: Bei einem Preis p^* erzielt ein Kleinkunde eine Konsumentenrente von $a + b + c$, muss dafür aber eine Grundgebühr E in Höhe von $b + c + d$ zahlen. Falls nun ausschließlich der zweiteilige Tarif angeboten wird und $a < d$ ist, werden die Kleinkunden nicht nur gegenüber dem Einheitstarif schlechter gestellt, sondern ganz aus dem Markt verdrängt. Demgegenüber werden die Großkunden um den Konsumentenrentenzuwachs e besser gestellt, da sie bereits bei optionalen Tarifen freiwillig die Grundgebühr bezahlen und den zweiteiligen Tarif wählen. Für ein Unternehmen lohnt sich ein (nichtoptionaler) zweiteiliger Tarif gegenüber einem uniformen Tarif nur dann, wenn die Reduktion der Produzentenrente bei Wegfall der Kleinkunden $b + g = (\bar{p} - MC) \cdot D_1 (\bar{p})$ kleiner ist als die Zunahme der Produzentenrente $f = (p^* - MC) \cdot D_2 (p^*) - D_2 (\bar{p})$ durch den zusätzlichen Konsum der Großkunden.

Preisdifferenzierung 2. Grades ohne die Option, den bisherigen Einheitstarif in Anspruch nehmen zu können, führt daher nicht notwendigerweise zu einer Pareto-Verbesserung. Sie erhöht dennoch die soziale Wohlfahrt, solange die zusätzliche Konsumenten- und Produzentenrente durch Mehrkonsum der Großkunden bei einem zweiteiligen Tarif *(e + f)* die Reduktion der Konsumenten- und Produzentenrente bei Wegfall der Kleinkunden aufgrund des nichtoptionalen zweiteiligen Tarifs *(a + b + g)* übersteigt. Ob dies der Fall ist, hängt von den jeweiligen Marktgegebenheiten ab. Da bei einem Wegfall der Kleinkunden eine Reduktion an Produzentenrente entsteht, besitzen die Unternehmen von sich aus Anreize, zweiteilige Tarife als Option zu linearen Tarifen anzubieten.[12]

10.2.3 Preisdifferenzierung 3. Grades im Monopol versus einheitlicher Monopolpreis

10.2.3.1 Das Grundprinzip der Preisdifferenzierung 3. Grades

Preisdifferenzierung 3. Grades lässt sich wie folgt charakterisieren (Tirole, 1989, S. 137): Angenommen, ein Monopolist sei in der Lage, die aggregierte Nachfrage für ein Produkt in m „Gruppen" oder „Märkte" auf der Basis exogener Informationen (z. B. Alter, Beruf, Ort) zu separieren. Diese m Gruppen haben m voneinander

---

[12] Allerdings sind dabei auch die Transaktionskosten der Entwicklung und Implementierung von Tarifoptionen zu berücksichtigen.

unabhängige, fallende Nachfragekurven, die dem Monopolisten bekannt sind. Arbitrage zwischen den Gruppen wird ausgeschlossen, allerdings kann der Monopolist nicht zwischen den Mitgliedern innerhalb einer Gruppe differenzieren. Innerhalb jeder Gruppe wird daher ein linearer Tarif verlangt.

Es gelten die folgenden Annahmen:

$q_1 = D_1(p_1)$, ..., $q_i = D_i(p_i)$, ..., $q_m = D_m(p_m)$ bezeichnet die von den Gruppen $i = 1$, ..., m nachgefragten Mengen, wobei $(p_1, ..., p_m)$ die Preise auf den einzelnen Märkten darstellen.

$q = \sum_{i=1}^{m} D_i (p_i)$ bezeichnet die aggregierte Nachfrage.

$C(q) = cq + F$ ist die Gesamtkostenfunktion mit konstanten Grenzkosten $MC_i = c$ und fixen Kosten F. $p_i(q_i)$ stellt die inverse Nachfragefunktion von Gruppe i dar.

Der Monopolist wählt die Mengen q_1, ..., q_m (bzw. p_1, ..., p_m), so dass er seinen Gewinn maximiert:

$$\max_{q_1, ..., q_m} \left[\sum_{i=1}^{m} p_i (q_i) \cdot q_i - cq_i \right] - F$$

Für den Grenzerlös auf Markt i, MR_i, mit $MR_i = \dfrac{\partial}{\partial q_i} \sum_{i=1}^{m} p_i (q_i) \cdot q_i$ ergibt sich:

$$MR_i = p_i \left(1 + \frac{\partial p_i}{\partial q_i} \cdot \frac{q_i}{p_i} \right) = p_i (1 + \phi_i).$$

Dabei ist ϕ_i die Mengenelastizität der inversen Nachfragefunktion $p_i(q_i)$; für ϕ_i gilt: $\phi_i = 1/\varepsilon_i$, wobei ε_i die Preiselastizität der Nachfrage ist, mit:

$$\varepsilon_i = \frac{\partial q_i}{\partial p_i} \cdot \frac{p_i}{q_i}.$$

Die Bedingung für ein Gewinnmaximum ergibt:

$p_i(1 + \phi_i) = c$, $i = 1, ..., m$. Daraus folgt:

$$\frac{p_i - c}{p_i} = - \phi_i = - \frac{1}{\varepsilon_i}, \; i = 1, ..., m.$$

Dies ist der aus der Industrieökonomie bekannte Lerner-Index (vgl. Abschnitt 3.5.2). Gewinnmaximale Preissetzung erfordert folglich eine Preisdifferenzierung, bei der der Monopolist auf Märkten mit niedriger Elastizität einen höheren Preis verlangt als auf Märkten mit höherer Elastizität.

10.2.3.2 Wohlfahrtsvergleich mit und ohne Preisdifferenzierung 3. Grades

Die nachfolgenden Ausführungen beschränken sich auf den Fall von zwei Nach-fragergruppen (vgl. Schmalensee, 1981).[13] Jeder Nachfrager innerhalb der glei-chen Gruppe zahlt den gleichen Preis. Die erste Nachfragergruppe besitzt eine preisunelastische Nachfrage, während die zweite Nachfragergruppe eine preiselas-tische Nachfrage besitzt. Ein Beispiel ist der Verkauf von Fachzeitschriften an Bibliotheken einerseits und an private Haushalte andererseits.

In Abbildung 10.5 sind die Nachfragefunktionen der beiden unterschiedlichen Märkte in zwei unterschiedliche Grafiken eingezeichnet (vgl. Schmalensee, 1981, Fig. 2, S. 246). Die Nachfrage nach Zeitschriften von Bibliotheken reagiert relativ schwach auf Preisänderungen („starker" Markt s). Die Nachfrage nach Zeitschrif-ten der privaten Haushalte reagiert relativ stark auf Preisänderungen („schwacher" Markt w). Im Ausgangszustand 0 wird auf beiden Märkten ein einheitlicher Preis p^* erhoben, es besteht keine Preisdifferenzierung. In Zustand 1 differenziert der Anbieter entsprechend den unterschiedlichen Preiselastizitäten.

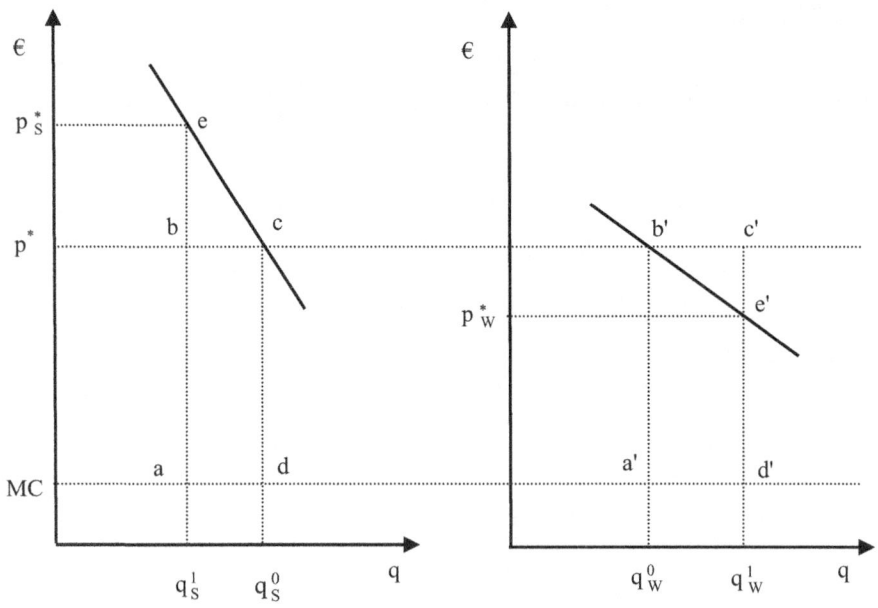

Abb. 10.5: Preisdifferenzierung 3. Grades

---

[13] Eine Verallgemeinerung für m verschiedene Nachfragergruppen wird in Tirole, 1989, S. 137 ff. behandelt.

Die Preisdifferenzierung führt zu einer Preissteigerung im „starken" Markt:

$p_s{}^* > p^* \Rightarrow q_s{}^0 - q_s{}^1 > 0$, die Menge im „starken" Markt fällt.

Dagegen wird der Preis im „schwachen" Markt gesenkt:

$p_w{}^* < p^* \Rightarrow q_w{}^1 - q_w{}^0 > 0$, die Menge steigt.

Der Produzent stellt sich besser, wenn er eine Preisdifferenzierungsstrategie wählt, da er immer auch einheitliche Preise verlangen kann. Die Konsumenten im „schwachen" Markt sind besser gestellt, denn sie können eine größere Menge zu einem niedrigeren Preis beziehen. Der Nettowohlfahrtszuwachs umfasst die Fläche *a'b'e'd'*. Die Konsumenten im „starken" Markt dagegen sind schlechter gestellt. Der Nettowohlfahrtsverlust im starken Markt *s* umfasst die Fläche *abcd + bce*.

Als Nettoveränderung der sozialen Wohlfahrt ergibt sich:

$$\Delta W = [a'b'c'd' - abcd] - [b'c'e' + bce]$$

$$= [a'd' - ad]cd - [b'c'e' + bce], \ da \ cd = c'd = p^* - MC$$

Weiterhin gilt:

$$a'd' - ad = Q^1 - Q^0 = \Delta Q, \ mit \ Q^0 = q_w{}^0 + q_s{}^0 \ und \ Q^1 = q_w{}^1 + q_s{}^1, \ da$$

$$a'd' - ad = (q_w{}^1 - q_w{}^0) - (q_s{}^0 - q_s{}^1)$$

$$= q_w{}^1 - q_w{}^0 + q_s{}^1 - q_s{}^0$$

$$= q_w{}^1 + q_s{}^1 - q_w{}^0 - q_s{}^0$$

Somit gilt:

$$\Delta W = (p^* - MC) \ \Delta Q - [b'c'e' + bce]$$

Eine Wohlfahrtserhöhung durch Preisdifferenzierung 3. Grades, d. h. $\Delta W > 0$ setzt folglich voraus, dass $\Delta Q > 0$, d. h. dass die Mengenzunahme im „schwachen" Markt die Mengenabnahme im „starken" Markt überschreitet (da $p^* - MC > 0$). Allerdings ist $\Delta Q > 0$ nicht hinreichend für $\Delta W > 0$, da $[b'c'e' + bce]$ subtrahiert wird.

Falls das Ziel darin besteht, eine *gegebene* Menge an Gütern auf die Konsumenten zu verteilen, ist eine Preisdifferenzierung 3. Grades dem einheitlichen Preis unterlegen, da Preisdifferenzierung unterschiedliche Grenzraten der Substitution zwischen den Konsumenten zur Folge hat. Die Befürworter eines Preisdifferenzierungsverbotes auf monopolistischen Märkten (bzw. für marktbeherrschende Unternehmen) betonen die (zumindest theoretische) Möglichkeit, dass der Gesamtoutput bei Preisdifferenzierung auch konstant bleiben bzw. sich sogar reduzieren kann. Aus $\Delta W = (p^* - MC)\ \Delta Q - [b'c'e' + bce]$ folgt dann eine Wohlfahrtsreduktion.

Die Wohlfahrtswirkung einer Preisdifferenzierung 3. Grades im Monopol hängt also entscheidend davon ab, ob hierdurch zusätzliche Mengen verkauft werden können (bzw. neue Märkte erschlossen werden können). Falls durch Preisdifferenzierung neue Märkte erschlossen werden und folglich neue Konsumentengruppen bedient werden, die bei einem monopolistischen Einheitspreis überhaupt nichts nachfragen, kann dies zu einer Wohlfahrtserhöhung führen, selbst wenn der Gesamtverkauf der vorher bedienten Märkte nicht ansteigt.

Als Fazit ergibt sich, dass auch auf monopolistischen Märkten Preisdifferenzierung 3. Grades einen wohlfahrtserhöhenden Effekt haben kann; dies ist umso eher der Fall, wenn dadurch neue Märkte erschlossen und immer größere Gütermengen abgesetzt werden. Falls Preisdifferenzierung 3. Grades verboten wird, und dadurch die Erschließung von neuen Märkten verhindert wird, besteht die Gefahr negativer Wohlfahrtseffekte (vgl. Layson, 1994).[14]

10.3 Preisdifferenzierung im Wettbewerb

Aufgrund der Voraussetzung langfristig stabiler Gewinne auf monopolistischen Märkten lag das Augenmerk bei der Behandlung der Preisdifferenzierungsfrage bisher auf der Nachfrageseite und vernachlässigte das Problem der Kostendeckung bei unterschiedlichen Produktionsbedingungen. Preisdifferenzierung im Wettbewerb wird dagegen analysiert, ohne dass Marktmacht und somit die Erzielung von Gewinnen unterstellt wird. Die Unternehmen sehen sich dennoch einer fallenden Nachfragefunktion gegenüber.[15] In diesem Abschnitt steht der Einfluss unterschiedlicher Produktionsbedingungen (Kostenfunktionen) auf die Ausgestaltung von Preisdifferenzierungsstrategien im Vordergrund. Es wird aufgezeigt, dass Preisdifferenzierung zur Sicherung der Überlebensfähigkeit von Unternehmen im Wettbewerb unerlässlich sein kann. Grundsätzlich werden Kuppelproduktion, Kapazitätskosten als Kuppelprodukt bei schwankender Nachfrage, Overhead-Kosten sowie Größenvorteile unterschieden und im Folgenden näher untersucht.

---

[14]   Die Wohlfahrtswirkungen von Preisdifferenzierungen im Monopol müssen deutlich unterschieden werden von den grundsätzlichen Problemen eines Monopols und der damit einhergehenden Marktmacht in Form langfristig stabiler Gewinne. Diese müssen aus wettbewerbspolitischer Sicht gesondert analysiert und diszipliniert werden (vgl. Abschnitt 4.7).

[15]   Dies ist beispielsweise im monopolistischen Wettbewerb (vgl. Kapitel 9) oder in angreifbaren natürlichen Monopolen (vgl. Kapitel 2) der Fall; vgl. hierzu auch Borenstein (1985), Locay, Rodriguez (1992) sowie Hayes (1987).

10.3.1   Grenzkostenpreise bei linearer Technologie

Die Annahmen des allgemeinen Gleichgewichtsmodells bei vollkommener Konkurrenz (vgl. Abschnitt 1.3.1) führen dazu, dass Preisdifferenzierung in diesem Modellrahmen keine Rolle spielt. Es existieren keine Gütervarianten: Die Güter werden detailliert nach Raum, Zeit und Qualität unterschieden. Der Güterraum ist sehr groß. Es existieren genauso viele unterschiedliche Preise wie Güter, wobei die Substitutionsbeziehungen zwischen den Gütern mehr oder weniger stark sein können. Darüber hinaus werden im Modell der vollkommenen Konkurrenz Größenvorteile ausgeschlossen, so dass Grenzkostenpreise kostendeckend sind. Dagegen spielen auf Märkten mit nicht vollkommenem, aber funktionsfähigem Wettbewerb sowohl Größenvorteile als auch Produktdifferenzierung eine zentrale Rolle. In diesem Rahmen ergeben sich vielfältige Potenziale für Preisdifferenzierung im Wettbewerb.

10.3.2   Wettbewerbspreise bei Kuppelproduktion

Kuppelproduktion liegt dann vor, wenn zwei Güter oder Dienstleistungen das Resultat eines einzigen Produktionsprozesses sind, derart, dass beide nur in fixer Proportion gemeinsam produziert werden können.[16] Betrachtet sei als Beispiel die Schafzucht (vgl. Abbildung 10.6).

Bezeichne Q die Anzahl Schafe, wobei pro Schaf eine bestimmte Menge Fleisch (F) und eine bestimmte Menge Wolle (W) in fixen Proportionen produziert wird. Hier liegt eine Kuppelproduktion von Fleisch und Wolle vor, und die Preise im Wettbewerb bestimmen sich nach der aggregierten Zahlungsbereitschaft für beide Produkte. Die im Wettbewerb produzierte Menge Q^* wird durch den Schnittpunkt der vertikal addierten Nachfragekurve nach den beiden Produkten (Wolle, Fleisch) mit den Grenzkosten der Kuppelproduktion bestimmt. Die unterschiedlichen Preise für die verschiedenen Güter können an den Nachfragekurven für Wolle (D_W) bzw. Fleisch (D_F) abgelesen werden.

Die vertikal addierte Nachfragefunktion nach Wolle und Fleisch (D_{F+W}) reflektiert die Summe der Zahlungsbereitschaften. Es lohnt sich, Q^* Schafe zu halten, vorausgesetzt, dass jedes Produkt nach der jeweiligen Zahlungsbereitschaft zur Deckung der Produktionskosten beiträgt. Bei der Menge Q^* entsprechen die Grenzkosten der Produktion, MC_{F+W} genau der Summe der Zahlungsbereitschaften für die letzte Einheit des Kuppelprodukts. Dem Produkt F werden entsprechend der Anteil $\alpha\,MC_{F+W}$ und dem Produkt W der Anteil $(1 - \alpha)\,MC_{F+W}$ der Kosten zugeordnet. Die Kosten der Kuppelproduktion können dagegen nicht kausal mit Hilfe

---

[16]   Obwohl in Marshall's *Principles of Economics* (1920) häufig der Ausgangspunkt dieser Theorie gesehen wird, geht sie zumindest bereits auf Mill, *Principles of Political Economics*, Book III, § 1 aus dem Jahre 1848 zurück; vgl. hierzu Taussig, 1890/1891, S. 444; sowie Clark, 1923, S. 5 f.

eines Schlüssels ohne Berücksichtigung der Nachfrage den beiden Produkten zugeordnet werden. Eine Aufteilung der Kosten der Kuppelproduktion auf beide Produkte zu gleichen Teilen würde beispielsweise dazu führen, dass die optimale Anzahl Schafe Q^* nicht gehalten werden könnte, da die Zahlungsbereitschaft für das Produkt Wolle nicht ausreichen würde um die Hälfte der Kosten der Kuppelproduktion zu decken.

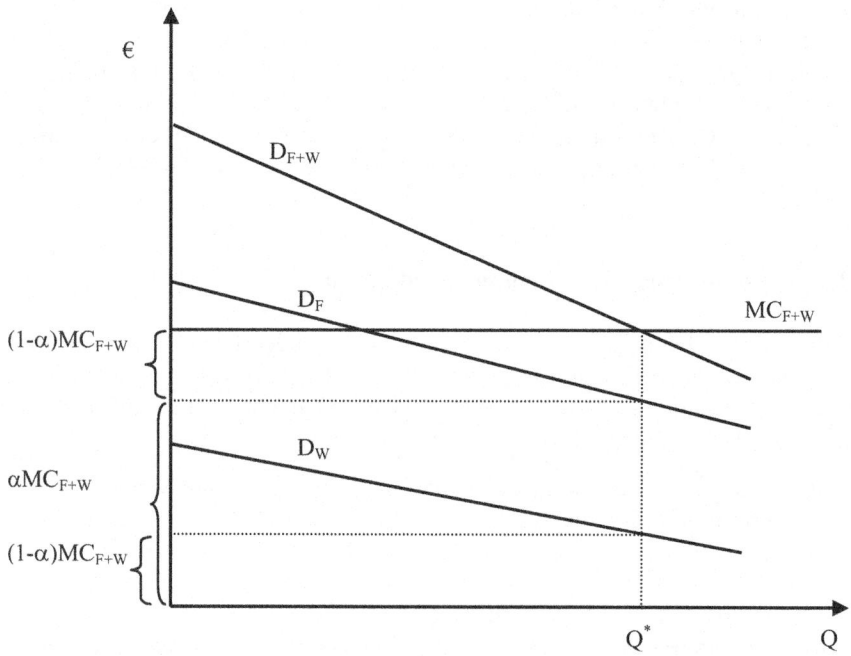

Abb. 10.6: Kuppelproduktion mit zwei Hauptprodukten

Es ist auch möglich, dass die Nachfrage nach den beiden Produkten einer Kuppelproduktion sehr asymmetrisch ist. Beispielsweise können Schafe vorwiegend zur Fleischerzeugung gehalten werden. Das Produkt Wolle stellt dann ein Nebenprodukt dar, wenn die Nachfrage nach Fleisch so hoch ist, dass den gleichzeitig anfallenden Mengen des Produktes Wolle keine Zahlungsbereitschaft mehr gegenübersteht. In diesem Fall trägt das Produkt Fleisch die ganzen Kosten der Kuppelproduktion (vgl. Abbildung 10.7). Das Produktionsvolumen Q^* wäre auch dann optimal, wenn überhaupt keine Wolle nachgefragt würde.

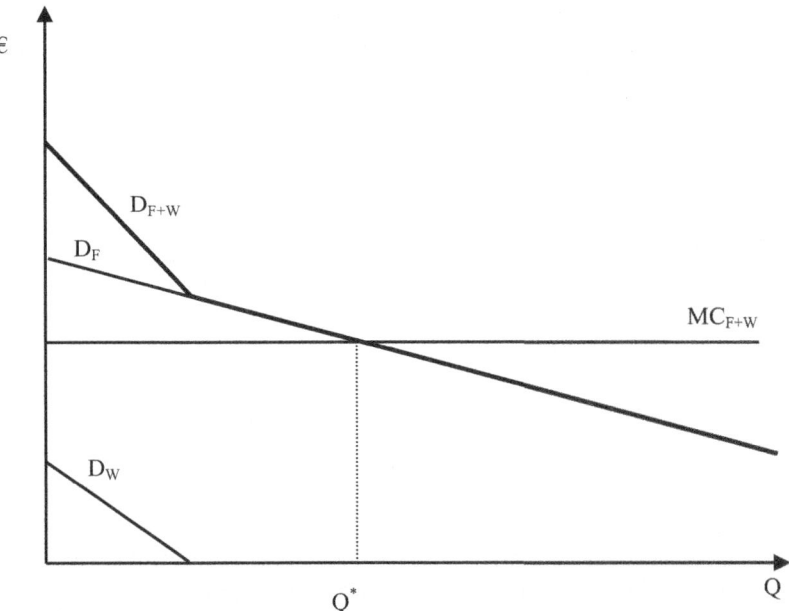

Abb. 10.7: Kuppelproduktion mit einem Nebenprodukt

Die Preisbildung bei Kuppelproduktion wird im Allgemeinen nicht als Preisdifferenzierung bezeichnet. Gemäß der üblichen Definition von Preisdifferenzierung (vgl. Abschnitt 10.1) sollte es sich bei Preisdifferenzierung nämlich um unterschiedliche Preise für das identische Produkt bzw. um unterschiedliche Preise für Varianten des gleichen Produkts handeln. Nun sind aber Fleisch und Wolle zwei sehr verschiedene Produkte (ohne ersichtliche Substitutionsbeziehungen), so dass die Preisbildung bei einer solchen Kuppelproduktion das Kriterium der Preisdifferenzierung nicht erfüllt. Die Grenzen sind jedoch oftmals fließend. Angenommen, in diesem Beispiel würde ein Tier lediglich zur Produktion von zwei verschiedenen Qualitäten von Fleisch gehalten, die in fixen Proportionen anfallen. Da beide Fleischqualitäten aufgrund ihrer Substituierbarkeit Varianten desselben Produktes (Fleisch) darstellen, würde Preisbildung bei Kuppelproduktion dann durchaus das Kriterium der Preisdifferenzierung erfüllen.

10.3.3 Spitzenlasttarifierung

Systematische Nachfrageschwankungen über die Zeit (z. B. im Tagesverlauf, Wochenverlauf, saisonal) führen auf Märkten mit nichtlagerbaren Produkten (insbesondere Dienstleistungsmärkten) und positiven Kapazitätskosten zur Spitzenlasttarifierung („peak load pricing"). Im einfachsten Fall lässt sich zwischen einer Spitzenlastperiode 1 mit einer Nachfrage D_1 und einer Schwachlastperiode 2 mit einer Nachfrage D_2 unterscheiden. Im Folgenden soll ein einfaches Modell einer Spitzenlasttarifierung dargestellt werden (vgl. Steiner, 1957, Phlips, 1983, Kap. 8). Im Vordergrund steht dabei die Frage nach der Rolle der Preisdifferenzierung im Wettbewerb.

Im Modell bezeichnet b die (konstanten) Produktionskosten (pro Outputeinheit) und β die Kapazitätsgrenzkosten, d. h. die Kosten für die Bereitstellung einer zusätzlichen Einheit Kapazität. Zur Vereinfachung wird im Folgenden angenommen, dass diese Kosten bzgl. des erforderlichen Kapazitätsumfangs konstant sind und pro Outputeinheit eine Kapazitätseinheit benötigt wird. Positive Kapazitätskosten stellen eine wesentliche Annahme für Spitzenlasttarifierung im Wettbewerb dar. Falls die Kapazitätskosten gleich Null sind ($\beta = 0$), liegt im Wettbewerb (bei konstanten Grenzkosten) keine zeitliche Differenzierung vor; in der Spitzenlastperiode wird dann lediglich mehr verkauft als in der Schwachlastperiode.[17]

Ausgangspunkt des von Steiner entwickelten Modells ist die Frage nach einer sozial optimalen Preisstruktur, die die Summe von Konsumenten- und Produzentenrente maximiert. Aufgrund der gewählten Modellstruktur (insbesondere konstante Grenzkosten der Kapazität) treten jedoch keine positiven Gewinne auf (vgl. Steiner 1957, S. 587, Fußn. 6). Das Ergebnis charakterisiert folglich eine Spitzenlasttarifierung im Wettbewerb.[18] Die Unternehmen besitzen identische Produktionsbedingungen. Sie nehmen die Preise der Spitzenlast- und der Schwachlastperiode als gegeben an und stellen die verfügbaren Kapazitätseinheiten bereit. Es besteht sowohl die Möglichkeit für Marktzutritt als auch für Marktaustritt, falls die Produktion zu Gewinnen bzw. zu Defiziten führt.[19]

10.3.3.1 *Spitzenlasttarifierung bei einer festen Lastspitze*

Besonderes Charakteristikum der Spitzenlastproblematik ist die unterschiedliche Auslastung von Kapazitäten (Grenzkosten der Kapazität $\beta > 0$ vorausgesetzt). Der Aufbau von Kapazität stellt ein Kuppelprodukt dar: Kapazität, die in der Spitzenlastperiode gebraucht wird, steht auch in der Schwachlastperiode zur Verfügung (vgl. Abbildung 10.8).

---

[17] Anders verhält es sich dagegen im Monopol, in dem auch bei Abwesenheit von Kapazitätskosten bei schwankender Nachfrage unterschiedliche Preise erhoben werden, da die Grenzerlöskurven im Zeitablauf variieren (vgl. Phlips, 1983, S. 134 f.).

[18] Bereits Taussig verwies auf die Rolle der Kuppelproduktion bei Spitzenlasttarifierung als Rechtfertigung für Preisdifferenzierung im Wettbewerb: „It is generally agreed, I think, that even under free competition these conditions would lead to discrimination in charges explicable on the principle of joint supply" (Taussig, 1933, S. 338).

[19] Unteilbarkeitsprobleme werden aufgrund der Stetigkeitsannahme der Kapazitätsgrenzkostenkurve vernachlässigt (vgl. Officer, 1966).

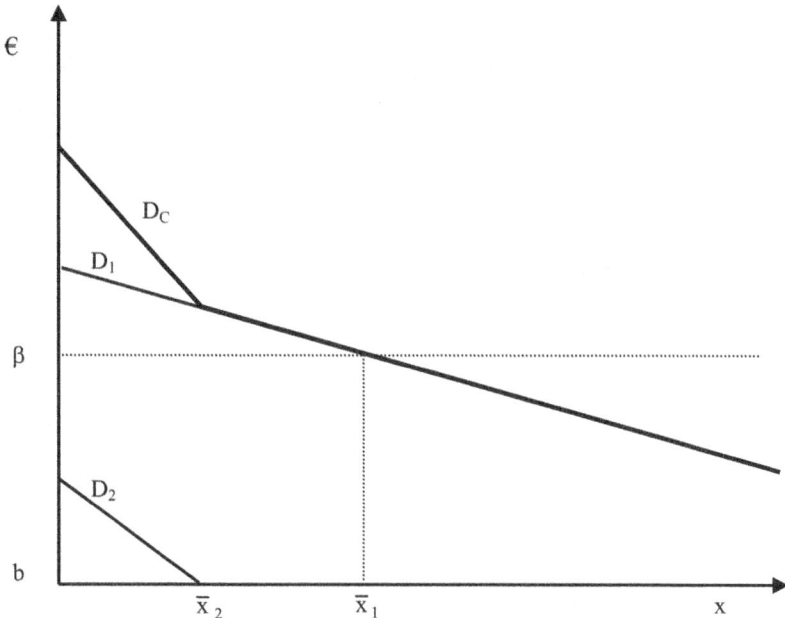

Abb. 10.8: Spitzenlasttarifierung bei einer festen Lastspitze

Die unterschiedlichen Nachfragen in der Spitzenlast- und Schwachlastperiode werden vertikal addiert, da die Nachfragen der unterschiedlichen Perioden komplementär und nicht substitutiv sind: $D_c = D_1 + D_2$ (vertikale Summe) = totale effektive Nachfrage nach Kapazität. Zur Vereinfachung der Darstellung sind die konstanten Grenzkosten der Produktion von den Nachfragekurven D_1, D_2 bereits abgezogen.[20] Der wohlfahrtsmaximierende Kapazitätsumfang ist $\bar{x}_1$, wobei die Nachfrage nach Kapazitätseinheiten den Grenzkosten ihrer Bereitstellung entspricht. Die marginale Nachfrage nach Kapazität wird von der Nachfrage in der Spitzenlastperiode bestimmt: $D_c = D_1$. Hieraus folgt, dass der Preis in der Spitzenlastperiode die Grenzkosten der Produktion und die Grenzkosten der Kapazität (für eine zusätzliche Produktionseinheit) decken muss ($p_1 = b + \beta$). Als optimale Kapazität in der Spitzenlastperiode ergibt sich $\bar{x}_1$.

Der Preis in der Schwachlastperiode entspricht lediglich den Grenzkosten der Produktion ($p_2 = b$). Dabei werden $\bar{x}_2$ Kapazitätseinheiten nachgefragt. Da $\bar{x}_2 < \bar{x}_1$, liegen in der Schwachlastperiode ($\bar{x}_1 - \bar{x}_2$) Kapazitätseinheiten brach. Obwohl die Nachfrage in der Schwachlastperiode keinen Beitrag zur Deckung der Kapazitätskosten leistet, kommt es nicht zu einer Wanderung der Lastspitze. Es handelt sich daher um den Fall einer festen Lastspitze („firm peak case"). Die

---

[20]   Für eine Darstellung einschließlich der konstanten Grenzkosten der Produktion vgl. Phlips, 1983, S. 136-139.

Inanspruchnahme der Kapazität in der Schwachlastperiode stellt ein Nebenprodukt dar und besitzt darum keine Opportunitätskosten. Dieser Fall ist analog zur Preisbildung bei Kuppelproduktion, bei der das Produkt Wolle ein Nebenprodukt darstellt. Es werden so viele Schafe zur Fleischgewinnung geschlachtet, dass die dabei anfallende Wolle aufgrund der niedrigeren Nachfrage nach Wolle keinen positiven Knappheitspreis besitzt (vgl. Abbildung 10.7, Abschnitt 10.3.2).

10.3.3.2   *Spitzenlasttarifierung bei einer wandernden Lastspitze*

Während im Fall einer festen Lastspitze die Inanspruchnahme der Kapazität in der Schwachlastperiode ein Nebenprodukt darstellt, wird im Fall einer wandernden Lastspitze („shifting peak case") auch in der Schwachlastperiode die Kapazität voll genutzt. Die nachfolgende Abbildung 10.9 veranschaulicht dieses Ergebnis (vgl. Steiner, 1957, Fig. 1, S. 588).

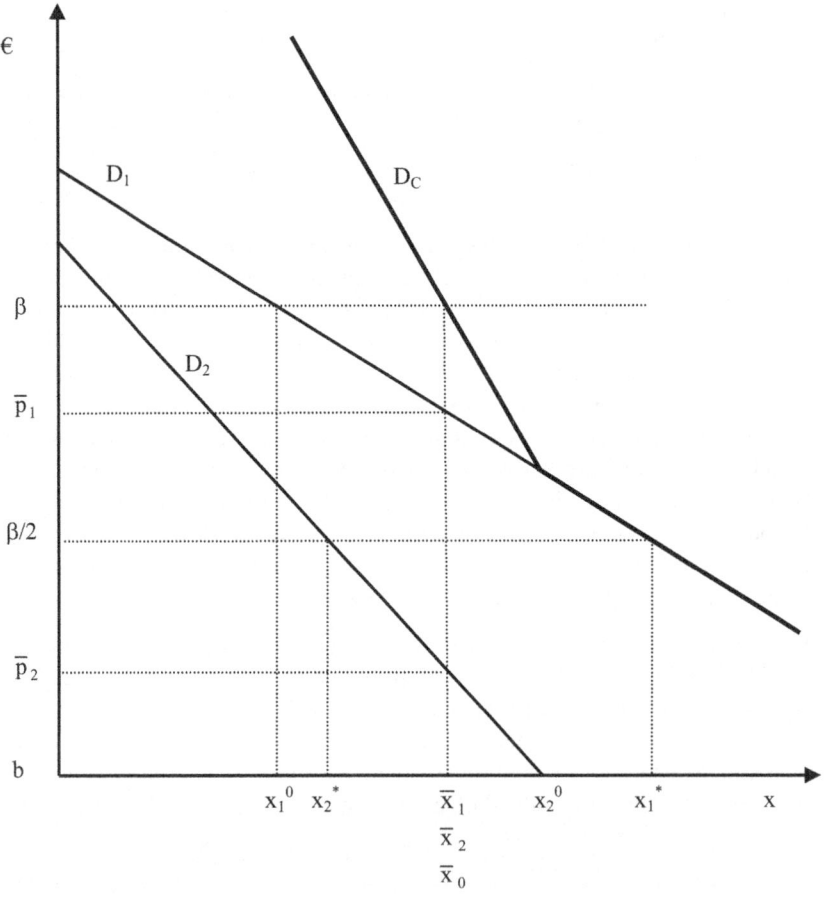

Abb. 10.9: Spitzenlasttarifierung bei einer wandernden Lastspitze

Angenommen, lediglich die Spitzenlastnachfrage würde zur Deckung der Kapazitätskosten herangezogen. Es wird davon ausgegangen, dass die Nachfrage D_2 in der Schwachlastperiode so verläuft, dass bei $p_2 = b$, x_2^0 Einheiten nachgefragt werden, während in der Spitzenlastperiode bei $p_1 = b + \beta$, x_1^0 Einheiten nachgefragt werden. Eine alleinige Zurechnung der Kapazitätskosten auf die Spitzenlastnachfrage hätte zur Folge, dass $x_2^0 > x_1^0$. Lediglich die Kapazitätskosten für x_1^0 Einheiten würden gedeckt, aber x_2^0 Einheiten wären erforderlich. Da $x_2^0 > x_1^0$ würde die Lastspitze in die vormalige Schwachlastperiode wandern. Der Output in der Schwachlastperiode wäre dann größer als derjenige in der Spitzenlastperiode. Die hierfür erforderlichen Kapazitätskosten würden jedoch nicht gedeckt. Auch ein Durchschnittspreis $p^* = b + \beta/2$ würde nicht ausreichen, um die Kapazitätskosten zu decken. Die resultierenden Mengen x_1^* und x_2^* würden x_1^* Kapazitätseinheiten erfordern, aber es würden nur $\beta/2 \cdot (x_1^* + x_2^*) < \beta x_1^*$ Kapazitätskosten gedeckt, da $x_2^* < x_1^*$.

Um die sozial optimale Lösung zu finden, muss wieder die Eigenschaft der Kapazitätsbereitstellung als Kuppelprodukt eingesetzt werden: D_C stellt die totale effektive Nachfrage nach Kapazität dar, die sich aus der vertikalen Addition der Nachfrage in der Spitzenlast- und Schwachlastperiode ergibt ($D_C = D_1 + D_2$). Die sozial optimale Gesamtkapazität $\bar{x}_0$ ergibt sich im Schnittpunkt $D_C = \beta$. Hier ist von zentraler Bedeutung, dass der Output in *jeder* Periode ausgedehnt werden sollte, bis dass die Kapazität in jeder Periode ausgelastet wird (d. h. $\bar{x}_0 = \bar{x}_1 = \bar{x}_2$); so liegt auch in der Schwachlastperiode keine Kapazität mehr brach. Die optimalen dazugehörigen Preise sind $p_1 = \bar{p}_1 + b$ und $p_2 = \bar{p}_2 + b$. Diese Lösung ist eine volkswirtschaftlich erwünschte Form der Preisdifferenzierung (vgl. Steiner, 1957, S. 590). Dabei wird davon ausgegangen, dass die Leistungen in der Schwachlast- und Spitzenlastperiode Varianten eines Produktes mit unterschiedlichen Produktqualitäten darstellen.[21]

Die bei Abweichungen von dieser Spitzenlasttarifierung nachgefragte Kapazität ist ineffizient. Falls die Nachfrage *i* der Schwachlastperiode die Kapazität kostenlos erhält, fragt sie eine Kapazitätsmenge nach, die durch die aggregierte Nachfrage D_C nicht gerechtfertigt ist. Bei einer Durchschnittspreisbildung wird ebenfalls eine zu große Kapazität nachgefragt, die überdies in der Schwachlastperiode nur teilweise in Anspruch genommen wird.

10.3.3.3 *Preisdifferenzierung und Spitzenlasttarifierung*

Aus der Perspektive der allgemeinen Gleichgewichtstheorie bei vollkommener Konkurrenz war es schwierig vorstellbar, dass optimale Preise diskriminierend sein können, da die Gleichgewichtspreise in jeder Periode den Grenzkosten der

---

[21]   Obwohl die Preisbildung bei Kuppelprodukten völlig analog erfolgt, wird sie in der Regel nicht als Preisdifferenzierung bezeichnet, insoweit es sich um Produkte ohne ersichtliche Substitutionsbeziehungen handelt.

Produktion entsprechen. Daher entstand eine intensive Kontroverse zwischen Steiner (1957) und Hirshleifer (1958), gefolgt von Ekelund, Hullet (1973) sowie Demsetz (1973), über die Frage, ob die optimale Spitzenlasttarifierung überhaupt eine Form der Preisdifferenzierung darstellt.[22] Das zentrale Argument von Hirshleifer für die These, es handle sich bei Spitzenlasttarifierung nicht um Preisdifferenzierung besagt, dass die effizienten Preisdifferenzen in den Differenzen der Grenzkosten dieser unterschiedlichen Konsumentengruppen begründet seien. Unter Grenzkosten werden dabei die marginalen Opportunitätskosten für die jeweilige Konsumentengruppe verstanden. Diese stimmen (fast) mit den optimalen Preisen p_1 und p_2 in der Schwachlast- bzw. Spitzenlastperiode überein. Steiner (1958, S. 467) entgegnete demgegenüber, dass bei einer solchen Ausdehnung des Grenzkostenkonzepts zwar Spitzenlasttarifierung nicht mehr als Preisdifferenzierung angesehen werden müsse, dies jedoch zu Lasten einer eindeutigen Definition der Grenzkosten gehe, unabhängig von der Nachfragefunktion für das jeweilige Produkt.

Die Frage, ob optimale Spitzenlasttarifierung eine Form der Preisdifferenzierung darstellt, hat im Zeitablauf an praktischer Bedeutung verloren. Die insbesondere durch Pigou (1952) geprägte Vorstellung, Preisdifferenzierung sei ein Instrument zur Ausübung monopolistischer Marktmacht, wurde zunehmend abgelöst durch die Vorstellung, dass Preisdifferenzierung auch im Wettbewerb stabil und in vielen Fällen wohlfahrtserhöhend sein kann (vgl. Phlips, 1983). Gleichwohl ist es bemerkenswert, dass eine nach wie vor konzeptionell interessante Frage im Laufe der von Steiner und Hirshleifer ausgelösten Kontroverse unbeantwortet blieb: Wie werden die ökonomisch relevanten Opportunitätskosten im strittigen Fall der wandernden Lastspitze definiert?[23] Zur Beantwortung dieser Frage ist es hilfreich, sich die unterschiedliche Anwendung des Opportunitätskostenbegriffs bei (1) privaten Gütern einerseits und (2) öffentlichen Gütern andererseits in Erinnerung zu rufen, um dann (3) das geeignete Konzept auf den Fall der Spitzenlasttarifierung anzuwenden:

1. Durch die Verwendung einer knappen Ressource für einen bestimmten Zweck wird auf die Gelegenheit (= Opportunität) verzichtet, diese anderweitig einzusetzen. Der Wert der bestmöglichen alternativen Verwendung einer Ressource bestimmt die Höhe der Opportunitätskosten. Bei einem privaten Gut ist die optimale Allokation dann erreicht, wenn die Opportunitätskosten der letzten produzierten Einheit gerade der Zahlungsbereitschaft des Grenznutzers für eben diese letzte Einheit entsprechen.

---

[22]   Vgl. hierzu auch die Zusammenfassung dieser Kontroverse in Phlips, 1983, S. 139-141.

[23]   Steiner (1958) hat zwar die spezielle Verwendung des Opportunitätskostenkonzepts von Hirshleifer (1958) kritisiert, dem aber keine alternative Verwendung gegenübergestellt – zumindest nicht explizit.

2. Demgegenüber ist bei einem öffentlichen Gut die optimale Allokation dann erreicht, wenn die Opportunitätskosten der letzten produzierten Einheit gerade der Summe der Zahlungsbereitschaften aller potenziellen Nachfrager dieser Einheit entsprechen. Es ist in diesem Fall nicht möglich, die Opportunitätskosten auf die einzelnen Nachfrager aufzuteilen. Der relevante Opportunitätskostenbegriff bezieht sich auf die Produktion einer Einheit des öffentlichen Guts, nicht auf die Nutzung einer Einheit durch einen einzelnen Nachfrager. Die Opportunitätskosten sind unabhängig von der Inanspruchnahme durch die einzelnen Nutzer und deren individuellen Zahlungsbereitschaften definiert und so gesehen für alle Nutzer gleich.[24]

3. Die Parallele der Spitzenlasttarifierung zu öffentlichen Gütern ist offenkundig. Der Schlüssel zur Ermittlung der optimalen Allokation ist in beiden Fällen die vertikale Addition der Nachfragen.[25] Bei Spitzenlasttarifierung im Fall der wandernden Lastspitze ist die optimale Allokation dann erreicht, wenn die vollen Opportunitätskosten einer zusätzlichen Kapazitätseinheit gerade der Summe der Zahlungsbereitschaften der beiden Nachfragegruppen (Spitzenlast und Schwachlast) für eben diese Einheit entsprechen. Die relevanten Opportunitätskosten beziehen sich also auch hier nicht auf die spezifischen Nutzungen der beiden Nachfragegruppen, sondern auf die unteilbare Kapazitätseinheit als Ganzes, deren Opportunitätskosten – analog zum oben beschriebenen Fall der öffentlichen Güter – nicht weiter auf die einzelnen Nachfrager bzw. Nachfragegruppen aufteilbar sind. Da aber die Zahlungsbereitschaften und damit die Preise der beiden Nachfragegruppen im Optimum unterschiedlich sind, liegt so gesehen eine Form der Preisdifferenzierung vor.[26]

---

[24]   Nicht gleich sind dagegen deren Zahlungsbereitschaften, und genau dieser Aspekt ist der Kern des so genannten Lindahl-Pricing (vgl. Lindahl, 1919). Da Lindahl-Pricing in der Regel zu unterschiedlichen Preisen für die einzelnen Nutzer des öffentlichen Gutes führt (bei unterschiedlichen Zahlungsbereitschaften), die nicht durch Kostenunterschiede erklärbar sind, stellt es so gesehen eine Form der Preisdifferenzierung dar.

[25]   Auf diese Analogie weist bereits Steiner (1957, S. 588, Fn 8) hin. Bei öffentlichen Gütern werden die individuellen Nachfragekurven der einzelnen Nutzer vertikal addiert; bei der Spitzenlasttarifierung addiert man die (bereits aus den zugrundeliegenden individuellen Nachfragen teilaggregierten) Nachfragekurven für die Spitzenlast- und Schwachlastperiode.

[26]   Im Ergebnis besteht somit kein Unterschied zu Steiner (1957 und 1958). Mit der konsequenten Anwendung des Opportunitätskostenbegriffs auf das Problem der Kapazitätsausdehnung im Fall einer wandernden Lastspitze erhält die Argumentation aber eine zusätzliche theoretische Fundierung. Für den ohnehin unstrittigen Fall einer festen Lastspitze bleibt die Schlussfolgerung unverändert: In diesem Fall liegt keine Preisdifferenzierung vor, weil die marginalen Opportunitätskosten bei optimaler Kapazität allein von den Spitzenlastnachfragern verursacht werden. Der Preisunterschied ist folglich durch unterschiedliche Kosten begründet.

10.3.4   Preisdifferenzierung zur Deckung von Overhead-Kosten

Ein wichtiger Beitrag zur Rolle der Preisdifferenzierung im Wettbewerb wurde von Clark (1923) geleistet. Er vertrat die Auffassung, dass Preisdifferenzierung weder ein originäres Monopolproblem darstelle, noch notwendigerweise ein Problem der Kuppelproduktion sei. Preisdifferenzierung sei im Wettbewerb vielmehr zur Deckung von Overhead-Kosten erforderlich.[27] Das Overhead-Kostenproblem tritt auf vielen Märkten auf. Eine allgemeine Charakterisierung lautet wie folgt:

> „What are 'overhead costs'? ... They refer to costs that cannot be traced home and attributed to particular units of business in the same direct and obvious way in which, for example, leather can be traced to the shoes that are made from it. And most of the real problems involve one other fact; namely, that an increase or decrease in output does not involve a proportionate increase or decrease in cost ..." (Clark, 1923, S. 1).

Das Konzept der Overhead-Kosten wird hier also sehr umfassend für alle Formen der Gemeinkosten verwendet. Im Folgenden wird dieses Konzept noch differenzierter untersucht.

Kuppelproduktion stellt die extremste Form von Verbundvorteilen der gemeinsamen Produktion von Gütern in einem Unternehmen dar. Im Extremfall können mit Hilfe eines einzigen Produktionsprozesses (Kostentreibers) die verschiedenen Produkte des Unternehmens ausschließlich in fixen Proportionen produziert werden.

Verbundvorteile bilden ein viel allgemeineres Phänomen als Kuppelproduktion.[28] Verbundvorteile treten immer dann auf, wenn es kostengünstiger ist, eine (Teil-) Menge von Produkten in einem Unternehmen gemeinsam zu produzieren. Die Kosten der gemeinsamen Produktion sind dann niedriger als die Kosten der separaten Herstellung. Ein Teil der Produktionseinrichtungen wird zwar im Verbund genutzt, unabhängig von der Dimensionierung der gemeinsamen Produktionsanlage werden die verschiedenen Produkte aber nicht in fixen Proportionen produziert. Insbesondere sind die Kosten, ein Produkt separat zu produzieren (Stand-alone-Kosten) niedriger als die Kosten, gleichzeitig auch ein weiteres Produkt zusätzlich zu produzieren, da die Zusatzkosten dieses weiteren Produktes eingespart werden können. Hier liegt der entscheidende Unterschied zur Kuppelproduktion.

Im Wettbewerb muss der Preis eines Produktes nicht nur seine produktspezifischen Zusatzkosten tragen, sondern auch zur Deckung der produktgruppenspezifi-

---

[27]   „In general, discrimination is not a sure symptom of monopoly, still less of extortionate prices. Nor is discrimination necessarily due either to monopoly or to 'joint cost'. It is a natural result of overhead costs, and is found in practically every phase of business" (Clark, 1923, S. 433).

[28]   Im Wettbewerb sind Verbundvorteile hinreichend für die Existenz von Mehrproduktunternehmen (vgl. Panzar, Willig, 1981).

schen Verbundkosten und der unternehmensspezifischen Gemeinkosten beitragen (vgl. Abschnitt 2.2.3.1). Sind die einzelnen Produkte einer Produktgruppe nicht in der Lage, ihre produktspezifischen Zusatzkosten und die Verbundkosten zu tragen, werden sie nicht mehr angeboten. Gleichermaßen müssen alle Produkte gemeinsam die unternehmensspezifischen Gemeinkosten decken, damit die Überlebensfähigkeit des Unternehmens gesichert ist. In der traditionellen Overhead-Kostenliteratur werden sowohl die produktgruppenspezifischen Verbundkosten als auch die unternehmensspezifischen Gemeinkosten als Overhead-Kosten bezeichnet.[29] Bereits Clark (1923, S. 32) betonte, dass auch im Wettbewerb verschiedene Differenzierungsmöglichkeiten zur Deckung der Overhead-Kosten bestehen. Das Grundprinzip besteht darin, die unterschiedlichen Zahlungsbereitschaften der einzelnen Nachfragergruppen bei der Preissetzung systematisch zu nutzen. Die erforderlichen Aufschläge zur Deckung der Overhead-Kosten müssen abhängig von der Preiselastizität der Nachfrage gewählt werden. Die Aufschläge sind umso höher anzusetzen, je niedriger die Elastizitäten sind.[30] Preisdifferenzierung nach Elastizitäten unterschiedlicher Nutzergruppen ist folglich auch im Wettbewerb erforderlich, um die Deckung der Overhead-Kosten zu gewährleisten.

10.3.5 Preisdifferenzierung bei Größenvorteilen im angreifbaren natürlichen Monopol

10.3.5.1 Anreize für Preisdifferenzierung

Betrachtet sei der folgende Einproduktfall mit einer fallenden Durchschnittskurve: $AC = C(q)/q = F/q + MC$, wobei $C(q)$ die Gesamtfunktion, F die fixen Kosten und MC die konstanten Grenzkosten bezeichnen. Ausgegangen wird von einem kostendeckenden, nicht differenzierten Einheitspreis $p = AC$. Angenommen sei ferner freier Marktzutritt, der den aktiven Anbieter perfekt diszipliniert. Es handelt sich also um ein angreifbares natürliches Monopol.[31] In Abbildung 10.10 wird aufgezeigt, dass Anreize für Preisdifferenzierung bestehen (vgl. Brennan, 1991, Fig. 1, S. 144).

---

[29] Die derart definierten Overhead-Kosten ergeben sich folglich als Differenz zwischen Gesamtkosten und der Summe der produktspezifischen Zusatzkosten (vgl. Knieps, 1987, S. 275).

[30] Es handelt sich um das Prinzip: „charging what the traffic will bear" (Clark, 1923, S. 281).

[31] Zur Theorie eines angreifbaren natürlichen Monopols, vgl. Abschnitt 2.2.

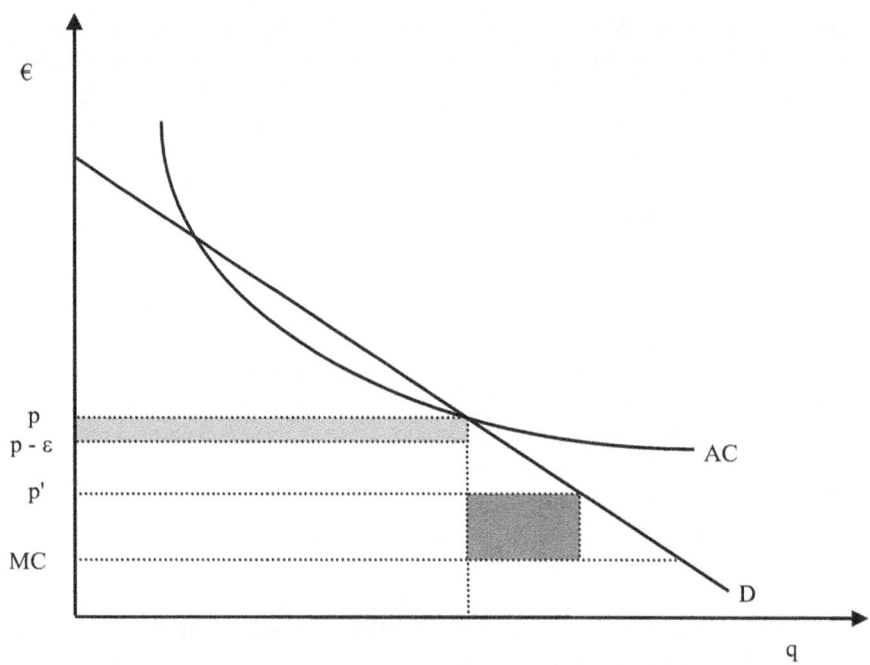

Abb. 10.10: Preisdifferenzierung im angreifbaren natürlichen Monopol

Falls Differenzierung möglich ist, aber nicht angewendet wird, sondern ein Einheitspreis p verlangt wird, könnte ein Marktneuling sämtliche Kunden vom eingesessenen Unternehmen übernehmen, indem er einen Preis p - ε setzt; darüber hinaus könnte der Marktneuling weitere Nachfrage anziehen – unterhalb des Reservationspreises – indem er für die zusätzlichen Einheiten einen niedrigeren Preis p' erhebt. Da die hell schraffierte Fläche (Verlust) beliebig verkleinert werden kann, ist es dem Marktneuling möglich, profitabel den Markt zu übernehmen. Er erzielt damit zusätzliche Einnahmen (dunkel schraffierte Fläche). Darüber hinaus kann er durch eine Ausdehnung der produzierten Menge die Durchschnittskosten senken.

Aufgrund der Angreifbarkeit des Marktes erfolgt zum einen eine Ausweitung und Verfeinerung der Preisdifferenzierung, bis alle Differenzierungsmöglichkeiten ausgeschöpft sind. Zum anderen wird das Preisniveau so lange gesenkt, bis kein positiver Gewinn mehr erzielt wird. Damit dies jedoch möglich ist, müssen die Voraussetzungen für Preisdifferenzierung erfüllt sein, insbesondere darf keine Arbitrage zwischen den einzelnen Kundengruppen stattfinden.[32]

---

[32] Für den Spezialfall identischer Konsumenten kann ein Marktneuling gegenüber dem durchschnittskostendeckenden Einheitspreis einen wohlfahrtsverbessernden zweiteiligen Tarif anbieten, bei dem der Stückpreis den Grenzkosten entspricht und die Grundgebühr zur Fixkostendeckung verwendet wird (vgl. Shaffer, 1987).

10.3.5.2   Endogenes Ramsey-Pricing

Ramsey-Preise berücksichtigen sowohl die Grenzkosten als auch die Nachfrage-elastizitäten.[33] Ihre Bedeutung für Dienstleistungen im Wettbewerb wurde u. a. von Baumol und Willig diskutiert (Baumol, Willig, 1983; Willig, Baumol, 1987).[34] Das Grundprinzip einer Preisdifferenzierung durch Ramsey-Preise auf wettbewerblichen Dienstleistungsmärkten (endogenes Ramsey-Pricing) besteht darin, dass diejenigen Leistungen mit der geringsten Preiselastizität den größten Beitrag zu den fixen Kosten beitragen, wobei sich die Preiselastizitäten im wettbewerblichen Umfeld herauskristallisieren.[35]

Angenommen, es ist Preisdifferenzierung von linearen Tarifen zwischen verschiedenen Konsumentengruppen möglich, aber nicht innerhalb einer Konsumentengruppe. Ausgegangen wird von unterscheidbaren Konsumentengruppen, wobei ε_i die Preiselastizitäten der Nachfrage bei freiem Marktzutritt darstellen. Alle Informationen der Reaktionsmöglichkeiten der Konsumenten nach Marktöffnung sind darin enthalten.

Es gelten die folgenden Annahmen: $q_1 = D_1(p_1)$, ..., $q_i = D_i(p_i)$, ..., $q_m = D_m(p_m)$ sind die auf den einzelnen Märkten nachgefragten Mengen, wobei $(p_1, ..., p_m)$ die entsprechenden Preise darstellen.

$q = \sum_{i=1}^{m} D_i(p_i)$ bezeichnet die aggregierte Nachfrage.

$C(q) = cq + F$ ist die Gesamtkostenfunktion, mit konstanten Grenzkosten $MC_i = c$ und fixen Kosten F. $p_i(q_i)$ bezeichnet die inverse Nachfragefunktion auf Markt i.

Ramsey-Preise bei funktionsfähigem potenziellem Wettbewerb ergeben sich – unter Vernachlässigung der Kreuzpreiselastizitäten – wie folgt:

$$\max_{q_1, ..., q_m} \sum_{i=1}^{m} \left(\int_0^{q_i} p_i(t)\,dt - cq_i \right) - F$$

unter der Nebenbedingung:

$$\sum_{i=1}^{m} p_i(q_i) \cdot q_i - \sum_{i=1}^{m} cq_1 - F = 0$$

---

[33]   Zum Grundprinzip der Ramsey-Preise auf regulierten Märkten vgl. Abschnitt 5.2.1.

[34]   „*Potential* competition precludes monopoly pricing in contestable markets. ... In such markets, the price of a product lies somewhere between its incremental and its stand-alone cost; just where it falls in that range depends on the state of demand" (Willig, Baumol, 1987, S. 34).

[35]   „Thus, where competitive forces are sufficiently strong to give control of the prices of rail services to the market, it is those market determined prices that are Ramsey optimal" (Baumol, Willig, 1983, S. 37).

Die Lagrange-Funktion lautet:

$$L(q_1,\dots q_m,\lambda) = \sum_{i=1}^{m}\left(\int_0^{q_i} p_i(t)dt - cq_i\right) - F + \lambda\left(\sum_{i=1}^{m} p_i(q_i)\cdot q_i - \sum_{i=1}^{m} cq_i - F\right)$$

$$\frac{\partial L}{\partial q_i} = p_i - c + \lambda\left(MR_i - c\right) = 0 \quad i=1,\dots, n$$

$$\Leftrightarrow p_i - c = -\lambda\,(MR_i - c) \Leftrightarrow p_i - c = \lambda\,(c - MR_i) \Leftrightarrow \frac{p_i - c}{c - MR_i} = \lambda \tag{1}$$

$$MR_i = \frac{\partial}{\partial q_i}\left(\sum_{i=1}^{m} p_i\,(q_i)\cdot q_i\right) = p_i\left(1 + \frac{\partial p_i}{\partial q_i}\cdot\frac{q_i}{p_i}\right) = p_i\,(1+\phi_i) \tag{2}$$

mit $\phi_i = \dfrac{1}{\varepsilon_i}$, ϕ_i bezeichnet die Mengenelastizität von $p_i(q_i)$.

Somit folgt aus (1) und (2):

$$\frac{p_i - c}{c - \left[p_i(1+\phi_i)\right]} = \lambda \tag{3}$$

Daraus folgt die Ramsey-Preisformel:

$$\frac{p_i - c}{p_i} = \frac{-\lambda}{1+\lambda}\phi_i = \frac{-\lambda}{1+\lambda}\cdot\frac{1}{\varepsilon_i} \quad i = 1,\dots, m \tag{4}$$

Der Aufschlag auf die Grenzkosten ist umso höher, je niedriger die Preiselastizität der Nachfrage ist.

Ramsey-Pricing war traditionell ein Instrument zur globalen Preis- und Gewinnregulierung (vgl. Abschnitt 5.2.1). Solange lineare Preise zur Disposition stehen, reflektieren diese aber auch auf wettbewerblichen Märkten das Grundprinzip der Einbeziehung der Nachfrageelastizitäten zur Deckung der fixen Kosten[36], wobei sämtliche im Wettbewerb bereitgestellten Angebotssubstitute in den Nachfrageelastizitäten im Wettbewerb spontan berücksichtigt werden.

---

[36]   Produktgruppenspezifische Verbundkosten und unternehmensspezifische Gemeinkosten werden nach dem gleichen Prinzip gedeckt.

10.3.5.3   Optionale mehrteilige Tarife im Wettbewerb

Im Rahmen der Untersuchung optionaler mehrteiliger Tarife im Monopol war es zweckmäßig, von einem einheitlichen Monopolpreis $\bar{p}$ auszugehen (vgl. Abschnitt 10.2.2.2). Bei funktionsfähigem aktivem und potenziellem Wettbewerb werden die Gewinne wegkonkurriert, allerdings müssen die Gesamtkosten gedeckt werden. Da bei Vorliegen von Größenvorteilen Grenzkostenpreise nicht kostendeckend sind, wird für den Einproduktfall von Preis gleich Durchschnittskosten ausgegangen. Die allgemeine Aussage (vgl. Willig, 1978), dass sich zu jedem Einheitspreis $\bar{p} > MC$ ein optionales nichtlineares Preisschema konstruieren lässt, das sowohl das Unternehmen als auch einige Konsumenten besser stellt, ohne dass sich irgendwelche anderen Konsumenten verschlechtern, ist folglich auch in der Situation ohne Marktmacht ($\bar{p} = AC$) relevant.[37]

In Abschnitt 10.2.2.1 wurde aufgezeigt, dass nichtlineare (n-teilige) Tarife durch eine Menge von undominierten zweiteiligen Tarifen charakterisiert werden können, aus denen die unterschiedlichen Konsumenten das für sie passende Preisschema wählen können. Mehrteilige Tarife bieten folglich größere Wahlmöglichkeiten als ein einziger zweiteiliger Tarif oder ein linearer Tarif. Sie ermöglichen heterogenen Konsumenten eine größere Vielfalt von Tarifpaketen (Mengen von zweiteiligen Tarifen), aus denen sie auswählen können. Durch den Übergang von einem n-teiligen Tarif zu einen n+1-teiligen Tarif werden folglich zusätzliche Wahlmöglichkeiten geschaffen, die es ermöglichen, auf die Bedürfnisse einer größeren Anzahl von Konsumententypen einzugehen. Angenommen es besteht eine endliche Anzahl N von Konsumententypen. Falls alle N Konsumententypen zu einem k-teiligen Tarif einkaufen, wobei $k < N$ und der Grenzpreis des größten Konsumenten nicht den Grenzkosten entspricht, besteht immer ein ($k + 1$)-teiliger Tarif, der Pareto-besser ist. Dies liegt darin begründet, dass (n) zweiteilige Tarife mehr Freiheitsgrade bereitstellen als ($n - 1$) zweiteilige Tarife (vgl. Willig, 1978; Brown, Sibley, 1986, S. 83 ff.). Durch das Angebot von Tarifpaketen in der Option eines zweiteiligen Tarifs aus einer Menge von zweiteiligen Tarifen wird die Umsetzung nichtlinearer (mehrteiliger) Tarife erleichtert. Der Entwicklung und Implementierung solcher Tarifpakete stehen jedoch auch Transaktionskosten gegenüber, so dass eine perfekte Preisdifferenzierung als Endresultat nicht zu erwarten ist. Im Wettbewerb werden die Grenzen einer zusätzlichen Preisdifferenzierung im Sinne eines Trial-and-Error-Prozesses ausgelotet. Die Grenze einer weitergehenden Differenzierung wird dann erreicht, wenn die Transaktionskosten für eine Verfeinerung des Preisschemas zu hoch werden und insbesondere die Kosten der Arbitragevermeidung die Vorteile einer Tarifverfeinerung überschreiten.

---

[37]   Interaktionen zwischen den Nachfragern des optionalen zweiteiligen Tarifs werden dabei vernachlässigt (vgl. Abschnitt 10.2.2.3).

10.4 Preisdifferenzierung mittels Kopplungsverkäufen

10.4.1 Alternative Formen von Kopplungsverkäufen

Grundsätzlich wird bei Kopplungsverkäufen unterschieden zwischen Produktbündelung („package tie-in sale") und der Verpflichtung des Käufers eines Produktes, ein komplementäres Produkt ausschließlich vom gleichen Unternehmen zu beziehen („requirements tie-in sale").[38] Grundlegende Voraussetzung für das Vorliegen von Kopplungsverkäufen ist, dass es sich überhaupt um unterschiedliche Produkte handelt, die prinzipiell auch separat verkauft werden können. In wettbewerblichen Marktprozessen bilden sich die optimalen Bündelungs- bzw. Entbündelungsgrade abhängig von den Kosten- und Nachfragecharakteristika endogen heraus. Je stärker die Nachfrage danach ist, verschiedene Produktkomponenten als Ganzes zu kaufen („one-stop-shopping") und je stärker die Synergieeffekte ausfallen, die Produktkomponenten zu einem Endprodukt zu verarbeiten, desto geringer sind die Anreize für eine weitergehende Entbündelung. So haben die Nachfrager nach Automobilen kaum Interesse an einem entbündelten Verkauf von einzelnen Motor- und Karosserieteilen etc. Auch wenn eine weitergehende Entbündelung aufgrund von technischen Kriterien möglich ist, muss sie sich nicht unbedingt am Markt durchsetzen.

Im Folgenden wird von marktfähigen Produkten ausgegangen, die entweder separat oder per Kopplungsverkauf angeboten werden. Auch wenn technische Notwendigkeiten als Argumente für Kopplungsverkäufe in Antitrustfällen durchaus angeführt werden[39], wird im Folgenden davon ausgegangen, dass durch geeignete Schnittstellen und Standards ein separater Verkauf technisch möglich ist. Hiervon sind Anreize für Kopplungsverkäufe aus Effizienzgründen zu unterscheiden, etwa wegen Vorteilen des gleichzeitigen Verkaufs, sowie Präferenzen der Konsumenten, verschiedene Produkte vom gleichen Hersteller beziehen zu können.[40] Es sollen die Anreize für Kopplungsverkäufe näher betrachtet werden, die von Erwä-

---

[38]   Das von Carlton, Perloff, 2005, S. 319 angeführte Beispiel des gleichzeitigen Verkaufs von Schnürsenkel und Schuhen stellt zwar Produktbündelung („package tie-in sale") dar, nicht dagegen „requirements tie-in sale", da alle weiteren Schnürsenkel von unterschiedlichen Anbietern gekauft werden können; vgl. hierzu auch Dansby, Conrad, 1984.

[39]   Vgl. z. B. den Fall Tetra Pak International SA gegen die Kommission der Europäischen Gemeinschaft, Rechtssache C-333/94 P Ziffer 63. Hier argumentierte Tetra Pak: „daß das von der Firma praktizierte System der Kopplungsverkäufe dem natürlichen Zusammenhang zwischen Kartons und Abfüllmaschinen entsprochen und im Einklang mit dem Handelsbrauch in diesem Bereich gestanden habe" (Sammlung der Rechtsprechung der Europäischen Gerichtshofes 1996, Bd. 11-12, I-5980).

[40]   Kopplungsverkäufe können auch als Substitute für vertikale Integration zur Vermeidung von Inputverzerrungen bei variablen Faktorproportionen aufgefasst werden (vgl. Abschnitt 7.5.2.1; ferner Blair, Kaserman, 1978).

gungen der Produktionseffizienz unabhängig sind. Es wird davon ausgegangen, dass keine Verbundvorteile bei Herstellung und Vertrieb der Produkte vorliegen. Die Nachfrage nach den verschiedenen Produkten kann entweder verbunden (z. B. bei Nachfragekomplementarität) oder aber voneinander unabhängig sein.

10.4.2 Preisdifferenzierung durch Produktbündelung

10.4.2.1 *Bündeln mehrerer Produkte eines Monopols*

Preisdifferenzierung durch Bündelung mehrerer Produkte eines Monopols ist bekannt als „block-booking" (vgl. Stigler 1968b, S. 165 ff.). Ausgangspunkt der Untersuchung der Anreize für „block-booking" war ein Antitrustfall im Filmgeschäft. Angenommen, der Eigentümer von zwei Filmen verkauft diese nur im Paket. Falls der Film X 10.000 € wert ist und der Film Y keinen Wert besitzt, würde ein Monopolist auch nur den Film X allein verkaufen, da durch Bündelung kein größerer Gewinn zu erzielen ist. Anreize für „block-booking" entstehen bei heterogenen Präferenzen der Käufer. Angenommen es gibt zwei Typen von Käufern, A und B; A wäre bereit maximal 8.000 € für Film X und 2.500 € für Film Y zu bezahlen, wohingegen B maximal 7.000 € für Film X und 3.000 € für Film Y bezahlen würde. Falls der Produzent die beiden Filme separat verkaufen würde, könnte er:

1. 14.000 € für den Verkauf von X zu einem einheitlichen Preis von 7.000 € erhalten, da bei einem höheren Preis der Kunde B den Film nicht mehr nachfragen würde und folglich nur noch 8.000 € von A erzielbar wären.

2. 5.000 € für den Verkauf für Y erhalten. Ein höherer Preis als 2.500 € würde A ausschließen und den Erlös reduzieren.

Die Gesamterlöse ohne „block-booking" würden folglich 19.000 € betragen. Mit „block-booking" kann ein einheitlicher Paketpreis von 10.000 € realisiert werden, den sowohl A als auch B zu zahlen bereit sind. Obwohl die Konsumenten vom Typ A und Typ B das gleiche Paket kaufen, haben sie unterschiedliche Zahlungsbereitschaften für die Produkte innerhalb des Pakets. Durch Paketbildung erfolgt eine Preisdifferenzierung, da der Monopolist (implizit) von den unterschiedlichen Konsumenten unterschiedliche Preise für das gleiche Produkt verlangt. Allerdings setzt die Stabilität von Preisdifferenzierung mittels Paketbildung voraus, dass kein Wiederverkaufsmarkt existiert. In diesem Fall würden die Konsumenten A und B auf dem Wiederverkaufsmarkt die Produkte separat einkaufen und lediglich einen Gesamtpreis von jeweils 9.500 € bezahlen.

10.4.2.2 Bündeln eines Monopolprodukts mit einem Wettbewerbsprodukt

Grundsätzlich ist zwischen reiner Bündelung („pure bundling"), bei der den Konsumenten nur ein Produktpaket angeboten wird, und gemischter Bündelung („mixed bundling"), bei der die Konsumenten zwischen einem Paket und einzelnen Produkten wählen können, zu unterscheiden (vgl. Adams, Yellen 1976; Phlips, 1983, Kap. 11). Für den Fall eines gemischten Bündels entsteht durch das Angebot der Option, zwischen einem Bündel und separaten Produkten auszuwählen, die Möglichkeit zusätzlicher Gewinne im Vergleich zum nicht gebündelten Verkauf. Durch die Möglichkeit der Konsumenten, sowohl einzelne Produkte separat als auch ein Produktpaket zu kaufen, kann die Konsumentenrente möglichst weitgehend abgeschöpft werden (vgl. Carlton, Perloff, 2005, S. 324 ff.). Die Option, zwischen einzelnen Produkten und einem Produktbündel zu wählen, ist beispielsweise in der Tourismusbranche weit verbreitet. So können die Kunden oftmals zwischen einem Pauschalreiseangebot (inkl. Charterflug, Hotelübernachtung, Unterhaltungsangebot etc.) und Einzelleistungen (z. B. nur Charterflug) wählen.

Es stellt sich die Frage, ob der Hersteller eines Produktes im Monopol Anreize besitzt, dieses Produkt mit einem zweiten, im Wettbewerb produzierten Produkt zu einem Paket zu bündeln. Schmalensee (1982) zeigte, dass Anreize für reine Bündelung nicht bestehen, da der separate Verkauf mindestens so profitabel ist wie die reine Bündelung. Ohne Bündelung wird das im Wettbewerb produzierte Gut 1 zu (konstanten) Grenzpreisen verkauft $p_1 = MC_1$ und das Produkt 2 des Monopolisten (mit Grenzkosten MC_2) zum Preis p_2. Der Gewinn des Monopolisten bei Bündelung beträgt pro Bündel $p_B - MC_1 - MC_2$, wobei p_B den Preis des Bündels bezeichnet. Ohne Bündelung erzielt der Monopolist einen identischen Gewinn. Der Gewinn je Einheit von Gut 2 ist $p_2 - MC_2$. Im Vergleich zum Preis für das Produktbündel gilt für den Preis für Gut 2: $p_2 = p_B - MC_1$. Da der Monopolist durch Bündelung keine größere Menge absetzen kann, lohnt sich eine Bündelung nicht. Da die Bündelung in fixen Proportionen erfolgt, ergibt sich auch keine Möglichkeit für eine Preisdifferenzierung nach Nutzungsintensitäten.[41]

10.4.2.3 Preisdifferenzierung mittels Abnahmeverpflichtung eines komplementären Wettbewerbsprodukts

Eine verbreitete Form von Kopplungsverkäufen besteht darin, den Käufer eines Produktes zu verpflichten, ein hierzu komplementäres Produkt ebenfalls ausschließlich von dem gleichen Unternehmen zu beziehen („requirements tie-in sale"). Im Gegensatz zur Bündelung werden die Produkte nicht in fixen Proportio-

---

[41]   Dieser Fall ist äquivalent zu der Situation eines Upstream-Monopolisten, der bei fixen Faktorproportionen, wettbewerblicher Downstream-Ebene und fehlender Möglichkeit von Preisdifferenzierung keine Anreize für vertikale Bindungen besitzt (vgl. Abschnitt 7.4).

nen angeboten. Die unterschiedlichen Nachfrageintensitäten verschiedener Konsumenten werden vielmehr gezielt zur Preisdifferenzierung genutzt.

Angenommen, der Hersteller von Maschinen vermag die unterschiedlichen Zahlungsbereitschaften verschiedener Konsumentengruppen nicht über eine direkte Preisdifferenzierung abzuschöpfen. Folglich verlangt er einen Einheitspreis für die Maschine. Es stellt sich nun die Frage, inwieweit die unterschiedlichen Zahlungsbereitschaften für eine Maschine indirekt doch durch die Berücksichtigung der unterschiedlichen Nutzungsintensitäten dieser Maschine abgeschöpft werden können. Der gleichzeitige ausschließliche Verkauf eines komplementären Produktes hat dann die Funktion, zuverlässige Informationen über die unterschiedlichen Nutzungsintensitäten der verschiedenen Nachfragergruppen bereitzustellen. Beispiele für solche Kopplungsverkäufe waren in der Vergangenheit der gleichzeitige Verkauf von Vervielfältigungsmaschine und Tinte, Kopiermaschine und Papier, Computer und Lochkarte, Abfüllmaschine und Kartons etc. Durch den Verkauf des komplementären Produkts mit einem impliziten Aufschlag für die Nutzung der Maschine lassen sich die unterschiedlichen Zahlungsbereitschaften für die Maschine abschöpfen. Über die Bezugsverpflichtung des komplementären Produkts zahlen die Intensivnutzer mehr als die Wenignutzer.[42]

Der Strategie, durch eine Abnahmeverpflichtung für komplementäre Produkte Preisdifferenzierung durchzusetzen, sind allerdings durch verschiedene Umgehungsmöglichkeiten Grenzen gesetzt. Falls beispielsweise auch das komplementäre Produkt anderer Lieferanten von einer Maschine verarbeitet werden kann, ist eine Überwachung der Alleinabnahmeverpflichtung kaum möglich.

10.4.2.4 Wohlfahrtswirkungen von Preisdifferenzierung durch Kopplungsverkäufe

Im Wettbewerbsrecht werden Kopplungsverkäufe tendenziell als problematisch eingestuft. So fand im deutschen Wettbewerbsrecht neben der Generalklausel des § 19 GWB mit der Möglichkeit, die missbräuchliche Ausnutzung einer marktbeherrschenden Stellung zu untersagen, die Spezialvorschrift des § 16 GWB a. F. Anwendung. Hiernach konnte die Kartellbehörde Vereinbarungen zwischen Unternehmen für unwirksam erklären, soweit sie einen Beteiligten verpflichten, Waren abzunehmen, die weder sachlich noch handelsüblich dazu gehören, und soweit durch das Ausmaß solcher Beschränkungen der Wettbewerb auf dem Markt für diese oder andere Waren wesentlich beeinträchtigt wird. Die Zahl der auf § 16 GWB a. F. bzw. § 19 GWB gestützten Missbrauchsverfahren zur Kontrolle von Kopplungsverkäufen kann allerdings als minimal bezeichnet werden (vgl. Schmidt, 2001, S. 298) Als Folge der Einbeziehung der vertikalen Wettbewerbs-

---

[42] Diese grundlegende Auffassung von Kopplungsverkäufen als Instrument der Preisdifferenzierung geht auf Aaron Director zurück (vgl. Bowman, 1957, S. 19; Posner, 1976, Kap. 8).

beschränkungen in § 1 GWB entfällt die Missbrauchsaufsicht für vertikale Vereinbarungen (insbesondere die über Ausschließlichkeitsbindungen § 16 GWB a. F.)
zugunsten eines Verbots wettbewerbsbeschränkender Vereinbarungen.

Kopplungsverkäufe können aufgrund der damit einhergehenden Preisdifferenzierung durchaus wohlfahrtserhöhend sein. So zeigt Schmalensee (1982, S. 71), dass
ein profitabler Übergang von nicht gebündelten Verkäufen zu gemischter Bündelung auch die Nettowohlfahrt erhöhen kann, abhängig von den Details der Verteilung der individuellen Zahlungsbereitschaften der Konsumenten (Reservations-
preise) für die unterschiedlichen Güter innerhalb eines Pakets. Aber auch eine
Verpflichtung zur ausschließlichen Abnahme eines komplementären Produktes
kann zur Durchsetzung wohlfahrtsverbessernder Preisdifferenzierungsstrategien
führen, indem insbesondere die Wenignutzer vom Konsum nicht ausgeschlossen
werden.

Auch wenn Preisdifferenzierung durch Kopplungsverkäufe typischerweise unter
der Annahme eines Produktes im Monopol und eines zweiten Produktes im Wettbewerb erfolgt[43], ist die Erzielung von positiven Gewinnen keine Voraussetzung
für das Auftreten von Preisdifferenzierung durch Kopplungsverträge. Erforderlich
ist vielmehr, dass der Anbieter eines Kopplungsgeschäfts sich einer fallenden
Nachfrage gegenübersieht.[44]

10.4.2.5 *Preisdifferenzierungs-Hypothese versus Marktmachtübertragungs-Hypothese*

Im amerikanischen Antitrustrecht war die Kopplung des Verkaufs eines zweiten
Produktes an den Verkauf eines patentierten Produktes[45] lange Zeit per se verboten.[46] Diesem Verbot lag die Marktmachtübertragungs-Hypothese („leverage
theory") zugrunde. Der Begriff „leverage" bezeichnet die Begründung eines neu-
en, zweiten Monopols jenseits des bereits bestehenden Monopols mittels Kopplungsverkäufen. Hiervon zu unterscheiden ist jedoch eine effektivere Ausnutzung
bereits bestehender Marktmacht, indem Kopplungsverkäufe die Durchsetzung von
Preisdifferenzierung ermöglichen (Preisdifferenzierungs-Hypothese).[47]

---

[43] Eine Ausnahme stellt „block-booking" dar, bei dem die Produkte von einem Mehr-
produkt-Monopolisten angeboten werden.

[44] Auch im monopolistischen Wettbewerb, bei dem (langfristig) keine positiven Gewinne anfallen, ist Preisdifferenzierung durch Produktbündelung möglich (vgl. z. B.
Locay, Rodriguez, 1992).

[45] Zur Rolle von Patenten vgl. Kapitel 11.

[46] Dieses Per-se-Verbot wurde eingeführt im Verfahren Motion Picture Patents Co. v.
Universal Film Mfg. Co., 243 U.S. 502 (1917).

[47] Vgl. Bowman, 1957, S. 19 ff; Posner, 1976, S. 178; Bork, 1978, Kap. 19.

Die Kritik an der Marktmachtübertragungs-Hypothese durch Kopplungsverkäufe basiert auf der Annahme, dass auf dem Markt der komplementären Produkte funktionsfähiger aktiver und potenzieller Wettbewerb herrscht. Die Möglichkeit durch Kopplungsgschäfte in strategischer Weise die Marktstruktur des komplementären Produkts zu verändern, wird dabei ausgeschlossen.[48]

Um den grundlegenden Unterschied zwischen der Preisdifferenzierungs-Hypothese und der Marktmachtübertragungs-Hypothese aufzuzeigen, wird zunächst davon ausgegangen, dass keine Preisdifferenzierung vorliegt; Marktmachtübertragung in einen komplementären, wettbewerblichen Markt ist dann nicht möglich. Da der Monopolist eine Monopolrente nur einmal abschöpfen kann, erhöht sich seine Monopolrente durch Kopplung mit einem komplementären Gut nicht (vgl. Abschnitt 7.4). Aber auch Abnahmeverpflichtungen eines komplementären Produktes zwecks Preisdifferenzierung einer Maschine nach Nutzungsintensitäten implizieren keineswegs die Notwendigkeit eines Monopols auf dem komplementären Markt. Die Kontrolle über die ausschließliche Benutzung eines komplementären Produkts (z. B. Tinte, Papier, etc.) bedeutet keineswegs die Monopolisierung des Marktes für solche komplementäre Produkte. Diese Produkte können vielmehr auf Wettbewerbsmärkten produziert werden, da der Weiterverkauf durch den Maschinenproduzenten hinreichend ist, um einen impliziten Aufschlag für die Nutzung der Maschine erheben zu können.

Von der Marktmachtübertragungs-Hypothese zu unterscheiden ist die Möglichkeit, mittels Preisdifferenzierung die Gewinne eines bestehenden Monopols auf einem Upstream-Markt zu erhöhen. Dabei besteht aber durchaus auch die Möglichkeit einer Wohlfahrtsverbesserung (vgl. Abschnitt 10.2).[49] Das wettbewerbsökonomische Problem besteht also nicht primär in der Wahl der Preisstruktur, sondern in der Existenz der Monopolmacht, die es durch geeignete Maßnahmen zu disziplinieren gilt.

Ein weiterer Vorteil von Kopplungsgeschäften kann darin bestehen, dass sie das Maschinenauslastungsrisiko der Konsumenten reduzieren (vgl. Liebowitz, 1983). Angenommen, bei den Konsumenten herrscht Unsicherheit darüber, mit welcher Intensität sie eine Maschine benutzen werden. Risikoaverse Konsumenten besitzen dann einen Anreiz, Kopplungsgeschäfte einzugehen, da diese den Charakter einer Versicherung besitzen. Falls eine Maschine in einem bestimmten Zeitraum wenig benutzt wird, werden auch nur wenige Einheiten des komplementären Produkts benötigt und bei einem Kopplungsvertrag implizit auch nur eine geringe Benutzungsgebühr für die Maschine entrichtet. Demgegenüber ist das für den

---

[48]   Anreize für Kopplungsgeschäfte und Bündelung unter der Annahme imperfekten Wettbewerbs und strategischer Interaktion werden in Whinston (1990), Seidmann (1991) sowie in Carbajo, de Meza, Seidmann (1990) näher analysiert.

[49]   Preisdifferenzierungsstrategien müssen überdies nicht notwendigerweise mittels Kopplungsverkäufen erfolgen.

Maschinenproduzenten relevante aggregierte Maschinenauslastungsrisiko der Gesamtzahl der Konsumenten (weitgehend) vernachlässigbar. Kopplungsgeschäfte können folglich eine risikoreduzierende, wohlfahrtsverbessernde Vertragsform darstellen.

Kapitel 11
Innovationswettbewerb

11.1 Das Drei-Ebenen-Schema wirtschaftlicher Aktivität

Zum besseren Verständnis des Innovationswettbewerbs ist es im Folgenden nützlich, sich das Spannungsverhältnis zwischen den drei Ebenen wirtschaftlicher Aktivitäten, nämlich der Konsumebene, der Produktionsebene und der Innovationsebene vor Augen zu führen (vgl. von Weizsäcker, 1981, S. 348 f.):

- *Die Ebene des Konsums:* Die erste Ebene wirtschaftlicher Tätigkeit umfasst den Konsum *vorhandener* Güter und Dienstleistungen.

- *Die Ebene der Produktion:* Die zweite Ebene wirtschaftlicher Tätigkeit beinhaltet die Produktion von Gütern und Dienstleistungen. Sie dient dazu, die Grenzen des Konsums zu erweitern. Der Wert, den die Produktion hat, ist folglich indirekt. Er ist abzuleiten aus dem Wert der Konsumgüter, die durch die Produktion geschaffen werden.

- *Die Ebene der Innovation:* Die dritte Ebene ist die der Innovation. Ihr Zweck ist es, die Beschränkungen der Ebene der Produktion hinauszuschieben, so wie diese wiederum die Beschränkungen der Ebene des Konsums hinausschiebt. Die innovatorischen Aktivitäten in Form der Entwicklung neuer Produkte oder neuer Produktionsprozesse dienen diesem Zweck und leiten daraus ihren volkswirtschaftlichen Wert ab. Dieser Wert ist folglich doppelt indirekt.

In Abschnitt 1.1 wurde bereits die Bedeutung von Eigentumsrechten als Voraussetzung für die Existenz von Märkten aufgezeigt. Nur dann, wenn Eigentum geschützt ist und damit der „freie", anarchische Zugang zu den vorhandenen Gütern verhindert wird, können effiziente Produktion und effizienter Tausch von Gütern entstehen. Wichtig ist dabei, dass der Zugang zu sämtlichen Märkten, auch den Inputmärkten, allen potenziellen Produzenten offen steht. Es handelt sich um einen Anpassungswettbewerb, der auf einen Ausgleich von Knappheitsunterschieden hinwirkt. Der Wettbewerb auf der Produktionsebene setzt folglich die Verhinderung des Wettbewerbs auf der Ebene des unmittelbaren Konsums – also den Zustand der Hobbes'schen Anarchie, des Kampfes aller gegen alle (Hobbes, 1651) – durch den Schutz ausschließenden Eigentums an den Erträgen der Produktion voraus.

Die Ebene der Innovation muss nun ihrerseits in einem gewissen Ausmaß vor dem Wettbewerb auf der Produktionsebene geschützt werden (vgl. von Weizsäcker, 1981, S. 352 f.). Ohne Eigentumsschutz auf der zweiten Ebene fehlen Anreize für innovatorische Aktivitäten, da jeder innovatorische Marktvorsprung eines Unternehmens wegen der unmittelbaren Imitierbarkeit wertlos wird. Der innovatorische Wettbewerb mit dem Ziel, Neuerungen im Sinne von Prozess- und Produktinnovationen hervorzubringen, ist dann funktionsfähig, wenn freier Zugang zu den Innovationsmöglichkeiten besteht. Das Patent, das dem Erfinder eine vorübergehende Monopolstellung in der Vermarktung seiner Innovation verschafft, schaltet den Wettbewerb auf der Ebene der Produktion vorübergehend aus. Aber erst dadurch wird es möglich, dass der Erfinder einen Ertrag erhält, der ihm den Anreiz bietet, die Erfindung überhaupt anzustreben und dafür Kosten aufzuwenden. Dabei muss allerdings mit in Betracht gezogen werden, dass der Schutz von Verfügungs- bzw. Eigentumsrechten seinerseits Kosten verursacht (vgl. Coase, 1960; Demsetz, 1967). Es gibt Fälle, bei denen der Eigentumsschutz von Gütern (Ebene des Konsums) zu teuer ist. So ist z. B. im Bereich der Umweltökonomie die Verhinderung *sämtlicher* negativer Externalitäten nicht sinnvoll, da dies mit zu hohen Vermeidungskosten verbunden ist. Der Schutz der Erträge der Produktion ist im Regelfall relativ einfach, weil zumindest eindeutig feststellbar ist, ob das Eigentumsrecht an Sachen durch Raub, Diebstahl etc. verletzt worden ist. Demgegenüber ist der Schutz von geistigem Eigentum durch Patentrechte in der Regel sehr viel aufwendiger.

Durch ein Patent wird dem Erfinder eines neuen Produktes eine zeitlich begrenzte Monopolstellung auf der Produktionsebene eingeräumt. Dies bedeutet jedoch keineswegs, dass der Patentinhaber dank dieser Monopolstellung über Marktmacht verfügt. Auch wenn die anfallenden Gewinne oftmals als Monopolgewinne bezeichnet werden, handelt es sich dabei in Wahrheit um Quasirenten, da dem Gewinn des Patentinhabers die Verluste der übrigen nicht erfolgreichen Unternehmen gegenüberstehen (vgl. Abschnitt 11.2.2.2). Die gesetzlich geschützte Monopolstellung auf der Ebene der Produktion durch ein Patent ist folglich nicht gleichbedeutend mit originärer Marktmacht auf dem Produktmarkt.

Gemäß der so genannten Schumpeter-Hypothese besteht allerdings ein positiver Zusammenhang zwischen Marktmacht auf dem Produktmarkt und Forschungs- und Entwicklungsausgaben sowie technischem Fortschritt. Der Nachteil der statischen Ineffizienz durch Marktmacht auf dem Produktmarkt wird – so Schumpeters Hypothese – durch den stärkeren technischen Fortschritt größerer Unternehmen mehr als aufgewogen (vgl. Schumpeter, 1946; Nelson, Winter, 1982). Die Studien über den Zusammenhang zwischen Marktstruktur und Forschungsaktivitäten betrachten üblicherweise die Marktkonzentration als ein Maß für Marktmacht (vgl. Kamien, Schwartz, 1982, S. 103 f.). Demgegenüber wurde in Kapitel 6 dargelegt, dass die Marktkonzentration kein geeignetes Maß für den Nachweis von Marktmacht (zur Erzielung von langfristigen Gewinnen) darstellt, und auch kein geeignetes Kriterium für das Vorliegen von Ineffizienzen bildet. Größenvorteile und

Marktkonzentration auf den Produktmärkten sind vielmehr vereinbar mit funktionsfähigem Wettbewerb. Es bleibt jedoch unklar, ob Industrien mit stärkerer oder
geringerer Marktkonzentration forschungsintensiver sind (vgl. Scherer, Ross,
1990, S. 630-660; Kamien, Schwartz, 1982, Kap. 2, 3). Eine Marktstrukturinter-
vention (z. B. Förderung von Kartellen, Schutz von Monopolen) mit dem Ziel, die
Anreize für Forschungsaktivitäten zu verstärken, lässt sich hieraus jedoch keineswegs ableiten.

11.2 Eigentumsrechtlicher Schutz von Neuerungen

11.2.1 Marktfähige versus nichtmarktfähige Entwicklungen

Das Ziel der statischen Effizienz und damit die Beantwortung der Frage, wie bei
gegebener Technologie mit gegebenen Ressourcen die Bedürfnisse der Gesellschaft am besten befriedigt werden können, kann durch Wettbewerb auf der Ebene
der Produktion am besten erreicht werden. Neben der statischen Effizienz ist aber
auch die dynamische Effizienz von Bedeutung. Darunter versteht man die Entwicklung der Produktionstechnologien über die Zeit, d. h. Fragen des technischen
Fortschritts durch Veränderung der Produktionstechnologien sowie der Erfindung
neuer Produkte für den Konsum.

Forschungsaufwendungen lassen sich grundsätzlich in drei Arten unterteilen:
Grundlagenforschung, angewandte Forschung (Wissen mit speziellen, d. h. kom-
merziellen Implikationen) sowie Entwicklungsausgaben (Übersetzung von technischen und wissenschaftlichen Kenntnissen in konkrete neue Produkte und Prozesse). Je anwendungsorientierter und damit in Form konkreter Produkte vermarktbar
die Forschung ist, desto stärker wird sie von der Industrie selbst finanziert. Beach-
tenswert ist, dass ein großer Anteil der privaten Ausgaben in sehr angewandte
Probleme fließt: weniger in fundamentale technische Innovationen, sondern eher
in technische Verbesserungen. Technischer Fortschritt ist also oftmals nicht die
spektakuläre neue Erfindung, sondern die Weiterentwicklung von Bestehendem.

Der Erfinder einer neuen Technologie oder einer technologischen Verbesserung
erhält häufig ein Patent auf seine Erfindung, d. h. das alleinige Nutzungs- und
Verwertungsrecht für einen bestimmten Zeitraum. Wie lässt sich dies aus wettbewerbspolitischer Sicht rechtfertigen, da Patente zumindest zeitweise den Wettbewerb auf der Produktionsebene ausschalten? Zur Erklärung der Funktion von
Patenten ist es wichtig, die Anreize zur Forschungstätigkeit näher zu untersuchen.

Forschung ist der Einsatz von Ressourcen (Zeit, Mühe, Geld, Personal usw.) zur
Erzeugung von Informationen, wie man etwas Neues macht oder etwas Altes
besser macht. Ein Patent sorgt dafür, dass nur der Erfinder dieses neu geschaffene
Wissen nutzen darf. Dies ist nötig, weil die Information durch Nichttrivialität im

Konsum gekennzeichnet ist – eine der charakteristischen Eigenschaften eines öffentlichen Gutes.[1] Im Gegensatz zu privaten Gütern, die nur einmal konsumiert werden können, lässt sich einmal geschaffenes Wissen ohne Abnutzung immer wieder verwenden. In einer Marktwirtschaft kann es zu Problemen bei der Produktion solcher Güter kommen, die durch Nichttrivalität im Konsum gekennzeichnet sind. Lassen sich die Konsumenten nicht von der Nutzung eines Gutes ausschließen, stellt sich die Frage, wer für die Produktion dieses Gutes bezahlt.

Ein Beispiel für den Fall der Erzeugung von Informationen über neue Produkte oder Produktmethoden verdeutlicht dies: Ein pharmazeutisches Unternehmen muss für die Erfindung und Erprobung eines neuen Medikaments „Innovationskosten" aufwenden. Wenn nun jedermann das Medikament produzieren und verkaufen darf, pendelt sich der Wettbewerbspreis zu den Produktionskosten pro Packung ein. Es ist unmittelbar einsichtig, dass das Unternehmen, welches das neue Medikament zu erfinden beabsichtigt, seine investierten „Innovationskosten" nicht im Zuge des Produktverkaufes amortisieren kann und daher keinen Anreiz hat, Forschungsausgaben zu tätigen. Das Problem besteht darin, dass jeder Produzent – unabhängig davon, ob er in die Produktion des neuen Wissens investiert hat oder nicht – dieses Wissen kostenlos nutzen kann. Wenn die Anbieter einmal die Information haben, wie die erste Packung produziert wird (beispielsweise die chemische Formel bekannt ist), können sie dieses Wissen immer wieder für jede weitere Packung anwenden. Genau diese Tatsache, dass man dieselbe Information immer wieder verwenden kann, umschreibt die Nichttrivalität des Gutes Information im Konsum.

Zur Lösung dieses Problems gibt es grundsätzlich zwei Möglichkeiten:

– Das Unternehmen, das Forschungsausgaben tätigt, erhält vom Staat Geld in Form von gezielten Subventionen oder allgemeiner Forschungsförderung zurück. Wenn jedoch der Staat alle Forschungskosten übernimmt, gibt es für das Unternehmen keinen Anreiz, effizient (kostenminimierend) zu forschen.[2]

– Der Staat verleiht ein Eigentumsrecht an dem neu geschaffenen Wissen („intellectual property rights"), indem er eine Monopolsituation legitimiert. Der erfolgreiche Erfinder erhält für die Produktion des Gutes einen Schutz vor Marktzutritt in Form eines Patents. Aus der Aussicht auf die Monopolrente des erfolgreichen Erfinders ergibt sich dann der Anreiz, in Forschungstätigkeiten zu investieren. In diesem Zusammenhang stellt sich die Frage nach einer zeitlichen Befristung des Patentschutzes.

---

[1]   Vgl. hierzu die Literatur zur Wohlfahrtsökonomik, z. B. Feldman, 1989.

[2]   Zur Problematik der staatlichen Forschungsförderung durch Subventionen und Forschungspreise, vgl. im Einzelnen Carlton, Perloff, 2005, S. 539 ff.

11.2.2   Das Modell des Patentwettlaufs

11.2.2.1   Der Modellansatz

Patente sind nur bei vermarktbarem Wissen sinnvoll, nicht aber bei Grundlagenforschung. Daher fördert (subventioniert) der Staat auf der Ebene der Grundlagenforschung die Entwicklungsausgaben, vergibt in diesem Bereich aber keine Patente. Es handelt sich hier in weiten Teilen um die Produktion eines öffentlichen und nicht unmittelbar verwertbaren Gutes, d. h. grundlegende Erkenntnisse führen nicht direkt zu neuen Produkten und Produktionsverfahren.

Um den Zusammenhang zwischen Forschungsausgaben und Patenten näher zu analysieren wird im Folgenden ein Modell zugrunde gelegt, das Arrow in einer wegweisenden Arbeit im Jahre 1962 entwickelt hat (vgl. Arrow, 1962).[3] Ausgegangen wird von einem Gut, das bisher nicht produziert werden konnte. Untersucht werden im Folgenden die privaten Anreize, in eine Erfindung zu investieren, welche es im Falle des Erfolges erlauben würde, dieses Gut zu konstanten Grenzkosten von MC zu produzieren. Der erfolgreiche Erfinder erhält ein Patent zur Produktion dieses Gutes mit einer Nachfragekurve pro Periode D. Die Dauer des Patentes umfasst T^* Perioden. Es wird davon ausgegangen, dass der Ertrag des Gutes (Monopolpreis) genauso wie die Patentdauer unabhängig vom Forschungsaufwand ist. Die gewinnmaximierende Strategie besteht darin, in jeder dieser T^* Perioden den Monopolpreis p_m zu verlangen, wobei in jeder Periode Gewinne von $\Pi_m = bcgd = agd$ anfallen (vgl. Abbildung 11.1). Am Ende der T^* Perioden läuft das Patent ab, die Produktionstechnologie wird einer großen Anzahl von Wettbewerbern (in der Produktion) zugänglich, der Preis auf dem Markt sinkt auf das Wettbewerbsniveau $p_c = MC$ und der Wohlfahrtsgewinn für die Gesellschaft steigt für die folgenden Perioden von $acgd$ auf afd.

Der Gegenwartswert der Gewinne des erfolgreichen Erfinders (abdiskontiert auf den Zeitpunkt der Patentvergabe und ohne Berücksichtigung seiner Forschungsausgaben) beträgt:

$$\Pi_{T*} = \int_{t=0}^{T*} \Pi_m e^{-rt} dt \tag{1}$$

mit konstantem Zinssatz r und Diskontfaktor e^{-rt}.[4]

---

[3]   Die nachfolgende Darstellung dieses Modells basiert auf von Ungern-Sternberg, 1986, S. 380-382.

[4]   Es handelt sich um eine kontinuierliche Verzinsung, wobei $e^{rt} = \lim_{n\to\infty} (1+\frac{r}{n})^{nt}$, und $e = 2,7183...$ (Basis des natürlichen Logarithmus); vgl. hierzu Varian, 1999, S. 211).

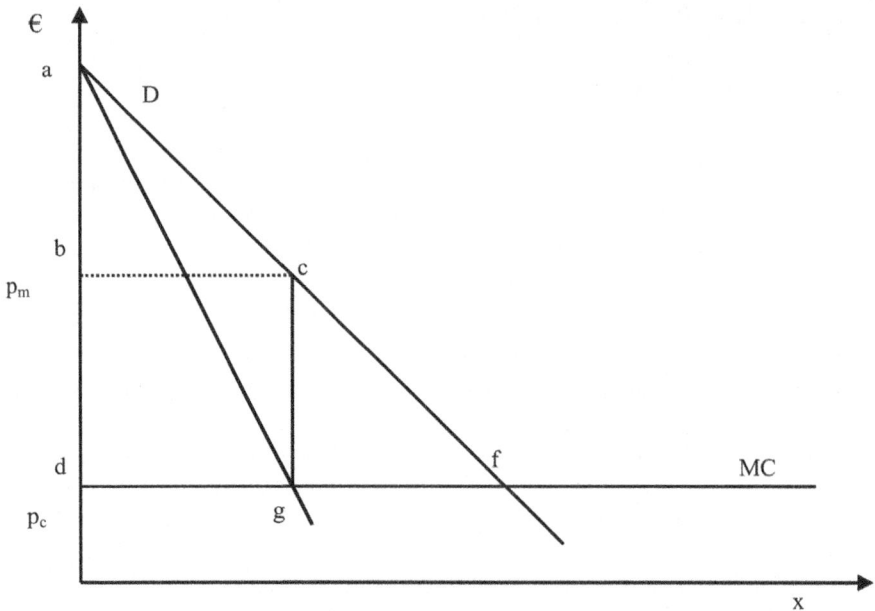

Abb. 11.1: Wohlfahrtsgewinne bei Patentvergabe

Es sei N die Anzahl der Unternehmen, die Forschungsausgaben tätigen mit dem Ziel, ein Patent zu erwerben. Die Forschungsausgaben des i-ten Unternehmens betragen x_i, wobei die Ausgaben x_i einmalig am Beginn der Entwicklungsperiode anfallen. Die Wahrscheinlichkeit, dass die Unternehmung i das Patent gewinnt, wird mit θ_i bezeichnet. Die Unternehmen kooperieren nicht und befinden sich in einem Forschungswettlauf.[5] Es gilt:

$$\frac{\partial \theta_i}{\partial x_i} > 0 \ \text{ und } \ \frac{\partial \theta_i}{\partial x_j} < 0 \ \text{ für alle } \ j \neq i$$

Je intensiver das Unternehmen i selbst forscht und je weniger intensiv seine Konkurrenten forschen, desto höher ist die Wahrscheinlichkeit, dass das Unternehmen das Patent gewinnt.

Bezeichne $\widetilde{T}$ das erwartete Datum der Erfindung. Es wird angenommen, dass das Erfindungsdatum von den Forschungsausgaben aller Unternehmen abhängt. Je intensiver geforscht wird, desto früher ist das erwartete Datum der Erfindung:

$$\widetilde{T} = \widetilde{T}(x_1, ..., x_i, ..., x_N) \ \text{mit} \ \frac{\partial \widetilde{T}}{\partial x_i} < 0 \tag{2}$$

---

5   Forschungs- und Entwicklungskooperationen werden in Abschnitt 11.2.4 behandelt.

Die Gewinne des erfolgreichen Erfinders, abdiskontiert auf den Zeitpunkt, in dem er seine Forschungsausgaben x_i tätigt, betragen

$$\Pi_{T*} \, e^{-r\tilde{T}} \, .$$

Das Gewinnmaximierungsproblem des einzelnen Unternehmens besteht darin, seine Forschungsausgaben so zu bestimmen, dass es seine erwarteten Gewinne G_i maximiert, d. h.:

$$\underset{x_i}{Max} \; G_i = \theta_i \, \Pi_{T*} \, e^{-r\tilde{T}} - x_i \tag{3}$$

Die Bedingung 1. Ordnung lautet:

$$\frac{\partial G_i}{\partial x_i} = \frac{\partial \theta_i}{\partial x_i} \cdot \Pi_{T*} \, e^{-r\tilde{T}} + \theta_i \cdot \Pi_{T*} \, \frac{\partial e^{-r\tilde{T}}}{\partial \tilde{T}} \cdot \frac{\partial \tilde{T}}{\partial x_i} - 1 = 0 \tag{4}$$

Bei freiem Zutritt in den Bereich der Forschungs- und Entwicklungsaktivitäten (Ebene der Innovation) sind die erwarteten Gewinne aller Unternehmen Null, d. h. die Summe der Forschungsaufwendungen muss der Summe der Erwartungswerte der abdiskontierten Erträge zum Zeitpunkt der Forschungsaufwendungen entsprechen:

$$\sum_{i=1}^{N} x_i - \sum_{i=1}^{N} \theta_i \, \Pi_{T*} \, e^{-r\tilde{T}} = 0 \tag{5}$$

11.2.2.2 Ergebnisse bei gegebener Patentdauer

Anhand dieser einfachen Modellstruktur kann man eine Reihe grundlegender Erkenntnisse über die ökonomischen Auswirkungen von Patenten ableiten, die auch für die Wettbewerbspolitik relevant sind (vgl. von Ungern-Sternberg, 1986, S. 382 f.):

– *Der Wohlfahrtsgewinn für die Gesellschaft ist auf jeden Fall größer als die Gewinne des erfolgreichen Erfinders*: Die Gewinne des erfolgreichen Erfinders betragen während der Patentdauer $\Pi_m = agd$ pro Periode. Der Wohlfahrtsgewinn für die Gesellschaft beläuft sich in dieser Zeit auf *acgd* pro Periode.

– *Ohne Patentschutz werden keine Forschungsausgaben getätigt:* Aus der Maximierung der erwarteten Gewinne (Gleichung 3) folgt: Wenn $\Pi_{T*} = 0$, dann ist auch $x_i = 0$. Nur der zeitweilige Schutz vor dem Wettbewerb auf dem Gütermarkt und die Möglichkeit, für einen gewissen Zeitraum eine Monopolstellung zu erlangen und entsprechende Gewinne zu machen, führt dazu, dass Ressourcen in Forschung und Entwicklung investiert werden.

– *Patentwettbewerb ermöglicht keine Marktmacht:* Die Tatsache, dass der erfolgreiche Erfinder Monopolgewinne von Π_{T^*} macht, bedeutet nicht, dass das Erfinden eine besonders ertragreiche Aktivität ist, bei der mehr verdient werden kann als in anderen Zweigen des Wirtschaftslebens. Aus Gleichung (5) folgt unmittelbar, dass Forschungsausgaben nur dann getätigt werden, falls der erfolgreiche Erfinder überdurchschnittlich verdient. Es kann jedoch aus den Monopolgewinnen des erfolgreichen Erfinders nicht geschlossen werden, dass Forschungsinvestitionen grundsätzlich besonders hohe Renditen abwerfen, da dem Gewinn des Patentinhabers die Verluste aller übrigen, nicht erfolgreichen Unternehmen gegenüberstehen. Die erwarteten Gewinne der Investoren hängen davon ab, wie stark der Wettbewerb in der „Produktion von Wissen" (Wettbewerb auf der Ebene der Innovation) ist. Bei freiem Marktzutritt im Bereich von Forschung und Entwicklung gilt, dass der erwartete Gewinn gleich Null ist und dass die Ertragsrate für Forschungsaktivitäten durch den Wettbewerb auf die Ertragsrate anderer Branchen gedrückt wird. Eventuell kommt im Vergleich zu anderen ökonomischen Aktivitäten ein Aufschlag für das höhere Risiko hinzu, welchem Unternehmen bei Forschungstätigkeiten im Allgemeinen ausgesetzt sind. Bei intensivem Forschungswettbewerb handelt es sich bei den Monopolgewinnen des erfolgreichen Erfinders folglich keineswegs um sozial unerwünschte Monopolrenten, sondern vielmehr um Quasirenten, die das Risiko der Forschungaktivitäten marktgerecht entlohnen.

11.2.2.3 Sozial optimale Patentdauer

Bisher wurde davon ausgegangen, dass eine Patentdauer T^* exogen gegeben ist. Aus Gleichung (1) folgt, dass bei einer Ausdehnung der Patentdauer die erwarteten (abdiskontierten) Erträge des Patents ansteigen und folglich bei freiem Marktzutritt auch die Forschungsausgaben

$$\sum_{i=1}^{N} x_i \text{ ansteigen (Gleichung 5).}$$

Hieraus folgt, dass das erwartete Datum der Erfindung $\tilde{T}$ nach vorne verschoben wird (Gleichung 2). Dies hat zur Folge, dass das neue Produkt bereits zu einem früheren Zeitpunkt auf den Markt kommt.[6]

Hieraus folgt jedoch nicht, dass die Lebensdauer eines Patents unbegrenzt sein sollte. Bei der Suche nach einer sozial optimalen Patentdauer gilt es vielmehr abzuwägen zwischen dem Wohlfahrtszuwachs bei steigender Patentdauer – der sich darin ausdrückt, dass das Produkt bereits zu einem früheren Zeitpunkt auf

---

[6]   Für den Fall, dass nicht sicher ist, ob das Produkt überhaupt erfunden wird, lässt sich die Auswirkung zunehmender Forschungsausgaben aber auch in einer Zunahme der Wahrscheinlichkeit erfassen, dass ein Patent überhaupt vergeben werden kann (vgl. Carlton, Perloff, 2005, S. 539 ff.).

dem Markt gehandelt wird – und dem damit einhergehenden höheren Wohlfahrts-verlust durch Verlängerung des Monopols und höheren Forschungsausgaben.

Das Grundprinzip der Ermittlung der sozial optimalen Patentdauer ergibt sich wie folgt (vgl. Shy, 1995, S. 238).[7] Für jede vorgegebene Patentdauer T ergibt sich die soziale Wohlfahrt eines Patents

$$S(T) = \int_{t=1}^{T} acgd\, e^{-rt}\, dt + \int_{t=T+1}^{\infty} afd\, e^{-rt}\, dt - \sum_{i=1}^{N(T)} x_i(T)$$

Nach Ablauf der Patentdauer T erhöht sich der Wohlfahrtsgewinn für die Gesell-schaft von *acgd* auf *afd* pro Periode (vgl. Abbildung 11.1). Es wird davon ausge-gangen, dass bei einer Zunahme der Patentdauer nicht nur der Forschungsaufwand pro Unternehmen ansteigt, sondern auch die Anzahl der forschenden Unternehmen zunehmen kann. Folglich gilt:

$$\frac{\partial \sum_{i=1}^{N(T)} x_i(T)}{\partial T} > 0$$

Der Patentgesetzgeber gibt die Patentdauer vor, auf deren Basis die einzelnen Unternehmen die Forschungsausgaben tätigen. Es wird vorausgesetzt, dass der Patentgesetzgeber die Reaktionen der Unternehmen kennt. Für jede vorgegebene Patentdauer bestimmen die Unternehmen ihre Forschungsausgaben nach dem Gewinnmaximierungskalkül (Gleichung 3), so dass aufgrund des freien Zutritts zu den Forschungsaktivitäten die erwarteten Gewinne aller Unternehmen Null sind (Gleichung 5). T^S bezeichnet die sozial optimale Patentdauer, wobei die soziale Wohlfahrt $S(T)$ in Abhängigkeit der Patentdauer maximiert wird.

Auch ohne Kenntnis der expliziten Lösung dieses Maximierungsproblems lassen sich bereits einige grundlegende Aussagen über die optimale Patentdauer T^S ma-chen:

– *Die sozial optimale Patentdauer muss zeitlich begrenzt sein ($T^S < \infty$):* Eine unendlich lange Patentdauer hätte zur Folge, dass die Monopolverzerrungen größer wären als die Innovationsverzerrungen, die mit einer ungenügenden Entlohnung der Innovatoren verbunden sind (vgl. Shy, 1995, S. 237 ff.). Die Logik, die demgegenüber hinter dem Argument für eine unendlich lange Pa-tentdauer steht, besagt, dass die Anreize für Innovatoren, das optimale Niveau an Forschungsausgaben zu tätigen, es erfordern würden, dass der Erfinder den

---

7   Es handelt sich insofern um eine Ausdehnung des Modellansatzes von Shy, als im Folgenden nicht von einem Innovator, sondern von Unternehmen im Forschungs-wettlauf ausgegangen wird.

gesamten Strom der Gewinne der Innovation erhalten müsste, auch wenn dieser von unendlicher Dauer ist. Dieses Argument ist jedoch unzutreffend.

- *Eine sehr lange Laufzeit von Patenten kann sozial unerwünscht sein:* Die mit einer sehr langen Patentlaufzeit verbundenen hohen (erwarteten) Patenterträge setzen Anreize für hohe Forschungsausgaben der einzelnen Unternehmen sowie (bei freiem Marktzutritt) der gesamten Industrie.[8] Insoweit die Grenzkosten dieser Forschungsaufwendungen die Grenznutzen dieser Forschungsausgaben überschreiten, ist das Niveau der Forschungsausgaben sozial ineffizient. Aufgrund einer sehr langen Laufzeit des Patents würden zu viele Ressourcen für Forschungsausgaben in diesen Sektor gelenkt. Es ist somit möglich, dass der soziale Nutzen zusätzlicher Forschungsaktivitäten bei einer Patentverlängerung geringer ist als die sozialen Kosten durch zusätzliche Forschungsausgaben und Monopolverzerrungen.

Bei der Festlegung einer einheitlichen Patentdauer für sämtliche Produkte ergibt sich das Problem, dass die Patentdauer für gewisse Produkte zu kurz und für andere Produkte zu lang ist. Das Kosten-Nutzen-Kalkül für eine marginale Verlängerung der Patentdauer kann zwischen unterschiedlichen Produkten erheblich variieren. Je stärker der technische Fortschritt in einer Industrie ist, umso weniger relevant wird die Frage der Patentdauer, da neue Produkte die alten verdrängen, selbst wenn diese noch durch ein Patent geschützt sind (vgl. Carlton, Perloff, 2005, S. 554).

11.2.3   Patentlizenzen

Der Inhaber eines Patents hat die Möglichkeit, die neue Entwicklung selbst zu nutzen oder diese gegen Zahlung einer Lizenzgebühr („royalty") Dritten zur Nutzung zur Verfügung zu stellen. Falls die Ausgestaltung und Durchsetzung von Lizenzverträgen ohne signifikante Transaktionskosten möglich ist und der Erfinder gleichermaßen effizient produziert wie ein Lizenznehmer, ist ein gewinnmaximierender Patentinhaber indifferent zwischen der eigenen Patentverwertung und einer Lizenzvergabe.[9]

Die abgeleitete Nachfrage nach einer Patentlizenz ergibt sich durch den maximalen Preis, den ein Produzent für eine Lizenz zu zahlen bereit ist. Dies entspricht im Fall einer Produktinnovation der Differenz zwischen Monopolpreis und Grenzkosten der Produktion (vgl. Abbildung 11. 2). Bei einer Prozessinnovation entspricht

---

[8]   Allerdings können auch die Anreize für imitatorische Forschung zunehmen, mit der Konsequenz einer Verlagerung von innovativen in Richtung imitatorischer Forschungsaktivitäten (vgl. von Ungern-Sternberg, 1984).

[9]   Zur Ausgestaltung von Lizenzgebühren im Kontext vertikaler Bindungen zwischen Produzenten und Handel vgl. auch Abschnitt 7.5.2.2.

die abgeleitete Nachfrage nach einer Lizenz den dadurch entstehenden Kosteneinsparungen (vgl. Carlton, Perloff, 2005, S. 554 ff.).

Wenn die Lizenznehmer Kostenvorteile in der Produktion besitzen, ist eine Lizenzvergabe der Eigenproduktion vorzuziehen. Falls der Markt der Lizenznehmer
sich im Wettbewerb befindet und die Entlohnung der Lizenznehmer den tatsächlichen minimalen Grenzkosten der Produktion entspricht, führt eine Reduktion der
Produktionskosten von *MC* nach *MC'* zu einem sinkenden Verkaufspreis $p_m{'}$ und
zunehmendem Output $x{'}$, wobei sowohl der Patentertrag durch die Lizenzgebühren als auch die Konsumentenrente zunehmen.

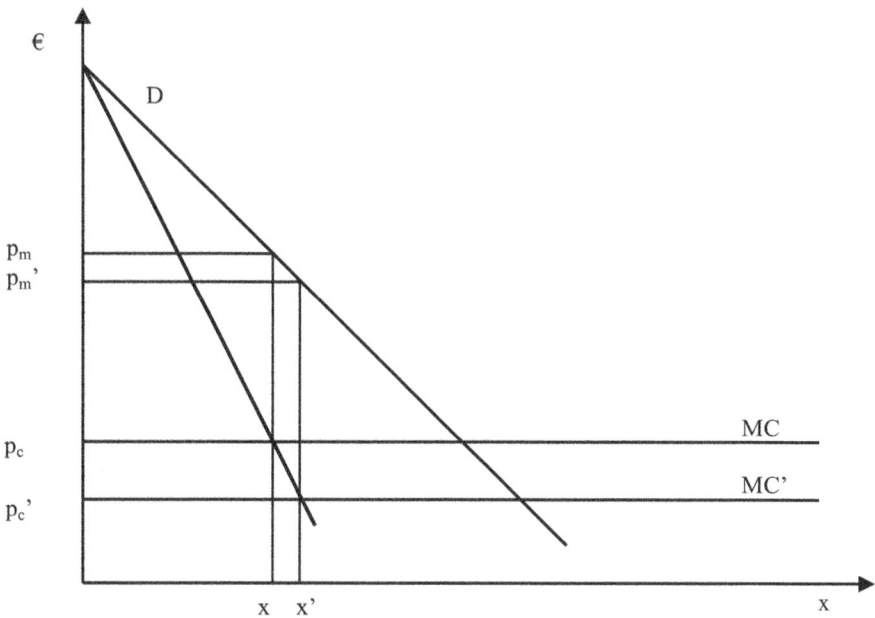

Abb. 11.2: Wohlfahrtszuwachs bei Lizenzvergabe

Die Möglichkeiten der Ausgestaltung und Durchsetzung von Lizenzverträgen sind
allerdings abhängig von der wettbewerbspolitischen Ausgestaltung des Patentschutzes (vgl. z. B. Ordover, 1991). Ein starker Patentschutz ermöglicht dem Patentinhaber, die Bedingungen der Lizenzvergabe weitgehend frei festzulegen. Bei
einem schwachen Patentschutz sind Lizenzverträge nur zulässig, wenn sie bestimmte Auflagen hinsichtlich der Beschränkung der Rechte des Lizenznehmers
erfüllen.

Bei der Frage, inwieweit Patentlizenzverträge frei verhandelbar oder aber lediglich
innerhalb exogener wirtschaftspolitischer Restriktionen abgeschlossen werden
dürfen, handelt es sich um ein typisches Vertragsproblem, bei dem die Anreiz-

struktur beider Vertragsparteien berücksichtigt werden muss. Falls der Gestaltungsspielraum von Lizenzverträgen zu stark eingeschränkt wird, kann dies dazu führen, dass Patentinhaber überhaupt keine Lizenzverträge abschließen. Das Grundproblem des Patentinhabers besteht darin, die Nutzung des neu geschaffenen (patentierten) Wissens durch einen Lizenznehmer sowohl während des Lizenzverhandlungsprozesses als auch nach Abschluss des Lizenzvertrages zu kontrollieren. Falls etwa ein potenzieller Lizenznehmer Einsicht in das Patentwissen erlangt und ohne Abschluss eines Lizenzvertrages diese Informationen verwerten kann, kommt dies einem völligen Wegfall des Schutzes des geistigen Eigentums gleich. Der Patentschutz sollte folglich hinreichend stark sein, so dass Anreize für den Abschluss von Lizenzverträgen bestehen bleiben. Ein starker Patentschutz reduziert das mit einer Lizenzierung verbundene Risiko und erhöht daher die Anreize für den Abschluss von Lizenzverträgen.

11.2.4   Forschungskooperationen

Ausgangspunkt des Modells des Patentwettlaufs ist die Annahme, dass die Unternehmen sich in einem Forschungswettlauf befinden und dabei nicht kooperieren. Hiervon zu unterscheiden ist der Fall der Forschungskooperation, bei welcher mehrere Unternehmen einer Industrie ihre Forschungsaktivitäten zur Entwicklung eines Produktes oder einer neuen Prozesstechnologie zusammenschließen. Ein zentrales Argument für Forschungskooperationen basiert auf dem Problem der Forschungs- und Entwicklungsexternalitäten oder „spillovers". Dies bedeutet, dass die Erträge erfolgreicher Forschungsaktivitäten ohne Zahlungen an andere Unternehmen gelangen (vgl. z. B. D'Aspremont, Jacquemin, 1988). Für Forschungskooperationen ist es einfacher, die Eigentumsrechte an dem neu geschaffenen Wissen durchzusetzen, da „spillovers" zwischen den beteiligten Unternehmen internalisiert werden. Je stärker der Patentschutz ist, umso geringer sind jedoch die „spillovers" bei der Durchsetzung der geistigen Eigentumsrechte und umso geringer sind (ceteris paribus) auch die Anreize für Forschungskooperationen.

Aber auch bei einem starken Patentschutz sind Konflikte zwischen Patentinhabern nicht ausgeschlossen, insoweit das neu geschaffene Wissen für die Produktion ähnlicher Produkte bzw. Produktionsprozesse dient, so dass unterschiedliche Patente sich überlappende Ansprüche beinhalten können. Zur Lösung dieses Problems des „patenting around" sind kooperative Lösungen wie Patentpooling bzw. gleichzeitige Lizenzierung unterschiedlicher Patente („cross-licensing") denkbar. Aber auch Forschungs- und Entwicklungskooperationen stellen keine perfekte Lösung zur Verhinderung von Trittbrettfahren im Bereich der Forschungsaktivitäten dar. Falls die „spillovers" hinreichend stark sind, kann jedes Unternehmen ein Interesse daran haben, der Forschungskooperation nicht beizutreten, um den anteiligen Forschungsaufwand einzusparen und dennoch an den Erträgen zu partizipieren (vgl. Ordover, 1991, S. 54 ff.). Um das Free-rider-Verhalten derjenigen Unternehmen, die sich nicht an der Forschungskooperation beteiligen zu reduzieren, können Forschungskooperationen ihrerseits den Patentschutz der gemeinsam finanzierten Erfindung anstreben. Aber auch im Innenverhältnis haben Forschungskooperationen mit Free-rider-Verhalten aus den eigenen Reihen zu kämpfen. Selbst mit ausgeklügelten Verträgen, die die Vertraulichkeit, Übertragung von Informationen, Patentlizenzen und Copyrightrechte regeln, existieren erhebliche Probleme, geistige Eigentumsrechte wirksam zu schützen.

Ein weiteres Argument für Forschungskooperationen besteht in der Vermeidung bzw. Reduktion duplikativer Forschungsaktivitäten[10] durch eine Koordination der Forschungspläne. So entwickelten Ordover und Willig (1985) beispielsweise ein Modell, in dem keine „spillovers" vorliegen und eine Forschungskooperation gebildet wird, um Forschungsausgaben einzusparen. Allerdings müssen innovatorische Aktivitäten im Spannungsfeld zwischen Höhe der Forschungsausgaben und resultierender Produkt- bzw. Technologievielfalt betrachtet werden (vgl. Jorde, Teece, 1990, S. 81 ff.). So zeigen Nalebuff und Stiglitz (1983), dass die Vorteile des unkoordinierten Forschungswettbewerbs die Nachteile der Duplikation von Forschungsausgaben bei weitem übersteigen können.

Obwohl Forschungskooperationen Absprachen zwischen den beteiligten Unternehmen beinhalten, erscheint ein Per-se-Verbot unter Verweis auf das allgemeine Kartellverbot nicht gerechtfertigt. Im Gegensatz zu wettbewerbsschädlichen Preisabsprachen auf den Produktmärkten können Forschungskooperationen die Durchsetzung von Eigentumsrechten an neu geschaffenem Wissen erleichtern und dadurch die Anreize für Forschungsaktivitäten verstärken (vgl. Ordover, Willig, 1985).

Das Wettbewerbsrecht der europäischen Union ist gegenüber Forschungskooperationen aufgeschlossen. Die Kooperationsbekanntmachung aus dem Jahre 1968 lässt Kooperationsvereinbarungen, die sich ausschließlich auf Forschung und Entwicklung beziehen prinzipiell zu. Hiernach fallen gemeinsame Forschungsprojekte nicht unter Absprachen, die eine Wettbewerbsbeschränkung im Sinne des Art. 81 Abs. 1 EGV bezwecken. Weiter gehende Vereinbarungen, die sich auch auf die Verwertung der Ergebnisse beziehen, können nach Art. 81, Abs. 3 EGV ebenfalls zugelassen werden, insoweit sie der Förderung des technischen und wirtschaftlichen Fortschritts dienen und dadurch der Wettbewerb auf der Produktionsebene nicht ausgeschlossen wird (vgl. Jacquemin, 1988, S. 557 ff.; Schmidt, 2001, S. 228 ff.).

Auch wenn viele Industrieökonomen Forschungskooperationen befürworten (vgl. z. B. Ordover, Willig, 1985; Jorde, Teece, 1990, Jacquemin, 1988, etc.), so muss aus wettbewerbspolitischer Sicht dennoch auf die Gefahr einer Vermischung von

---

[10] Eine grundlegende Analyse der Wohlfahrtswirkungen von Forschungskooperationen, insbesondere ihre Auswirkungen auf das Gleichgewichtsniveau von Forschung und Entwicklung und der damit einhergehenden Forschungsausgaben, findet sich in Katz, 1986.

Wettbewerbs- und Industriepolitik hingewiesen werden. Insbesondere gilt es darauf zu achten, dass Wettbewerbspolitik zur Förderung des Innovationswettbewerbs nicht im Sinne einer aktiven Industriepolitik und einer damit einhergehenden Errichtung von Marktzutrittsschranken umfunktioniert wird, etwa mit dem Ziel, die heimische Industrie vor internationaler Konkurrenz zu schützen (vgl. z. B. Knieps, 1995).

11.2.5   Strategisches Timing von Innovationen

Wettbewerb zwischen potenziellen Erfindern um den Erwerb von Eigentumsrechten an Innovationen kann Anreize schaffen, Investitionen bereits zu tätigen, obwohl diese Ressourcen anderweitig in der Ökonomie höhere Erträge erwirtschaften könnten (vgl. Barzel, 1968; Hirshleifer, 1971). Das sozial optimale Timing von Innovationen erfordert es, bis zu dem Zeitpunkt zu warten, wo der (erwartete) Grenzerlös der Innovationsausgaben den Grenzkosten der Innovationsausgaben (durch entgangene Zinserträge) entspricht, d. h. der Gegenwartswert der Ersparnisse pro Zeiteinheit durch Einführung der Innovationen mit dem Gegenwartswert der alternativen Einkommensströme, die mit diesem Kapital erzielbar wären, übereinstimmt.

Falls im sozial optimalen Innovationszeitpunkt (erwartete) Gewinne im Sinne von Quasirenten anfallen, entstehen unmittelbare Anreize für übermäßige Innovationsaktivitäten. Anreize für zu frühes Einführen von Innovationen gibt es insbesondere dann, wenn der erste Innovator den größten Anteil des Innovationspotenzials eines Wirtschaftssektors ausschöpft. Einer der Effekte des Patentsystems besteht ja gerade darin, auf gesetzlichem Wege „späten" Innovationen ihren ökonomischen Wert zu nehmen.

Hirshleifer (1971) wies darauf hin, dass der innovatorische Unternehmer primär durch so genanntes Vorwissen („fore-knowledge") motiviert sein mag. Dabei handelt es sich um ein Wissen, das sich meist auf das einzelne Individuum beschränkt und sich auf Fakten bezieht, die, wenn sie allgemein bekannt werden, die volkswirtschaftliche Preisstruktur beeinflussen. Neben den technologischen Erträgen aus Forschung und Entwicklung (bei Prozessinnovation) treten folglich immer auch pekuniäre Effekte durch Umverteilung (basierend auf Neubewertungen der Preise) nach bekannt werden der Information auf. So führte in der Vergangenheit z. B. eine relativ kleine Änderung in der Lokomotiventechnologie dazu, dass Eisenbahnplaner eine völlig neue Linienführung wählten, mit der Folge drastischer Neubewertungen der angrenzenden Grundstücke. Der Erfinder kann mittels Spekulation oder Weiterverkauf der Information einen Teil dieser pekuniären Effekte abschöpfen. Da kein logisch zwingender Zusammenhang besteht zwischen der Größe des technologischen Nutzens (Prozessinnovation) und den Preisänderungen, die ihrerseits spekulative Möglichkeiten schaffen (pekuniäre Effekte), folgt hieraus jedoch nicht, dass Patente überflüssig wären.

11.2.6   Evolutorische Ansätze

Der Versuch, Anreize für Forschungs- und Entwicklungsaktivitäten mit Hilfe eines neoklassischen Optimierungskalküls zu modellieren, kann dem Phänomen der Innovation naturgemäß nur bedingt Rechnung tragen. Eine echt dynamische Entwicklung, wie sie zum Beispiel Schumpeter (1946), von Hayek (1968) oder Kirzner (1973) untersucht haben, findet in einem offenen Zustandsraum statt. In einer dynamischen Welt ist die Menge der möglichen Technologien und Produkte offen. Sie lässt sich ex ante nicht bestimmen, weil die Techniken erst gesucht und gefunden werden müssen, bevor sie angewendet werden können. So war es unmöglich, in den 60er Jahren vorauszusagen, welche Computergenerationen in den 70er und 80er Jahren aufkommen würde, und es ist noch immer unmöglich, die Computergenerationen der nächsten Jahrzehnte abzuschätzen (vgl. Blankart, Knieps, 1994). Optimieren ist hier nicht mehr möglich, da die Anzahl der möglichen Optionen und Situationen ex definitione unbekannt ist. Innovation und Neuerungen werden damit zu einem evolutorischen Prozess (vgl. Witt, 1993). Dagegen ist es möglich, Kosten und Nutzen von Forschungsaktivitäten zu kalkulieren, wenn in Forschungsindustrien eine kausale Beziehung von Forschungsaufwand und erwarteter Erfindung (im Arrow'schen Sinne definiert als „Produktion von Wissen") unterstellt wird. Auch die Ausbreitung und das optimale Timing von Innovationen können mit Hilfe von Differenzialgleichungen analysiert werden (vgl. Barzel, 1968; Hirshleifer, 1971). Es handelt sich hier jedoch um eine Quasidynamik innerhalb einer a priori angenommenen Innovationsstruktur.

Evolutorische Ansätze legen dagegen nicht mehr die Auswahl eines Elements aus einer wohldefinierten Menge (z. B. die Menge der Technologien) in einem geschlossenen Zustandsraum zugrunde; vielmehr spielt der Wettbewerb als Entdeckungsverfahren (von Hayek, 1968) die zentrale Rolle. Der Wettbewerb wird dabei als ein Verfahren zur Entdeckung von Tatsachen betrachtet, die ohne sein Bestehen entweder unbekannt blieben oder doch zumindest nicht genutzt würden. Die Menge aller Möglichkeiten des Handelns ist für den Einzelnen hier gar nicht mehr erfassbar. Der Suchaufwand ist erheblich, die Suchverfahren sind nicht nur systematisch, sondern stark intuitiv und heuristisch; die Risiken des Scheiterns sind groß.

Der Formalismus des Optimierungskalküls ist bei kreativen Prozessen wie der Erfindung, der Innovation und Entwicklung neuer Produkte nicht mehr direkt einsetzbar. Dies gilt vor allem, insoweit die Ergebnisse des Wettbewerbs auf der Ebene der Innovationen unvoraussagbar und im Ganzen verschieden von jenen sind, die irgend jemand bewusst hätte anstreben können.[11] Einige Autoren haben versucht, diese Dynamik mit Hilfe von Differenzialgleichungen zu modellieren

---

[11]   Das nachfolgende Zitat charakterisiert dieses Grunddilemma der Innovationsforschung: „Innovation ... is an activity in which 'dry holes' and 'blind alleys' are the rule, not the exception" (Jorde, Teece, 1990, S. 76).

(vgl. z. B. Kamien, Schwartz, 1982, Kap. 4). Doch handelt es sich hierbei nur um eine Quasidynamik mit einer angenommenen Struktur von Innovationen. In einer echt dynamischen komplexen Welt ohne Optimierungskalkül bietet sich als Lösungsansatz das so genannte „satisficing behavior" an. Dieses ist durch die Definition eines Anspruchsniveaus und durch die Suche nach Innovationen gekennzeichnet, falls dieses Niveau unterschritten wird. Verschiedene Autoren haben in den 70er Jahren den Gedanken des „satisficing behavior" für solche komplexen Situationen entwickelt und fruchtbar gemacht (vgl. z. B. Radner, Rothschild, 1975; Simon, 1979). Auch Mikro-Simulationsmodelle wurden in diesem Zusammenhang entwickelt (vgl. z. B. Nelson, Winter, 1977; Cantner, Hanusch, Klepper (eds.), 2000).

Evolutorische Ansätze sind weniger in stationären Industrien, sondern vor allem in progressiven Industrien von Bedeutung.[12] Stationäre Industrien sind informationsmäßig gesättigt. Forschung und Entwicklung sind eher Routinearbeit, man weiß, dass man eine bestimmte Neuerung findet, nur der Zeitpunkt ist noch unbekannt (vgl. Abschnitt 11.2.2). Progressive Industrien haben demgegenüber besonders hohe Prozess- und Produktinnovationsraten und besonders hohe Aufwendungen für Forschung und Entwicklung. Zu diesen Industrien gehören beispielsweise die auf der modernen Elektronik aufbauenden Sektoren, wie die Datenverarbeitungs- und Telekommunikationsindustrie.

In progressiven Industrien kann der Innovationsschutz durch Erfinderpatente und Forschungskooperationen besonders wichtig sein (vgl. z. B. Ordover, Willig, 1985). Von besonderer Bedeutung sind die Chancen, die sich für weitere Innovationen dadurch auftun, indem eine bestimmte Innovation verwirklicht wird. Patentschutz kann hier dazu beitragen, fehlende privatwirtschaftliche Anreize zu überwinden. Progressive Industrien werden auch als „learning industries" bezeichnet, weil hier Lernexternalitäten eine bedeutende Rolle spielen. Je größer die Erfahrungen der Konsumenten mit einem Produkt sind, desto leichter kann dieses verbessert werden. Insoweit ist die rasche Diffusion neuer Innovationen nicht nur per se von Nutzen (vgl. z. B. Mansfield, 1963), sondern darüber hinaus auch wichtig für die Beschleunigung der einen bestimmten Wissensstand überholenden Innovationen (vgl. z. B. den Markt für Computersoftware). Ohne die Erfahrungen der Anwender wären die Softwareunternehmen nicht (so schnell) in der Lage, neue Programme zu entwickeln. Es handelt sich nicht nur um ein positives Feedback im Konsum, d. h. dass die Nachfrage eine zunehmende Funktion des kumulativen Wertes des vergangenen Konsums ist; vielmehr entsteht auch ein Lerneffekt auf der Produktionsseite, indem der Produzent Erfahrungen sammelt über die Eigenschaften der Produkte, die die Verbraucher am meisten benötigen (vgl.

---

[12]   Zum Konzept der progressiven Industrien („learning industries"), vgl. von Weizsäcker, 1981, S. 358 ff.

von Weizsäcker, 1981, S. 358 f.).[13] Neben dem bei der Analyse einer einzigen Erfindung oder Innovation üblichen Argument, dass der Konsumentennutzen der Innovation größer ist als die hierfür aufgebrachten Aufwendungen, liefern positive Lernexternalitäten ein zusätzliches Argument dafür, dass Aktivitäten auf der Ebene der Innovation einen höheren sozialen als privaten Nutzen stiften.

---

[13]   Die Bedeutung von „learning by doing" wurde im Rahmen der Kapitaltheorie bereits von Arrow, 1961/62 untersucht.

Literaturverzeichnis

Aberle, G. (1992), Wettbewerbstheorie und Wettbewerbspolitik, 2. Auflage, Verlag W. Kohlhammer, Stuttgart et al.

Adams, W.J., Yellen, J.L. (1976), Commodity Bundling and the Burden of Monopoly, Quarterly Journal of Economics, 90, 475-498

Akerlof, G. (1970), The Market for „Lemons": Uncertainty and the Market Mechanism, Quarterly Journal of Economics, 84, 488-500

Albach, H., Knieps, G. (1997), Kosten und Preise in wettbewerblichen Ortsnetzen, Nomos Verlagsgesellschaft, Baden-Baden

Alexander, E.P. (1887), Railway Practice, G.P. Putnam's Sons, New York

Allen, R.G.D. (1938), Mathematical Analysis For Economists, in: A.L. Bowley, A. Wolf (eds.), Studies in Statistics and Scientific Method, 3, reprint, 1962, MacMillan, London

Areeda, P., Hovenkamp, H. (1988), "Essential facility" doctrine? Applications, in: P. Areeda, H. Hovenkamp, Antitrust Law, 202.3 (Suppl. 1988), 675-701

Areeda P., Turner D.F. (1975), Predatory Pricing and Related Practices under Section 2 of the Sherman Act, Harvard Law Review, 88, 697-733

Areeda P., Turner D.F. (1978), Williamson on Predatory Pricing, Yale Law Journal, 87/7, 1337-1352

Armentano, D.T. (1982), Antitrust and Monopoly, Anatomy of a Policy Failure, John Wiley & Sons, New York

Arrow, K.J. (1951), Social Choice and Individual Values, John Wiley, New York

Arrow, K.J. (1961/62), The Economic Implications of Learning by Doing, Review of Economic Studies, 29, 155-173

Arrow K.J. (1962), Economic welfare and the allocation of resources for invention, in: The rate and direction of inventive activity, Princeton University Press, Princeton NJ

Artle, R., Averous, C. (1973), The telephone system as a public good: Static and dynamic aspects, Bell Journal of Economics and Management Science, 4/1, 89-100

Atkinson A.B., Stiglitz, J.E. (1980), Lectures on Public Economics, McGraw-Hill, London et al.

Averch, H., Johnson, L.L. (1962), Behaviour of the firm under regulatory constraint, American Economic Review, 52, 1052-1069

Bailey, E.E. (1973), Economic Theory of Regulatory Constraints, Lexington Books, Lexington M.A.

Bailey, E.E. (1981), Contestability and the Design of Regulatory and Antitrust Policy, American Economic Review, Papers and Proceedings, 71/2, 178-183

Bain, J.S. (1951), Relation of Profit Rate to Industry Concentration: American Manufacturing, 1936-1940, Quartely Journal of Economics, 65, 293-324

Bain, J.S. (1956), Barriers to New Competition, Harvard University Press, Cambridge, MA

Bain, J.S. (1968), Industrial Organization, 2. Auflage, John Wiley & Sons, New York

Baker, J.B., Bresnahan, T.F. (1992), Empirical Methods of Identifying and Measuring Market Power, Antitrust Law Journal, 61/1, 3-16

Baron, D.P. (1989), Design of Regulatory Mechanisms and Institutions, in: R. Schmalensee, R.D. Willig (eds.), Handbook of Industrial Organization, North-Holland, Amsterdam et al., 1347-1447

Baron, D.B., Myerson, R.B. (1982), Regulating a Monopolist with Unknown Costs, Econometrica, 50, 911-930

Bartling, H. (1980), Leitbilder der Wettbewerbspolitik, Vahlen, München

Barzel, Y. (1968), Optimal Timing of Innovation, Review of Economics and Statistics, 50, 348-355

Bator, F.M. (1958), The Anatomy of Market Failure, Quarterly Journal of Economics, 72, 351-379

Baumol, W.J. (1977), On the Proper Cost Test for Natural Monopolies in a Multiproduct Industry, American Economic Review, 67, 809-822

Baumol, W.J. (1979a), Quasi-Permanence of Price Reductions: A Policy for Prevention of Predatory Pricing, Yale Law Journal, 89, 1-26

Baumol W.J. (1979b), Minimum and Maximum Pricing – Principles for Residual Regulation, Eastern Economic Journal, V/1-2, 235-248

Baumol, W.J. (1982), Contestable Markets: An Uprising in the Theory of Industry Structure, American Economic Review, 72, 1-15

Baumol, W.J. (1983), Some subtle issues in railroad regulation, International Journal of Transport Economics, 10/1-2, 341-355

Baumol, W.J. (1996), Predation and the Logic of the Average Variable Cost Test, Journal of Law and Economics, 39, 49-72

Baumol, W.J., Bradford, D.F. (1970), Optimal Departures from Marginal Cost Pricing, American Economic Review, 60, 265-283

Baumol, W.J., Klevorick, A. (1970), Input Choices and Rate-of-Return Regulation: An Overview of the Discussion, Bell Journal of Economics and Management Science, 1/1, 162-190

Baumol, W.J., Oates, W.E. (1989), The Theory of Environmental Policy, 2nd edition, reprint, Cambridge University Press, Cambridge, New York and Sidney

Baumol, W.J., Ordover, J.A. (1985), Use of Antitrust to subvert Competition, Journal of Law and Economics, 28/2, 247-265

Baumol, W.J., Panzar, J.C., Willig, R.D. (1982), Contestable Markets and the Theory of Industry Structure, Harcourt Brace Jovanovich, San Diego

Baumol, W.J., Panzar, J.C. Willig, R.D. (1983), Contestable Markets: An Uprising in the Theory of Industry Structure: Reply, American Economic Review, 73, 491-496

Baumol, W.J., Sidak, G. (1994), Toward Competition in Local Telephony, AEI Studies in Telecommunications Deregulation and MIT Press

Baumol, W.J., Willig, R.D. (1981), Fixed Cost, Sunk Cost, Entry Barriers and Sustainability of Monopoly, Quarterly Journal of Economics, 95, 405-431

Baumol W.J., Willig, R.D. (1983), Pricing Issues in the Deregulation of Railroad Rates, in: J. Finsinger (ed.), Economic Analysis of Regulated Markets, McMillan, London, 11-47

Baumol, W.J., Willig, R.D. (1999), Competitive Rail Regulation Rules – Should Price Ceilings Constrain Final Products or Inputs?, Journal of Transport Economics and Policy, 33/1 43-54

Becker, G.S. (1983), A Theory of Competition among Pressure Groups of Political Influence, Quarterly Journal of Economics, 98/3, 371-400

Beesley, M.E., Littlechild, S.C. (1989), The regulation of privatized monopolies in the United Kingdom, Rand Journal of Economics, 20, 454-472

Berg, H. (1999), Wettbewerbspolitik, Vahlens Kompendium der Wirtschaftstheorie und Wirtschaftspolitik, Bd. 2, 7. Auflage, Verlag Franz Vahlen, München, 299-362

Berg, S., Tschirhart, J. (1988), Natural Monopoly Regulation – Principles and Practice, Cambridge University Press, Cambridge, MA

Berndt, A., Kunz, M. (2003), Immer öfter ab und an? Aktuelle Entwicklungen im Bahnsektor, in: G. Knieps, G. Brunekreeft (Hrsg.), Zwischen Regulierung und Wettbewerb: Netzsektoren in Deutschland, 2. Auflage, Physica-Verlag, Heidelberg, 165-218

Blair, R.D., Kaserman, D.L. (1978), Vertical Integration, Tying, and Antitrust Policy, American Economic Review, 68/3, 397-402

Blankart, Ch.B. (1998), Öffentliche Finanzen in der Demokratie: Eine Einführung in die Finanzwissenschaft, 3. Auflage, Verlag Franz Vahlen, München

Blankart, Ch.B., Knieps, G. (1989), What Can We Learn From Comparative Institutional Analysis? The Case of Telecommunications, Kyklos, 42, 579-598

Blankart, Ch.B., Knieps, G. (1992), Netzökonomik, Jahrbuch für Neue Politische Ökonomie, 11, 73-87

Blankart, Ch.B., Knieps, G. (1994), Kommunikationsgüter ökonomisch betrachtet, Homo oeconomicus, 11/3, 449-463

Blankart, Ch.B., Knieps, G., Zenhäusern, P. (2007), Regulation of New Markets in Telecommunications: Market Dynamics and Shrinking Monopolistic Bottlenecks, European Business Organization Law Review, 8, 413-428

Borenstein, S. (1985), Price discrimination in free-entry markets, Rand Journal of Economics, 16/3, 380-397

Borrmann, J., Finsinger, J. (1999), Markt und Regulierung, Verlag Vahlen, München

Bork, R.H. (1965), The Rule of Reason and the Per Se Concept: Price Fixing and Market Division, Yale Law Journal, 74, 775-847

Bork, R.H. (1966), The Rule of Reason and the Per Se Concept: Price Fixing and Market Division, Yale Law Journal, 75, 373-475

Bork, R.H. (1978), The Antitrust Paradox – A Policy at War with Itself, reprint, 1993, Macmillan, New York et al.

Bowman, W.S. (1957), Tying Arrangements and the Leverage Problem, Yale Law Journal, 67/1, 19-36

Braeutigam, R.R. (1979), Optimal Pricing in the Intermodal Competition, American Economic Review, 69, 38-49

Braeutigam, R.R. (1981), Regulation of Multiproduct Enterprises by Rate of Return, Markup, and Operating Ratio, Research in Law and Economics, 3, 15-38

Brennan, T.J. (1989), Regulating by Capping Prices, Journal of Regulatory Economics, 1, 133-147

Brennan, T.J. (1991), Entry and welfare loss in regulated industries, in: M.A. Crew (ed.), Competition and the regulation of utilities, Kluwer, Boston, Dordrecht, London, 141-156

Bresnahan, T.F. (1989), Empirical Studies of Industries with Market Power, in: R. Schmalensee, R.D. Willig (eds.), Handbook of Industrial Organization, Vol. II, North-Holland, Amsterdam et al., 1011-1057

Brown, S.J., Sibley, D.S. (1986), The theory of public utility pricing, Cambridge University Press, Cambridge et al.

Brozen, Y. (1971), Bain's Concentration and Rates of Return Revisited, Journal of Law and Economics, 14, 351-369

Brunekreeft, G. (1997), Coordination and Competition in the Electricity Pool of England & Wales, Nomos Verlagsgesellschaft, Baden-Baden

Brunekreeft, G. (2003a), Access pricing und Diskriminierung, in: G. Knieps, G. Brunekreeft (Hrsg.), Zwischen Regulierung und Wettbewerb: Netzsektoren in Deutschland, 2. Auflage, Physica-Verlag, Heidelberg, 25-45

Brunekreeft, G. (2003b), Regulation and Competition Policy in the Electricity Market: Economic Analysis and German Experience, Nomos Verlagsgesellschaft, Baden-Baden

Brunekreeft, G., Keller, K. (2003), Elektrizität: Verhandelter versus regulierter Netzzugang, in: G. Knieps, G. Brunekreeft (Hrsg.), Zwischen Regulierung und Wettbewerb: Netzsektoren in Deutschland, 2. Auflage, Physica-Verlag, Heidelberg, 131-156

Butters, G.R. (1977), Equilibrium Distributions of Sales and Advertising Prices, Review of Economic Studies, 44, 465-491

Cairns, R.D. (1995), Reflections on Lerner's Index of Monopoly Power, Review of Industrial Organization, 10, 83-96

Cantner, U., Hanusch, H., Klepper, S. (eds.) (2000), Economic Evolution, Learning, and Complexity, Physica-Verlag, Heidelberg

Carbajo, J., de Meza, D., Seidmann, D.J. (1990), A Strategic Motivation For Commodity Bundling, Journal of Industrial Economics, XXXVIII/3, 283-298

Carlton, D.W., Perloff, J.M. (2005), Modern Industrial Organization, 4th edition, Addison-Wesley, Reading, MA et al.

Cave, M., Doyle, C. (1994), Access pricing in network utilities in theory and practice, in: Utilities Policy, 4/3, 181-189

Chadwick, E. (1859), Results of Different Principles of Legislation and Administration in Europe; of Competition For the Fields as Compared with Competition Within the Field of Service, Journal of the Royal Statistical Society, 22, 381-420

Chamberlin, E.H. (1933), The Theory of Monopolistic Competition, Harvard University Press, Cambridge, MA

Chamberlin, E.H. (1950), Product Heterogeneity and Public Policy, American Economic Review, Papers and Proceedings, 40, 85-92

Chamberlin, E.H. (1961), The Origin and Early Development of Monopolistic Competition Theory, Quarterly Journal of Economics, 75, 515-543

Chandler, A.D. (1994), Scale and Scope: The Dynamics of Industrial Capitalism, The Belknap Press of Harvard University Press, Cambridge, MA, London

Clark, J.M. (1923), Studies in the Economics of Overhead Costs, The University of Chicago Press, Chicago

Clark, J.M. (1940), Toward a Concept of Workable Competition, American Economic Review, 30, 241-256

Clarkson, K.W., Miller, R.L. (1983), Industrial Organization – Theory, Evidence, and Public Policy, McGraw-Hill Book Company, Auckland et al.

Coase, R. (1960), The Problem of Social Cost, Journal of Law and Economics, 3, 1-44

Comanor, W.S., Wilson, T.A. (1974), Advertising and Market Power, Harvard University Press, Cambridge, MA

D'Aspremont, C., Jacquemin, A. (1988), Cooperative and Noncooperative R & D in Duopoly with Spillovers, American Economic Review, 78/5, 1133-1137

Damus, S. (1984), Ramsey Pricing by U.S. Railroads – Can It Exist?, Journal of Transport Economics and Policy, 18, 51-61

Dansby, R.E., Conrad, C. (1984), Commodity Bundling, American Economic Association, Papers and Proceedings, 74/2, 377-381

Debreu, G. (1959), Theory of Value: An Axiomatic Analysis of Economic Equilibrium, Yale University Press, New Haven and London

Demsetz, H. (1967), Toward a Theory of Property Rights, American Economic Review, Papers and Proceedings, 57, 347-359

Demsetz, H. (1968), Why Regulate Utilities?, Journal of Law and Economics, 11, 55-65

Demsetz, H. (1973), Joint Supply and Price Discrimination, Journal of Law and Economics, 16 (2), 389-415

Demsetz, H. (1982), Barriers to Entry, American Economic Review, 72, 47-57

Demsetz, H. (1989), Efficiency, Competition and Policy, Blackwell, Cambridge, MA and Oxford

Diamond, P. (1971), A Model of Price Adjustment, Journal of Economic Theory, 3, 156-168

Dixit, A. (1979), A Model of Duopoly Suggesting a Theory of Entry Barriers, Bell Journal of Economics, 10, 20-32

Dixit, A., Norman, V. (1978), Advertising and welfare, Bell Journal of Economics, 9, 1-17

Dixit, A.K., Stiglitz, J.E. (1977), Monopolistic Competition and Optimal Product Diversity, American Economic Review, 67, 297-308

Domowitz, I., Hubbard, G.R., Peterson, B.C. (1986), Business Cycles and the Relationship Between Price-Cost Margins, Rand Journal of Economics, 17, 1-17

Economides, N., White, N. E. (1995), Access and Interconnection Pricing: How Efficient is the "Efficient Component Pricing Rule"?, The Antitrust Bulletin, XL/3, 557-579

Eickhof, N. (1993), Zur Legitimation ordnungspolitischer Ausnahmeregelungen, Ordo, 44, 203-222

Ekelund, R.B., Hulett, J.R. (1973), Joint Supply, The Taussig-Pigou Controversy, and The Competitive Provision of Public Goods, Journal of Law and Economics, 16/2, 369-387

Engel, C., Knieps, G. (1998), Die Vorschriften des Telekommunikationsgesetzes über den Zugang zu wesentlichen Leistungen: eine juristisch-ökonomische Untersuchung, Nomos Verlagsgesellschaft, Baden-Baden

Eucken, W. (1940), Die Grundlagen der Nationalökonomie, 9. unveränderte Auflage, 1989, Springer Verlag, Berlin et al.

Eucken, W. (1952), Grundsätze der Wirtschaftspolitik, 6. Auflage, 1990, J.C.B. Mohr (Paul Siebeck), Tübingen

Faulhaber, G.R. (1975), Cross-Subsidization, Pricing in Public Enterprises, American Economic Review, 65, 966-977

Feldman, A. (1989), Welfare economics and social choice theory, Kluwer Academic Publishers, Dordrecht et al.

Finsinger, J., Kraft, K. (1984), Pricing and Firm Decisions, Zeitschrift für die gesamte Staatswissenschaft/Journal of Institutional and Theoretical Economics, 140, 500-509

Fisher, F.M. (1989), Games Economists Play: A Noncooperative View, Rand Journal of Economics, 20/1, 113-124

Fisher, F.M., McGowan, J.J., Greenwood, J. (1983), Folded, Spindled and Mutilated, Economic Analysis and U.S. v. IBM, A Charles River Associates Study, MIT, Boston

Fremdling, R., Knieps, G. (1993), Competition, Regulation and Nationalization: The Prussian Railway System in the Nineteenth Century, The Scandinavian Economic History Review, XLI/2, 129-154

Friedman, J.W. (1971), A Noncooperative Equilibrium for Supergames, Review of Economic Studies, 28, 1-12

Friedman, J.W. (1977), Oligopoly and the Theory of Games, North-Holland, Amsterdam

Gasmi, F., Laffont, J.-J., Vuong, Q.H. (1990), A structural approach to empirical analysis of collusive behavior, European Economic Review, 34, 513-523

George, K., Jacquemin, A. (1990), Competition Policy in the European Community, in: W.S. Comanor (ed.), Competition Policy in Europe and North America, Haarwood Academic Press, London et al., 206-245

Geroski, P. (1998), Thinking creatively about markets, International Journal of Industrial Organization, 16, 677-695

Gilbert, R.J. (1989), Mobility Barriers and the Value of Incumbency, in: R. Schmalensee, R.D. Willig (eds.), Handbook of Industrial Organization, North-Holland, Amsterdam et al., 475-535

Green, E.J., Porter, R.A. (1984), Noncooperative Collusion under Imperfect Price Information, Econometrica, 52, 87-100

Grossekettler, H. (1992), Buchbesprechung zu S. Davis, G. Lyons, H. Dixon, P. Geroski, Economics of Industrial Organization, und R. Schmalensee, R.D. Willig (eds.), Handbook of Industrial Organization, Band 1 und Band 2, Zeitschrift für Wirtschafts- und Sozialwissenschaften, 112, 634-643

Grossman, S.J. (1981), Nash Equilibrium and the Industrial Organization of Markets with Large Fixed Costs, Econometrica, 49, 1143-1172

Grossman, G.M., Shapiro, C. (1984), Informative Advertising with Differentiated Products, The Review of Economic Studies, 51, 63-81

Güth, W. (1992), Spieltheorie und Industrieökonomik – Muß Liebe weh tun?, ifo-Studien, 38/3-4, 271-317

Hall, R.E. (1988), The Relationship between Price and Marginal Cost in U.S. Industry, Journal of Political Economy, 96/5, 921-947

Hay, D., Vickers, J. (eds.) (1987), The Economics of Market Dominance, Blackwell, Oxford

Hayek, F.A. von (1945), The Use of Knowledge in Society, American Economic Review, 35/4, 519-530.

Hayek, F.A. von (1964), The Theory of Complex Phenomena, in: M. Bunge (ed.), The Critical Approach to Science and Philosophy, Essays in Honor of K.R. Popper, Free Press of Glencoe, New York et al., 332-349

Hayek, F.A. von (1968), Der Wettbewerb als Entdeckungsverfahren, in: E. Schneider (Hrsg.), Kieler Vorträge, N.F. 56, Mohr, Kiel, 3-20

Hayek, F.A. von (1975), Die Anmaßung von Wissen, Ordo, 26, 12-21

Hayes, B. (1987), Competition and Two-Part Tariffs, Journal of Business, 60/1, 41-54

Hendricks, K., Porter, R.H. (1988), An empirical study of an auction with asymmetric information, American Economic Review, 78, 865-883

Herdzina, K. (1999), Wettbewerbspolitik, 5. Auflage, Lucius und Lucius, Stuttgart

Hicks, R. (1956), A Revision of Demand Theory, Clarendon, Oxford

Hirshleifer, J. (1958), Peak Loads and Efficient Pricing: Comment, Quarterly Journal of Economics, 72, 451-462

Hirshleifer, J. (1971), The Private and Social Value of Information and the Reward of Incentive Activity, American Economic Review, 61, 561-574

Hirschman, A.O. (1969), Exit, Voice, and Loyalty: Responses to Decline in Firms, Organizations, and States, Harvard University Press, Cambridge, MA

Hobbes, T. (1651), Leviathan, C.B. MacPherson (ed.), 1968, Harmondsworth, Mx.

Holler, M.J. (1990), Umstrittene Märkte und die Theorie der reinen Kosten, in: J.-M. Graf von der Schulenburg, H.-W. Sinn (Hrsg.), Theorie der Wirtschaftspolitik: Festschrift zum fünfundsiebzigsten Geburtstag von Hans Möller, J.C.B. Mohr (Paul Siebeck), Tübingen

Holzem, R. (1995), Industriepolitik und Wirtschaftsordnung: Ordnungstheoretische Bewertung von Schwerpunkten der europäischen Industriepolitik und der deutschen Forschungs- und Technologiepolitik, Peter Lang, Frankfurt a.M. et al.

Hoppmann, E. (1967a), Wettbewerb als Norm der Wettbewerbspolitik, Ordo, 18, 77-94

Hoppmann, E. (1967b), Workable Competition als wettbewerbspolitisches Konzept, in: H. Besters (Hrsg.), Theoretische und institutionelle Grundlagen der Wirtschaftspolitik, Festschrift für Th. Wessels, Duncker & Humblot, Berlin, 145-197

Hoppmann, E. (1968), Zum Problem einer wirtschaftspolitisch praktikablen Definition des Wettbewerbsrechts, in: H.K. Schneider (Hrsg.), Grundlagen der Wettbewerbspolitik, Schriften des Vereins für Socialpolitik, N.F. 48, Duncker & Humblot, Berlin, 9-49

Hoppmann, E. (1988), Wirtschaftsordnung und Wettbewerb, Nomos Verlagsgesellschaft, Baden-Baden

Horn, M., Knieps, G., Müller, J. (1988), Die gesamtwirtschaftliche Bedeutung von Deregulierungsmaßnahmen in den USA: Schlußfolgerungen für die Bundesrepublik Deutschland, Nomos Verlag, Baden-Baden

Hotelling, H. (1925), A General Mathematical Theory of Depreciation, Journal of the American Statistical Association, 20, 340-353

Hotelling, H. (1929), The Stability of Competition, Economic Journal, 39, 41-57

Hotelling, H. (1938), The General Welfare in Relation to Problems of Taxation and of Railway and Utility Rates, Econometrica, 6, 242-269

Hyde, C.E., Perloff, J.M. (1995), Can Market Power be Estimated?, Review of Industrial Organization, 10, 465-485.

Illing, G. (1995), Industrieökonomie: Nur eine Spielwiese für Spieltheoretiker?, Homo Oeconomicus, 12(1/2), 61-88

Jacquemin, A. (1988), Cooperative Agreements in R & D and European Antitrust Policy, European Economic Review, 32, 551-560

Jordan, W.J. (1983), Heterogeneous Users and the Peak Load Pricing Model, Quarterly Journal of Economics, 58, 127-138

Jorde, M., Teece, D. (1990), Innovation and Cooperation: Implications for Competition and Antitrust, Journal of Economic Perspectives, 4/3, 75-96

Joskow, P.L., Klevorick, A.K. (1979), A Framework for Analyzing Predatory Pricing Policy, Yale Law Journal, 89, 213-270

Kahn, A.E. (1970), The Economics of Regulations: Principles and Institutions, Vol. 1, Economic Principles, John Wiley & Sons, New York

Kahn, A.E. (1971), The Economics of Regulation: Principles and Institutions, Vol. 2, Institutional Issues, John Wiley & Sons, New York

Kamien, M.I., Schwartz, N.L. (1982), Market Structure and Innovation, Cambridge University Press, Cambridge

Kantzenbach, E. (1966), Die Funktionsfähigkeit des Wettbewerbs, 2. Auflage, Verlag Vandenhoek & Ruprecht, Göttingen

Kaserman, D.L., Mayo, J.W. (1995), Government and Business – The Economics of Antitrust and Regulation, The Dryden Press, Fort Worth et al.

Katz, M.L. (1986), An analysis of cooperative research and development, Rand Journal of Economics, 17/4, 527-543

Kay, J.A. (1990), Vertical Restraints in European Competition Policy, European Economic Review, 34, 551-561

Kirzner, I.M. (1973), Competition and Entrepreneurship, University of Chicago Press, Chicago

Kleindorfer, P., Knieps, G. (1982), Vertical Integration and Transaction Specific Sunk Costs, European Economic Review, 19/1, 71-87

Knieps, G. (1987), Zur Problematik der internen Subventionierung in öffentlichen Unternehmen, Finanzarchiv, N.F. 45, 268-283

Knieps, G. (1995), Die Telekommunikation als Gegenstand der Industriepolitik in Europa, den USA und Japan aus wirtschaftswissenschaftlicher Sicht, in: E.-J. Mestmäcker (Hrsg.), Kommunikation ohne Monopole, II, Nomos Verlagsgesellschaft, Baden-Baden

Knieps, G. (1996), Wettbewerb in Netzen – Reformpotentiale in den Sektoren Eisenbahn und Luftverkehr, J.C.B. Mohr (Paul Siebeck), Tübingen

Knieps, G. (1997a) The Concept of Open Network Provision in Large Technical Systems, EURAS Yearbook of Standardization, 1, 357-369

Knieps, G. (1997b), Phasing out Sector-Specific Regulation in Competitive Telecommunications, Kyklos, 50 (3), 325-339

Knieps, G. (1997c), Wettbewerbspolitik, in: A. Börsch-Supan, J. von Hagen, P.J.J. Welfens (Hrsg.), Springers Handbuch der Volkswirtschaftslehre, Springer Verlag, Berlin et al., 39-79

Knieps, G. (1997d), Ansätze für eine „schlanke" Regulierungsbehörde für Post und Telekommunikation in Deutschland, ORDO, 48, 253-268

Knieps, G. (1999), Zur Regulierung monopolistischer Bottlenecks, Zeitschrift für Wirtschaftspolitik, 48/3, 297-304

Knieps, G. (2000), Interconnection and Network Access, Fordham International Law Journal, Symposium, 23, S90-S115

Knieps, G. (2002), Wettbewerb auf den Ferntransportnetzen der deutschen Gaswirtschaft – Eine netzökonomische Analyse, Zeitschrift für Energiewirtschaft, 26/3, 171-180

Knieps, G. (2003), Sector-specific regulation of German telecommunications, in: G. Madden (ed.): World Telecommunications Markets – The International Handbook of Telecommunications Economics, Volume III, Edward Elgar, Cheltenham et al., 383-399

Knieps, G. (2004), Die Grenzen der (De-)Regulierung im Verkehr, Zeitschrift für Verkehrswissenschaft, 75/3, 133-158

Knieps, G. (2006), Sector-specific market power regulation versus general competition law: Criteria for judging competitive versus regulated markets, in: F.P. Sioshansi, W. Pfaffenberger (eds): Electricity Market Reform: An International Perspective, Elsevier, Amsterdam et al., 49-74

Knieps, G. (2007), Netzökonomie – Grundlagen, Strategien, Wettbewerbspolitik, Gabler-Lehrbuch, Wiesbaden

Knieps, G., Brunekreeft, G. (Hrsg.) (2003), Zwischen Regulierung und Wettbewerb: Netzsektoren in Deutschland, 2. Auflage, Physica-Verlag, Heidelberg

Knieps, G., Pethig, R. (1994), Uncertainty, Capacity Costs, and Potential Gains From Cooperation and Competition, Journal of Institutional and Theoretical Economics/ Zeitschrift für die gesamte Staatswissenschaft, 150/2, 325-350

Knieps, G., Vogelsang, I. (1982), The Sustainability Concept under Alternative Behavioral Assumptions, Bell Journal of Economics, 13, 234-241

Koenker, R.W., Perry, M.K. (1981), Product differentiation, monopolistic competition, and public policy, Bell Journal of Economics, 12, 217-231

Kommission der Europäischen Gemeinschaften (1996), Grünbuch zur EG-Wettbewerbspolitik gegenüber vertikalen Wettbewerbsbeschränkungen, Brüssel, KOM(96), 721

Kommission der Europäischen Gemeinschaften (1999), Weißbuch über die Modernisierung der Vorschriften zur Anwendung der Art. 85 und 86 EG-Vertrag, Abl. EG C 132 vom 12. 5. 1999, 1-33

Koopmans, T.C. (1957), Allocation of Resources and the Price System, in: T.C. Koopmans, Three Essays on the State of Economic Science, McGraw-Hill, New York, 1-126

Koutsoyiannis, A. (1979), Modern Microeconomics, 2nd edition, McMillan, London

Kreps, D.M. (1990), A Course in Microeconomic Theory, Harvester Wheatsheaf, New York et al.

Külp, B., Vanberg, V. (Hrsg.) (2000), Freiheit und wettbewerbliche Ordnung – Gedenk-band zur Erinnerung an Walter Eucken, Haufe Verlagsgruppe, Freiburg, Berlin, München

Kunz, M. (2003), Regulierungsregime in Theorie und Praxis, in: G. Knieps, G. Brunekreeft (Hrsg.), Zwischen Regulierung und Wettbewerb: Netzsektoren in Deutschland, 2. Auflage, Physica-Verlag, Heidelberg, 47-81

Kwoka, Jr., J.E, Ravenscraft, D. (1986), Cooperation v. rivalry: Price-cost margins by line of business, Economica, 53, 351-363

Laffont, J.-J., Tirole, J. (1986), Using cost information to regulate firms, Journal of Political Economy, 94, 614-641

Laffont, J.-J. Tirole, J. (1993), A Theory of Incentives in Procurement and Regulation, Cambridge, MA and London

Laffont, J.-J., Tirole, J. (1994), Access Pricing and Competition, European Economic Review, 38, 1673-1710

Lancaster, K.J. (1966), A New Approach to Consumer Theory, Journal of Political Economy, 74, 132-57

Lancaster, K.J. (1979), Consumer Demand: A New Approach, Columbia University Press, New York

Landes, W.M., Posner, R.A. (1981), Market Power in Antitrust Cases, Harvard Law Review, 94, 937-997

Layson, S.K. (1994), Market Opening Under Third-Degree Price Discrimination, Journal of Industrial Economics, XLII/3, 335-339

Leibenstein, H. (1966), Allocative Inefficiency vs. X-Inefficiency, American Economic Review, 56, 392-415

Lenel, H.O. (1975), Walter Euckens ordnungspolitische Konzeption, die wirtschaftspoli-tische Lehre in der Bundesrepublik und die Wettbewerbstheorie von heute, Ordo, 26, 22-78

Lerner, A.P. (1934), The Concept of Monopoly and the Measurement of Monopoly Power, Review of Economic Studies, 1, 157-175

Liebowitz, S.J. (1983), Tie-in sales and price discrimination, Economic Inquiry, 21, 387-399

Lindahl, E. (1919), Die Gerechtigkeit der Besteuerung, Lund, zitiert nach der engl. Teilübersetzung in: R.A. Musgrave, A.T. Peacock (Hrsg.), Classics in the Theory of Public Finance, MacMillan, London und New York, 1958, S. 168 ff.

Lindenberg, E.B., Ross, S.A. (1981), Tobin's q Ratio and Industrial Organization, Journal of Business, 54, 1-32

Lipsey, R.E., Lancaster, K. (1956), The General Theory of Second Best, Review of Economic Studies, 24, 11-32

Littlechild, S.C. (1983), Regulation of British Telecommunications' Profitability, Department of Industry, London

Locay, L., Rodriguez, A. (1992), Price Discrimination in Competitive Markets, Journal of Political Economy, 100/5, 954-965

Luce, R.D., Raiffa, H. (1957), Games and Decisions: Introduction and Critical Survey, John Wiley & Sons, New York

Machlup, F., Taber, M. (1960), Bilateral Monopoly, Successive Monopoly, and Vertical Integration, Economica, 27, 101-119

Mansfield, E. (1963), The Speed of Response of Firms to new Techniques, Quarterly Journal of Economics, 77, 290-311

Mantzavinos, C. (1994), Wettbewerbstheorie – Eine kritische Auseinandersetzung, Duncker & Humblot, Berlin

Marshall, A. (1920), Principles of Economics, Porcupine Press, Philadelphia

Martin, S. (1988), Industrial Economics, Macmillan, New York

Mason, E.S. (1939), Price and Product Policies of Large-Scale Enterprise, American Economic Review, 29, 61-74

Mason, E.S. (1949), The Current State of the Monopoly Problem in the United States, Harvard Law Review, 62/8, 1265-1285

Mathewson, G.F., Winter, R.A. (1984), An economic theory of vertical restraints, Rand Journal of Economics, 15, Spring, 27-38

Mathewson, G.F., Winter, R.A. (1986), The Economics of Vertical Restraints on Distribution, in: IEA Conference Volume, New Developments in the Analysis of Market Structures, Macmillan, New York, 211-237

McChesney, F.S., Shughart II, W.F. (eds.) (1995), The Causes and Consequences of Antitrust: The Public-Choice Perspective, The University of Chicago Press, Chicago and London

McGee, J.S. (1958), Predatory Price Cutting: The Standard Oil (N.J.) Case, Journal of Law and Economics, 1, 137-169

McGee, J.S. (1980), Predatory Pricing Revisited, Journal of Law and Economics, 23, 289-330

Mestmäcker, E.-J. (1959), Das Marktbeherrschende Unternehmen im Recht der Wettbewerbs-beschränkungen, in: Walter Eucken Institut, Vorträge und Aufsätze 2, J.C.B. Mohr (Paul Siebeck), Tübingen

Mill, J.S. (1848), Principles of Political Economy, W.J. Ashley (ed.), reprint, 1965, A.M. Kelley Publishers, New York

Modigliani, F. (1958), New Developments on the Oligopoly Front, Journal of Political Economy, 66, 215-232

Möschel, W. (1973), Oligopolmißbrauch nach § 22 GWB(I), Der Betrieb, 9, 461-511

Möschel, W. (1974), Der Oligopolmißbrauch im Recht der Wettbewerbsbeschränkungen – Eine vergleichende Untersuchung zum Recht der USA, Großbritanniens, der EWG und der Bundesrepublik Deutschland, J.C.B. Mohr (Paul Siebeck), Tübingen

Möschel, W. (1987), 30 Jahre Kartellgesetz – erneuter Prüfungs- und Handlungsbedarf?, in: H. Helmrich (Hrsg.), Wettbewerbspolitik und Wettbewerbsrecht, C. Heymanns Verlag, Köln et al., 3-18

Mueller, D. (1997), Merger Policy in the United States: A Reconsideration, Review of Industrial Organization, 12, 655-685

Müller, J., Vogelsang, I. (1979), Staatliche Regulierung: Regulated Industries in den USA und Gemeinwohlbindung in wettbewerblichen Ausnahmebereichen in der Bundes-republik Deutschland, Nomos Verlagsgesellschaft, Baden-Baden

Nalebuff, B.J., Stiglitz, J.E. (1983), Information, Competition, and Markets, American Economic Review, 73/2, 278-283

Nasar, S. (1999), Auf den fremden Meeren des Denkens: Das Leben des genialen Mathematikers John Nash, Piper Verlag, München

Nash, J.F. (1951), Non-Cooperative Games, Annuals of Mathematics, 54, 286-295

Nelson, P. (1970), Information and Consumer Behavior, Journal of Political Economy, 78, 311-329

Nelson, P. (1974), Advertising as Information, Journal of Political Economy, 81, 729-754

Nelson, R.R., Winter, S.G. (1977), Simulation of Schumpeterian Competition, American Economic Review, 67, 271-276

Nelson, R.R., Winter, S.G. (1982), The Schumpeterian Tradeoff Revisited, American Economic Review, 73, 114-132

Neven, D., Nuttal, R., Seabright, P. (1993), Merger in Daylight – The Economics and Politics of European Merger Control, Centre for Economic Policy Research (CEPR), London

Oberender, P., Daumann, F. (1995), Industriepolitik, Wiso Kurzlehrbücher, Verlag Vahlen, München

Oberender, P., Okruch, S. (1994), Gegenwärtige Probleme und zukünftige Perspektiven der europäischen Wettbewerbspolitik, Wirtschaft und Wettbewerb, 44, 507-520

OECD (1996), Abuse of Dominance and Monopolisation, OECD/DG(96)131, Paris

OECD (1999), Oligopoly, DAFFE/CLP(99)25, http://www.oecd.org/daf/clp

Officer, L.H. (1966), The Optimality Of Pure Competition In The Capacity Problem, Quarterly Journal of Economics, 80, 647-651

Oi, W.Y. (1971), A Disneyland Dilemma: Two-Part Tariffs for a Mickey Mouse Monopoly, Quarterly Journal of Economics, 85, 77-96

Ordover, J.A. (1991), A Patent System for Both Diffusion and Exclusion, Journal of Economic Perspectives, 5/1, 43-60

Ordover, J.A., Panzar, J.C. (1980), On the nonexistence of Pareto superior outlay schedules, Bell Journal of Economics, 11, 351-354

Ordover, J.A., Willig, R.D. (1981), An Economic Definition of Predation: Pricing and Product Innovation, Yale Law Journal, 91, 8-53

Ordover, J.A., Willig, R.D. (1985), Antitrust for High-Technology Industries: Assessing Research Joint Ventures and Merger, Journal of Law and Economics, 28/2, 311-343

Owen, B., Braeutigam, R. (1978), The Regulation Game: A Strategic Use of the Administration Process, Ballinger Publishing Company, Cambridge, MA

Panzar, J.C., Rosse, J.N. (1987), Testing for "Monopoly" Equilibrium, Journal of Industrial Economics, 35, 443-456

Panzar, J.C., Sibley, D.S. (1989), Optimal Two-Part Tariffs for Inputs – The Case of Imperfect Competition, Journal of Public Economics, 40, 237-249

Panzar, J.C., Willig, R.D. (1977), Free Entry and the Sustainability of Natural Monopoly, Bell Journal of Economics, 8, 1-22

Panzar, J., Willig, R.D. (1981), Economies of Scope, American Economic Review, 71/2, 268-272

Peltzman, S. (1976), Toward a More General Theory of Regulation, Journal of Law and Economics, 19, 211-240

Peltzman, S. (1991), The Handbook of Industrial Organization: A Review Article, Journal of Political Economy, 99, 201-217

Pettingill, J.S. (1979), Monopolistic Competition and Optimum Product Diversity: Comment, American Economic Review, 69, 957-960

Phillips, A. (1976), A Critique of Empirical Studies of Relations Between Market Structure and Profitability, Journal of Industrial Economics, 24, 241-249

Phlips, L. (1983), The Economics of Price Discrimination, Cambridge University Press, Cambridge, MA et al.

Pigou, A.C. (1952), The Economics of Welfare, 4. Auflage, MacMillan, London

Porter, R.H. (1983), A study of cartel stability: the Joint Executive Committee, 1880-1886, Bell Journal of Economics, 14, 301-314

Porter, R.H. (1985), On the incidence and duration of price wars, Journal of Industrial Economics, 33/4, 415-426

Porter, R.H. (1991), A Review Essay on Handbook of Industrial Organization, Journal of Economic Literature, 29, 553-572

Posner, R.A. (1970), A Statistical Study of Antitrust Enforcement, Journal of Law and Economics, 13, 365-419

Posner, R.A. (1974), Theories of Economic Regulation, Bell Journal of Economics, 5, 335-358

Posner, R.A. (1976), Antitrust Law: An Economic Perspective, University of Chicago Press, Chicago

Posner, R.A. (1979), The Chicago School of Antitrust Analysis, University of Pennsylvania Law Review, 127, 925-948

Pratt, J., Wise, D., Zeckhauser, R. (1979), Price Differences in Almost Competitive Markets, Quarterly Journal of Economics, 93, 189-211

Radner, R., Rothschild, M. (1975), On the Allocation of Effort, Journal of Economic Theory, 10, 358-376

Ramsey, F. (1927), A Contribution to the Theory of Taxation, Economic Journal, 37, 341-354.

Rees, R., Vickers, J. (1995), RPI–X Price-Cap Regulation, in: M. Bishop, J. Kay, C. Mayer (eds.), The Regulatory Challenge, Oxford University Press, Oxford, 358-385

Richter, R., Furubotn, E.G. (1999), Neue Institutionenökonomik: Eine Einführung und kritische Würdigung, 2. Auflage, Mohr (Siebeck), Tübingen

Rittner, F. (1999), Wettbewerbs- und Kartellrecht: Eine systematische Darstellung des deutschen und europäischen Rechts für Studium und Praxis, 6. Auflage, C.F. Müller Verlag, Heidelberg

Robinson, J. (1933), Economics of Imperfect Competition, Macmillan, London

Robinson, J. (1934), What is Perfect Competition?, Quarterly Journal of Economics, 49, 104-120

Ross, S.A. (1973), The Economic Theory of Agency: The Principal's Problem, American Economic Review, Papers and Proceedings, 69, 134-139

Rotemberg, J.J., Saloner, G. (1986), A Supergame-Theoretic Model of Price Wars During Booms, American Economic Review, 76, 390-407

Salop, S.C. (1976), Information and Monopolistic Competition, American Economic Review, 66, 240-245

Salop, S.C. (1979), Monopolistic Competition with Outside Goods, Bell Journal of Economics, 10, 141-156

Salop, S.C., Krattenmaker, T. (1987), Exclusion and Antitrust, Regulation, 314, 29-33

Salop, S.C., Scheffman, D.T. (1987), Cost-Raising Strategies, Journal of Industrial Economics, 36, 19-34

Sappington, D. (1980), Strategic Firm Behavior Under a Dynamic Regulatory Adjustment Process, Bell Journal of Economics, 11/1, 360-372

Sax, E. (1879), Die Verkehrsmittel in Volks- und Staatswirthschaft, Bd. II: Die Eisenbahnen, Alfred Hölder, Wien

Scherer, F.M. (1976), Predatory Pricing and the Sherman Act: A Comment, Harvard Law Review, 89, 869-903

Scherer, F.M., Ross, D. (1990), Industrial Market Structure and Economic Performance, 3. Auflage, Houghton Mifflin Company, Boston

Schmalensee, R. (1981), Output and Welfare Implications of Monopolistic Third-Degree Price Discrimination, The American Economic Review, 71, 242-247

Schmalensee, R. (1982), Commodity Bundling by Single-Product Monopolies, Journal of Law and Economics, XXV/1, 67-71

Schmalensee, R. (1989), Inter-Industry Studies of Structure and Performance, in: R. Schmalensee, R. Willig (eds.), Handbook of Industrial Organization, North-Holland, Amsterdam et al., 951-1009

Schmalensee, R., Willig, R. (eds.) (1989), Handbook of Industrial Organization, North-Holland, Amsterdam et al.

Schmidt, I. (1992), EG-Integration: Industrie- versus Wettbewerbspolitik, Wirtschaftsdienst, 12, 628-633

Schmidt, I. (2001), Wettbewerbspolitik und Kartellrecht, 7. Auflage, Lucius & Lucius, Stuttgart

Schmidt, I., Schmidt, A. (1997), Europäische Wettbewerbspolitik: Eine Einführung, WiSo Kurzlehrbücher, Verlag Vahlen, München

Schmidtchen, D. (1976/77), Wider den Vorwurf, das neoklassische Wettbewerbskonzept sei tautologisch: Eine Antikritik aus wissenschaftslogischer und markttheoretischer Sicht, Jahrbücher für Nationalökonomie und Statistik, 191, 428-454

Schumpeter, J.A. (1946), Kapitalismus, Sozialismus und Demokratie, 7. Auflage, 1993, Francke, Tübingen und Basel

Seidmann, D.J. (1991), Bundling as a Facilitating Device: A Reinterpretation of Leverage Theory, Economica, 58, 491-499

Shaffer, S. (1987), Two-Part Tariffs in a Contestable Natural Monopoly, Economica, 54, 315-316

Shaked, A., Sutton, J. (1987), Product Differentiation and Industrial Structure, Journal of Industrial Economics, 36, 131-146

Shapiro, C. (1989), Theories of Oligopoly Behavior, in: R. Schmalensee, R.D. Willig (eds.), Handbook of Industrial Organization, North-Holland, Amsterdam et al., 329-414

Shapley, L.S. (1971), Cores of Convex Games, International Journal of Game Theory, 1, 11-26

Sharkey, W.W. (1982), The Theory of Natural Monopoly, Cambridge University Press, Cambridge, MA

Shy, O. (1995), Industrial Organization – Theory and Applications, MIT Press, Cambrigde, MA, London

Sidak, J.G., Spulber, D.F. (1998), Deregulatory Takings and the Regulatory Contract – The Competitive Transformation of Network Industries in the United States, Cambridge University Press, Cambridge

Simon, H. (1979), Rational Decision Making in Business Organizations, American Economic Review, 69/4, 493-513

Smith, A. (1776), An Inquiry into The Nature and Causes of The Wealth of Nations, London

Sohmen, E. (1976), Allokationstheorie und Wirtschaftspolitik, J.C.B. Mohr (Paul Siebeck), Tübingen

Spence, A.M. (1974), Market Signalling: Informational Transfer in Hiring and Related Screening Processes, Harvard University Press, Cambridge, MA

Spence, A.M. (1976), Product Selection, Fixed Costs, and Monopolistic Competition, Review of Economic Studies, 43, 217-236

Spence, A.M. (1981), The Learning Curve and Competition, Bell Journal of Economics, 12, 49-70

Spengler, J.J. (1950), Vertical Integration and Antitrust Policy, Journal of Political Economy, 58, 347-352

Steiner, P.O. (1957), Peak loads and efficient pricing, Quarterly Journal of Economics, 71, 585-610

Steiner, P.O. (1958), Reply to Hirshleifer, Quarterly Journal of Economics, 72, 465-468

Stigler, G.J. (1964), A Theory of Oligopoly, Journal of Political Economy, 72, 44-61

Stigler, G.J. (1968a), Barriers to Entry, Economies of Scale, and Firm Size, in: G.J. Stigler, The Organization of Industry, Irwin, Homewood, Ill., 67-70

Stigler, G.J. (1968b), A Note on Block Booking, in: G.J. Stigler, The Organization of Industry, Irwin, Homewood, Ill., 165-170

Stigler, G.J. (1971), The Theory of Economic Regulation, Bell Journal of Economics, 2, 3-21

Stigler, G.J. (1974), Free Riders and Collective Action: An Appendix to Theories of Economic Regulation, Bell Journal of Economics, 5, 359-365

Streit, M. (1991), Theorie der Wirtschaftspolitik, 4. Auflage, Werner Verlag, Düsseldorf

Streit, M. (1992), Economic Order, Private Law and Public Policy – The Freiburg School of Law and Economics in Perspective, Journal of Institutional and Theoretical Economics, 148, 675-704

Sutton, J. (1986), Vertical Product Differentiation: Some Basic Themes, American Economic Review, Papers and Proceedings, 76, 393-398

Sutton, J. (1989), Endogenous sunk costs and the structure of advertising intensive industries, European Economic Review, 33, 335-344

Sutton, J. (1990a), Explaining Everything, Explaining Nothing? Game Theoretical Models in Industrial Economics, European Economic Review, 34, 505-512

Sutton, J. (1990b), Sunk Costs and Industrial Structure, in: G. Bonanno, D. Brandolini (eds.), Industrial Structure in the New Industrial Economics, Clarendon Press, Oxford, 22-37

Sutton, J. (1992), Sunk costs and market structure, MIT Press, Cambridge, MA

Sutton, J. (1997), Game Theoretic Models of Market Structure, in: D. Kreps, K. Wallis (eds.), Advances in Economics and Econometrics, Proceedings of the World Congress of the Economic Society, Tokyo 1995, Cambridge University Press, Cambridge et al., 66-86

Sutton, J. (1998), Technology and Market Structure – Theory and History, MIT Press, Cambridge, MA, London

Sylos-Labini, P. (1962), Oligopoly and Technical Progress, trans. Elizabeth Henderson, Harvard University Press, Cambridge, MA

Taussig, F.W. (1890/1891), A contribution to the theory of railway rates, Quarterly Journal of Economics, 5, 438-465

Taussig, F.W. (1933), The Theory of Railway Rates Once More, Quarterly Journal of Economics, 47, 337-342

Tietenberg, T. (1992), Environmental and Natural Resource Economics, 3. Auflage, Harper Collins Publ., New York

Tirole, J. (1989), The Theory of Industrial Organization, 2nd printing, MIT Press, Cambridge et al.

Train, K.E. (1992), Optimal Regulation – The Economic Theory of Natural Monopoly, MIT Press, Cambridge, MA and London

Tuchtfeldt, E. (1976), Über die Staatsfunktionen bei Adam Smith, Ordo, 27, 29-45

Tye, W.B. (1993), Pricing Market Access for Regulated Firms, Logistics and Transportation Review, 29/1, 39-67

Ungern-Sternberg, T. von (1984), Innovator Protection and the Rate of Technical Progress, Journal of Economic Behavior and Organization, 5, 115-129

Ungern-Sternberg, T. von (1986), Imitative Forschung auf dem Arzneimittel-Markt: Eine mikroökonomische Analyse, in: G. Gäfgen (Hrsg.), Ökonomie des Gesundheitswesens,

Jahrestagung des Vereins für Socialpolitik 1985, Schriften des Vereins für Social-politik, N.F., 159, Duncker & Humblot, Berlin, 379-395

Ungern-Sternberg, T. von (1991), Monopolistic Competition on the Pyramid, Journal of Industrial Economics, 39, 355-368

Vanberg, V.J. (1998), Freiburg school of law and economics, in: P. Newman (ed.), The New Palgrave Dictionary of Economics and the Law, Vol. 2, Macmillan, London, 172-179

Vanberg, V.J. (Hrsg.) (1999), Freiheit, Wettbewerb und Wirtschaftsordnung – Hommage zum 100. Geburtstag von Friedrich A. von Hayek, Haufe Verlagsgruppe, Freiburg, Berlin, München

Varian, H.R. (1980), A Model of Sales, American Economic Review, 70/4, 651-658

Varian, H.R. (1992), Microeconomic Analysis, 3rd edition, W.W. Norton, New York, London

Varian, H.R. (1999), Intermediate Microeconomics: A Modern Approach, 5th edition, W.W. Norton & Company, New York, London

Vernon, J.M., Graham, D.A. (1971), Profitability of Monopolization by Vertical Integration, Journal of Political Economy, 79, 924-925

Viehoff, I. (1995), Evaluating RPI-X, National Economics Research Associates (n/e/r/a) Topics, 17, London

Vickrey, W. (1985), The Fallacy of Using Long-Run Cost for Peak-Load Pricing, Quarterly Journal of Economics, 100, 1331-1334

Vogelsang, I. (1999), Optimal Price Regulation for Natural and Legal Monopolies, Economia Mexicana, Nueva Epoca, 8/1, 5-43

Vogelsang, I., Finsinger, J. (1979), A Regulatory Adjustment Process for Optimal Pricing by Multiproduct Monopoly Firms, Bell Journal of Economics, 10/1, 157-170

Walras, L. (1874/1877), Eléments d'économie politique pure ou Théorie de la richesse sociale, L. Corbaz, Lausanne

Weitzman, M.L. (1983), Contestable Markets: An Uprising in the Theory of Industry Structure: Comment, American Economics Review, 73, 486-487

Weizsäcker, C.C. von (1980a), A Welfare Analysis of Barriers to Entry, Bell Journal of Economics, 11, 399-420

Weizsäcker, C.C. von (1980b), Barriers to Entry: A Theoretical Treatment, Lecture Notes in Economics and Mathematical Systems, 185, Springer-Verlag, Berlin et al.

Weizsäcker, C.C. von (1981), Rechte und Verhältnisse in der modernen Wirtschaftslehre, Eugen von Böhm-Bawerk-Vorlesung, Kyklos, 34/3, 345-376

Weizsäcker, C.C. von (1982), Staatliche Regulierung – positive und normative Theorie, Schweizerische Zeitschrift für Volkswirtschaft und Statistik, 3, 325-343

Weizsäcker, C.C. von (1984a), Free Entry into Telecommunications?, in: H. Giersch (ed.), New Opportunities for Entrepreneurship, Symposium 1983, J.C.B. Mohr (Paul Siebeck), Tübingen, 107-128

Weizsäcker, C.C. von (1984b), The Costs of Substitution, Econometrica, 52/5, 1085-1116

Whinston, M.D. (1990), Tying, Foreclosure, and Exclusion, American Economic Review, 80/4, 837-859

Williamson, O.E. (1975), Markets and Hierarchies – Analysis and Antitrust Implications: A Study in the Economics of Internal Organization, The Free Press, New York

Williamson, O.E. (1976), Franchise Bidding for Natural Monopolies – In General and with Respect to CATV, Bell Journal of Economics, 7, 73-104

Williamson, O.E. (1977), Predatory Pricing: A Strategic and Welfare Analysis, Yale Law Journal, 87, 284-340

Willig, R.D. (1976), Consumer Surplus Without Apology, American Economic Review, 66/2, 589-597

Willig, R.D. (1978), Pareto superior nonlinear outlay schedules, Bell Journal of Economics, 9, 56-69

Willig, R.D., Baumol, W.J. (1987), Using Competition as a Guide: Railroad Deregulation, AEI Journal on Government and Society: Regulation, 1, 28-35

Witt, U. (ed.) (1993), Evolutionary Economics, Edward Elgar, Aldershot

Zajac, E.E. (1970), A Geometrical Treatment of Averch-Johnson's Behavior of the Firm, American Economic Review, 60, 117-125

Stichwortverzeichnis

GPSR Compliance

The European Union's (EU) General Product Safety Regulation (GPSR) is a set of rules that requires consumer products to be safe and our obligations to ensure this.

If you have any concerns about our products, you can contact us on ProductSafety@springernature.com

In case Publisher is established outside the EU, the EU authorized representative is:

Springer Nature Customer Service Center GmbH
Europaplatz 3
69115 Heidelberg, Germany

The manufacturer's authorised representative in the EU is Springer
Nature Customer Service Centre GmbH, Europaplatz 3, 69115 Heidelberg,
Germany. If you have any concerns regarding our products, please
contact ProductSafety@springernature.com

Printed and bound by CPI Group (UK) Ltd, Croydon, CR0 4YY
27/04/2026
02097628-0008